T0385888

EUSEBIUS

II

LCL 265

EUSEBIUS

THE ECCLESIASTICAL HISTORY

VOLUME II

WITH AN ENGLISH TRANSLATION BY

J. E. L. OULTON

TAKEN FROM THE EDITION PUBLISHED
WITH H. J. LAWLOR

HARVARD UNIVERSITY PRESS
CAMBRIDGE, MASSACHUSETTS
LONDON, ENGLAND

First published 1932

LOEB CLASSICAL LIBRARY® is a registered trademark
of the President and Fellows of Harvard College

ISBN 978-0-674-99293-1

*Printed on acid-free paper and bound by
The Maple-Vail Book Manufacturing Group*

CONTENTS

PREFACE

THE purpose of this preface is to express my warm
thanks to Professor Oulton for relieving me of the
heavy burden of an unnecessary task. I was just
beginning the translation of Books VI to X of the
Ecclesiastical History of Eusebius, which were to be
the second volume in the Loeb Classical Library,
when the complete translation of the whole was
issued by Professors Lawlor and Oulton.

It was at once obvious that to attempt another
version parallel to their excellent rendering would
be an uncompensated waste of time; and I am
most grateful to Professor Oulton for yielding to
my urgent request that he take over the prepara-
tion of the second volume. His gracious assent
has relieved me from much toil and will be a benefit
to all who study Eusebius.

KIRSOPP LAKE.

The Editors wish to express their sincere thanks
to the Society for the Promotion of Christian Know-
ledge for their kind permission to use the above
translation, which is their copyright.

THE ECCLESIASTICAL
HISTORY OF EUSEBIUS

ς

Τάδε καὶ ἡ ς περιέχει βίβλος τῆς Ἐκκλησιαστικῆς
ἱστορίας

CONTENTS OF BOOK VI

The Sixth Book of the Ecclesiastical History contains the following :

4

ΕΥΣΗΒΙΟΥ

ΕΚΚΛΗΣΙΑΣΤΙΚΗΣ ΙΣΤΟΡΙΑΣ
ϛ

I. Ὡς δὲ καὶ Σευῆρος διωγμὸν κατὰ τῶν ἐκ- 1
κλησιῶν ἐκίνει, λαμπρὰ μὲν τῶν ὑπὲρ εὐσεβείας
ἀθλητῶν κατὰ πάντα τόπον ἀπετελεῖτο μαρτύρια,
μάλιστα δ' ἐπλήθυεν ἐπ' Ἀλεξανδρείας, τῶν ἀπ'
Αἰγύπτου καὶ Θηβαΐδος ἁπάσης αὐτόθι ὥσπερ ἐπὶ
μέγιστον ἀθλητῶν θεοῦ παραπεμπομένων στάδιον
διὰ καρτερικωτάτης τε ποικίλων βασάνων καὶ
θανάτου τρόπων ὑπομονῆς τοὺς παρὰ θεῷ στε-
φάνους ἀναδουμένων· ἐν οἷς καὶ Λεωνίδης, ὁ
λεγόμενος Ὠριγένους πατήρ, τὴν κεφαλὴν ἀπο-
τμηθείς, νέον κομιδῇ καταλείπει τὸν παῖδα· ὃς
δὴ ὁποίας ἐξ ἐκείνου περὶ τὸν θεῖον λόγον προ-
αιρέσεως ἦν, οὐκ ἄκαιρον διὰ βραχέων διελθεῖν
τῷ μάλιστα πολὺν εἶναι παρὰ τοῖς πολλοῖς τὸν
περὶ αὐτοῦ βεβοημένον λόγον. II. πολλὰ μὲν 1
οὖν ἄν τις εἴποι τὸν βίον τοῦ ἀνδρὸς ἐν σχολῇ
παραδοῦναι διὰ γραφῆς πειρώμενος, δέοιτο δ'
ἂν καὶ ἰδίας ὑποθέσεως ἡ περὶ αὐτοῦ σύνταξις·
ὅμως δ' ἡμεῖς ἐπὶ τοῦ παρόντος ἐπιτεμόμενοι τὰ
πλεῖστα διὰ βραχέων ὡς οἷόν τε, ὀλίγα ἄττα τῶν
8

THE ECCLESIASTICAL
HISTORY OF EUSEBIUS

BOOK VI

I. Now when Severus also was stirring up persecution against the churches, in every place splendid martyrdoms of the champions of piety were accomplished, but with especial frequency at Alexandria. Thither, as to some great arena, were escorted from Egypt and the whole Thebais God's champions, who, through their most stedfast endurance in divers tortures and modes of death, were wreathed with the crowns laid up with God. Among these was Leonides, known as " the father of Origen," who was beheaded, leaving his son behind him quite young. It will not be out of place to describe briefly how deliberately the boy's mind was set on the Divine Word from that early age, especially as the story about him has received exceedingly widespread notoriety. II. Many things, indeed, would there be to say, if one were to attempt at leisure to hand down in writing the man's life, and the narrative concerning him would require also a work of its own. Nevertheless, on the present occasion abridging most things as briefly as may be, we shall state some few of the facts concerning him,

9

περὶ αὐτὸν διελευσόμεθα, ἔκ τινων ἐπιστολῶν καὶ
ἱστορίας τῶν καὶ εἰς ἡμᾶς τῷ βίῳ πεφυλαγμένων
αὐτοῦ γνωρίμων τὰ δηλούμενα φέροντες.

Ὠριγένους καὶ τὰ ἐξ αὐτῶν ὡς εἰπεῖν σπαργάνων 2
ἀξιομνημόνευτά μοι εἶναι δοκεῖ. δέκατον μὲν γὰρ
ἐπεῖχε Σευῆρος τῆς βασιλείας ἔτος, ἡγεῖτο δὲ
Ἀλεξανδρείας καὶ τῆς λοιπῆς Αἰγύπτου Λαῖτος,
τῶν δ' αὐτόθι παροικιῶν τὴν ἐπισκοπὴν νεωστὶ
τότε μετὰ Ἰουλιανὸν Δημήτριος ὑπειλήφει. εἰς 3
μέγα δὴ οὖν τῆς τοῦ διωγμοῦ πυρκαϊᾶς ἀφθείσης
καὶ μυρίων ὅσων τοῖς κατὰ τὸ μαρτύριον ἀνα-
δουμένων στεφάνοις, ἔρως τοσοῦτος μαρτυρίου τὴν
Ὠριγένους, ἔτι κομιδῇ παιδὸς ὑπάρχοντος, κατ-
εῖχε ψυχήν, ὡς ὁμόσε τοῖς κινδύνοις χωρεῖν προ-
πηδᾶν τε καὶ ὁρμᾶν ἐπὶ τὸν ἀγῶνα προθύμως
ἔχειν. ἤδη γέ τοι σμικρὸν ὅσον αὐτῷ καὶ τὰ τῆς 4
ἀπὸ τοῦ βίου ἀπαλλαγῆς οὐ πόρρω καθίστατο, μὴ
οὐχὶ τῆς θείας καὶ οὐρανίου προνοίας εἰς τὴν
πλείστων ὠφέλειαν διὰ τῆς αὐτοῦ μητρὸς ἐμποδὼν
αὐτῷ τῆς προθυμίας ἐνστάσης. αὕτη γοῦν τὰ μὲν 5
πρῶτα λόγοις ἱκετεύουσα, τῆς περὶ αὐτὸν μητρικῆς
διαθέσεως φειδὼ λαβεῖν παρεκάλει, σφοδρότερον
δ' ἐπιτείναντα θεασαμένη, ὅτε γνοὺς ἁλόντα τὸν
πατέρα δεσμωτηρίῳ φυλάττεσθαι ὅλος ἐγίνετο
τῆς περὶ τὸ μαρτύριον ὁρμῆς, τὴν πᾶσαν αὐτοῦ
ἀποκρυψαμένη ἐσθῆτα οἴκοι μένειν ἀνάγκην ἐπῆγεν·
ὃ δ', ὡς οὐδὲν ἄλλο πράττειν αὐτῷ παρῆν, τῆς 6
προθυμίας ὑπὲρ τὴν ἡλικίαν ἐπιτεινομένης οὐχ
οἷός τε ὢν ἠρεμεῖν, διαπέμπεται τῷ πατρὶ προ-
τρεπτικωτάτην περὶ μαρτυρίου ἐπιστολήν, ἐν ᾗ
κατὰ λέξιν αὐτῷ παραινεῖ λέγων "ἔπεχε μὴ δι'

gathering what we set forth from certain letters and information derived from pupils of his, whose lives have been preserved even to our day.

In the case of Origen I think that even the facts from his very cradle,[1] so to speak, are worthy of mention. For Severus was in the tenth year of his reign,[2] and Laetus was governor of Alexandria and the rest of Egypt, and Demetrius had just then received the episcopate of the communities there in succession to Julian. When, therefore, the flame of persecution was kindled to a fierce blaze, and countless numbers were being wreathed with the crowns of martyrdom, Origen's soul was possessed with such a passion for martyrdom, while he was still quite a boy, that he was all eagerness to come to close quarters with danger, and to leap forward and rush into the conflict. In fact, it were but a very little step and the end of his life was at hand, had not the divine and heavenly Providence, acting for the general good through his mother, stood in the way of his zeal. She, at all events, at first had recourse to verbal entreaties, bidding him spare a mother's feelings; then, when he learnt that his father had been captured and was kept in prison, and his whole being was set on the desire for martyrdom, perceiving that his purpose was more resolute than ever, she hid all his clothes, and so laid upon him the necessity of remaining at home. And since nothing else remained for him to do, and a zeal, intense beyond his years, suffered him not to be quiet, he sent to his father a letter on martyrdom most strongly urging him on, in which he advises him in these very words, saying: " Take care not to change

---

[1] Lit. " swaddling-clothes."   [2] A.D. 203.

ἡμᾶς ἄλλο τι φρονήσῃς." τοῦτο πρῶτον τῆς
Ὠριγένους παιδικῆς ἀγχινοίας καὶ περὶ τὴν
θεοσέβειαν γνησιωτάτης διαθέσεως ἀνάγραπτον
ἔστω τεκμήριον. καὶ γὰρ ἤδη καὶ τῶν τῆς 7
πίστεως λόγων οὐ σμικρὰς ἀφορμὰς καταβέβλητο,
ταῖς θείαις γραφαῖς ἐξ ἔτι παιδὸς ἐνησκημένος·
οὐ μετρίως γοῦν καὶ περὶ ταύτας πεπόνητο, τοῦ
πατρὸς αὐτῷ πρὸς τῇ τῶν ἐγκυκλίων παιδείᾳ καὶ
τούτων οὐ κατὰ πάρεργον τὴν φροντίδα πεποιη-
μένου. ἐξ ἅπαντος γοῦν αὐτὸν πρὸ τῆς τῶν 8
Ἑλληνικῶν μαθημάτων μελέτης ἐνῆγεν τοῖς ἱεροῖς
ἐνασκεῖσθαι παιδεύμασιν, ἐκμαθήσεις καὶ ἀπ-
αγγελίας ἡμέρας ἑκάστης αὐτὸν εἰσπραττόμενος·
οὐκ ἀπροαιρέτως δὲ ταῦτ' ἐγίνετο τῷ παιδί, ἀλλὰ 9
καὶ ἄγαν προθυμότατα περὶ ταῦτα πονοῦντι, ὡς
μηδ' ἐξαρκεῖν αὐτῷ τὰς ἁπλᾶς καὶ προχείρους
τῶν ἱερῶν λόγων ἐντεύξεις, ζητεῖν δέ τι πλέον
καὶ βαθυτέρας ἤδη ἐξ ἐκείνου πολυπραγμονεῖν
θεωρίας, ὥστε καὶ πράγματα παρέχειν τῷ πατρί,
τί ἄρα ἐθέλοι δηλοῦν τὸ τῆς θεοπνεύστου γρα-
φῆς ἀναπυνθανόμενος βούλημα. ἐκεῖνος δὲ τῷ 10
μὲν δοκεῖν εἰς πρόσωπον ἐπέπληττεν αὐτῷ, μηδὲν
ὑπὲρ ἡλικίαν μηδὲ τῆς προφανοῦς διανοίας πε-
ραιτέρω τι ζητεῖν παραινῶν, ἰδίως δὲ παρ' ἑαυτῷ
τὰ μεγάλα γεγηθὼς τὴν μεγίστην ὡμολόγει τῷ
πάντων ἀγαθῶν αἰτίῳ θεῷ χάριν, ὅτι δὴ αὐτὸν
τοιοῦδε πατέρα γενέσθαι παιδὸς ἠξίωσεν. ἐπι- 11
στάντα δὲ ἤδη πολλάκις καθεύδοντι τῷ παιδὶ
γυμνῶσαι μὲν αὐτοῦ τὰ στέρνα φασίν, ὥσπερ δὲ
θείου πνεύματος ἔνδον ἐν αὐτοῖς ἀφιερωμένου,
φιλῆσαί τε σεβασμίως καὶ τῆς εὐτεκνίας μακάριον

thy mind on our account." Let this be recorded as the first proof of Origen's boyish readiness of mind and genuine love of godliness. For indeed in the study of the faith also he had already laid down a good foundation, having been trained in the divine Scriptures from the time that he was still a boy. Certainly it was no ordinary amount of labour that he bestowed on these, since his father, in addition to the customary curriculum, took pains that these also should be for him no secondary matter. On all occasions, for example, he kept urging him before beginning his secular[1] lessons to train himself in the sacred studies, exacting from him each day learning by heart and repetition. And this the boy did with no lack of willingness, nay, he worked with even excessive zeal at these studies, so that he was not satisfied with reading the sacred words in a simple and literal manner, but sought something further, and busied himself, even at that age, with deeper speculations, troubling his father by his questions as to what could be the inner meaning of the inspired Scripture. And his father would rebuke him ostensibly to his face, counselling him to seek nothing beyond his years nor anything further than the manifest meaning ; but secretly in himself he rejoiced greatly, and gave profound thanks to God, the Author of all good things, that He had deemed him worthy to be the father of such a boy. And it is said that many a time he would stand over the sleeping boy and uncover his breast, as if a divine spirit were enshrined therein, and kissing it with reverence count himself happy in his goodly offspring.

[1] Ἑλληνικῶν, " pagan "; cf. the use of the word in 2 Macc. iv. 10.

ἑαυτὸν ἡγήσασθαι. ταῦτα καὶ ἕτερα τούτοις συγγενῆ περὶ παῖδα ὄντα τὸν Ὠριγένην γενέσθαι μνημονεύουσιν.

Ὡς δὲ ἤδη αὐτῷ ὁ πατὴρ μαρτυρίῳ τετελείωτο, 12 ἔρημος ἅμα μητρὶ καὶ βραχυτέροις ἀδελφοῖς τὸν ἀριθμὸν ἕξ, ἑπτακαιδέκατον οὐ πλῆρες ἔτος ἄγων, καταλείπεται· τῆς γε μὴν τοῦ πατρὸς περιουσίας 13 τοῖς βασιλικοῖς ταμείοις ἀναληφθείσης, ἐν σπάνει τῶν κατὰ τὸν βίον χρειῶν σὺν τοῖς προσήκουσιν καταστάς, οἰκονομίας τῆς ἐκ θεοῦ καταξιοῦται καὶ τυγχάνει δεξιώσεως ὁμοῦ καὶ ἀναπαύσεως παρά τινι πλουσιωτάτῃ μὲν τὸν βίον καὶ τὰ ἄλλα περιφανεστάτῃ γυναικί, διαβόητόν γε μὴν ἄνδρα περιεπούσῃ τῶν τότε ἐπὶ τῆς Ἀλεξανδρείας αἱρεσιωτῶν· τὸ γένος ἦν οὗτος Ἀντιοχεύς, θετὸν δ' υἱὸν αὐτὸν εἶχέν τε σὺν ἑαυτῇ καὶ ἐν τοῖς μάλιστα περιεῖπεν ἡ δεδηλωμένη. ἀλλὰ τούτῳ γε ἐπ- 14 άναγκες ὁ Ὠριγένης συνών, τῆς ἐξ ἐκείνου περὶ τὴν πίστιν ὀρθοδοξίας ἐναργῆ παρείχετο δείγματα, ὅτι δὴ μυρίου πλήθους διὰ τὸ δοκοῦν ἱκανὸν ἐν λόγῳ τοῦ Παύλου (τοῦτο γὰρ ἦν ὄνομα τῷ ἀνδρί) συναγομένου παρ' αὐτῷ οὐ μόνον αἱρετικῶν, ἀλλὰ καὶ ἡμετέρων, οὐδεπώποτε προυτράπη κατὰ τὴν εὐχὴν αὐτῷ συστῆναι, φυλάττων ἐξ ἔτι παιδὸς κανόνα ἐκκλησίας βδελυττόμενός τε, ὡς αὐτῷ ῥήματί φησίν που αὐτός, τὰς τῶν αἱρέσεων διδα- σκαλίας. προαχθεὶς δ' ὑπὸ τοῦ πατρὸς ἐν τοῖς 15 Ἑλλήνων μαθήμασιν ἐκθυμότερόν τε [καὶ] μετὰ τὴν ἐκείνου τελευτὴν τῇ περὶ τοὺς λόγους ἀσκήσει ὅλον ἐπιδοὺς ἑαυτόν, ὡς καὶ παρασκευὴν ἐπὶ τὰ γραμματικὰ μετρίαν ἔχειν, μετ' οὐ πολὺ τῆς τοῦ πατρὸς τελειώσεως, τούτοις ἐπιδεδωκὼς ἑαυτόν,

These are the stories, and others akin to these, that they tell about Origen's boyhood.

But when his father had been perfected by martyrdom, he was left destitute with his mother and six smaller brothers, when he was not quite seventeen. His father's property was confiscated for the imperial treasury, and he found himself, along with his relatives, in want of the necessaries of life. Yet he was deemed worthy of divine aid, and met with both welcome and refreshment from a certain lady, very rich in this world's goods, and otherwise distinguished, who nevertheless was treating with honour a well-known person, one of the heretics at Alexandria at that time. He was an Antiochene by race, but the lady we have mentioned kept him at her house as her adopted son, and treated him with especial honour. But although Origen of necessity had to consort with him, he used to give clear proofs of his orthodoxy, at that age, in the faith. For though very great numbers, not only of heretics but also of our own people, were gathered together with Paul (for that was the man's name), attracted by his apparent skilfulness in speech, Origen could never be persuaded to associate with him in prayer, keeping the rule of the Church, even from boyhood, and " loathing "— the very word he himself uses somewhere—the teachings of the heresies. His father had brought him forward in secular studies, and after his death he applied himself wholly with renewed zeal to a literary training, so that he had a tolerable amount of proficiency in letters ; and, not long after his father's perfecting, by dint of application to these

εὐπόρει τῶν ἀναγκαίων, ὡς ἐν ἐκείνῃ τῇ ἡλικίᾳ, δαψιλῶς.

III. Σχολάζοντι δὲ τῇ διατριβῇ, ὥς που καὶ 1 αὐτὸς ἐγγράφως ἱστορεῖ, μηδενός τε ἐπὶ τῆς Ἀλεξανδρείας τῷ κατηχεῖν ἀνακειμένου, πάντων δ' ἀπεληλαμένων ὑπὸ τῆς ἀπειλῆς τοῦ διωγμοῦ, προσῄεσαν αὐτῷ τινες ἀπὸ τῶν ἐθνῶν ἀκουσόμενοι τὸν λόγον τοῦ θεοῦ· ὧν πρῶτον ἐπισημαίνεται γεγο- 2 νέναι Πλούταρχον, ὃς μετὰ τὸ βιῶναι καλῶς καὶ μαρτυρίῳ θείῳ κατεκοσμήθη, δεύτερον Ἡρακλᾶν, τοῦ Πλουτάρχου ἀδελφόν, ὃς δὴ καὶ αὐτὸς παρ' αὐτῷ πλείστην βίου φιλοσόφου καὶ ἀσκήσεως ἀπόδειξιν παρασχών, τῆς Ἀλεξανδρέων μετὰ Δημήτριον ἐπισκοπῆς ἀξιοῦται. ἔτος δ' ἦγεν 3 ὀκτωκαιδέκατον καθ' ὃ τοῦ τῆς κατηχήσεως προέστη διδασκαλείου· ἐν ᾧ καὶ προκόπτει ἐπὶ τῶν κατὰ Ἀκύλαν τῆς Ἀλεξανδρείας ἡγούμενον διωγμῶν, ὅτε καὶ μάλιστα διαβόητον ἐκτήσατο παρὰ πᾶσιν τοῖς ἀπὸ τῆς πίστεως ὁρμωμένοις ὄνομα δι' ἣν ἐνεδείκνυτο πρὸς ἅπαντας τοὺς ἁγίους ἀγνῶτάς τε καὶ γνωρίμους μάρτυρας δεξίωσίν τε καὶ προθυμίαν. οὐ μόνον γὰρ ἐν δεσμοῖς 4 τυγχάνουσιν, οὐδὲ μέχρις ὑστάτης ἀποφάσεως ἀνακρινομένοις συνῆν, ἀλλὰ καὶ μετὰ ταύτην ἀπαγομένοις τὴν ἐπὶ θανάτῳ τοῖς ἁγίοις μάρτυσιν, πολλῇ τῇ παρρησίᾳ χρώμενος καὶ ὁμόσε τοῖς κινδύνοις χωρῶν· ὥστε ἤδη αὐτὸν προσιόντα θαρσαλέως καὶ τοὺς μάρτυρας μετὰ πολλῆς παρρησίας φιλήματι προσαγορεύοντα πολλάκις ἐπιμανεῖς ὁ ἐν κύκλῳ τῶν ἐθνῶν δῆμος μικροῦ δεῖν κατέλευσεν, εἰ μὴ τῆς θείας δεξιᾶς βοηθοῦ

—————
[1] A.D. 204.   [2] He was in office in A.D. 206.

studies, he was abundantly supplied, for a person of his years, with the necessaries of life.

III. And while he was devoting himself to teaching, as he himself informs us somewhere in writing, since there was no one at Alexandria set apart for catechetical instruction (for all had been driven away by the threat of the persecution), some of the heathen approached him to hear the word of God. Of these Plutarch is pointed out as being the first, who after a noble life was adorned also with a divine martyrdom; and the second, Heraclas, Plutarch's brother. He also, in his own person, afforded a noteworthy example of a philosophic life and of discipline, and was deemed worthy of the bishopric of the Alexandrians in succession to Demetrius. Origen was in his eighteenth year [1] when he came to preside over the catechetical school, and at this time also he came into prominence when the persecutions were going on under Aquila, the governor of Alexandria. [2] Then also he won for himself an exceedingly wide reputation among all those who were of the faith, by the kindly help and goodwill that he displayed towards all the holy martyrs, unknown and known alike. For he was present not only with the holy martyrs who were in prison, not only with those who were under examination right up to the final sentence, but also when they were being led away afterwards to their death, using great boldness and coming to close quarters with danger; so that, as he courageously drew near and with great boldness greeted the martyrs with a kiss, many a time the heathen multitude round about in its fury went near to stoning him, but for the fact that time after time he found the divine right hand to help him, and so

17

EUSEBIUS

καθάπαξ τυγχάνων παραδόξως διεδίδρασκεν, ἡ 5
δ' αὐτὴ θεία καὶ οὐράνιος χάρις ἄλλοτε πάλιν καὶ
πάλιν καὶ οὐδ' ἔστιν ὁσάκις εἰπεῖν, τῆς ἄγαν περὶ
τὸν Χριστοῦ λόγον προθυμίας τε καὶ παρρησίας
ἕνεκεν τηνικαῦτα ἐπιβουλευόμενον αὐτὸν δι-
εφύλαττεν. τοσοῦτος δ' ἦν ἄρα τῶν ἀπίστων ὁ
πρὸς αὐτὸν πόλεμος, ὡς καὶ συστροφὰς ποιησα-
μένους, στρατιώτας αὐτῷ περὶ τὸν οἶκον, ἔνθα
κατέμενεν, ἐπιστῆσαι διὰ τὸ πλῆθος τῶν τὰ τῆς
ἱερᾶς πίστεως κατηχουμένων παρ' αὐτῷ. οὕτω 6
δὲ ὁσημέραι ὁ κατ' αὐτοῦ διωγμὸς ἐξεκάετο, ὡς
μηκέτι χωρεῖν αὐτὸν τὴν πᾶσαν πόλιν, οἴκους
μὲν ἐξ οἴκων ἀμείβοντα, πανταχόθεν δὲ ἐλαυνό-
μενον, τῆς πληθύος ἕνεκεν τῶν δι' αὐτοῦ τῇ θείᾳ
προσιόντων διδασκαλίᾳ· ἐπεὶ καὶ τὰ κατὰ πρᾶξιν
ἔργα αὐτῷ γνησιωτάτης φιλοσοφίας κατορθώματα
εὖ μάλα θαυμαστὰ περιεῖχεν (" οἷον γοῦν τὸν λόγον, 7
τοιόνδε," φασίν, " τὸν τρόπον" καὶ " οἷον τὸν
τρόπον, τοιόνδε τὸν λόγον" ἐπεδείκνυτο), δι' ἃ δὴ
μάλιστα, συναιρομένης αὐτῷ δυνάμεως θείας, μυ-
ρίους ἐνῆγεν ἐπὶ τὸν αὐτοῦ ζῆλον.

Ἐπειδὴ δὲ ἑώρα φοιτητὰς ἤδη πλείους προσ- 8
ιόντας, αὐτῷ μόνῳ τῆς τοῦ κατηχεῖν διατριβῆς
ὑπὸ Δημητρίου τοῦ τῆς ἐκκλησίας προεστῶτος
ἐπιτετραμμένης, ἀσύμφωνον ἡγησάμενος τὴν τῶν
γραμματικῶν λόγων διδασκαλίαν τῇ πρὸς τὰ θεῖα
παιδεύματα ἀσκήσει, μὴ μελλήσας ἀπορρήγνυσιν
ἅτε ἀνωφελῆ καὶ τοῖς ἱεροῖς μαθήμασιν ἐναντίαν
τὴν τῶν γραμματικῶν λόγων διατριβήν, εἶτα 9
λογισμῷ καθήκοντι, ὡς ἂν μὴ γένοιτο τῆς παρ'
ἑτέρων ἐπικουρίας ἐνδεής, ὅσαπερ ἦν αὐτῷ πρό-

18

escaped marvellously ; and this same divine and heavenly grace on other occasions again and again— it is impossible to say how often—preserved him safely, when plots were laid against him at that time because of his excessive zeal and boldness for the word of Christ. And so great, then, was the war of unbelievers against him, that soldiers were placed in groups for his protection [1] round the house where he abode, because of the number of those who were receiving instruction from him in the sacred faith. Thus day by day the persecution against him blazed, so that there was no longer any place for him in the whole city ; from house to house he passed, but was driven from all sides, on account of the numbers who through him came over to the divine teaching. For in his practical conduct were to be found to a truly marvellous degree the right actions of a most genuine philosophy (for—as the saying goes—" as was his speech, so was the manner of life " [2] that he displayed, and " as his manner of life, so his speech "), and it was especially for this reason that, with the co-operation of the divine power, he brought so very many to share his zeal.

And when he saw still more pupils coming to him (for the task of instruction had been entrusted by Demetrius, the president of the church, to him alone), considering that the teaching of letters [3] was not consonant with training in the divine studies, without more ado he broke off the task of teaching letters, [3] as being unprofitable and opposed to sacred study ; and then, for the good reason that he might never be in need of others' assistance, he disposed of all the

---

[1] Or " with a view to capturing him."
[2] Cf. Plato, Repub. 400 D.   [3] Or " literature."

τερον λόγων ἀρχαίων συγγράμματα φιλοκάλως
ἐσπουδασμένα, μεταδούς, ὑπὸ τοῦ ταῦτα ἐωνημένου
φερομένοις αὐτῷ τέτταρσιν ὀβολοῖς τῆς ἡμέρας
ἤρκεῖτο. πλείστοις τε ἔτεσιν τοῦτον φιλοσοφῶν
διετέλει τὸν τρόπον, πάσας ὕλας νεωτερικῶν
ἐπιθυμιῶν ἑαυτοῦ περιαιρούμενος, καὶ διὰ πάσης
μὲν ἡμέρας οὐ σμικροὺς ἀσκήσεως καμάτους
ἀναπ‹ιμπ›λῶν, καὶ τῆς νυκτὸς δὲ τὸν πλείονα
χρόνον ταῖς τῶν θείων γραφῶν ἑαυτὸν ἀνατιθεὶς
μελέταις, βίῳ τε ὡς ἔνι μάλιστα ἐγκαρτερῶν
φιλοσοφωτάτῳ, τοτὲ μὲν τοῖς ἐν ἀσιτίαις γυμ-
νασίοις, τοτὲ δὲ μεμετρημένοις τοῖς κατὰ τὸν
ὕπνον καιροῖς, οὗ μεταλαμβάνειν οὐδ' ὅλως ἐπὶ
στρωμνῆς, ἀλλ' ἐπὶ τοὔδαφος διὰ σπουδῆς ἐποιεῖτο·
πάντων δὲ μάλιστα τὰς εὐαγγελικὰς τοῦ σωτῆρος 10
φωνὰς φυλακτέας ᾤετο εἶναι δεῖν τάς τε περὶ τοῦ
μὴ δύο χιτῶνας μηδ' ὑποδήμασιν χρῆσθαι παρ-
αινούσας μηδὲ μὴν ταῖς περὶ τοῦ μέλλοντος χρόνου
φροντίσιν κατατρίβεσθαι· ἀλλὰ καὶ μείζονι τῆς 11
ἡλικίας προθυμίᾳ χρώμενος, ἐν ψύχει καὶ γυμ-
νότητι διακαρτερῶν εἰς ἄκρον τε ὑπερβαλλούσης
ἀκτημοσύνης ἐλαύνων, τοὺς ἀμφ' αὐτὸν εἰς τὰ
μάλιστα κατέπληττεν, μυρίους μὲν λυπῶν εὐχο-
μένους αὐτῷ κοινωνεῖν τῶν ὑπαρχόντων δι' οὓς
ἑώρων αὐτὸν εἰσφέροντα περὶ τὴν θείαν διδασκαλίαν
καμάτους, οὐ μὴν αὐτός γε ἐνδιδοὺς ταῖς καρτερίαις.
λέγεται γοῦν καὶ πλειόνων ἐτῶν γῆν πεπατηκέναι 12
μηδενὶ μηδαμῶς κεχρημένος ὑποδήματι, ἀλλὰ καὶ
οἴνου χρήσεως καὶ τῶν ἄλλων παρὰ τὴν ἀναγκαίαν
τροφὴν πλείστοις ἔτεσιν ἀπεσχημένος, ὥστε ἤδη
εἰς κίνδυνον ἀνατροπῆς καὶ διαφθορᾶς τοῦ θώρακος
περιπεσεῖν.

20

2 Tim. 2, 22

Matt. 10, 10

Cf. Matt. 6, 34

2 Cor. 11, 27

volumes of ancient literature which formerly he so
fondly cherished, content if he who purchased them
brought him four obols a day. For a great number
of years he continued to live like a philosopher in
this wise, putting aside everything that might lead
to youthful lusts ; all day long his discipline was to
perform labours of no light character, and the greater
part of the night he devoted himself to studying the
divine Scriptures ; and he persevered, as far as
possible, in the most philosophic manner of life, at
one time disciplining himself by fasting, at another
measuring out the time for sleep, which he was
careful to take, never on a couch, but on the floor.
And above all he considered that those sayings of the
Saviour in the Gospel ought to be kept which exhort
us not [to provide] two coats nor to use shoes, nor,
indeed, to be worn out with thoughts about the
future. Yea, he was possessed of a zeal beyond his
years, and by persevering in cold and nakedness and
going to the extremest limit of poverty, he greatly
astounded his followers, causing grief to numbers
who besought him to share their goods, when they
saw the labour that he bestowed on teaching divine
things. But he was not one to slacken endurance.
He is said, for example, to have walked for many
years without using a shoe of any description, yea
more, to have refrained for a great many years from
the use of wine and all except necessary food, so that
he actually incurred the risk of upsetting and in-
juring his stomach.[1]

[1] So the translation of Rufinus ; but no exact parallel can
be adduced for the meaning here given to θώραξ.

EUSEBIUS

Τοιαῦτα δὴ φιλοσόφου βίου τοῖς θεωμένοις 13
παρέχων ὑποδείγματα, εἰκότως ἐπὶ τὸν ὅμοιον
αὐτῷ ζῆλον πλείους παρώρμα τῶν φοιτητῶν,
ὥστε ἤδη καὶ τῶν ἀπίστων ἐθνῶν τῶν τε ἀπὸ
παιδείας καὶ φιλοσοφίας οὐ τοὺς τυχόντας ὑπ-
άγεσθαι τῇ δι' αὐτοῦ διδασκαλίᾳ· οἷς καὶ αὐτοῖς
γνησίως ἐν βάθει ψυχῆς τὴν εἰς τὸν θεῖον λόγον
πίστιν δι' αὐτοῦ παραδεχομένοις, διαπρέπειν συν-
έβαινεν κατὰ τὸν τότε τοῦ διωγμοῦ καιρόν, ὡς καί
τινας αὐτῶν ἁλόντας μαρτυρίῳ τελειωθῆναι.

IV. Πρῶτος μὲν οὖν τούτων ὁ μικρῷ πρόσθεν 1
δηλωθεὶς Πλούταρχος ἦν· οὗ τὴν ἐπὶ θάνατον ἀπ-
αγομένου, σμικροῦ δεῖν αὖθις ὁ περὶ οὗ ὁ λόγος,
συμπαρὼν αὐτῷ εἰς ὑστάτην τοῦ βίου τελευτήν,
ὑπὸ τῶν αὐτοῦ πολιτῶν ἀνῄρητο, ὡς αἴτιος αὐτῷ
πεφηνὼς τοῦ θανάτου· θεοῦ δὲ αὐτὸν ἐτήρει καὶ
τότε βουλή. μετὰ δὲ Πλούταρχον δεύτερος τῶν 2
Ὠριγένους φοιτητῶν μάρτυς ἀναδείκνυται Σέρηνος,
διὰ πυρὸς τὴν δοκιμὴν ἧς παρειλήφει πίστεως
παρεσχημένος. τῆς αὐτῆς διατριβῆς τρίτος καθ- 3
ίσταται μάρτυς Ἡρακλείδης, καὶ ἐπὶ τούτῳ τέ-
ταρτος Ἥρων, ὁ μὲν πρότερος ἔτι κατηχούμενος,
ὃ δὲ νεοφώτιστος, τὴν κεφαλὴν ἀποτμηθέντες. ἔτι
πρὸς τούτοις τῆς αὐτῆς σχολῆς πέμπτος ἀθλητὴς
εὐσεβείας ἀνακηρύττεται ἕτερος τοῦ πρώτου Σέρη-
νος, ὃν μετὰ πλείστην βασάνων ὑπομονὴν κεφαλῇ
κολασθῆναι λόγος ἔχει. καὶ γυναικῶν δὲ Ἡραῒς
ἔτι κατηχουμένη "τὸ βάπτισμα," ὥς πού φησιν
αὐτός, "τὸ διὰ πυρὸς λαβοῦσα," τὸν βίον ἐξ-
ελήλυθεν.

---

[1] 3. 2.   [2] Cf. 3. 4, 5.

22

And by displaying proofs such as these of a philosophic life to those who saw him, he naturally stimulated a large number of his pupils to a like zeal, so that, even among the unbelieving Gentiles and those from the ranks of learning and philosophy, some persons of no small account were won by his instruction. By his agency these very persons received the faith of the divine Word truly in the depths of the soul, and were conspicuous at the persecution then taking place ; insomuch that even some of them were arrested and perfected by martyrdom.

IV. The first of these, then, was Plutarch, he whom we mentioned a little while ago.[1] As this man was being led on the way to death, he of whom we have been speaking, being present with him to the very end of his life, was again almost killed by his fellow-citizens, as being clearly responsible for his death. But on that occasion also he was kept by the will of God.[2] And, after Plutarch, Serenus was the second of Origen's pupils to show himself a martyr, having through fire given the proof of the faith he had received. From the same school Heraclides was the third martyr, and after him Hero, the fourth ; the former of these was still a catechumen, the latter lately baptized. Both were beheaded. Further, in addition to these, from the same school was proclaimed a fifth champion of piety, one Serenus, a different person from the first-mentioned of that name. It is recorded that after very great endurance of torture his head was taken off. And, among the women, Herais, who was still under instruction for baptism, as Origen himself says somewhere, "received the baptism by fire," and so ended her life.

V. Ἕβδομος ἐν τούτοις ἀριθμείσθω Βασιλείδης, 1
τὴν περιβόητον Ποταμίαιναν ἀπαγαγών, περὶ ἧς
πολὺς ὁ λόγος εἰς ἔτι νῦν παρὰ τοῖς ἐπιχωρίοις
ᾄδεται, μυρία μὲν ὑπὲρ τῆς τοῦ σώματος ἁγνείας
τε καὶ παρθενίας, ἐν ᾗ διέπρεψεν, πρὸς ἐραστὰς
ἀγωνισαμένης (καὶ γὰρ οὖν αὐτῇ ἀκμαῖον πρὸς τῇ
ψυχῇ καὶ τὸ τοῦ σώματος ὡραῖον ἐπήνθει), μυρία
δὲ ἀνατλάσης καὶ τέλος μετὰ δεινὰς καὶ φρικτὰς
εἰπεῖν βασάνους ἅμα μητρὶ Μαρκέλλῃ διὰ πυρὸς
τελειωθείσης. φασί γέ τοι τὸν δικαστήν (Ἀκύλας 2
ἦν τούτῳ ὄνομα) χαλεπὰς ἐπιθέντα αὐτῇ κατὰ
παντὸς τοῦ σώματος αἰκίας, τέλος ἐφ᾽ ὕβρει τοῦ
σώματος μονομάχοις αὐτὴν ἀπειλῆσαι παραδοῦναι·
τὴν δὲ βραχύ τι πρὸς ἑαυτὴν ἐπισκεψαμένην
ἐρωτηθεῖσαν ὃ κρίνειεν, τοιαύτην δοῦναι ἀπόκρισιν
δι᾽ ἧς ἐδόκει νενομισμένον τι αὐτοῖς ἀσεβὲς ἀπο-
φθέγξασθαι. ἅμα δὲ λόγῳ τὸν τῆς ἀποφάσεως 3
ὅρον καταδεξαμένην ὁ Βασιλείδης, εἷς τις ὢν τῶν
ἐν στρατείαις ἀναφερομένων, ἀπάγει παραλαβὼν
τὴν ἐπὶ θανάτῳ. ὡς δὲ τὸ πλῆθος ἐνοχλεῖν αὐτὴν
καὶ ἀκολάστοις ἐνυβρίζειν ῥήμασιν ἐπειρᾶτο, ὃ
μὲν ἀνεῖργεν ἀποσοβῶν τοὺς ἐνυβρίζοντας, πλεῖστον
ἔλεον καὶ φιλανθρωπίαν εἰς αὐτὴν ἐνδεικνύμενος,
ἡ δὲ τῆς περὶ αὐτὴν συμπαθείας ἀποδεξαμένη
τὸν ἄνδρα θαρρεῖν παρακελεύεται· ἐξαιτήσεσθαι
γὰρ αὐτὸν ἀπελθοῦσαν παρὰ τοῦ ἑαυτῆς κυρίου
καὶ οὐκ εἰς μακρὸν τῶν εἰς αὐτὴν πεπραγμένων
τὴν ἀμοιβὴν ἀποτίσειν αὐτῷ. ταῦτα δ᾽ εἰποῦσαν 4
γενναίως τὴν ἔξοδον ὑποστῆναι, πίττης ἐμπύρου
κατὰ διάφορα μέρη τοῦ σώματος ἀπ᾽ ἄκρων ποδῶν
καὶ μέχρι κορυφῆς ἠρέμα καὶ κατὰ βραχὺ περι-
χυθείσης αὐτῇ. καὶ ὁ μὲν τῆς ἀοιδίμου κόρης 5

24

V. Seventh among them must be numbered Basilides, who led away the famous Potamiaena. The praise of this woman is to this day still loudly sung by her fellow-countrymen, as of one who on behalf of the chastity and virginity of her body, in which she excelled, contended much with lovers (for assuredly her body, as well as her mind, was in the full bloom of its youthful beauty); as of one who endured much, and at the end, after tortures that were terrible and fearful to relate, was perfected by fire, along with her mother Marcella. It is said, in fact, that the judge, whose name was Aquila, after inflicting severe tortures upon her entire body, at last threatened to hand her over to the gladiators for bodily insult, and that, when after a brief period of reflection she was asked what her decision was, she made a reply which involved from their point of view something profane. No sooner had she spoken than she received the sentence, and Basilides, being one of those serving in the army, took her and led her away to death. And as the crowd tried to annoy her, and insult her with shameful words, he kept restraining them and driving away the insulters, displaying the greatest pity and kindness towards her. She on her part accepted his fellow-feeling for her and bade him be of good cheer, for that she would ask him from her Lord, when she departed, and before long would requite him for what he had done for her. Thus speaking [it is said], she right nobly endured the end, boiling pitch being poured slowly and little by little over different parts of her body from head to toe. Such was the contest waged by this maiden celebrated in

EUSEBIUS

τοιοῦτος κατηγώνιστο ἆθλος· οὐ μακρὸν δὲ χρόνον
διαλιπὼν ὁ Βασιλείδης ὅρκον διά τινα αἰτίαν πρὸς
τῶν συστρατιωτῶν αἰτηθείς, μὴ ἐξεῖναι αὐτῷ τὸ
παράπαν ὀμνύναι διεβεβαιοῦτο· Χριστιανὸν γὰρ
ὑπάρχειν καὶ τοῦτο ἐμφανῶς ὁμολογεῖν. παίζειν
μὲν οὖν ἐνομίζετο τέως τὰ πρῶτα, ὡς δ' ἐπιμόνως
ἀπισχυρίζετο, ἄγεται ἐπὶ τὸν δικαστήν· ἐφ' οὗ τὴν
ἔνστασιν ὁμολογήσας, δεσμοῖς παραδίδοται. τῶν
δὲ κατὰ θεὸν ἀδελφῶν ὡς αὐτὸν ἀφικνουμένων
καὶ τὴν αἰτίαν τῆς ἀθρόας καὶ παραδόξου ταύτης
ὁρμῆς πυνθανομένων, λέγεται εἰπεῖν ὡς ἄρα
Ποταμίαινα τρισὶν ὕστερον ἡμέραις τοῦ μαρτυρίου
νύκτωρ ἐπιστᾶσα, στέφανον αὐτοῦ τῇ κεφαλῇ
περιθεῖσα εἴη φαίη τε παρακεκληκέναι χάριν αὐτοῦ
τὸν κύριον καὶ τῆς ἀξιώσεως τετυχηκέναι οὐκ εἰς
μακρόν τε αὐτὸν παραλήψεσθαι. ἐπὶ τούτοις τῶν
ἀδελφῶν τῆς ἐν κυρίῳ σφραγῖδος μεταδόντων
αὐτῷ, τῇ μετέπειτα ἡμέρᾳ τῷ τοῦ κυρίου διαπρέψας
μαρτυρίῳ τὴν κεφαλὴν ἀποτέμνεται. καὶ ἄλλοι
δὲ πλείους τῶν κατ' Ἀλεξάνδρειαν ἀθρόως τῷ
Χριστοῦ λόγῳ προσελθεῖν κατὰ τοὺς δηλουμένους
ἱστοροῦνται, ὡς δὴ καθ' ὕπνους τῆς Ποταμιαίνης
ἐπιφανείσης καὶ προσκεκλημένης αὐτούς. ἀλλὰ
ταῦτα μὲν ὧδε ἐχέτω.

VI. Πάνταινον δὲ Κλήμης διαδεξάμενος, τῆς
κατ' Ἀλεξάνδρειαν κατηχήσεως εἰς ἐκεῖνο τοῦ
καιροῦ καθηγεῖτο, ὡς καὶ τὸν Ὠριγένην τῶν
φοιτητῶν γενέσθαι αὐτοῦ. τήν γέ τοι τῶν Στρω-
ματέων πραγματείαν ὁ Κλήμης ὑπομνηματιζό-
μενος, κατὰ τὸ πρῶτον σύγγραμμα χρονικὴν
ἐκθέμενος γραφήν, εἰς τὴν Κομόδου τελευτὴν περι-
γράφει τοὺς χρόνους, ὡς εἶναι σαφὲς ὅτι κατὰ

26

song. And not long afterwards, when Basilides was asked by his fellow-soldiers to swear for some reason or other, he stoutly affirmed that swearing was absolutely forbidden in his case, for that he was a Christian and acknowledged it openly. At first, indeed, for a time they thought he was jesting, but when he continued stedfastly to affirm it, they brought him to the judge. And when he admitted the constancy [of his profession] in his presence, he was committed to prison. When his brethren in God came to him and inquired the reason of this sudden and incredible impulse, it is said that he stated that three days after her martyrdom Potamiaena appeared to him by night, wreathing his head with a crown and saying that she had called upon the Lord for him, and obtained what she requested, and that before long she would take him to herself. Thereupon the brethren imparted to him the seal in the Lord, and on the day afterwards he gave notable testimony for the Lord and was beheaded. And it is related that many others of those at Alexandria came over all at once to the word of Christ in the time of the persons mentioned, because Potamiaena appeared to them in dreams and invited them. But this must suffice.

VI. Pantaenus was succeeded by Clement, who directed the instruction at Alexandria up to such a date that Origen also was one of his pupils. In fact Clement, when compiling his *Stromateis*, in the first book displays a chronological table, using the death of Commodus as a terminus in measuring his dates[1]; so that it is clear that the work was composed by him

---

[1] Clem. *Strom.* i. 21 (139, 140, 144).

Σευῆρον αὐτῷ πεπόνητο τὰ σπουδάσματα, οὗ
τοὺς χρόνους ὁ παρὼν ἱστορεῖ λόγος.

VII. Ἐν τούτῳ καὶ Ἰούδας, συγγραφέων ἕτερος, 1
Dan. 9, 24   εἰς τὰς παρὰ τῷ Δανιὴλ ἑβδομήκοντα ἑβδομάδας
ἐγγράφως διαλεχθείς, ἐπὶ τὸ δέκατον τῆς Σευήρου
βασιλείας ἵστησιν τὴν χρονογραφίαν· ὃς καὶ τὴν
θρυλουμένην τοῦ ἀντιχρίστου παρουσίαν ἤδη τότε
πλησιάζειν ᾤετο· οὕτω σφοδρῶς ἡ τοῦ καθ᾽ ἡμῶν
τότε διωγμοῦ κίνησις τὰς τῶν πολλῶν ἀνα-
τεταράχει διανοίας.

VIII. Ἐν τούτῳ δὲ τῆς κατηχήσεως ἐπὶ τῆς 1
Ἀλεξανδρείας τοὔργον ἐπιτελοῦντι τῷ Ὠριγένει
πρᾶγμά τι πέπρακται φρενὸς μὲν ἀτελοῦς καὶ
νεανικῆς, πίστεώς γε μὴν ὁμοῦ καὶ σωφροσύνης
Matt. 19, 12   μέγιστον δεῖγμα περιέχον. τὸ γὰρ " εἰσὶν εὐνοῦχοι 2
οἵτινες εὐνούχισαν ἑαυτοὺς διὰ τὴν βασιλείαν τῶν
οὐρανῶν " ἁπλούστερον καὶ νεανικώτερον ἐκλαβών,
ὁμοῦ μὲν σωτήριον φωνὴν ἀποπληροῦν οἰόμενος,
ὁμοῦ δὲ καὶ διὰ τὸ νέον τὴν ἡλικίαν ὄντα μὴ
ἀνδράσι μόνον, καὶ γυναιξὶ δὲ τὰ θεῖα προσομιλεῖν,
ὡς ἂν πᾶσαν τὴν παρὰ τοῖς ἀπίστοις αἰσχρᾶς
διαβολῆς ὑπόνοιαν ἀποκλείσειεν, τὴν σωτήριον
φωνὴν ἔργοις ἐπιτελέσαι ὡρμήθη, τοὺς πολλοὺς
τῶν ἀμφ᾽ αὐτὸν γνωρίμων διαλαθεῖν φροντίσας.
οὐκ ἦν δὲ ἄρα δυνατὸν αὐτῷ καίπερ βουλομένῳ 3
τοσοῦτον ἔργον ἐπικρύψασθαι. γνοὺς δῆτα ὕστερον
ὁ Δημήτριος, ἅτε τῆς αὐτόθι παροικίας προεστώς,
εὖ μάλα μὲν αὐτὸν ἀποθαυμάζει τοῦ τολμήματος,
τὴν δέ γε προθυμίαν καὶ τὸ γνήσιον αὐτοῦ τῆς
πίστεως ἀποδεξάμενος, θαρρεῖν παρακελεύεται,
καὶ νῦν μᾶλλον ἔχεσθαι αὐτὸν τοῦ τῆς κατηχήσεως
ἔργου παρορμᾷ.

under Severus, whose time this present account is describing.

VII. At this time Judas also, another writer, composed a written discourse on the seventy weeks in the book of Daniel; he stops his record of time at the tenth year of the reign of Severus. He also was of the opinion that the much talked of coming of the antichrist was then already near. So strongly did the persecution which was then stirred up against us disturb the minds of the many.

VIII. At that time, while Origen was performing the work of instruction at Alexandria, he did a thing which gave abundant proof of an immature and youthful mind, yet withal of faith and self-control. For he took the saying, "There are eunuchs which made themselves eunuchs for the kingdom of heaven's sake," in too literal and extreme a sense, and thinking both to fulfil the Saviour's saying, and also that he might prevent all suspicion of shameful slander on the part of unbelievers (for, young as he was, he used to discourse on divine things with women as well as men), he hastened to put into effect the Saviour's saying, taking care to escape the notice of the greater number of his pupils. But, wishful though he might be, it was not possible to hide a deed of this nature. In fact Demetrius got to know of it later, since he was presiding over the community at that place; and while he marvelled exceedingly at him for his rash act, he approved the zeal and the sincerity of his faith, bade him be of good cheer, and urged him to attach himself now all the more to the work of instruction.

Ἀλλὰ τότε μὲν οὗτος τοιοῦτός τις ἦν· οὐ μακροῖς 4
δὲ χρόνοις ὕστερον ὁ αὐτὸς ὁρῶν εὖ πράττοντα
μέγαν τε καὶ λαμπρὸν καὶ παρὰ πᾶσιν ὄντα βε-
βοημένον, ἀνθρώπινόν τι πεπονθὼς τοῖς ἀνὰ τὴν
οἰκουμένην ἐπισκόποις καταγράφειν ὡς ἀτοπω-
τάτου τοῦ πραχθέντος ἐπειρᾶτο, ὅτε τῶν κατὰ
Παλαιστίνην οἱ μάλιστα δόκιμοι καὶ διαπρέποντες
Καισαρείας τε καὶ Ἱεροσολύμων ἐπίσκοποι πρεσ-
βείων τὸν Ὠριγένην καὶ τῆς ἀνωτάτω τιμῆς ἄξιον
εἶναι δοκιμάσαντες, χεῖρας εἰς πρεσβυτέριον αὐτῷ
τεθείκασιν. τηνικαῦτα δ' οὖν εἰς μέγα δόξης 5
προελθόντος ὄνομά τε παρὰ τοῖς πανταχῇ πᾶσιν
ἀνθρώποις καὶ κλέος ἀρετῆς καὶ σοφίας οὐ σμικρὸν
κτησαμένου, μηδεμιᾶς ἄλλης εὐπορῶν ὁ Δημήτριος
κατηγορίας, τῆς πάλαι ἐν παιδὶ γεγονυίας αὐτῷ
πράξεως δεινὴν ποιεῖται διαβολήν, συμπεριλαβεῖν
τολμήσας ταῖς κατηγορίαις τοὺς ἐπὶ τὸ πρεσ-
βυτέριον αὐτὸν προάξαντας.

Ταῦτα μὲν οὖν μικρὸν ἐπράχθη ὕστερον· τότε 6
γε μὴν ὁ Ὠριγένης ἐπὶ τῆς Ἀλεξανδρείας τὸ τῆς
θείας διδασκαλίας ἔργον εἰς ἅπαντας ἀφυλάκτως
τοὺς προσιόντας νύκτωρ καὶ μεθ' ἡμέραν ἐπετέλει,
τοῖς θείοις ἀόκνως μαθήμασιν καὶ τοῖς ὡς αὐτὸν
φοιτῶσιν τὴν πᾶσαν ἀνατιθεὶς σχολήν.

Ἐπὶ δέκα δὲ καὶ ὀκτὼ ἔτεσιν τὴν ἀρχὴν ἐπι- 7
κρατήσαντα Σευῆρον Ἀντωνῖνος ὁ παῖς διαδέχεται.
ἐν τούτῳ δὲ τῶν κατὰ τὸν διωγμὸν ἀνδρισαμένων
καὶ μετὰ τοὺς ἐν ὁμολογίαις ἀγῶνας διὰ προνοίας
θεοῦ πεφυλαγμένων εἷς τις ὢν Ἀλέξανδρος, ὃν
ἀρτίως ἐπίσκοπον τῆς ἐν Ἱεροσολύμοις ἐκκλησίας
ἐδηλώσαμεν, οἷα ταῖς ὑπὲρ Χριστοῦ διαπρέψας

Such indeed was his attitude at that time. But not long afterwards, when the same person saw that he was prospering and a great man and distinguished and famous in the sight of all, overcome by a human weakness, he attempted to describe the deed as monstrous to the bishops throughout the world, when the most highly approved and distinguished bishops in Palestine, namely those of Caesarea and Jerusalem,[1] deeming Origen worthy of privilege and the highest honour, ordained him to the presbyterate by laying on of hands.[2] So, as he had then advanced to a position of great esteem, and had acquired no small reputation and fame for his virtue and wisdom in the eyes of all men everywhere, through lack of any other ground of accusation Demetrius spread grave scandal about the deed that he had committed long ago when a boy, and had the temerity to include in his accusations those who raised him to the presbyterate.

This happened a little while afterwards. At that time, however, Origen was engaged at Alexandria in the work of divine instruction for all, without reserve, who came to him by night and in the course of the day, devoting his whole time untiringly to the divine studies and his pupils.

When Severus had held the principate for eighteen years, he was succeeded by his son Antoninus.[3] At this time Alexander (being one of those who played the man during the persecution and after contending for the faith by their confessions were preserved by the Providence of God), whom we have mentioned lately[4] as bishop of the church at Jerusalem, was deemed worthy of the said bishopric, distinguished

---

[1] *i.e.* Theoctistus and Alexander: *cf.* 19. 17; 27.
[2] See 23. 4.   [3] A.D. 211.   [4] § 4.

EUSEBIUS

ὁμολογίαις, τῆς δηλωθείσης ἐπισκοπῆς ἀξιοῦται,
ἔτι Ναρκίσσου, ὃς ἦν αὐτοῦ πρότερος, περιόντος
τῷ βίῳ.

IX. Πολλὰ μὲν οὖν καὶ ἄλλα παράδοξα οἱ τῆς 1
παροικίας πολῖται ὡς ἐκ παραδόσεως τῶν κατὰ
διαδοχὴν ἀδελφῶν τοῦ Ναρκίσσου μνημονεύουσιν,
ἐν οἷς καὶ τοιόνδε τι θαῦμα δι᾿ αὐτοῦ γεγονὸς
ἱστοροῦσιν. κατὰ τὴν μεγάλην ποτὲ τοῦ πάσχα 2
διανυκτέρευσιν τοὔλαιόν φασιν τοῖς διακόνοις ἐπι-
λιπεῖν· ἐφ᾿ ᾧ τὸ πᾶν πλῆθος δεινῆς ἀθυμίας δια-
λαβούσης, τὸν Νάρκισσον τοῖς τὰ φῶτα παρα-
σκευάζουσιν ἐπιτάξαι ὕδωρ ἀνιμήσαντας ὡς
αὐτὸν κομιεῖσθαι. τούτου δὲ ἅμα λόγῳ πρα- 3
χθέντος, ἐπευξάμενον τῷ ὕδατι, ἐγχέαι κατὰ τῶν
λύχνων πίστει τῇ εἰς τὸν κύριον γνησίᾳ παρα-
κελεύσασθαι· ποιησάντων δὲ καὶ τοῦτο, παρὰ
πάντα λόγον δυνάμει παραδόξῳ καὶ θείᾳ μετα-
βαλεῖν ἐξ ὕδατος εἰς ἐλαίου ποιότητα τὴν φύσιν,
παρά τε πλείστοις τῶν αὐτόθι ἀδελφῶν ἐπὶ μήκιστον
ἐξ ἐκείνου καὶ εἰς ἡμᾶς βραχύ τι δεῖγμα τοῦ τότε
θαύματος φυλαχθῆναι.

Ἄλλα τε πλεῖστα περὶ τοῦ βίου τοῦδε τοῦ 4
ἀνδρὸς μνήμης ἄξια καταλέγουσιν, ἐν οἷς καὶ
τοιόνδε τι. τὸ εὔτονον αὐτοῦ καὶ στερρὸν τοῦ
βίου φαῦλοί τινες ἀνθρωπίσκοι μὴ οἷοί τε φέρειν,
δέει τοῦ μὴ δίκην ὑποσχεῖν ἁλόντας, διὰ τὸ μυρία
κακὰ ἑαυτοῖς συνεγνωκέναι, συσκευὴν κατ᾿ αὐτοῦ
προλαβόντες συρράπτουσιν καί τινα δεινὴν κατα-
χέουσιν αὐτοῦ διαβολήν. εἶτα πιστούμενοι τοὺς 5
ἀκροωμένους, ὅρκοις ἐβεβαίουν τὰς κατηγορίας,
καὶ ὃ μέν, ἦ μὴν ἀπόλοιτο πυρί, ὤμνυεν, ὃ δέ, ἦ
μὴν σκαιᾷ νόσῳ δαπανηθείη τὸ σῶμα, ὁ δὲ τρίτος,

32

as he was for his confessions on behalf of Christ; Narcissus his predecessor being still alive.[1]

IX. Many other miracles, indeed, of Narcissus do the citizens of the community call to mind, as handed down by the brethren in succession, and among these they relate that the following wonder was performed by him. Once at the great all-night vigil of the Pascha it is said that the oil failed the deacons, and that when deep despondency seized the whole multitude, thereupon Narcissus commanded those who were preparing the lights to draw water and bring it to him; that when this was no sooner said than done, he then prayed over the water, and bade them pour it down into the lamps with unfeigned faith in the Lord. And that when they did this, contrary to all reason by miraculous and divine power its nature was changed in quality from water into oil; and that for a very long time, from that day even to ours, a little was preserved as a proof of that wonder of former days by very many of the brethren there.

And they enumerate a great many other things about the life of this man worthy of mention, among which is the following. Certain miserable creatures, not being able to endure his energy and the firmness of his conduct, and fearing lest they should be taken and put on their trial (for they were conscious of many evil deeds), anticipated the event by devising an intrigue against him and spreading a certain grave slander to his hurt. Then, with a view to securing the belief of their hearers, they strove to confirm their accusations by oaths; one swore, " [if this is not true] may I be destroyed by fire "; another, " may my body be wasted by an untoward disease "; and the

---

[1] For the reason of this see c. 11.

ἢ μὴν τὰς ὁράσεις πηρωθείη· ἀλλ' οὐδ' οὕτως
αὐτοῖς, καίπερ ὀμνύουσιν, τῶν πιστῶν τις προσεῖχε
τὸν νοῦν διὰ τὴν εἰς πάντας λάμπουσαν ἐκ τοῦ
παντὸς σωφροσύνην τε καὶ πανάρετον ἀγωγὴν τοῦ
Ναρκίσσου. αὐτός γε μὴν τὴν τῶν εἰρημένων 6
μηδαμῶς ὑπομένων μοχθηρίαν καὶ ἄλλως ἐκ
μακροῦ τὸν φιλόσοφον ἀσπαζόμενος βίον, διαδρὰς
πᾶν τὸ τῆς ἐκκλησίας πλῆθος, ἐν ἐρημίαις καὶ
ἀφανέσιν ἀγροῖς λανθάνων πλείστοις ἔτεσιν δι-
έτριβεν. ἀλλ' οὐ καὶ ὁ τῆς δίκης μέγας ὀφθαλμὸς 7
ἐπὶ τοῖς πεπραγμένοις ἠρέμει, μετήει δὲ ὡς
τάχιστα τοὺς ἀσεβεῖς αἷς καθ' ἑαυτῶν ἐπιορκοῦντες
κατεδήσαντο ἀραῖς. ὁ μὲν οὖν πρῶτος, ἐκ μηδεμιᾶς
προφάσεως ἁπλῶς οὕτως, μικροῦ διαπεσόντος
ἐφ' ἧς κατέμενεν οἰκίας σπινθῆρος, νύκτωρ ὑφ-
αφθείσης ἁπάσης, παγγενεῖ καταφλέγεται· ὁ δὲ
ἀθρόως τὸ σῶμα ἐξ ἄκρων ποδῶν ἐπὶ κεφαλὴν ἧς
αὐτὸς προσετίμησεν ἑαυτῷ νόσου πίμπλαται· ὁ 8
δὲ τρίτος τὰς τῶν προτέρων συνιδὼν ἐκβάσεις
καὶ τοῦ πάντων ἐφόρου θεοῦ τρέσας τὴν ἀδιά-
δραστον δίκην, ὁμολογεῖ μὲν τοῖς πᾶσιν τὰ κοινῇ
σφίσιν αὐτοῖς ἐσκευωρημένα, τοσαύταις δὲ κατ-
ετρύχετο μεταμελόμενος οἰμωγαῖς δακρύων τε ἐς
τοσοῦτον οὐκ ἀπέλιπεν, ἕως ἄμφω διεφθάρη τὰς
ὄψεις.

Καὶ οἵδε μὲν τῆς ψευδολογίας τοιαύτας ὑπέσχον
τιμωρίας· Χ. τοῦ δὲ Ναρκίσσου ἀνακεχωρηκότος 1
καὶ μηδαμῶς ὅπῃ ὢν τυγχάνοι, γινωσκομένου,
δόξαν τοῖς τῶν ὁμόρων ἐκκλησιῶν προεστῶσιν,
ἐφ' ἑτέρου μετίασιν ἐπισκόπου χειροτονίαν Δῖος
τούτῳ ὄνομα ἦν· ὃν οὐ πολὺν προστάντα χρόνον
Γερμανίων διαδέχεται, καὶ τοῦτον Γόρδιος· καθ'
34

third, "may my eyes be blinded." But, swear though they might, none of the faithful gave heed to them, because the fame of Narcissus's sobriety and virtuous manner of life was always well known to all. He, nevertheless, could not brook the wickedness of what had been said, and, besides, had for a long time been pursuing the philosophic life; so he escaped the whole company of the church, and spent many years secretly in deserts and obscure parts of the country. Yet the great eye of Justice did not remain quiet at these deeds, but with utmost speed visited upon those godless men the curses with which in their perjury they had bound themselves. So the first was burnt to death with all his family, the house in which he was staying being wholly set on fire one night from absolutely no other cause than a small spark which happened to fall on it; as for the second, his body was covered, all at once, from head to toe with the disease that he had assigned to himself as a penalty; and the third, perceiving the hap of the other two, and fearing the inevitable judgement of God who seeth all, made public confession of what they had plotted together in common. Yet, in the act of his repentance, so great were the lamentations by which he was wasted, so many were the tears that he unceasingly poured forth, that both eyes were destroyed.

Such were the punishments that these men suffered for their falsehood. X. But as Narcissus had retired and no one knew where he might be, it seemed good to those presiding over the neighbouring churches to proceed to the appointment of another bishop. His name was Dius. After a brief presidency he was succeeded by Germanion, and he in turn by Gordius.

ὃν ὥσπερ ἐξ ἀναβιώσεως ἀναφανεὶς ποθεν ὁ
Νάρκισσος αὖθις ὑπὸ τῶν ἀδελφῶν ἐπὶ τὴν προ-
στασίαν παρακαλεῖται, μειζόνως ἔτι μᾶλλον τῶν
πάντων ἀγασθέντων αὐτὸν τῆς τε ἀναχωρήσεως
ἕνεκα καὶ τῆς φιλοσοφίας καὶ ἐφ᾽ ἅπασιν δι᾽ ἣν
παρὰ τοῦ θεοῦ κατηξίωτο ἐκδίκησιν.

XI. Καὶ δὴ μηκέθ᾽ οἷου τε ὄντος λειτουργεῖν 1
διὰ λιπαρὸν γῆρας, τὸν εἰρημένον Ἀλέξανδρον,
ἐπίσκοπον ἑτέρας ὑπάρχοντα παροικίας, οἰκονομίᾳ
θεοῦ ἐπὶ τὴν ἅμα τῷ Ναρκίσσῳ λειτουργίαν ἐκάλει
κατὰ ἀποκάλυψιν νύκτωρ αὐτῷ δι᾽ ὁράματος
φανεῖσαν. ταύτῃ δ᾽ οὖν, ὡς κατά τι θεοπρόπιον, 2
ἐκ τῆς Καππαδοκῶν γῆς, ἔνθα τὸ πρῶτον τῆς
ἐπισκοπῆς ἠξίωτο, τὴν πορείαν ἐπὶ τὰ Ἱεροσόλυμα
εὐχῆς καὶ τῶν τόπων ἱστορίας ἕνεκεν πεποιημένον
φιλοφρονέστατα οἱ τῇδε ὑπολαβόντες οὐκέτ᾽ οἴκαδε
αὐτῷ παλινοστεῖν ἐπιτρέπουσιν καθ᾽ ἑτέραν ἀπο-
κάλυψιν καὶ αὐτοῖς νύκτωρ ὀφθεῖσαν μίαν τε
φωνὴν σαφεστάτην τοῖς μάλιστα αὐτῶν σπουδαίοις
χρήσασαν· ἐδήλου γὰρ προελθόντας ἔξω πυλῶν
τὸν ἐκ θεοῦ προωρισμένον αὐτοῖς ἐπίσκοπον
ὑποδέξασθαι· τοῦτο δὲ πράξαντες, μετὰ κοινῆς
τῶν ἐπισκόπων, οἳ τὰς πέριξ διεῖπον ἐκκλησίας,
γνώμης ἐπάναγκες αὐτὸν παραμένειν βιάζονται.
μνημονεύει γέ τοι καὶ αὐτὸς ὁ Ἀλέξανδρος ἐν 3
ἰδίαις ἐπιστολαῖς ταῖς πρὸς Ἀντινοΐτας, εἰς ἔτι νῦν
παρ᾽ ἡμῖν σῳζομέναις, τῆς Ναρκίσσου σὺν αὐτῷ
προεδρίας, ταῦτα κατὰ λέξιν ἐπὶ τέλει γράφων

---

[1] 8. 7.
[2] The community at Antinoë, or Antinoöpolis, a city on
the eastern bank of the Nile, founded by Hadrian in A.D. 122
in honour of Antinous. See iv. 8. 2.

In his day Narcissus appeared from somewhere, as if come to life again, and was once more summoned to the presidency by the brethren, for all admired him to a still greater degree because of his retirement and philosophic life, and especially because of the punishment with which God had deemed it meet to avenge him.

XI. And when he was no longer able to perform the ministry on account of ripe old age, the above-mentioned[1] Alexander, being bishop of another community, was called by a dispensation of God to a joint ministry with Narcissus, by a revelation which appeared to him in a vision at night. Whereupon, as if in obedience to some oracle, he made the journey from the land of the Cappadocians, where he was first deemed worthy of the episcopate, to Jerusalem, for the purpose of prayer and investigation of the [sacred] places. The people there gave him the most cordial welcome, and suffered him not to return home again, in accordance with another revelation which was seen by them also at night, and which vouchsafed an identical utterance of the clearest kind to those of them who were peculiarly zealous. For it indicated to them to go forth outside the gates and welcome as their bishop him who was fore-ordained of God. And doing this, with the common consent of the bishops who were administering the churches round about, they compelled him of necessity to remain. And in fact Alexander himself in a personal letter to the Antinoites,[2] which is still to this day preserved with us, mentions Narcissus as holding the chief place along with him, writing as follows, in these very words,

τῆς ἐπιστολῆς, "ἀσπάζεται ὑμᾶς Νάρκισσος ὁ
πρὸ ἐμοῦ διέπων τὸν τόπον τῆς ἐπισκοπῆς τὸν
ἐνθάδε καὶ νῦν συνεξεταζόμενός μοι διὰ τῶν εὐχῶν,
ρις̅ ἔτη ἠνυκώς, παρακαλῶν ὑμᾶς ὁμοίως ἐμοὶ
ὁμοφρονῆσαι."

Καὶ ταῦτα μὲν οὕτως εἶχεν· τῆς δὲ κατ' Ἀντιό- 4
χειαν ἐκκλησίας, Σεραπίωνος ἀναπαυσαμένου, τὴν
ἐπισκοπὴν διαδέχεται Ἀσκληπιάδης, ἐν ταῖς κατὰ
τὸν διωγμὸν ὁμολογίαις διαπρέψας καὶ αὐτός.
μέμνηται καὶ τῆς τούτου καταστάσεως Ἀλέξανδρος 5
Ἀντιοχεῦσιν γράφων ὧδε· "'Αλέξανδρος, δοῦλος
καὶ δέσμιος Ἰησοῦ Χριστοῦ, τῇ μακαρίᾳ Ἀντιο-
χέων ἐκκλησίᾳ ἐν κυρίῳ χαίρειν. ἐλαφρά μοι καὶ
κοῦφα τὰ δεσμὰ ὁ κύριος ἐποίησεν, κατὰ τὸν καιρὸν
τῆς εἱρκτῆς πυθομένῳ τῆς ἁγίας ὑμῶν τῶν Ἀντιο-
χέων ἐκκλησίας κατὰ τὴν θείαν πρόνοιαν Ἀσκλη-
πιάδην τὸν ἐπιτηδειότατον κατ' ἀξίαν τὴν πίστιν
τῆς ἐπισκοπῆς ἐγκεχειρισμένον."

Ταύτην δὲ τὴν ἐπιστολὴν σημαίνει διὰ Κλήμεντος 6
ἀπεσταλκέναι, πρὸς τῷ τέλει τοῦτον γράφων τὸν
τρόπον· "ταῦτα δὲ ὑμῖν, κύριοί μου ἀδελφοί, τὰ
γράμματα ἀπέστειλα διὰ Κλήμεντος τοῦ μακαρίου
πρεσβυτέρου, ἀνδρὸς ἐναρέτου καὶ δοκίμου, ὃν
ἴστε καὶ ὑμεῖς καὶ ἐπιγνώσεσθε· ὃς καὶ ἐνθάδε
παρὼν κατὰ τὴν πρόνοιαν καὶ ἐπισκοπὴν τοῦ
δεσπότου ἐπεστήριξέν τε καὶ ηὔξησεν τὴν τοῦ
κυρίου ἐκκλησίαν."

XII. Τοῦ μὲν οὖν Σεραπίωνος τῆς περὶ λόγους 1
ἀσκήσεως καὶ ἄλλα μὲν εἰκὸς σῴζεσθαι παρ'
ἑτέροις ὑπομνήματα, εἰς ἡμᾶς δὲ μόνα κατῆλθεν
τὰ Πρὸς Δόμνον, ἐκπεπτωκότα τινὰ παρὰ τὸν
τοῦ διωγμοῦ καιρὸν ἀπὸ τῆς εἰς Χριστὸν πίστεως

at the close of the letter : " Narcissus greets you, who before me was holding the position of bishop here, and now is associated with me in the prayers, having completed 116 years ; and exhorts you, as I do likewise, to be of one mind."

So was it with these matters. But when Serapion entered upon his rest, Asclepiades succeeded to the bishopric of the church at Antioch, and he was himself distinguished for his confessions in the persecution. Alexander also mentions his appointment, writing thus to the Antiochenes : " Alexander, a slave and prisoner of Jesus Christ, to the blessed church of the Antiochenes, greeting in the Lord. Light and easy did the Lord make my bonds, when I learnt at the time of my imprisonment that by the Divine Providence Asclepiades, whose worthy faith makes him most suitable, had been entrusted with the bishopric of your holy church of the Antiochenes."

This epistle he indicates had been sent by the hand of Clement,[1] writing at the close in this manner : " But this letter I send unto you, my dear brethren, by the hand of Clement the blessed presbyter, a man virtuous and approved, of whom ye yourselves also have heard, and with whom ye will become acquainted ; who also, when he was present here in accordance with the providence and overseership of the Master, both stablished and increased the Church of the Lord."

XII. Now it is likely, indeed, that other memoirs also, the fruit of Serapion's literary studies, are preserved by other persons, but there have come down to us only those addressed To Domnus, one who had fallen away from the faith of Christ, at the

---

[1] *i.e.* Clement of Alexandria.

Cf. Col. 2, 23 ἐπὶ τὴν Ἰουδαϊκὴν ἐθελοθρησκείαν, καὶ τὰ Πρὸς
Πόντιον καὶ Καρικόν, ἐκκλησιαστικοὺς ἄνδρας,
καὶ ἄλλαι πρὸς ἑτέρους ἐπιστολαί, ἕτερός τε 2
συντεταγμένος αὐτῷ λόγος Περὶ τοῦ λεγομένου
κατὰ Πέτρον εὐαγγελίου, ὃν πεποίηται ἀπελέγχων
τὰ ψευδῶς ἐν αὐτῷ εἰρημένα διά τινας ἐν τῇ κατὰ
Ῥωσσὸν παροικίᾳ προφάσει τῆς εἰρημένης γραφῆς
εἰς ἑτεροδόξους διδασκαλίας ἀποκείλαντας· ἀφ'
οὗ εὔλογον βραχείας παραθέσθαι λέξεις, δι' ὧν
ἦν εἶχεν περὶ τοῦ βιβλίου γνώμην προτίθησιν,
οὕτω γράφων· " ἡμεῖς γάρ, ἀδελφοί, καὶ Πέτρον 3
Gal. 4, 14 καὶ τοὺς ἄλλους ἀποστόλους ἀποδεχόμεθα ὡς
Χριστόν, τὰ δὲ ὀνόματι αὐτῶν ψευδεπίγραφα ὡς
ἔμπειροι παραιτούμεθα, γινώσκοντες ὅτι τὰ τοιαῦτα
οὐ παρελάβομεν. ἐγὼ γὰρ γενόμενος παρ' ὑμῖν, 4
ὑπενόουν τοὺς πάντας ὀρθῇ πίστει προσφέρεσθαι,
καὶ μὴ διελθὼν τὸ ὑπ' αὐτῶν προφερόμενον
ὀνόματι Πέτρου εὐαγγέλιον, εἶπον ὅτι εἰ τοῦτό
ἐστιν μόνον τὸ δοκοῦν ὑμῖν παρέχειν μικροψυχίαν,
ἀναγινωσκέσθω· νῦν δὲ μαθὼν ὅτι αἱρέσει τινὶ ὁ
νοῦς αὐτῶν ἐφώλευεν, ἐκ τῶν λεχθέντων μοι,
σπουδάσω πάλιν γενέσθαι πρὸς ὑμᾶς, ὥστε,
ἀδελφοί, προσδοκᾶτέ με ἐν τάχει. ἡμεῖς δέ, 5
ἀδελφοί, καταλαβόμενοι ὁποίας ἦν αἱρέσεως ὁ
Μαρκιανός, ⟨ὃς⟩ καὶ ἑαυτῷ ἐναντιοῦτο, μὴ νοῶν

---

[1] A large fragment of this Gospel was discovered at
Akhmîm in 1886, which agrees exactly with the description
given above by Serapion, and is manifestly docetic in its
conception of Christ. Scholars are not unanimous about the

time of the persecution, to Jewish will-worship; and those To Pontius and Caricus, churchmen, and other letters to other persons; and another book has been composed by him *Concerning what is known as the Gospel of Peter*,[1] which he has written refuting the false statements in it, because of certain in the community of Rhossus, who on the ground of the said writing turned aside into heterodox teachings. It will not be unreasonable to quote a short passage from this work, in which he puts forward the view he held about the book, writing as follows: " For our part, brethren, we receive both Peter and the other apostles as Christ, but the writings which falsely bear their names we reject, as men of experience, knowing that such were not handed down to us. For I myself, when I came among you, imagined that all of you clung to the true faith; and, without going through the Gospel put forward by them in the name of Peter, I said: If this is the only thing that seemingly causes captious feelings among you, let it be read. But since I have now learnt, from what has been told me, that their mind was lurking in some hole of heresy,[2] I shall give diligence to come again to you; wherefore, brethren, expect me quickly. But we, brethren, gathering to what kind of heresy Marcianus[3] belonged (who[4] used to contradict himself, not knowing what he was saying, as ye will learn

date of this Gospel: Swete put it at A.D. 165, others forty or even more years earlier.

[2] Schwartz supposes that Serapion wrote: " was halting by reason of some heresy," reading ἐχώλευεν.

[3] The Armenian version has *Marcion*. But the person here mentioned was probably not the well-known heretic of Pontus, but a leader of the Docetae at Rhossus.

[4] Reading ὅς, with Schwartz.

ἃ ἐλάλει, ἃ μαθήσεσθε ἐξ ὧν ὑμῖν ἐγράφη, ἐδυνήθη- 6
μεν [γὰρ] παρ' ἄλλων τῶν ἀσκησάντω ναυτὸ τοῦτο
τὸ εὐαγγέλιον, τοῦτ' ἐστὶν παρὰ τῶν διαδόχων
τῶν καταρξαμένων αὐτοῦ, οὓς Δοκητὰς καλοῦμεν
(τὰ γὰρ πλείονα φρονήματα ἐκείνων ἐστὶ τῆς
διδασκαλίας), χρησάμενοι παρ' αὐτῶν διελθεῖν καὶ
εὑρεῖν τὰ μὲν πλείονα τοῦ ὀρθοῦ λόγου τοῦ σωτῆρος,
τινὰ δὲ προσδιεσταλμένα, ἃ καὶ ὑπετάξαμεν ὑμῖν."
XIII. καὶ ταῦτα μὲν τὰ Σεραπίωνος.

Τοῦ δὲ Κλήμεντος Στρωματεῖς, οἱ πάντες 1
ὀκτώ, παρ' ἡμῖν σῴζονται, οὓς καὶ τοιαύτης
ἠξίωσεν προγραφῆς " Τίτου Φλαυίου Κλήμεντος
τῶν κατὰ τὴν ἀληθῆ φιλοσοφίαν γνωστικῶν ὑπο-
μνημάτων στρωματεῖς," ἰσάριθμοί τε τούτοις 2
εἰσὶν οἱ ἐπιγεγραμμένοι Ὑποτυπώσεων αὐτοῦ
λόγοι, ἐν οἷς ὀνομαστὶ ὡς διδασκάλου τοῦ Πανταίνου
μνημονεύει ἐκδοχάς τε αὐτοῦ γραφῶν καὶ παρα-
δόσεις ἐκτέθειται· ἔστιν δὲ αὐτῷ καὶ πρὸς Ἕλληνας 3
λόγος ὁ Προτρεπτικὸς τρεῖς τε οἱ τοῦ ἐπιγεγραμ-
μένου Παιδαγωγοῦ καὶ " Τίς ὁ σῳζόμενος πλού-
σιος " οὕτως ἐπιγραφεὶς ἕτερος αὐτοῦ λόγος τό
τε Περὶ τοῦ πάσχα σύγγραμμα καὶ διαλέξεις Περὶ
νηστείας καὶ Περὶ καταλαλιᾶς καὶ ὁ Προτρεπτικὸς
εἰς ὑπομονὴν ἢ πρὸς τοὺς νεωστὶ βεβαπτισμένους
καὶ ὁ ἐπιγεγραμμένος Κανὼν ἐκκλησιαστικὸς ἢ
πρὸς τοὺς Ἰουδαΐζοντας, ὃν Ἀλεξάνδρῳ τῷ
δεδηλωμένῳ ἐπισκόπῳ ἀνατέθεικεν.

---

[1] Omitting γάρ, with Schwartz.
[2] This word (derived from δοκεῖν, "to seem") was in
common use as indicating persons or sects who denied the
reality of our Lord's body or of His sufferings.
[3] In late Greek στρωματεύς came to have the meaning of
στρωματόδεσμος, i.e. the striped bag in which slaves rolled up

from what has been written to you), were enabled[1] by others who studied this very Gospel, that is, by the successors of those who began it, whom we call Docetae[2] (for most of the ideas belong to their teaching)—using [the material supplied] by them, were enabled to go through it and discover that the most part indeed was in accordance with the true teaching of the Saviour, but that some things were added, which also we place below for your benefit."
XIII. Such are the writings of Serapion.

But of Clement the *Stromateis*, all the eight books, are preserved with us, upon which he bestowed the following title : "Titus Flavius Clement's Stromateis[3] of Gnostic Memoirs according to the True Philosophy"; and of equal number with these are his books entitled *Hypotyposeis*,[4] in which he mentions Pantaenus by name as his teacher, and has set forth his interpretations of the Scriptures and his traditions. There is also a book of his, the *Exhortation to the Greeks*,[5] and the three books of the work entitled *Paedagogus*, and *Who is the Rich Man that is being Saved?*[5] (such is the title of another book of his), and the treatise *On the Pascha*, and discourses *On Fasting* and *On Slander*, and the *Exhortation to Endurance*, or *To the Recently Baptized*,[5] and the [book] entitled the *Ecclesiastical Canon*, or *Against the Judaizers*,[6] which he has dedicated to Alexander, the bishop mentioned above.[7]

the bedclothes. Hence works of a miscellaneous character were thus entitled, not only by Clement, but also by Plutarch and Origen (see 24. 3).
[4] *i.e.* "Sketches."
[5] Translated in Loeb Classical Library, vol. 92.
[6] Or " To the Judaizers."
[7] 8. 7; 11.

Ἐν μὲν οὖν τοῖς Στρωματεῦσιν οὐ μόνον τῆς 4 θείας κατάστρωσιν πεποίηται γραφῆς, ἀλλὰ καὶ τῶν παρ' Ἕλλησιν, εἴ τι ἄρα ὠφέλιμον ἐδόκει καὶ αὐτοῖς εἰρῆσθαι, μνημονεύει τῶν τε παρὰ τοῖς πολλοῖς δογμάτων, τὰ Ἑλλήνων ὁμοῦ καὶ τὰ 5 βαρβάρων ἀναπτύσσων καὶ ἔτι τὰς τῶν αἱρεσιαρχῶν ψευδοδοξίας εὐθύνων, ἱστορίαν τε πολλὴν ἐξαπλοῖ, ὑπόθεσιν ἡμῖν πολυμαθοῦς παρέχων παιδείας. τούτοις ἅπασιν καταμίγνυσιν καὶ τὰ φιλοσόφων δόγματα, ὅθεν εἰκότως κατάλληλον τῇ ὑποθέσει καὶ τὴν προγραφὴν τῶν Στρωματέων πεποίηται. κέχρηται δ' ἐν αὐτοῖς καὶ ταῖς ἀπὸ τῶν ἀντι- 6 λεγομένων γραφῶν μαρτυρίαις, τῆς τε λεγομένης Σολομῶνος Σοφίας καὶ τῆς Ἰησοῦ τοῦ Σιρὰχ καὶ τῆς πρὸς Ἑβραίους ἐπιστολῆς τῆς τε Βαρναβᾶ καὶ Κλήμεντος καὶ Ἰούδα, μνημονεύει τε τοῦ πρὸς 7 Ἕλληνας Τατιανοῦ λόγου καὶ Κασσιανοῦ ὡς καὶ αὐτοῦ χρονογραφίαν πεποιημένου, ἔτι μὴν Φίλωνος καὶ Ἀριστοβούλου Ἰωσήπου τε καὶ Δημητρίου καὶ Εὐπολέμου, Ἰουδαίων συγγραφέων, ὡς ἂν τούτων ἁπάντων ἐγγράφως πρεσβύτερον τῆς παρ' Ἕλλησιν ἀρχαιογονίας Μωυσέα τε καὶ τὸ Ἰουδαίων γένος ἀποδειξάντων. καὶ ἄλλης δὲ πλείστης 8 χρηστομαθείας ἔμπλεῳ οἱ δηλούμενοι τυγχάνουσιν τοῦ ἀνδρὸς λόγοι· ὧν ἐν τῷ πρώτῳ περὶ ἑαυτοῦ δηλοῖ ὡς ἔγγιστα τῆς τῶν ἀποστόλων γενομένου διαδοχῆς, ὑπισχνεῖται δ' ἐν αὐτοῖς καὶ εἰς τὴν Γένεσιν ὑπομνηματιεῖσθαι.

Καὶ ἐν τῷ λόγῳ δὲ αὐτοῦ τῷ Περὶ τοῦ πάσχα 9 ἐκβιασθῆναι ὁμολογεῖ πρὸς τῶν ἑταίρων ἃς ἔτυχεν

---

[1] Clem. *Strom.* i. 21 (101. 2).

Now in the *Stromateis* he has composed a patch-work, not only of the divine Scripture, but of the writings of the Greeks as well, if he thought that they also had said anything useful, and he mentions opinions from many sources, explaining Greek and barbarian alike, and moreover sifts the false opinions of the heresiarchs; and unfolding much history he gives us a work of great erudition. With all these he mingles also the opinions of philosophers, and so he has suitably made the title of the *Stromateis* to correspond to the work itself. And in them he has also made use of testimonies from the disputed writings, the book known as the Wisdom of Solomon, and the Wisdom of Jesus the Son of Sirach, and the Epistle to the Hebrews, and those of Barnabas, and Clement, and Jude; and he mentions Tatian's book *Against the Greeks*, and Cassian, since he also had composed a chronography,[1] and moreover Philo and Aristobulus and Josephus and Demetrius and Eupolemus, Jewish writers, in that they would show, all of them, in writing, that Moses and the Jewish race went back further in their origins than the Greeks.[2] And the books of Clement, of which we are speaking, are full of much other useful learning. In the first of these he shows with reference to himself that he came very near to the successors of the Apostles[3]; and he promises in them also to write a commentary on Genesis.[4]

And in his book *On the Pascha* he professes that he was compelled by his companions to commit to

[2] *Ibid.* 15 (72. 4), 22 (150. 1), 21 (147. 2; 141. 1 ff.), 23 (153. 4).

[3] Lit. "the succession from the apostles." *Ibid.* 1 (11. 3), quoted v. 11. 5.

[4] Clem. *Strom.* iii. 14 (95. 2); iv. 1 (3. 3); vi. 18 (168. 4).

παρὰ τῶν ἀρχαίων πρεσβυτέρων ἀκηκοὼς παρα-
δόσεις γραφῇ τοῖς μετὰ ταῦτα παραδοῦναι, μέ-
μνηται δ' ἐν αὐτῷ Μελίτωνος καὶ Εἰρηναίου καὶ
τινων ἑτέρων, ὧν καὶ τὰς διηγήσεις τέθειται.

XIV. Ἐν δὲ ταῖς Ὑποτυπώσεσιν ξυνελόντα 1
εἰπεῖν πάσης τῆς ἐνδιαθήκου γραφῆς ἐπιτετμη-
μένας πεποίηται διηγήσεις, μηδὲ τὰς ἀντιλεγο-
μένας παρελθών, τὴν Ἰούδα λέγω καὶ τὰς λοιπὰς
καθολικὰς ἐπιστολὰς τήν τε Βαρναβᾶ, καὶ τὴν
Πέτρου λεγομένην Ἀποκάλυψιν. καὶ τὴν πρὸς 2
Ἑβραίους δὲ ἐπιστολὴν Παύλου μὲν εἶναί φησιν,
γεγράφθαι δὲ Ἑβραίοις Ἑβραϊκῇ φωνῇ, Λουκᾶν
δὲ φιλοτίμως αὐτὴν μεθερμηνεύσαντα ἐκδοῦναι
τοῖς Ἕλλησιν, ὅθεν τὸν αὐτὸν χρῶτα εὑρίσκεσθαι
κατὰ τὴν ἑρμηνείαν ταύτης τε τῆς ἐπιστολῆς καὶ
τῶν Πράξεων· μὴ προγεγράφθαι δὲ τὸ " Παῦλος 3
Gal. 1, 1, etc. ἀπόστολος " εἰκότως· " Ἑβραίοις γάρ," φησίν,
" ἐπιστέλλων πρόληψιν εἰληφόσιν κατ' αὐτοῦ καὶ
ὑποπτεύουσιν αὐτόν, συνετῶς πάνυ οὐκ ἐν ἀρχῇ
ἀπέτρεψεν αὐτούς, τὸ ὄνομα θείς."

Εἶτα ὑποβὰς ἐπιλέγει, " ἤδη δέ, ὡς ὁ μακάριος 4
Heb. 3, 1 ἔλεγεν πρεσβύτερος, ἐπεὶ ὁ κύριος, ἀπόστολος
ὢν τοῦ παντοκράτορος, ἀπεστάλη πρὸς Ἑβραίους,
διὰ μετριότητα ὁ Παῦλος, ὡς ἂν εἰς τὰ ἔθνη ἀπ-
Acts 22, 21 εσταλμένος, οὐκ ἐγγράφει ἑαυτὸν Ἑβραίων ἀπό-
στολον διά τε τὴν πρὸς τὸν κύριον τιμὴν διά τε
τὸ ἐκ περιουσίας καὶ τοῖς Ἑβραίοις ἐπιστέλλειν,
1 Tim. 2, 7;
2 Tim. 1,
11; Rom. ἐθνῶν κήρυκα ὄντα καὶ ἀπόστολον."

11, 13 Αὖθις δ' ἐν τοῖς αὐτοῖς ὁ Κλήμης βιβλίοις περὶ 5
τῆς τάξεως τῶν εὐαγγελίων παράδοσιν τῶν
ἀνέκαθεν πρεσβυτέρων τέθειται, τοῦτον ἔχουσαν
τὸν τρόπον. προγεγράφθαι ἔλεγεν τῶν εὐαγγελίων

writing traditions that he had heard from the elders of olden time, for the benefit of those that should come after ; and he mentions in it Melito and Irenaeus and some others, whose accounts also of the matter he has set down.

XIV. And in the *Hypotyposeis*, to speak briefly, he has given concise explanations of all the Canonical Scriptures, not passing over even the disputed writings, I mean the Epistle of Jude and the remaining Catholic Epistles, and the Epistle of Barnabas, and the Apocalypse known as Peter's. And as for the Epistle to the Hebrews, he says indeed that it is Paul's, but that it was written for Hebrews in the Hebrew tongue, and that Luke, having carefully translated it, published it for the Greeks ; hence, as a result of this translation, the same complexion of style is found in this Epistle and in the Acts : but that the [words] " Paul an apostle " were naturally not prefixed. For, says he, " in writing to Hebrews who had conceived a prejudice against him and were suspicious of him, he very wisely did not repel them at the beginning by putting his name."

Then lower down he adds : " But now, as the blessed elder used to say, since the Lord, being the apostle of the Almighty, was sent to the Hebrews, Paul, through modesty, since he had been sent to the Gentiles, does not inscribe himself as an apostle of the Hebrews, both to give due deference to the Lord and because he wrote to the Hebrews also out of his abundance, being a preacher and apostle of the Gentiles."

And again in the same books Clement has inserted a tradition of the primitive elders with regard to the order of the Gospels, as follows. He said that those

τὰ περιέχοντα τὰς γενεαλογίας, τὸ δὲ κατὰ Μάρκον 6
ταύτην ἐσχηκέναι τὴν οἰκονομίαν. τοῦ Πέτρου
δημοσίᾳ ἐν Ῥώμῃ κηρύξαντος τὸν λόγον καὶ πνεύ-
ματι τὸ εὐαγγέλιον ἐξειπόντος, τοὺς παρόντας,
πολλοὺς ὄντας, παρακαλέσαι τὸν Μάρκον, ὡς ἂν
ἀκολουθήσαντα αὐτῷ πόρρωθεν καὶ μεμνημένον
τῶν λεχθέντων, ἀναγράψαι τὰ εἰρημένα· ποιήσαντα
δέ, τὸ εὐαγγέλιον μεταδοῦναι τοῖς δεομένοις αὐτοῦ·
ὅπερ ἐπιγνόντα τὸν Πέτρον προτρεπτικῶς μήτε 7
κωλῦσαι μήτε προτρέψασθαι. τὸν μέντοι Ἰωάννην
ἔσχατον, συνιδόντα ὅτι τὰ σωματικὰ ἐν τοῖς εὐαγ-
γελίοις δεδήλωται, προτραπέντα ὑπὸ τῶν γνωρίμων,
πνεύματι θεοφορηθέντα πνευματικὸν ποιῆσαι εὐ-
αγγέλιον. τοσαῦτα ὁ Κλήμης.

Πάλιν δ' ὁ δηλωθεὶς Ἀλέξανδρος τοῦ Κλή- 8
μεντος, ἅμα δὲ καὶ τοῦ Πανταίνου ἔν τινι πρὸς
Ὠριγένην ἐπιστολῇ μνημονεύει, ὡς δὴ γνωρίμων
αὐτῷ γενομένων τῶν ἀνδρῶν, γράφει δὲ οὕτως·
" τοῦτο γὰρ καὶ θέλημα θεοῦ, ὡς οἶδας, γέγονεν ἵνα
ἡ ἀπὸ προγόνων ἡμῖν φιλία μένῃ ἄσυλος, μᾶλλον δὲ
θερμοτέρα ᾖ καὶ βεβαιοτέρα. πατέρας γὰρ ἴσμεν 9
τοὺς μακαρίους ἐκείνους τοὺς προοδεύσαντας, πρὸς
οὓς μετ' ὀλίγον ἐσόμεθα, Πάνταινον, τὸν μακάριον
ἀληθῶς καὶ κύριον, καὶ τὸν ἱερὸν Κλήμεντα, κύριόν
μου γενόμενον καὶ ὠφελήσαντά με, καὶ εἴ τις
ἕτερος τοιοῦτος· δι' ὧν σὲ ἐγνώρισα, τὸν κατὰ
πάντα ἄριστον καὶ κύριόν μου καὶ ἀδελφόν." καὶ
ταῦτα μὲν τοιαῦτα.

Ὁ γέ τοι Ἀδαμάντιος (καὶ τοῦτο γὰρ ἦν τῷ 10
Ὠριγένει ὄνομα), Ζεφυρίνου κατὰ τούσδε τοὺς

---

¹ Lit. " had this dispensation."

Gospels were first written which include the genealogies, but that the Gospel according to Mark came into being in this manner [1] : When Peter had publicly preached the word at Rome, and by the Spirit had proclaimed the Gospel, that those present, who were many, exhorted Mark, as one who had followed him for a long time and remembered what had been spoken, to make a record of what was said ; and that he did this, and distributed the Gospel among those that asked him. And that when the matter came to Peter's knowledge he neither strongly forbade it nor urged it forward. But that John, last of all, conscious that the outward [2] facts had been set forth in the Gospels, was urged on by his disciples, and, divinely moved by the Spirit, composed a spiritual Gospel. This is Clement's account.

And again Alexander, of whom we spoke before,[3] mentions Clement, and at the same time also Pantaenus, in a certain letter to Origen, as men who had been known to him. He writes as follows : " For this also has proved to be the will of God, as thou knowest, that the friendship that comes to us from our forefathers should remain unshaken, nay rather grow warmer and more stedfast. For we know as fathers those blessed ones who went before us, with whom we shall be ere long : Pantaenus, truly blessed and my master, and the holy Clement, who was my master and profited me, and all others like them. Through these I came to know thee, who art the best in all things, and my master and brother." Thus do these matters stand.

Now Adamantius (for this also was Origen's name), when Zephyrinus was at that time ruling the church

[2] Lit. " bodily."   [3] c. 11, etc.

49

EUSEBIUS

χρόνους τῆς Ῥωμαίων ἐκκλησίας ἡγουμένου, ἐπιδημῆσαι τῇ Ῥώμῃ καὶ αὐτός που γράφει, λέγων " εὐξάμενος τὴν ἀρχαιοτάτην Ῥωμαίων ἐκκλησίαν ἰδεῖν"· ἔνθα οὐ πολὺ διατρίψας, ἐπάνεισιν εἰς τὴν 11 Ἀλεξάνδρειαν, καὶ δὴ τὰ συνήθη τῆς κατηχήσεως ἐνταῦθα μετὰ πάσης ἐπλήρου σπουδῆς, Δημητρίου τῶν τῇδε ἐπισκόπου ἔτι τότε παρορμῶντος αὐτὸν καὶ μόνον οὐχὶ ἀντιβολοῦντος ἀόκνως τὴν εἰς τοὺς ἀδελφοὺς ὠφέλειαν ποιεῖσθαι. XV. ὁ δ' ὡς ἑαυτὸν 1 ἑώρα μὴ ἐπαρκοῦντα τῇ τῶν θείων βαθυτέρᾳ σχολῇ τῇ τε ἐξετάσει καὶ ἑρμηνείᾳ τῶν ἱερῶν γραμμάτων καὶ προσέτι τῇ τῶν προσιόντων κατηχήσει μηδ' ἀναπνεῦσαι συγχωρούντων αὐτῷ, ἑτέρων ἐφ' ἑτέροις ἐξ ἕω καὶ μέχρις ἑσπέρας ἐπὶ τὸ παρ' αὐτῷ διδασκαλεῖον φοιτώντων, διανείμας τὰ πλήθη, τὸν Ἡρακλᾶν τῶν γνωρίμων προκρίνας, ἔν τε τοῖς θείοις σπουδαῖον καὶ ἄλλως ὄντα λογιώτατον ἄνδρα καὶ φιλοσοφίας οὐκ ἄμοιρον, κοινωνὸν καθίστη τῆς κατηχήσεως, τῷ μὲν τὴν πρώτην τῶν ἄρτι στοιχειουμένων εἰσαγωγὴν ἐπιτρέψας, αὐτῷ δὲ τὴν τῶν ἐν ἕξει φυλάξας ἀκρόασιν.

XVI. Τοσαύτη δὲ εἰσήγετο τῷ Ὠριγένει τῶν 1 θείων λόγων ἀπηκριβωμένη ἐξέτασις, ὡς καὶ τὴν Ἑβραΐδα γλῶτταν ἐκμαθεῖν τάς τε παρὰ τοῖς Ἰουδαίοις φερομένας πρωτοτύπους αὐτοῖς Ἑβραίων στοιχείοις γραφὰς κτῆμα ἴδιον ποιήσασθαι ἀνιχνεῦσαί τε τὰς τῶν ἑτέρων παρὰ τοὺς ἑβδομήκοντα τὰς ἱερὰς γραφὰς ἑρμηνευκότων ἐκδόσεις καί τινας ἑτέρας παρὰ τὰς κατημαξευμένας ἑρμηνείας ἐναλλαττούσας, τὴν Ἀκύλου καὶ Συμμάχου καὶ Θεοδοτίωνος, ἐφευρεῖν, ἃς οὐκ οἶδ' ὅθεν ἔκ τινων

of the Romans, himself states in writing somewhere that he stayed at Rome. His words are : " Desiring to see the most ancient church of the Romans."

After spending a short time there, he returned to Alexandria, and indeed continued to fulfil in that city his customary work of instruction with all zeal, Demetrius, the bishop of the people there, still exhorting and wellnigh entreating him to ply diligently his task of usefulness for the brethren. XV. But when he saw that he was becoming unable for the deeper study of divine things, namely, the examination and translation of the sacred writings, and in addition for the instruction of those who were coming to him and did not give him time to breathe (for one batch of pupils after another kept frequenting from morn to night his lecture-room), he made a division of the numbers. Selecting Heraclas from among his pupils, a man who was zealous of divine things, and, as well, a very learned person and no tyro in philosophy, he gave him a share in the task of instruction, assigning to him the preliminary studies of those who were just learning their elements, and reserving for himself the teaching of the experienced pupils.

XVI. And so accurate was the examination that Origen brought to bear upon the divine books, that he even made a thorough study of the Hebrew tongue, and got into his own possession the original writings in the actual Hebrew characters, which were extant among the Jews. Thus, too, he traced the editions of the other translators of the sacred writings besides the Seventy ; and besides the beaten track of translations, that of Aquila and Symmachus and Theodotion, he discovered certain others, which were used

μυχῶν τὸν πάλαι λανθανούσας χρόνον ἀνιχνεύσας
προήγαγεν εἰς φῶς· ἐφ' ὧν διὰ τὴν ἀδηλότητα, 2
τίνος ἄρ' εἶεν οὐκ εἰδώς, αὐτὸ τοῦτο μόνον ἐπ-
εσημήνατο ὡς ἄρα τὴν μὲν εὕροι ἐν τῇ πρὸς Ἀκ-
τίοις Νικοπόλει, τὴν δὲ ἐν ἑτέρῳ τοιῷδε τόπῳ· 3
ἔν γε μὴν τοῖς Ἑξαπλοῖς τῶν Ψαλμῶν μετὰ τὰς
ἐπισήμους τέσσαρας ἐκδόσεις οὐ μόνον πέμπτην,
ἀλλὰ καὶ ἕκτην καὶ ἑβδόμην παραθεὶς ἑρμηνείαν,
ἐπὶ μιᾶς αὖθις σεσημείωται ὡς ἐν Ἱεριχοῖ εὑρη-
μένης ἐν πίθῳ κατὰ τοὺς χρόνους Ἀντωνίνου τοῦ
υἱοῦ Σευήρου. ταύτας δὲ ἁπάσας ἐπὶ ταὐτὸν 4
συναγαγὼν διελών τε πρὸς κῶλον καὶ ἀντιπαραθεὶς
ἀλλήλαις μετὰ καὶ αὐτῆς τῆς Ἑβραίων σημειώσεως
τὰ τῶν λεγομένων Ἑξαπλῶν ἡμῖν ἀντίγραφα
καταλέλοιπεν, ἰδίως τὴν Ἀκύλου καὶ Συμμάχου
καὶ Θεοδοτίωνος ἔκδοσιν ἅμα τῇ τῶν ἑβδομήκοντα
ἐν τοῖς Τετρασσοῖς ἐπισκευάσας.

XVII. Τῶν γε μὴν ἑρμηνευτῶν αὐτῶν δὴ 1
τούτων ἰστέον Ἐβιωναῖον τὸν Σύμμαχον γεγο-
νέναι· αἵρεσις δέ ἐστιν ἡ τῶν Ἐβιωναίων οὕτω
καλουμένη τῶν τὸν Χριστὸν ἐξ Ἰωσὴφ καὶ Μαρίας
γεγονέναι φασκόντων ψιλόν τε ἄνθρωπον ὑπειλη-
φότων αὐτὸν καὶ τὸν νόμον χρῆναι Ἰουδαϊκώτερον
φυλάττειν ἀπισχυριζομένων, ὥς που καὶ ἐκ τῆς
πρόσθεν ἱστορίας ἔγνωμεν. καὶ ὑπομνήματα δὲ
τοῦ Συμμάχου εἰς ἔτι νῦν φέρεται, ἐν οἷς δοκεῖ
πρὸς τὸ κατὰ Ματθαῖον ἀποτεινόμενος εὐαγγέλιον
τὴν δεδηλωμένην αἵρεσιν κρατύνειν. ταῦτα δὲ
ὁ Ὠριγένης μετὰ καὶ ἄλλων εἰς τὰς γραφὰς

---

[1] The Hexapla is the great critical work of Origen, so called
because it was arranged in *six* main columns, in the following
order from left to right: (1) Hebrew, (2) transliteration of

in turn, which, after lying hidden for a long time, he traced and brought to light, I know not from what recesses. With regard to these, on account of their obscurity (not knowing whose in the world they were) he merely indicated this : that the one he found at Nicopolis, near Actium, and the other in such another place. At any rate, in the Hexapla[1] of the Psalms, after the four well-known editions, he placed beside them not only a fifth but also a sixth and a seventh translation ; and in the case of one of these he has indicated again that it was found at Jericho in a jar in the time of Antoninus the son of Severus. All these he brought together, dividing them into clauses and placing them one over against the other, together with the actual Hebrew text ; and so he has left us the copies of the Hexapla, as it is called. He made a further separate arrangement of the edition of Aquila and Symmachus and Theodotion together with that of the Seventy, in the Tetrapla.[2]

XVII. Now as regards these same translators it is to be noted that Symmachus was an Ebionite. Those who belong to the heresy of the Ebionites, as it is called, affirm that the Christ was born of Joseph and Mary, and suppose Him to be a mere man, and strongly maintain that the law ought to be kept in a more strictly Jewish fashion, as also we saw somewhere from the foregoing history.[3] And memoirs too of Symmachus are still extant, in which, by his opposition to the Gospel according to Matthew, he seems to hold the above-mentioned heresy. These, along with other interpretations of the Scriptures by

the Hebrew into Greek letters, (3) Aquila, (4) Symmachus, (5) Septuagint, (6) Theodotion.

[2] *i.e.* the Hexapla with columns (1) and (2) omitted.

[3] iii. 27. 2.

ἑρμηνειῶν τοῦ Συμμάχου σημαίνει παρὰ Ἰουλιανῆς
τινος εἰληφέναι, ἣν καί φησιν παρ' αὐτοῦ Συμμάχου
τὰς βίβλους διαδέξασθαι.

XVIII. Ἐν τούτῳ καὶ Ἀμβρόσιος τὰ τῆς 1
Οὐαλεντίνου φρονῶν αἱρέσεως, πρὸς τῆς ὑπὸ
Ὠριγένους πρεσβευομένης ἀληθείας ἐλεγχθεὶς καὶ
ὡς ἂν ὑπὸ φωτὸς καταυγασθεὶς τὴν διάνοιαν, τῷ
τῆς ἐκκλησιαστικῆς ὀρθοδοξίας προστίθεται λόγῳ.
καὶ ἄλλοι δὲ πλείους τῶν ἀπὸ παιδείας, τῆς περὶ 2
τὸν Ὠριγένην φήμης πανταχόσε βοωμένης, ᾔεσαν
ὡς αὐτόν, πεῖραν τῆς ἐν τοῖς ἱεροῖς λόγοις ἱκανό-
τητος τἀνδρὸς ληψόμενοι· μυρίοι δὲ τῶν αἱρετικῶν
φιλοσόφων τε τῶν μάλιστα ἐπιφανῶν οὐκ ὀλίγοι
διὰ σπουδῆς αὐτῷ προσεῖχον, μόνον οὐχὶ πρὸς
τοῖς θείοις καὶ τὰ τῆς ἔξωθεν φιλοσοφίας πρὸς
αὐτοῦ παιδευόμενοι. εἰσῆγέν τε γὰρ ὅσους εὐφυῶς 3
ἔχοντας ἑώρα, καὶ ἐπὶ τὰ φιλόσοφα μαθήματα,
γεωμετρίαν καὶ ἀριθμητικὴν καὶ τἆλλα προ-
παιδεύματα παραδιδοὺς εἴς τε τὰς αἱρέσεις τὰς
παρὰ τοῖς φιλοσόφοις προάγων καὶ τὰ παρὰ
τούτοις συγγράμματα διηγούμενος ὑπομνηματιζό-
μενός τε καὶ θεωρῶν εἰς ἕκαστα, ὥστε μέγαν καὶ
παρ' αὐτοῖς Ἕλλησιν φιλόσοφον τὸν ἄνδρα κηρύτ-
τεσθαι· πολλοὺς δὲ καὶ τῶν ἰδιωτικωτέρων ἐνῆγεν 4
ἐπὶ τὰ ἐγκύκλια γράμματα, οὐ μικρὰν αὐτοῖς
ἔσεσθαι φάσκων ἐξ ἐκείνων ἐπιτηδειότητα εἰς τὴν
τῶν θείων γραφῶν θεωρίαν [τε] καὶ παρασκευήν,
ὅθεν μάλιστα καὶ ἑαυτῷ ἀναγκαίαν ἡγήσατο τὴν
περὶ τὰ κοσμικὰ καὶ φιλόσοφα μαθήματα ἄσκησιν.

XIX. Μάρτυρες δὲ καὶ τῆς περὶ ταῦτα αὐτοῦ 1
κατορθώσεως αὐτῶν Ἑλλήνων οἱ κατ' αὐτὸν
ἠκμακότες φιλόσοφοι, ὧν ἐν συγγράμμασιν πολλὴν
54

Symmachus, Origen indicates that he had received from a certain Juliana, who, he says, inherited in her turn the books from Symmachus himself.

XVIII. At this time also Ambrose, who held the views of the heresy of Valentinus,[1] was refuted by the truth as presented by Origen, and, as if his mind were illuminated by light, gave his adhesion to the true doctrine as taught by the Church. And many other cultured persons, since Origen's fame was noised abroad everywhere, came to him to make trial of the man's sufficiency in the sacred books. And numbers of the heretics, and not a few of the most distinguished philosophers, gave earnest heed to him, and, one might almost say, were instructed by him in secular philosophy as well as in divine things. For he used to introduce also to the study of philosophy as many as he saw were naturally gifted, imparting geometry and arithmetic and the other preliminary subjects, and then leading them on to the systems which are found among philosophers, giving a detailed account of their treatises, commenting upon and examining into each, so that the man was proclaimed as a great philosopher even among the Greeks themselves. And many persons also of a more ignorant character he urged to take up the ordinary elementary studies, declaring that they would derive no small advantage from these when they came to examine and study the divine Scriptures. For this reason he deemed especially necessary even for himself a training in secular and philosophic studies.

XIX. Now, as witnesses also to his achievements in this direction, we have the Greek philosophers them-selves who flourished in his day, in whose treatises

[1] A Gnostic of the 2nd century: see iv. 11. 1.

EUSEBIUS

μνήμην εὕρομεν τοῦ ἀνδρός, τοτὲ μὲν αὐτῷ προσ-
φωνούντων τοὺς ἑαυτῶν λόγους, τοτὲ δὲ ὡς
διδασκάλῳ εἰς ἐπίκρισιν τοὺς ἰδίους ἀναφερόντων
πόνους. τί δεῖ ταῦτα λέγειν, ὅτε καὶ ὁ καθ᾽ ἡμᾶς 2
ἐν Σικελίᾳ καταστὰς Πορφύριος συγγράμματα
καθ᾽ ἡμῶν ἐνστησάμενος καὶ δι᾽ αὐτῶν τὰς θείας
γραφὰς διαβάλλειν πεπειραμένος τῶν τε εἰς αὐτὰς
ἐξηγησαμένων μνημονεύσας, μηδὲν μηδαμῶς φαῦλον
ἔγκλημα τοῖς δόγμασιν ἐπικαλεῖν δυνηθείς, ἀπορίᾳ
λόγων ἐπὶ τὸ λοιδορεῖν τρέπεται καὶ τοὺς ἐξ-
ηγητὰς ἐνδιαβάλλειν, ὧν μάλιστα τὸν Ὠριγένην·
ὃν κατὰ τὴν νέαν ἡλικίαν ἐγνωκέναι φήσας, δια- 3
βάλλειν μὲν πειρᾶται, συνιστῶν δὲ ἄρα τὸν ἄνδρα
ἐλάνθανεν, τὰ μὲν ἐπαληθεύων, ἐν οἷς οὐδ᾽ ἑτέρως
αὐτῷ λέγειν ἦν δυνατόν, τὰ δὲ καὶ ψευδόμενος, ἐν
οἷς λήσεσθαι ἐνόμιζεν, καὶ τοτὲ μὲν ὡς Χριστιανοῦ
κατηγορῶν, τοτὲ δὲ τὴν περὶ τὰ φιλόσοφα μαθή-
ματα ἐπίδοσιν αὐτοῦ διαγράφων.

Ἄκουε δ᾽ οὖν ἃ φησιν κατὰ λέξιν· "τῆς δὴ 4
μοχθηρίας τῶν Ἰουδαϊκῶν γραφῶν οὐκ ἀπόστασιν,
λύσιν δέ τινες εὑρεῖν προθυμηθέντες, ἐπ᾽ ἐξηγήσεις
ἐτράποντο ἀσυγκλώστους καὶ ἀναρμόστους τοῖς
γεγραμμένοις, οὐκ ἀπολογίαν μᾶλλον ὑπὲρ τῶν
ὀθνείων, παραδοχὴν δὲ καὶ ἔπαινον τοῖς οἰκείοις
φερούσας. αἰνίγματα γὰρ τὰ φανερῶς παρὰ Μωυσεῖ
λεγόμενα εἶναι κομπάσαντες καὶ ἐπιθειάσαντες ὡς
θεσπίσματα πλήρη κρυφίων μυστηρίων διά τε τοῦ
τύφου τὸ κριτικὸν τῆς ψυχῆς καταγοητεύσαντες,
ἐπάγουσιν ἐξηγήσεις."

Εἶτα μεθ᾽ ἕτερά φησιν· "ὁ δὲ τρόπος τῆς 5

---

[1] A philosopher of the Neoplatonist school, born in A.D. 233,

56

we find frequent mention of the man. Sometimes they would dedicate their books to him, sometimes submit their own labours to him for judgement, as to a master. But why need one say this, when even Porphyry,[1] who settled in our day in Sicily, issued treatises against us, attempting in them to slander the sacred Scriptures, and mentioned those who had given their interpretations of them? And since he could not by any means bring any base charge against our opinions, for lack of argument he turned to deride and slander their interpreters also, and among these Origen especially. He says that in his early manhood he had known him; and he tries to slander the man, but unknown to himself really commends him, telling the truth in some cases, where he could not speak otherwise, in others telling lies, where he thought he could escape detection; and at one time accusing him as a Christian, at another describing his devotion to the study of philosophy.

But hear the very words that he uses: " Some, in their eagerness to find an explanation of the wickedness of the Jewish writings rather than give them up, had recourse to interpretations that are incompatible and do not harmonize with what has been written, offering not so much a defence of what was outlandish as commendation and praise of their own work. For they boast that the things said plainly by Moses are riddles, treating them as divine oracles full of hidden mysteries, and bewitching the mental judgement by their own pretentious obscurity; and so they put forward their interpretations."

Then, after other remarks, he says: " But this

who composed a lengthy treatise against Christianity, which was answered by Eusebius himself.

ἀτοπίας ἐξ ἀνδρὸς ᾧ κἀγὼ κομιδῇ νέος ὢν ἔτι
ἐντετύχηκα, σφόδρα εὐδοκιμήσαντος καὶ ἔτι δι'
ὧν καταλέλοιπεν συγγραμμάτων εὐδοκιμοῦντος,
παρειλήφθω, Ὠριγένους, οὗ κλέος παρὰ τοῖς
διδασκάλοις τούτων τῶν λόγων μέγα διαδέδοται.
ἀκροατὴς γὰρ οὗτος Ἀμμωνίου τοῦ πλείστην ἐν 6
τοῖς καθ' ἡμᾶς χρόνοις ἐπίδοσιν ἐν φιλοσοφίᾳ
ἐσχηκότος γεγονώς, εἰς μὲν τὴν τῶν λόγων
ἐμπειρίαν πολλὴν παρὰ τοῦ διδασκάλου τὴν
ὠφέλειαν ἐκτήσατο, εἰς δὲ τὴν ὀρθὴν τοῦ βίου
προαίρεσιν τὴν ἐναντίαν ἐκείνῳ πορείαν ἐποιή-
σατο. Ἀμμώνιος μὲν γὰρ Χριστιανὸς ἐν Χρι- 7
στιανοῖς ἀνατραφεὶς τοῖς γονεῦσιν, ὅτε τοῦ φρονεῖν
καὶ τῆς φιλοσοφίας ἥψατο, εὐθὺς πρὸς τὴν κατὰ
νόμους πολιτείαν μετεβάλετο, Ὠριγένης δὲ Ἕλλην
ἐν Ἕλλησιν παιδευθεὶς λόγοις, πρὸς τὸ βάρβαρον
ἐξώκειλεν τόλμημα· ᾧ δὴ φέρων αὐτόν τε καὶ τὴν
ἐν τοῖς λόγοις ἕξιν ἐκαπήλευσεν, κατὰ μὲν τὸν
βίον Χριστιανῶς ζῶν καὶ παρανόμως, κατὰ δὲ τὰς
περὶ τῶν πραγμάτων καὶ τοῦ θείου δόξας ἑλληνίζων
τε καὶ τὰ Ἑλλήνων τοῖς ὀθνείοις ὑποβαλλόμενος
μύθοις. συνῆν τε γὰρ ἀεὶ τῷ Πλάτωνι, τοῖς τε 8
Νουμηνίου καὶ Κρονίου Ἀπολλοφάνους τε καὶ
Λογγίνου καὶ Μοδεράτου Νικομάχου τε καὶ τῶν
ἐν τοῖς Πυθαγορείοις ἐλλογίμων ἀνδρῶν ὡμίλει
συγγράμμασιν, ἐχρῆτο δὲ καὶ Χαιρήμονος τοῦ
Στωϊκοῦ Κορνούτου τε ταῖς βίβλοις, παρ' ὧν τὸν
μεταληπτικὸν τῶν παρ' Ἕλλησιν μυστηρίων γνοὺς
τρόπον ταῖς Ἰουδαϊκαῖς προσῆψεν γραφαῖς."

Ταῦτα τῷ Πορφυρίῳ κατὰ τὸ τρίτον σύγγραμμα 9
τῶν γραφέντων αὐτῷ κατὰ Χριστιανῶν εἴρηται,
ἐπαληθεύσαντι μὲν περὶ τῆς τἀνδρὸς ἀσκήσεως

kind of absurdity must be traced to a man whom I met when I was still quite young, who had a great reputation, and still holds it, because of the writings he has left behind him, I mean Origen, whose fame has been widespread among the teachers of this kind of learning. For this man was a hearer of Ammonius,[1] who had the greatest proficiency in philosophy in our day ; and so far as a grasp of knowledge was concerned he owed much to his master, but as regards the right choice in life he took the opposite road to him. For Ammonius was a Christian, brought up in Christian doctrine by his parents, yet, when he began to think and study philosophy, he immediately changed his way of life conformably to the laws ; but Origen, a Greek educated in Greek learning, drove headlong towards barbarian recklessness ; and making straight for this he hawked himself and his literary skill about ; and while his manner of life was Christian and contrary to the law, in his opinions about material things and the Deity he played the Greek, and introduced Greek ideas into foreign fables. For he was always consorting with Plato, and was conversant with the writings of Numenius and Cronius, Apollophanes and Longinus and Moderatus, Nicomachus and the distinguished men among the Pythagoreans ; and he used also the books of Chaeremon the Stoic and Cornutus, from whom he learnt the figurative interpretation, as employed in the Greek mysteries, and applied it to the Jewish writings."

These statements were made by Porphyry in the third treatise of his writings against Christians. And while he tells the truth about the man's training aᴜd

---

[1] Ammonius Saccas, an Alexandrian philosopher, the teacher of Longinus and Plotinus, who is said to have died in A.D. 243.

καὶ πολυμαθείας, ψευσαμένῳ δὲ σαφῶς (τί γὰρ
οὐκ ἔμελλεν ὁ κατὰ Χριστιανῶν;)· ἐν οἷς αὐτὸν
μέν φησιν ἐξ Ἑλλήνων μετατεθεῖσθαι, τὸν δ'
Ἀμμώνιον ἐκ βίου τοῦ κατὰ θεοσέβειαν ἐπὶ τὸν
ἐθνικὸν τρόπον ἐκπεσεῖν. τῷ τε γὰρ Ὠριγένει 10
τὰ τῆς κατὰ Χριστὸν διδασκαλίας ἐκ προγόνων
ἐσῴζετο, ὡς καὶ τὰ τῆς πρόσθεν ἱστορίας ἐδήλου,
τῷ τε Ἀμμωνίῳ τὰ τῆς ἐνθέου φιλοσοφίας ἀκέραια
καὶ ἀδιάπτωτα καὶ μέχρις ἐσχάτης τοῦ βίου δι-
έμενεν τελευτῆς, ὥς που καὶ οἱ τἀνδρὸς εἰς ἔτι
νῦν μαρτυροῦσι πόνοι, δι' ὧν κατέλιπε συγγραμ-
μάτων παρὰ τοῖς πλείστοις εὐδοκιμοῦντος, ὥσπερ
οὖν καὶ ὁ ἐπιγεγραμμένος Περὶ τῆς Μωυσέως καὶ
Ἰησοῦ συμφωνίας καὶ ὅσοι ἄλλοι παρὰ τοῖς
φιλοκάλοις εὕρηνται.

Ταῦτα μὲν οὖν εἰς παράστασιν ἐκκείσθω τῆς τε 11
τοῦ ψευδηγόρου συκοφαντίας καὶ τῆς Ὠριγένους
καὶ περὶ τὰ Ἑλλήνων μαθήματα πολυπειρίας,
περὶ ἧς πρός τινας μεμψαμένους αὐτῷ διὰ τὴν
περὶ ἐκεῖνα σπουδὴν ἀπολογούμενος, ἐν ἐπιστολῇ
τινι ταῦτα γράφει· '' ἐπεὶ δὲ ἀνακειμένῳ μοι τῷ 12
λόγῳ, τῆς φήμης διατρεχούσης περὶ τῆς ἕξεως
ἡμῶν, προσῄεσαν ὁτὲ μὲν αἱρετικοί, ὁτὲ δὲ οἱ ἀπὸ
τῶν Ἑλληνικῶν μαθημάτων καὶ μάλιστα τῶν ἐν
φιλοσοφίᾳ, ἔδοξεν ἐξετάσαι τά τε τῶν αἱρετικῶν
δόγματα καὶ τὰ ὑπὸ τῶν φιλοσόφων περὶ ἀληθείας
λέγειν ἐπαγγελλόμενα. τοῦτο δὲ πεποιήκαμεν μιμη- 13
σάμενοί τε τὸν πρὸ ἡμῶν πολλοὺς ὠφελήσαντα
Πάνταινον, οὐκ ὀλίγην ἐν ἐκείνοις ἐσχηκότα παρα-
σκευήν, καὶ τὸν νῦν ἐν τῷ πρεσβυτερίῳ καθ-
εζόμενον Ἀλεξανδρέων Ἡρακλᾶν, ὅντινα εὗρον παρὰ

erudition, he clearly lies (for what is the opponent of Christians not prepared to do ?) where he says that Origen came over from the Greeks, and that Ammonius lapsed from a godly life into paganism. For Origen kept safely the Christian teaching which he had from his parents, as the history above made clear [1]; and Ammonius maintained his inspired philosophy pure and unshaken right up to the very end of his life.[2] To this fact the man's works witness to the present day, and the widespread fame that he owes to the writings he left behind him, as, for example, that entitled On the Harmony of Moses and Jesus, and all the other works that are to be found in the possession of lovers of literature.

Let these things be stated to prove at once the false one's calumny and Origen's great knowledge of Greek learning. With regard to such learning also he writes as follows in a certain epistle, defending himself against those who found fault with him for his zeal in that direction : " But as I was devoted to the word, and the fame of our proficiency was spreading abroad, there approached me sometimes heretics, sometimes those conversant with Greek learning, and especially philosophy, and I thought it right to examine both the opinions of the heretics, and also the claim that the philosophers make to speak concerning truth. And in doing this we followed the example of Pantaenus, who, before us, was of assistance to many, and had acquired no small attainments in these matters, and also Heraclas, who now has a seat in the presbytery of the Alexandrians, whom I

---

[1] 2. 7 ff.
[2] Eusebius is mistaken here. Ammonius Saccas was certainly not a Christian in later life.

τῷ διδασκάλῳ τῶν φιλοσόφων μαθημάτων, ἤδη
πέντε ἔτεσιν αὐτῷ προσκαρτερήσαντα πρὶν ἢ ἐμὲ
ἄρξασθαι ἀκούειν ἐκείνων τῶν λόγων· δι' ὃν καὶ 14
πρότερον κοινῇ ἐσθῆτι χρώμενος ἀποδυσάμενος
καὶ φιλόσοφον ἀναλαβὼν σχῆμα μέχρι τοῦ δεῦρο
τηρεῖ βιβλία τε Ἑλλήνων κατὰ δύναμιν οὐ παύεται
φιλολογῶν."

Καὶ ταῦτα μὲν αὐτῷ περὶ τῆς Ἑλληνικῆς 15
ἀσκήσεως ἀπολογουμένῳ εἴρηται· κατὰ τοῦτον δὲ
τὸν χρόνον ἐπ' Ἀλεξανδρείας αὐτῷ τὰς διατριβὰς
ποιουμένῳ ἐπιστάς τις τῶν στρατιωτικῶν ἀνεδίδου
γράμματα Δημητρίῳ τε τῷ τῆς παροικίας ἐπισκόπῳ
καὶ τῷ τότε τῆς Αἰγύπτου ἐπάρχῳ παρὰ τοῦ τῆς
Ἀραβίας ἡγουμένου, ὡς ἂν μετὰ σπουδῆς ἁπάσης
τὸν Ὠριγένην πέμψοιεν κοινωνήσοντα λόγων αὐτῷ.
καὶ δὴ ἀφικνεῖται ἐπὶ τὴν Ἀραβίαν· οὐκ εἰς
μακρὸν δὲ τὰ τῆς ἀφίξεως εἰς πέρας ἀγαγών,
αὖθις ἐπὶ τὴν Ἀλεξάνδρειαν ἐπανήει. χρόνου δὲ 16
μεταξὺ διαγενομένου, οὐ σμικροῦ κατὰ τὴν πόλιν
ἀναρριπισθέντος πολέμου, ὑπεξελθὼν τῆς Ἀλεξαν-
δρείας, ᾔει μὲν ἐπὶ Παλαιστίνης, ἐν Καισαρείᾳ δὲ
τὰς διατριβὰς ἐποιεῖτο· ἔνθα καὶ διαλέγεσθαι τάς
τε θείας ἑρμηνεύειν γραφὰς ἐπὶ τοῦ κοινοῦ τῆς
ἐκκλησίας οἱ τῇδε ἐπίσκοποι, καίτοι τῆς τοῦ
πρεσβυτερίου χειροτονίας οὐδέπω τετυχηκότα,
αὐτὸν ἠξίουν· ὃ καὶ αὐτὸ γένοιτ' ἂν ἔκδηλον ἀφ' 17
ὧν περὶ τοῦ Δημητρίου γράφοντες Ἀλέξανδρος
ὁ Ἱεροσολύμων ἐπίσκοπος καὶ Θεόκτιστος ὁ
Καισαρείας ὡδέ πως ἀπολογοῦνται. " προσ-
έθηκεν δὲ τοῖς γράμμασιν ὅτι τοῦτο οὐδέποτε
ἠκούσθη οὐδὲ νῦν γεγένηται, τὸ παρόντων ἐπι-
σκόπων λαϊκοὺς ὁμιλεῖν, οὐκ οἶδ' ὅπως προφανῶς

found with the teacher of philosophy, and who had remained five years with him before I began to attend his lectures. And though he formerly wore ordinary dress, on his teacher's account he put it off and assumed a philosophic garb,[1] which he keeps to this day, all the while studying Greek books as much as possible."

This, indeed, is what he wrote in defence of his Greek training. But at this time, while he was living at Alexandria, one of the military appeared on the scene and delivered letters to Demetrius, the bishop of the community, and to the then governor of the province of Egypt, from the ruler of Arabia, to the intent that he should send Origen with all speed for an interview with him. He duly arrived in Arabia, but soon accomplished the object of his journey thither, and returned again to Alexandria. But after the lapse of some time no small warfare[2] broke out again in the city, and leaving Alexandria secretly he went to Palestine and abode at Caesarea. And although he had not yet received ordination to the presbyterate, the bishops there requested him to discourse and expound the divine Scriptures publicly in the church. That this is so is clear from what Alexander, the bishop of Jerusalem, and Theoctistus, the bishop of Caesarea, write with reference to Demetrius. They make their defence somewhat as follows : " And he added to his letter that such a thing had never been heard of, nor taken place hitherto, that laymen should preach in the presence of bishops ; though I do not know how he comes to

---

[1] The reference is to the distinctive mantle of the Greek philosophers, called in Latin *pallium*. *Cf.* iv. 11. 8.

[2] This was no doubt the massacre of the inhabitants of Alexandria by Caracalla in A.D. 215.

οὐκ ἀληθῆ λέγων. ὅπου γοῦν εὑρίσκονται οἱ 18
ἐπιτήδειοι πρὸς τὸ ὠφελεῖν τοὺς ἀδελφούς, καὶ
παρακαλοῦνται τῷ λαῷ προσομιλεῖν ὑπὸ τῶν ἁγίων
ἐπισκόπων, ὥσπερ ἐν Λαράνδοις Εὔελπις ὑπὸ
Νέωνος καὶ ἐν Ἰκονίῳ Παυλῖνος ὑπὸ Κέλσου καὶ
ἐν Συνάδοις Θεόδωρος ὑπὸ Ἀττικοῦ, τῶν μακαρίων
ἀδελφῶν. εἰκὸς δὲ καὶ ἐν ἄλλοις τόποις τοῦτο
γίνεσθαι, ἡμᾶς δὲ μὴ εἰδέναι."

Τοῦτον καὶ ἔτι νέος ὢν ὁ δηλούμενος ἀνὴρ οὐ
πρὸς μόνων τῶν συνήθων, ἀλλὰ καὶ τῶν ἐπὶ ξένης
ἐπισκόπων ἐτιμᾶτο τὸν τρόπον. ἀλλὰ γὰρ αὖθις τοῦ 19
Δημητρίου διὰ γραμμάτων αὐτὸν ἀνακαλέσαντος
δι' ἀνδρῶν τε διακόνων τῆς ἐκκλησίας ἐπι-
σπευσάντος ἐπανελθεῖν εἰς τὴν Ἀλεξάνδρειαν, ἀφ-
ικόμενος τὰς συνήθεις ἀπετέλει σπουδάς.

XX. Ἤκμαζον δὲ κατὰ τοῦτο πλείους λόγιοι 1
καὶ ἐκκλησιαστικοὶ ἄνδρες, ὧν καὶ ἐπιστολάς,
ἃς πρὸς ἀλλήλους διεχάραττον, ἔτι νῦν σῳζομένας
εὑρεῖν εὔπορον· αἱ καὶ εἰς ἡμᾶς ἐφυλάχθησαν ἐν
τῇ κατὰ Αἰλίαν βιβλιοθήκῃ, πρὸς τοῦ τηνικάδε
τὴν αὐτόθι διέποντος ἐκκλησίαν Ἀλεξάνδρου
ἐπισκευασθείσῃ, ἀφ' ἧς καὶ αὐτοὶ τὰς ὕλας τῆς
μετὰ χεῖρας ὑποθέσεως ἐπὶ ταὐτὸν συναγαγεῖν
δεδυνήμεθα.

Τούτων Βήρυλλος σὺν ἐπιστολαῖς καὶ συγ- 2
γραμμάτων διαφόρους φιλοκαλίας καταλέλοιπεν, ἐπί-
σκοπος δ' οὗτος ἦν τῶν κατὰ Βόστραν Ἀράβων·
ὡσαύτως δὲ καὶ Ἱππόλυτος, ἑτέρας που καὶ αὐτὸς
προεστὼς ἐκκλησίας.

Ἦλθεν δὲ εἰς ἡμᾶς καὶ Γαΐου, λογιωτάτου 3

---

[1] Jerusalem. See iv. 6. 4.
[2] See c. 22, below. Very little is known about this man,

say what is evidently not true. For instance, where there are found persons suited to help the brethren, they also are invited to preach to the people by the holy bishops, as, for example, in Laranda Euelpis by Neon, and in Iconium Paulinus by Celsus, and in Synnada Theodore by Atticus, our blessed brother bishops. And it is likely that this thing happens in other places also without our knowing it."

In this way honour was paid to the man of whom we are speaking, while he was still young, not only by his fellow-countrymen but also by the bishops in a foreign land. But since Demetrius once again recalled him by letter, and by men who were deacons of the Church urged him to come back with speed to Alexandria, he returned and continued to labour with his accustomed zeal.

XX. Now there flourished at that time many learned churchmen, and the letters which they penned to one another are still extant and easily accessible. They have been preserved even to our day in the library at Aelia,[1] equipped by Alexander, then ruling the church there ; from which also we have been able ourselves to gather together the material for our present work.

Of these Beryllus has left behind him, as well as letters, varied and beautiful compositions. He was bishop of the Arabians at Bostra. And likewise also Hippolytus,[2] who also presided over another church somewhere.

And there has reached us also a Dialogue of Gaius,

who was the greatest scholar of the Western Church in the first three centuries, although conjecture and controversy regarding him have been rife in modern times. His dates are c. A.D. 160 to c. 235.

ἀνδρός, διάλογος, ἐπὶ Ῥώμης κατὰ Ζεφυρῖνον πρὸς Πρόκλον τῆς κατὰ Φρύγας αἱρέσεως ὑπερμαχοῦντα κεκινημένος· ἐν ᾧ τῶν δι' ἐναντίας τὴν περὶ τὸ συντάττειν καινὰς γραφὰς προπέτειάν τε καὶ τόλμαν ἐπιστομίζων, τῶν τοῦ ἱεροῦ ἀποστόλου δεκατριῶν μόνων ἐπιστολῶν μνημονεύει, τὴν πρὸς Ἑβραίους μὴ συναριθμήσας ταῖς λοιπαῖς, ἐπεὶ καὶ εἰς δεῦρο παρὰ Ῥωμαίων τισὶν οὐ νομίζεται τοῦ ἀποστόλου τυγχάνειν.

XXI. Ἀλλὰ γὰρ Ἀντωνῖνον ἔτη βασιλεύσαντα 1 ἑπτὰ καὶ μῆνας ἓξ Μακρῖνος διαδέχεται· τούτου δ' ἐπ' ἐνιαυτὸν διαγενομένου, αὖθις ἕτερος Ἀντωνῖνος τὴν Ῥωμαίων ἡγεμονίαν παραλαμβάνει· οὗ κατὰ τὸ πρῶτον ἔτος ὁ Ῥωμαίων ἐπίσκοπος Ζεφυρῖνος μεταλλάττει τὸν βίον, ὅλοις ὀκτωκαίδεκα διακατασχὼν ἔτεσιν τὴν λειτουργίαν· μεθ' ὃν 2 Κάλλιστος τὴν ἐπισκοπὴν ἐγχειρίζεται, ὃς ἐπιβιώσας ἔτεσιν πέντε, Οὐρβανῷ τὴν λειτουργίαν καταλείπει.

Αὐτοκράτωρ Ἀλέξανδρος ἐπὶ τούτοις διαδέχεται τὴν Ῥωμαίων ἀρχήν, ἐπὶ τέτταρσιν μόνοις ἔτεσιν Ἀντωνίνου διαγενομένου. ἐν τούτῳ δὲ καὶ ἐπὶ τῆς Ἀντιοχέων ἐκκλησίας Ἀσκληπιάδην Φιλητὸς διαδέχεται.

Τοῦ δ' αὐτοκράτορος μήτηρ, Μαμαία τοὔνομα, 3 εἰ καί τις ἄλλη θεοσεβεστάτη γυνή, τῆς Ὠριγένους πανταχόσε βοωμένης φήμης, ὡς καὶ μέχρι τῶν αὐτῆς ἐλθεῖν ἀκοῶν, περὶ πολλοῦ ποιεῖται τῆς τοῦ ἀνδρὸς θέας ἀξιωθῆναι καὶ τῆς ὑπὸ πάντων θαυμαζομένης περὶ τὰ θεῖα συνέσεως αὐτοῦ πεῖραν λαβεῖν. ἐπ' Ἀντιοχείας δῆτα διατρίβουσα, μετὰ 4 στρατιωτικῆς δορυφορίας αὐτὸν ἀνακαλεῖται· παρ'

a very learned person (which was set a-going at Rome
in the time of Zephyrinus), with Proclus the champion
of the heresy of the Phrygians.[1] In which, when
curbing the recklessness and audacity of his
opponents in composing new Scriptures, he mentions
only thirteen epistles of the holy Apostle, not
numbering the Epistle to the Hebrews with the
rest; seeing that even to this day among the Romans
there are some who do not consider it to be the
Apostle's.

XXI. But indeed when Antoninus had reigned for
seven years and six months he was succeeded by
Macrinus[2]; and when he had continued in office for
a year, again another Antoninus[3] received the Roman
government. In the first year of the latter, Zephy-
rinus, the bishop of the Romans,[4] departed this life,
having held the ministry for eighteen entire years.
After him Callistus was entrusted with the epis-
copate; he survived five years and then left the
ministry to Urban.

After this the Emperor Alexander succeeded to
the principate of the Romans, Antoninus having
continued in office for only four years. At this time
also Philetus succeeded Asclepiades in the church
of the Antiochenes.

Origen's fame was now universal, so as to reach the
ears of the Emperor's mother, Mamaea by name, a
religious woman if ever there was one. She set great
store on securing a sight of the man, and on testing
that understanding of divine things which was the
wonder of all. She was then staying at Antioch, and
summoned him to her presence with a military escort.

[1] See ii. 25. 6, and note.   [2] A.D. 217.
[3] Generally known as Elagabalus.   [4] A.D. 222.

ᾗ χρόνον διατρίψας πλεῖστά τε ὅσα εἰς τὴν τοῦ
κυρίου δόξαν καὶ τῆς τοῦ θείου διδασκαλείου
ἀρετῆς ἐπιδειξάμενος, ἐπὶ τὰς συνήθεις ἔσπευδεν
διατριβάς.

XXII. Τότε δῆτα καὶ Ἱππόλυτος συντάττων 1
μετὰ πλείστων ἄλλων ὑπομνημάτων καὶ τὸ Περὶ
τοῦ πάσχα πεποίηται σύγγραμμα, ἐν ᾧ τῶν
χρόνων ἀναγραφὴν ἐκθέμενος καί τινα κανόνα
ἑκκαιδεκαετηρίδος περὶ τοῦ πάσχα προθείς, ἐπὶ
τὸ πρῶτον ἔτος αὐτοκράτορος Ἀλεξάνδρου τοὺς
χρόνους περιγράφει· τῶν δὲ λοιπῶν αὐτοῦ συγ-
γραμμάτων τὰ εἰς ἡμᾶς ἐλθόντα ἐστὶν τάδε· Εἰς
τὴν Ἑξαήμερον, Εἰς τὰ μετὰ τὴν Ἑξαήμερον,
Πρὸς Μαρκίωνα, Εἰς τὸ Ἄισμα, Εἰς μέρη τοῦ
Ἰεζεκιήλ, Περὶ τοῦ πάσχα, Πρὸς ἁπάσας τὰς
αἱρέσεις, πλεῖστά τε ἄλλα καὶ παρὰ πολλοῖς εὕροις
ἂν σῳζόμενα.

XXIII. Ἐξ ἐκείνου δὲ καὶ Ὡριγένει τῶν εἰς 1
τὰς θείας γραφὰς ὑπομνημάτων ἐγίνετο ἀρχή,
Ἀμβροσίου παρορμῶντος αὐτὸν μυρίαις ὅσαις
οὐ προτροπαῖς ταῖς διὰ λόγων καὶ παρακλήσεσιν
αὐτὸ μόνον, ἀλλὰ καὶ ἀφθονωτάταις τῶν ἐπιτηδείων
χορηγίαις. ταχυγράφοι τε γὰρ αὐτῷ πλείους ἢ 2
ἑπτὰ τὸν ἀριθμὸν παρῆσαν ὑπαγορεύοντι, χρόνοις
τεταγμένοις ἀλλήλους ἀμείβοντες, βιβλιογράφοι
τε οὐχ ἥττους ἅμα καὶ κόραις ἐπὶ τὸ καλλιγραφεῖν
ἠσκημέναις· ὧν ἁπάντων τὴν δέουσαν τῶν ἐπι-
τηδείων ἄφθονον περιουσίαν ὁ Ἀμβρόσιος παρ-
εστήσατο· ναὶ μὴν καὶ ἐν τῇ περὶ τὰ θεῖα λόγια
ἀσκήσει τε καὶ σπουδῇ προθυμίαν ἄφατον αὐτῷ
συνεισέφερεν, ᾗ καὶ μάλιστα αὐτὸν προύτρεπεν
ἐπὶ τὴν τῶν ὑπομνημάτων σύνταξιν.

And when he had stayed with her for some time, and shown her very many things that were for the glory of the Lord and the excellence of the divine teaching, he hastened back to his accustomed duties.

XXII. At that very time also Hippolytus, besides very many other memoirs, composed the treatise *On the Pascha*, in which he sets forth a register of the times and puts forward a certain canon of a sixteen-years cycle for the Pascha, using the first year of the Emperor Alexander as a terminus in measuring his dates. Of his other treatises the following have reached us: *On the Hexaëmeron*,[1] *On what followed the Hexaëmeron, Against Marcion, On the Song, On Parts of Ezekiel, On the Pascha, Against All the Heresies*; and very many others also might be found preserved by many people.

XXIII. Starting from that time also Origen's commentaries on the divine Scriptures had their beginning, at the instigation of Ambrose, who not only plied him with innumerable verbal exhortations and encouragements, but also provided him unstintingly with what was necessary. For as he dictated there were ready at hand more than seven shorthand-writers, who relieved each other at fixed times, and as many copyists, as well as girls skilled in penmanship; for all of whom Ambrose supplied without stint the necessary means. Nay further, he contributed to Origen a vast amount of zeal in the earnest study of the divine oracles, a zeal which more than anything else acted as an incentive to him to compose his commentaries.

---

[1] *i.e.* the Six Days of Creation.

Τούτων δὲ οὕτως ἐχόντων, Οὐρβανὸν ἐπι- 3
σκοπεύσαντα τῆς 'Ρωμαίων ἐκκλησίας ἔτεσιν ὀκτὼ
διαδέχεται Ποντιανός, τῆς δ' 'Αντιοχέων μετὰ
Φιλητὸν Ζέβεννος· καθ' οὓς 'Ωριγένης, ἐπειγούσης 4
χρείας ἐκκλησιαστικῶν ἕνεκα πραγμάτων ἐπὶ τὴν
Ἑλλάδα στειλάμενος τὴν διὰ Παλαιστίνης, πρε-
σβείου χειροθεσίαν ἐν Καισαρείᾳ πρὸς τῶν τῇδε
ἐπισκόπων ἀναλαμβάνει. τὰ μὲν οὖν ἐπὶ τούτῳ
περὶ αὐτοῦ κεκινημένα τά τε ἐπὶ τοῖς κινηθεῖσιν
δεδογμένα τοῖς τῶν ἐκκλησιῶν προεστῶσιν ὅσα
τε ἄλλα ἀκμάζων περὶ τὸν θεῖον εἰσενήνεκται
λόγον, ἰδίας δεόμενα συντάξεως, μετρίως ἐν τῷ
δευτέρῳ ἧς ὑπὲρ αὐτοῦ πεποιήμεθα ἀπολογίας
ἀνεγράψαμεν.

XXIV. Ταῦτα δ' ἐκείνοις δέοι ἂν ἐπιθεῖναι 1
ὡς ἐν μὲν τῷ ἕκτῳ τῶν εἰς τὸ κατὰ 'Ιωάννην
Ἐξηγητικῶν σημαίνει τὰ πρότερα πέντε ἐπ' 'Αλεξ-
ανδρείας ἔτ' ὄντα αὐτὸν συντάξαι, τῆς δ' εἰς τὸ
πᾶν εὐαγγέλιον αὐτὸ δὴ τοῦτο πραγματείας μόνοι
δύο καὶ εἴκοσι εἰς ἡμᾶς περιῆλθον τόμοι· κατὰ δὲ 2
τὸ ἔνατον τῶν Εἰς τὴν Γένεσιν (δώδεκα δ' ἐστὶν
τὰ πάντα) οὐ μόνον τοὺς πρὸ τοῦ ἐνάτου δηλοῖ
ἐπὶ τῆς 'Αλεξανδρείας ὑπεμνηματίσθαι, καὶ εἰς
τοὺς πρώτους δὲ πέντε καὶ εἴκοσι Ψαλμοὺς ἔτι
τε τὰ εἰς τοὺς Θρήνους, ὧν εἰς ἡμᾶς ἐληλύθασιν
τόμοι πέντε, ἐν οἷς μέμνηται καὶ τῶν Περὶ ἀνα-
στάσεως· δύο δ' ἐστὶν καὶ ταῦτα. οὐ μὴν ἀλλὰ 3
καὶ τὰ Περὶ ἀρχῶν πρὸ τῆς ἀπ' 'Αλεξανδρείας
μεταναστάσεως γράφει, καὶ τοὺς ἐπιγεγραμμένους
Στρωματεῖς, ὄντας τὸν ἀριθμὸν δέκα, ἐπὶ τῆς
αὐτῆς πόλεως κατὰ τὴν 'Αλεξάνδρου συντάττει

Such was the state of affairs when Pontianus succeeded Urban, who had been bishop of the church of the Romans for eight years, and Zebennus came after Philetus as [bishop] of the [church] of the Antiochenes. In their day Origen journeyed to Greece through Palestine because of an urgent necessity in Church matters, and received the laying-on of hands for the presbyterate at Caesarea from the bishops there. The agitation that was set on foot concerning him on this account, and the decisions made by those who presided over the churches on the matters agitated, as well as the other contributions that he made as he was reaching his prime to the study of the divine Word, require a separate composition, and we have given a fairly full account of them in the second [book] of the *Apology* that we have written on his behalf.

XXIV. But to that information it is necessary to add that in the sixth of his *Expositions on the* [Gospel] *according to John* he indicates that he composed the first five while he was still at Alexandria ; but of this work on the whole of the selfsame Gospel only twenty-two tomes have come our way. And [we must also state] that in the ninth of those *On Genesis* (there are twelve in all) he shows that not only were those before the ninth written at Alexandria, but also [his commentary] on the first twenty-five Psalms, and, as well, those on Lamentations, of which there have come to us five tomes. In these he mentions also those *On the Resurrection*, of which there are two. Moreover he wrote his *De Principiis* before his removal from Alexandria, and he composed the [books] entitled *Stromateis*, ten in number, in the same city in the reign of Alexander, as is shown

71

EUSEBIUS

βασιλείαν, ὡς καὶ τοῦτο ὁλόγραφοι δηλοῦσιν αὐτοῦ πρὸ τῶν τόμων ἐπισημειώσεις.

XXV. Τὸν μέν γε πρῶτον ἐξηγούμενος Ψαλμόν, ἔκθεσιν πεποίηται τοῦ τῶν ἱερῶν γραφῶν τῆς παλαιᾶς διαθήκης καταλόγου, ὧδέ πως γράφων κατὰ λέξιν· "οὐκ ἀγνοητέον δ' εἶναι τὰς ἐνδιαθήκους βίβλους, ὡς Ἑβραῖοι παραδιδόασιν, δύο καὶ εἴκοσι, ὅσος ἀριθμὸς τῶν παρ' αὐτοῖς στοιχείων ἐστίν."

Εἶτα μετά τινα ἐπιφέρει λέγων· "εἰσὶν δὲ αἱ εἴκοσι δύο βίβλοι καθ' Ἑβραίους αἵδε· ἡ παρ' ἡμῖν Γένεσις ἐπιγεγραμμένη, παρὰ δ' Ἑβραίοις ἀπὸ τῆς ἀρχῆς τῆς βίβλου Βρησιθ, ὅπερ ἐστὶν ' ἐν ἀρχῇ '· Ἔξοδος, Ουελλεσμωθ, ὅπερ ἐστὶν ' ταῦτα τὰ ὀνόματα '· Λευιτικόν, Ουϊκρα, ' καὶ ἐκάλεσεν '· Ἀριθμοί, Αμμεσφεκωδειμ· Δευτερονόμιον, Ελλεαδδεβαρειμ, ' οὗτοι οἱ λόγοι '· Ἰησοῦς υἱὸς Ναυῆ, Ιωσουεβεννουν· Κριταί, Ῥούθ, παρ' αὐτοῖς ἐν ἑνί, Σωφτειμ· Βασιλειῶν αʹ βʹ, παρ' αὐτοῖς ἕν, Σαμουηλ, ' ὁ θεόκλητος '· Βασιλειῶν γʹ δʹ ἐν ἑνί, Ουαμμελχδαυιδ, ὅπερ ἐστὶν ' βασιλεία Δαυίδ '· Παραλειπομένων αʹ βʹ ἐν ἑνί, Δαβρηϊαμειν ὅπερ ἐστὶν ' λόγοι ἡμερῶν '· Ἔζρας αʹ βʹ ἐν ἑνί, Εζρα, ὅ ἐστι ' βοηθός '· βίβλος Ψαλμῶν, Σφαρθελλειμ· Σολομῶνος παροιμίαι, Μελωθ· Ἐκκλησιαστής, Κωελθ· Ἄισμα ᾀσμάτων (οὐ γάρ, ὡς ὑπολαμβάνουσίν τινες, Ἄισματα ᾀσμάτων), Σιρασσιρειμ· Ἡσαΐας, Ιεσσια· Ἱερεμίας σὺν Θρήνοις καὶ τῇ Ἐπιστολῇ ἐν ἑνί, Ιερεμια· Δανιήλ, Δανιηλ· Ἰεζεκιήλ, Ιεζεκιηλ· Ἰώβ, Ιωβ·

72

by the annotations in his own hand in front of the tomes.

XXV. Now while expounding the first Psalm he set forth the catalogue of the sacred Scriptures of the Old Testament, writing somewhat as follows in these words : " But it should be known that there are twenty-two canonical books, according to the Hebrew tradition ; the same as the number of the letters of their alphabet."

Then further on he adds as follows : " These are the twenty-two books according to the Hebrews : That which is entitled with us Genesis, but with the Hebrews, from the beginning of the book, Brēsith, that is ' In the beginning.' Exodus, Ouelle smōth, that is, ' These are the names.' Leviticus, Ouïkra, ' And he called.' Numbers, Ammes phekōdeim.[1] Deuteronomy, Elle addebareim, ' These are the words.' Jesus the son of Nave, Iōsoue ben noun. Judges, Ruth, with them in one book, Sōphteim.[2] Of Kingdoms i, ii, with them one, Samuel, ' The called of God.' Of Kingdoms iii, iv, in one, Ouammelch david, that is, ' The kingdom of David.' Chronicles i, ii, in one, Dabrē iamein, that is, ' Words of days.' Esdras i, ii, in one, Ezra, that is, ' Helper.' Book of Psalms, Sphar thelleim. Proverbs of Solomon, Melōth. Ecclesiastes, Kōelth. Song of Songs (not, as some suppose, Songs of Songs), Sir assireim. Esaias, Iessia. Jeremiah with Lamentations and the Letter, in one, Jeremia. Daniel, Daniēl. Ezekiel, Ezekiēl. Job, Jōb. Esther, Esthēr. And outside

---

[1] *i.e.* " fifth (book) of the precepts " or " of the mustered men."

[2] A transliteration of the Hebrew word meaning " judges."

Ἐσθήρ, Εσθηρ. ἔξω δὲ τούτων ἐστὶ τὰ Μακκα-
βαϊκά, ἅπερ ἐπιγέγραπται Σαρβηθσαβαναιελ.''

Ταῦτα μὲν οὖν ἐν τῷ προειρημένῳ τίθησι 3
συγγράμματι· ἐν δὲ τῷ πρώτῳ τῶν εἰς τὸ κατὰ
Ματθαῖον, τὸν ἐκκλησιαστικὸν φυλάττων κανόνα,
μόνα τέσσαρα εἰδέναι εὐαγγέλια μαρτύρεται, ὧδέ
πως γράφων· '' ὡς ἐν παραδόσει μαθὼν περὶ 4
τῶν τεσσάρων εὐαγγελίων, ἃ καὶ μόνα ἀναντίρρητά
ἐστιν ἐν τῇ ὑπὸ τὸν οὐρανὸν ἐκκλησίᾳ τοῦ θεοῦ,
ὅτι πρῶτον μὲν γέγραπται τὸ κατὰ τόν ποτε
τελώνην, ὕστερον δὲ ἀπόστολον Ἰησοῦ Χριστοῦ
Ματθαῖον, ἐκδεδωκότα αὐτὸ τοῖς ἀπὸ Ἰουδαϊσμοῦ
πιστεύσασιν, γράμμασιν Ἑβραϊκοῖς συντεταγμένον·
δεύτερον δὲ τὸ κατὰ Μάρκον, ὡς Πέτρος ὑφηγήσατο 5
αὐτῷ, ποιήσαντα, ὃν καὶ υἱὸν ἐν τῇ καθολικῇ
1 Pet. 5, 13 ἐπιστολῇ διὰ τούτων ὡμολόγησεν φάσκων ' ἀσπά-
ζεται ὑμᾶς ἡ ἐν Βαβυλῶνι συνεκλεκτὴ καὶ Μάρ-
κος ὁ υἱός μου '· καὶ τρίτον τὸ κατὰ Λουκᾶν, τὸ 6
See 2 Cor.
8, 18 ὑπὸ Παύλου ἐπαινούμενον εὐαγγέλιον τοῖς ἀπὸ
τῶν ἐθνῶν πεποιηκότα· ἐπὶ πᾶσιν τὸ κατὰ
Ἰωάννην.''

Καὶ ἐν τῷ πέμπτῳ δὲ τῶν εἰς τὸ κατὰ Ἰωάννην 7
Ἐξηγητικῶν ὁ αὐτὸς ταῦτα περὶ τῶν ἐπιστολῶν
2 Cor. 3, 6 τῶν ἀποστόλων φησίν· '' ὁ δὲ ἱκανωθεὶς διάκονος
γενέσθαι τῆς καινῆς διαθήκης, οὐ γράμματος,
ἀλλὰ πνεύματος, Παῦλος, ὁ πεπληρωκὼς τὸ
Rom. 15, 19 εὐαγγέλιον ἀπὸ Ἱερουσαλὴμ καὶ κύκλῳ μέχρι
τοῦ Ἰλλυρικοῦ, οὐδὲ πάσαις ἔγραψεν αἷς ἐδίδαξεν
ἐκκλησίαις, ἀλλὰ καὶ αἷς ἔγραψεν, ὀλίγους στί-

---

1 This name is interesting as evidence of the existence in
the third century of the Hebrew original of 1 Maccabees,
but its meaning is obscure. Possibly a φ has dropped out

these there are the Maccabees, which are entitled
Sar bēth sabanai el." [1]

These things he inserts in the above-mentioned
treatise. But in the first of his [*Commentaries*] *on
the Gospel according to Matthew*, defending the canon
of the Church, he gives his testimony that he knows
only four Gospels, writing somewhat as follows:
". . . as having learnt by tradition concerning the
four Gospels, which alone are unquestionable in the
Church of God under heaven, that first was written
that according to Matthew, who was once a tax-
collector but afterwards an apostle of Jesus Christ,
who published it for those who from Judaism came to
believe, composed as it was in the Hebrew language.
Secondly, that according to Mark, who wrote it in
accordance with Peter's instructions, whom also Peter
acknowledged as his son in the catholic epistle,
speaking in these terms: 'She that is in Babylon,
elect together with you, saluteth you; and so doth
Mark my son.' And thirdly, that according to Luke,
who wrote, for those who from the Gentiles [came to
believe], the Gospel that was praised by Paul. After
them all, that according to John."

And in the fifth of his *Expositions on the Gospel
according to John* the same person says this with
reference to the epistles of the apostles: " But he
who was made sufficient to become a minister of the
new covenant, not of the letter but of the spirit, even
Paul, who fully preached the Gospel from Jerusalem
and round about even unto Illyricum, did not so
much as write to all the churches that he taught;
and even to those to which he wrote he sent but a few

of the first word in the text, and so it would represent " The
history of the house of the warriors."

Matt. 16, 18 χους ἐπέστειλεν. Πέτρος δέ, ἐφ' ᾧ οἰκοδομεῖται 8
ἡ Χριστοῦ ἐκκλησία, ἧς πύλαι Ἅιδου οὐ κατ-
ισχύσουσιν, μίαν ἐπιστολὴν ὁμολογουμένην κατα-
λέλοιπεν, ἔστω δὲ καὶ δευτέραν· ἀμφιβάλλεται
John 13, 25 γάρ. τί δεῖ περὶ τοῦ ἀναπεσόντος ἐπὶ τὸ στῆθος 9
λέγειν τοῦ Ἰησοῦ, Ἰωάννου, ὃς εὐαγγέλιον ἐν
καταλέλοιπεν, ὁμολογῶν δύνασθαι τοσαῦτα ποιή- 10
John 21, 25 σειν ἃ οὐδ' ὁ κόσμος χωρῆσαι ἐδύνατο, ἔγραψεν
Rev. 10, 3, 4 δὲ καὶ τὴν Ἀποκάλυψιν, κελευσθεὶς σιωπῆσαι
καὶ μὴ γράψαι τὰς τῶν ἑπτὰ βροντῶν φωνάς;
καταλέλοιπεν καὶ ἐπιστολὴν πάνυ ὀλίγων στίχων,
ἔστω δὲ καὶ δευτέραν καὶ τρίτην· ἐπεὶ οὐ πάντες
φασὶν γνησίους εἶναι ταύτας· πλὴν οὐκ εἰσὶν
στίχων ἀμφότεραι ἑκατόν."

Ἔτι πρὸς τούτοις περὶ τῆς Πρὸς Ἑβραίους 11
ἐπιστολῆς ἐν ταῖς εἰς αὐτὴν Ὁμιλίαις ταῦτα
διαλαμβάνει· "ὅτι ὁ χαρακτὴρ τῆς λέξεως τῆς
Πρὸς Ἑβραίους ἐπιγεγραμμένης ἐπιστολῆς οὐκ
2 Cor. 11, 6 ἔχει τὸ ἐν λόγῳ ἰδιωτικὸν τοῦ ἀποστόλου, ὁμολογή-
σαντος ἑαυτὸν ἰδιώτην εἶναι τῷ λόγῳ, τοῦτ' ἐστὶν
τῇ φράσει, ἀλλ' ἐστὶν ἡ ἐπιστολὴ συνθέσει τῆς
λέξεως Ἑλληνικωτέρα, πᾶς ὁ ἐπιστάμενος κρίνειν 12
φράσεων διαφορὰς ὁμολογήσαι ἄν. πάλιν τε αὖ
ὅτι τὰ νοήματα τῆς ἐπιστολῆς θαυμάσιά ἐστιν
καὶ οὐ δεύτερα τῶν ἀποστολικῶν ὁμολογουμένων
γραμμάτων, καὶ τοῦτο ἂν συμφήσαι εἶναι ἀληθὲς
πᾶς ὁ προσέχων τῇ ἀναγνώσει τῇ ἀποστολικῇ."

Τούτοις μεθ' ἕτερα ἐπιθέρει λέγων· "ἐγὼ δὲ 13
ἀποφαινόμενος εἴποιμ' ἂν ὅτι τὰ μὲν νοήματα τοῦ
ἀποστόλου ἐστίν, ἡ δὲ φράσις καὶ ἡ σύνθεσις
ἀπομνημονεύσαντός τινος τὰ ἀποστολικὰ καὶ
ὥσπερ σχολιογραφήσαντός τινος τὰ εἰρημένα ὑπὸ
76

lines. And Peter, on whom the Church of Christ is built, against which the gates of Hades shall not prevail, has left one acknowledged epistle, and, it may be, a second also; for it is doubted. Why need I speak of him who leaned back on Jesus' breast, John, who has left behind one Gospel, confessing that he could write so many that even the world itself could not contain them; and he wrote also the Apocalypse, being ordered to keep silence and not to write the voices of seven thunders? He has left also an epistle of a very few lines, and, it may be, a second and a third; for not all say that these are genuine. Only, the two of them together are not a hundred lines long."

Furthermore, he thus discusses the Epistle to the Hebrews, in his *Homilies* upon it: "That the character of the diction of the epistle entitled To the Hebrews has not the apostle's rudeness in speech, who confessed himself rude in speech, that is, in style, but that the epistle is better Greek in the framing of its diction, will be admitted by everyone who is able to discern differences of style. But again, on the other hand, that the thoughts of the epistle are admirable, and not inferior to the acknowledged writings of the apostle, to this also everyone will consent as true who has given attention to reading the apostle."

Further on, he adds the following remarks: "But as for myself, if I were to state my own opinion, I should say that the thoughts are the apostle's, but that the style and composition belong to one who called to mind the apostle's teachings and, as it were,

77

τοῦ διδασκάλου. εἴ τις οὖν ἐκκλησία ἔχει ταύτην
τὴν ἐπιστολὴν ὡς Παύλου, αὕτη εὐδοκιμείτω καὶ
ἐπὶ τούτῳ· οὐ γὰρ εἰκῇ οἱ ἀρχαῖοι ἄνδρες ὡς
Παύλου αὐτὴν παραδεδώκασιν. τίς δὲ ὁ γράψας 14
τὴν ἐπιστολήν, τὸ μὲν ἀληθὲς θεὸς οἶδεν, ἡ δὲ εἰς
ἡμᾶς φθάσασα ἱστορία ὑπὸ τινῶν μὲν λεγόντων
ὅτι Κλήμης, ὁ γενόμενος ἐπίσκοπος Ῥωμαίων,
ἔγραψεν τὴν ἐπιστολήν, ὑπὸ τινῶν δὲ ὅτι Λουκᾶς,
ὁ γράψας τὸ εὐαγγέλιον καὶ τὰς Πράξεις.''

XXVI. Ἀλλὰ ταῦτα μὲν ὧδε ἐχέτω· ἔτος δ' 1
ἦν τοῦτο δέκατον τῆς δηλουμένης ἡγεμονίας, καθ'
ὃ τὴν ἀπ' Ἀλεξανδρείας μετανάστασιν ἐπὶ τὴν
Καισάρειαν ὁ Ὠριγένης ποιησάμενος, Ἡρακλᾷ
τὸ τῆς κατηχήσεως τῶν αὐτόθι διδασκαλεῖον
καταλείπει· οὐκ εἰς μακρὸν δὲ καὶ Δημήτριος ὁ
τῆς Ἀλεξανδρέων ἐκκλησίας ἐπίσκοπος τελευτᾷ,
ἐφ' ὅλοις ἔτεσι τρισὶ καὶ τεσσαράκοντα τῇ λειτουρ-
γίᾳ διαρκέσας· διαδέχεται δ' αὐτὸν ὁ Ἡρακλᾶς.

XXVII Διέπρεπεν δ' ἐν τούτῳ Φιρμιλιανός, 1
Καισαρείας τῆς Καππαδοκῶν ἐπίσκοπος, τοσαύτην
εἰσάγων περὶ τὸν Ὠριγένην σπουδήν, ὡς τοτὲ μὲν
αὐτὸν ἀμφὶ τὰ κατ' αὐτὸν κλίματα εἰς τὴν τῶν
ἐκκλησιῶν ὠφέλειαν ἐκκαλεῖσθαι, τοτὲ δὲ ὡς
αὐτὸν ἐπὶ τὴν Ἰουδαίαν στέλλεσθαι καί τινας αὐτῷ
συνδιατρίβειν χρόνους τῆς εἰς τὰ θεῖα βελτιώσεως
ἕνεκα. οὐ μὴν ἀλλὰ καὶ ὁ τῆς Ἱεροσολύμων
προεστὼς Ἀλέξανδρος Θεόκτιστός τε ὁ κατὰ
Καισάρειαν τὸν πάντα χρόνον προσανέχοντες αὐτῷ,
οἷα διδασκάλῳ μόνῳ, τὰ τῆς τῶν θείων γραφῶν
ἑρμηνείας καὶ τὰ λοιπὰ τοῦ ἐκκλησιαστικοῦ λόγου
πράττειν συνεχώρουν.

XXVIII. Τόν γε μὴν Ῥωμαίων αὐτοκράτορα 1

made short notes of what his master said. If any church, therefore, holds this epistle as Paul's, let it be commended for this also. For not without reason have the men of old time handed it down as Paul's. But who wrote the epistle, in truth God knows. Yet the account which has reached us [is twofold], some saying that Clement, who was bishop of the Romans, wrote the epistle, others, that it was Luke, he who wrote the Gospel and the Acts."

XXVI. But this must suffice on these matters. Now it was in the tenth year of the above-mentioned reign[1] that Origen removed from Alexandria to Caesarea, leaving to Heraclas the Catechetical School for those in the city. And not long afterwards Demetrius, the bishop of the church of the Alexandrians, died, having continued in the ministry for forty-three entire years. He was succeeded by Heraclas.

XXVII. Now at this time Firmilian, bishop of Caesarea in Cappadocia, was distinguished; he displayed such esteem for Origen, that at one time he would summon him to his own parts for the benefit of the churches; at another, journey himself to Judaea, and spend some time with him for his own betterment in divine things. Nay further, Alexander, who presided over the [church] of Jerusalem, and Theoctistus, [who presided] at Caesarea, continued their attendance on him the whole time, as their only teacher, and used to concede to him the task of expounding the divine Scriptures, and the other parts of the Church's instruction.

XXVIII. But to resume. When Alexander the

[1] A.D. 232.

Ἀλέξανδρον τρισὶν ἐπὶ δέκα ἔτεσιν τὴν ἀρχὴν
διανύσαντα Μαξιμῖνος Καῖσαρ διαδέχεται· ὃς δὴ
κατὰ κότον τὸν πρὸς τὸν Ἀλεξάνδρου οἶκον, ἐκ
πλειόνων πιστῶν συνεστῶτα, διωγμὸν ἐγείρας,
τοὺς τῶν ἐκκλησιῶν ἄρχοντας μόνους ὡς αἰτίους
τῆς κατὰ τὸ εὐαγγέλιον διδασκαλίας ἀναιρεῖσθαι
προστάττει. τότε καὶ Ὠριγένης τὸν Περὶ μαρ-
τυρίου συντάττει, Ἀμβροσίῳ καὶ Πρωτοκτήτῳ
πρεσβυτέρῳ τῆς ἐν Καισαρείᾳ παροικίας ἀναθεὶς
τὸ σύγγραμμα, ὅτι δὴ ἄμφω περίστασις οὐχ ἡ
τυχοῦσα ἐν τῷ διωγμῷ κατειλήφει· ἐν ᾗ καὶ
διαπρέψαι κατέχει λόγος ἐν ὁμολογίᾳ τοὺς ἄνδρας,
οὐ πλείονος ἢ τριετοῦς χρόνου τῷ Μαξιμίνῳ
διαγενομένου. σεσημείωται δὲ τουτονὶ τοῦ διωγ-
μοῦ τὸν καιρὸν ἔν τε τῷ δευτέρῳ καὶ εἰκοστῷ τῶν
εἰς τὸ κατὰ Ἰωάννην Ἐξηγητικῶν καὶ ἐν διαφόροις
ἐπιστολαῖς Ὠριγένης.

XXIX. Γορδιανοῦ δὲ μετὰ Μαξιμῖνον τὴν 1
Ῥωμαίων ἡγεμονίαν διαδεξαμένου, τῆς κατὰ
Ῥώμην ἐκκλησίας Ποντιανὸν ἔτεσιν ἓξ ἐπισκοπεύ-
σαντα διαδέχεται Ἀντέρως καὶ τοῦτον Φαβιανός,
ἐπὶ μῆνα τῇ λειτουργίᾳ διακονησάμενον. ἐξ ἀγροῦ 2
φασιν τὸν Φαβιανὸν μετὰ τὴν Ἀντέρωτος τελευτὴν
ἅμ' ἑτέροις συνελθόντα ἐπιχωριάζειν τῇ Ῥώμῃ,
ἔνθα παραδοξότατα πρὸς τῆς θείας καὶ οὐρανίου
χάριτος ἐπὶ τὸν κλῆρον παρεληλυθέναι. τῶν γὰρ 3
ἀδελφῶν ἁπάντων χειροτονίας ἕνεκεν τῆς τοῦ
μέλλοντος διαδέξασθαι τὴν ἐπισκοπὴν συγκεκροτη-
μένων πλείστων τε ἐπιφανῶν καὶ ἐνδόξων ἀνδρῶν
τοῖς πολλοῖς ἐν ὑπονοίᾳ ὑπαρχόντων, ὁ Φαβιανὸς
παρὼν οὐδενὸς μὲν ἀνθρώπων εἰς διάνοιαν ᾔει,
ὅμως δ' οὖν ἀθρόως ἐκ μετεώρου περιστερὰν κατα-

Emperor of the Romans had brought his principate to
an end after thirteen years, he was succeeded by
Maximin Caesar.[1] He, through ill-will towards the
house of Alexander, since it consisted for the most
part of believers, raised a persecution, ordering the
leaders of the Church alone to be put to death, as
being responsible for the teaching of the Gospel.
Then also Origen composed his work *On Martyrdom*,
dedicating the treatise to Ambrose and Protoctetus, a
presbyter of the community at Caesarea ; for in the
persecution no ordinary distress had befallen them
both, in which distress it is recorded that these men
were distinguished for the confession they made
during the period, not more than three years, that
the reign of Maximin lasted. Origen has noted this
particular time for the persecution, in the twenty-
second of his *Expositions of the Gospel according to
John*, and in various letters.

XXIX. Gordian having succeeded to the Roman
government after Maximin,[2] Pontianus, when he had
been bishop of the church of Rome for six years, was
succeeded by Anteros ; who exercised his ministry
for a month, and was succeeded by Fabian. It is
said that Fabian, after the death of Anteros, came
from the country along with others and stayed at
Rome, where he came to the office in a most miraculous
manner, thanks to the divine and heavenly grace.
For when the brethren were all assembled for the
purpose of appointing him who should succeed to the
episcopate, and very many notable and distinguished
persons were in the thoughts of many, Fabian, who
was there, came into nobody's mind. But all of a
sudden, they relate, a dove flew down from above and

[1] A.D. 235.   [2] A.D. 238.

πτᾶσαν ἐπικαθεσθῆναι τῇ αὐτοῦ κεφαλῇ μνημο-
νεύουσιν, μίμημα ἐνδεικνυμένην τῆς ἐπὶ τὸν σωτῆρα
τοῦ ἁγίου πνεύματος ἐν εἴδει περιστερᾶς καθόδου·
ἐφ' ᾧ τὸν πάντα λαόν, ὥσπερ ὑφ' ἑνὸς πνεύματος 4
θείου κινηθέντα, προθυμίᾳ πάσῃ καὶ μιᾷ ψυχῇ
ἄξιον ἐπιβοῆσαι καὶ ἀμελλήτως ἐπὶ τὸν θρόνον
τῆς ἐπισκοπῆς λαβόντας αὐτὸν ἐπιθεῖναι.

Τότε δὴ καὶ τοῦ κατ' Ἀντιόχειαν ἐπισκόπου
Ζεβέννου τὸν βίον μεταλλάξαντος, Βαβυλᾶς τὴν
ἀρχὴν διαδέχεται, ἔν τε Ἀλεξανδρείᾳ μετὰ Δημή-
τριον Ἡρακλᾶ τὴν λειτουργίαν παρειληφότος, τῆς
τῶν αὐτόθι κατηχήσεως τὴν διατριβὴν διαδέχεται
Διονύσιος, εἷς καὶ οὗτος τῶν Ὠριγένους γενόμενος
φοιτητῶν.

XXX. Τῷ δὲ Ὠριγένει ἐπὶ τῆς Καισαρείας τὰ 1
συνήθη πράττοντι πολλοὶ προσῄεσαν οὐ μόνον
τῶν ἐπιχωρίων, ἀλλὰ καὶ τῆς ἀλλοδαπῆς μυρίοι
φοιτηταὶ τὰς πατρίδας ἀπολιπόντες· ὧν ἐπισήμους
μάλιστα ἔγνωμεν Θεόδωρον, ὃς ἦν αὐτὸς οὗτος
ὁ καθ' ἡμᾶς ἐπισκόπων διαβόητος Γρηγόριος, τόν
τε τούτου ἀδελφὸν Ἀθηνόδωρον, οὓς ἀμφὶ τὰ
Ἑλλήνων καὶ τὰ Ῥωμαίων μαθήματα δεινῶς
ἐπτοημένους, φιλοσοφίας αὐτοῖς ἐνεὶς ἔρωτα, τῆς
προτέρας σπουδῆς τὴν θείαν ἄσκησιν ἀντικατ-
αλλάξασθαι προυτρέψατο· πέντε δὲ ὅλοις ἔτεσιν
αὐτῷ συγγενόμενοι, τοσαύτην ἀπηνέγκαντο περὶ τὰ
θεῖα βελτίωσιν, ὡς ἔτι νέους ἄμφω ἐπισκοπῆς τῶν
κατὰ Πόντον ἐκκλησιῶν ἀξιωθῆναι.

XXXI. Ἐν τούτῳ καὶ Ἀφρικανὸς ὁ τῶν ἐπι- 1
γεγραμμένων Κεστῶν συγγραφεὺς ἐγνωρίζετο.
ἐπιστολὴ τούτου Ὠριγένει γραφεῖσα φέρεται,
ἀπαιροῦντος ὡς νόθου καὶ πεπλασμένης οὔσης τῆς

settled on his head, in clear imitation of the descent of the Holy Ghost in the form of a dove upon the Saviour; whereupon the whole people, as if moved by one divine inspiration, with all eagerness and with one soul cried out " worthy," and without more ado took him and placed him on the episcopal throne.

At that very time also Zebennus, bishop of Antioch, departed this life and Babylas succeeded to the rule; and in Alexandria, Heraclas, having received the ministry after Demetrius, was succeeded in the Catechetical School there by Dionysius, who had also been one of Origen's pupils.

XXX. Now while Origen was plying his accustomed tasks at Caesarea, many came to him, not only of the natives, but also numbers of foreign pupils who had left their own countries. Among these as especially distinguished we know to have been Theodore, who was the selfsame person as that renowned bishop in our day, Gregory, and his brother Athenodore. Both of them were strongly enamoured of Greek and Roman studies, but Origen instilled into them a passion for philosophy and urged them to exchange their former love for the study of divine truth.[1] Five whole years they continued with him, and made such progress in divine things that while still young both of them were deemed worthy of the episcopate in the churches of Pontus.

XXXI. At that time Africanus also, the author of the books entitled *Cesti*,[2] was well known. A letter of his, written to Origen, is extant; he was at a loss as to whether the story of Susanna in the book of

---

[1] Gregory, *Pan.* vi. 78, 83, 84.
[2] *i.e.* " embroidered girdles," indicating the varied nature of the contents of the work: *cf.* " Stromateis," 13. 1.

ἐν τῷ Δανιὴλ κατὰ Σουσάνναν ἱστορίας· πρὸς ἣν
Ὡριγένης ἀντιγράφει πληρέστατα. τοῦ δ᾽ αὐτοῦ 2
Ἀφρικανοῦ καὶ ἄλλα τὸν ἀριθμὸν πέντε Χρονο-
γραφιῶν ἦλθεν εἰς ἡμᾶς ἐπ᾽ ἀκριβὲς πεπονημένα
σπουδάσματα· ἐν οἷς φησιν ἑαυτὸν πορείαν στείλα-
σθαι ἐπὶ τὴν Ἀλεξάνδρειαν διὰ πολλὴν τοῦ Ἡρακλᾶ
φήμην, ὃν ἐπὶ λόγοις φιλοσόφοις καὶ τοῖς ἄλλοις
Ἑλλήνων μαθήμασιν εὖ μάλα διαπρέψαντα, τὴν ἐπι-
σκοπὴν τῆς αὐτόθι ἐκκλησίας ἐγχειρισθῆναι ἐδη-
λώσαμεν. καὶ ἑτέρα δὲ τοῦ αὐτοῦ Ἀφρικανοῦ 3
φέρεται ἐπιστολὴ πρὸς Ἀριστείδην, περὶ τῆς νομι-
ζομένης διαφωνίας τῶν παρὰ Ματθαίῳ τε καὶ Λουκᾷ
τοῦ Χριστοῦ γενεαλογιῶν· ἐν ᾗ σαφέστατα τὴν
συμφωνίαν τῶν εὐαγγελιστῶν παρίστησιν ἐξ ἱστο-
ρίας εἰς αὐτὸν κατελθούσης, ἣν κατὰ καιρὸν ἐν
τῷ πρώτῳ τῆς μετὰ χεῖρας ὑποθέσεως προλαβὼν
ἐξεθέμην.

XXXII. Καὶ Ὡριγένει δὲ κατὰ τοῦτον τὸν 1
χρόνον τὰ εἰς τὸν Ἡσαΐαν, ἐν ταὐτῷ δὲ καὶ τὰ
εἰς τὸν Ἰεζεκιὴλ συνετάττετο· ὧν εἰς μὲν τὸ τρίτον
μέρος τοῦ Ἡσαΐου μέχρι τῆς ὁράσεως τῶν τετρα-
πόδων τῶν ἐν τῇ ἐρήμῳ τριάκοντα εἰς ἡμᾶς
περιῆλθον τόμοι, εἰς δὲ τὸν Ἰεζεκιὴλ πέντε καὶ
εἴκοσι, οὓς καὶ μόνους εἰς τὸν πάντα πεποίηται
προφήτην. γενόμενος δὲ τηνικάδε ἐν Ἀθήναις, 2
περαίνει μὲν τὰ εἰς τὸν Ἰεζεκιήλ, τῶν δ᾽ εἰς τὸ
Ἄισμα τῶν ἀσμάτων ἄρχεται, καὶ πρόεισίν γε
αὐτόθι μέχρι τοῦ πέμπτου συγγράμματος· ἐπαν-
ελθὼν δ᾽ ἐπὶ τὴν Καισάρειαν καὶ ταῦτα εἰς πέρας,
δέκα ὄντα τὸν ἀριθμόν, ἄγει. τί δεῖ τῶν λόγων 3
τἀνδρὸς ἐπὶ τοῦ παρόντος τὸν ἀκριβῆ κατάλογον
ποιεῖσθαι, ἰδίας δεόμενον σχολῆς; ὃν καὶ ἀν-

Daniel were a spurious forgery. Origen makes a
very full reply to it. And of the same Africanus
there have reached us as well five books of *Chrono-
graphies*, a monument of labour and accuracy. In
these he says that he himself made a journey to
Alexandria because of the great fame of Heraclas ;
who, as we have stated,[1] was greatly distinguished
for philosophy and other Greek learning, and was
entrusted with the bishopric of the church there.
And another letter of the same Africanus is extant,
to Aristides, On the supposed discord between the
Genealogies of Christ in Matthew and Luke. In it
he establishes very clearly the harmony of the evan-
gelists from an account that came down to him, which
by anticipation I set forth in the proper place in the
first book of the present work.[2]

XXXII. And Origen too at this time was composing
his *Commentaries on Isaiah*, and at the same time
those also on Ezekiel. Of the former, thirty tomes
have come our way on the third part of Isaiah, up to
the vision of the beasts in the desert ; and on Ezekiel
five and twenty, the only ones that he has written
on the whole prophet. And having come at that
time to Athens, he finished the commentary on
Ezekiel, and began that on the Song of Songs,
carrying it forward there up to the fifth book. And
returning to Caesarea he brought these also to an
end, numbering ten. Why should one draw up the
exact catalogue of the man's works here and now,
seeing that such would require a special study ? And

[1] 3. 2 ; 15 ; 19. 13 f. ; 26.   [2] i. 7.

ἐγράψαμεν ἐπὶ τῆς τοῦ Παμφίλου βίου τοῦ καθ'
ἡμᾶς ἱεροῦ μάρτυρος ἀναγραφῆς, ἐν ᾗ τὴν περὶ τὰ
θεῖα σπουδὴν τοῦ Παμφίλου ὁπόση τις γέγονοι,
παριστῶντες, τῆς συναχθείσης αὐτῷ τῶν τε Ὠρι-
γένους καὶ τῶν ἄλλων ἐκκλησιαστικῶν συγγραφέων
βιβλιοθήκης τοὺς πίνακας παρεθέμην, ἐξ ὧν ὅτῳ
φίλον, πάρεστιν ἐντελέστατα τῶν Ὠριγένους πόνων
τὰ εἰς ἡμᾶς ἐλθόντα διαγνῶναι.   νυνὶ δὲ πορευτέον
ἐπὶ τὴν τῆς ἱστορίας ἀκολουθίαν.

XXXIII. Βήρυλλος ὁ μικρῷ πρόσθεν δεδηλω- 1
μένος Βόστρων τῆς Ἀραβίας ἐπίσκοπος, τὸν ἐκ-
κλησιαστικὸν παρεκτρέπων κανόνα, ξένα τινὰ τῆς
πίστεως παρεισφέρειν ἐπειρᾶτο, τὸν σωτῆρα καὶ
κύριον ἡμῶν λέγειν τολμῶν μὴ προϋφεστάναι κατ'
ἰδίαν οὐσίας περιγραφὴν πρὸ τῆς εἰς ἀνθρώπους
ἐπιδημίας μηδὲ μὴν θεότητα ἰδίαν ἔχειν, ἀλλ'
ἐμπολιτευομένην αὐτῷ μόνην τὴν πατρικήν.   ἐπὶ 2
τούτῳ πλείστων ἐπισκόπων ζητήσεις καὶ διαλόγους
πρὸς τὸν ἄνδρα πεποιημένων, μεθ' ἑτέρων παρα-
κληθεὶς Ὠριγένης κάτεισι μὲν εἰς ὁμιλίαν τὰ πρῶ-
τα τῷ ἀνδρί, τίνα νοῦν ἔχοι, ἀποπειρώμενος, ὡς
δ' ἔγνω ὅ τι καὶ λέγοι, εὐθύνας μὴ ὀρθοδοξοῦντα
λογισμῷ τε πείσας, τῇ περὶ τοῦ δόγματος ἐφίστησιν
ἀληθείᾳ ἐπί τε τὴν προτέραν ὑγιῆ δόξαν ἀποκαθ-
ίστησιν.   καὶ φέρεταί γε εἰς ἔτι νῦν ἔγγραφα τοῦ 3
τε Βηρύλλου καὶ τῆς δι' αὐτὸν γενομένης
συνόδου, ὁμοῦ τὰς Ὠριγένους πρὸς αὐτὸν
ζητήσεις καὶ τὰς λεχθείσας ἐπὶ τῆς αὐτοῦ
παροικίας διαλέξεις ἕκαστά τε τῶν τότε πε-
πραγμένων περιέχοντα.   καὶ ἄλλα μὲν οὖν μυρία 4
Ὠριγένους πέρι μνήμῃ παραδιδόασιν τῶν καθ'
ἡμᾶς οἱ πρεσβύτεροι, ἃ καὶ παρήσειν μοι δοκῶ,

we did record it in our account of the life of Pamphilus, that holy martyr of our day, in which, in showing the extent of Pamphilus's zeal for divine things, I quoted as evidence the lists in the library that he had brought together of the works of Origen and of other ecclesiastical writers ; and from these anyone who pleases can gather the fullest knowledge of the works of Origen that have reached us. But we must now proceed with our history.

XXXIII. Beryllus, who, as we have mentioned a little above,[1] was bishop of Bostra in Arabia, perverting the Church's standard, attempted to introduce things foreign to the faith, daring to say that our Saviour and Lord did not pre-exist in an individual existence of His own before His coming to reside among men, nor had He a divinity of His own, but only the Father's dwelling in Him. Whereupon, after a large number of bishops had held questionings and discussions with the man, Origen, being invited along with others, entered in the first place into conversation with the man to discover what were his opinions, and when he knew what it was that he asserted, he corrected what was unorthodox, and, persuading him by reasoning, established him in the truth as to the doctrine, and restored him to his former sound opinion. And there are still extant to this very day records in writing both of Beryllus and of the synod that was held on his account, which contain at once the questions Origen put to him and the discussions that took place in his own community, and all that was done on that occasion. And a great many other things about Origen have been handed down to memory by the older men of our day, which

[1] 20. 2.

οὐ τῆς ἐνεστώσης ἐχόμενα πραγματείας· ὅσα δὲ
ἀναγκαῖα τῶν περὶ αὐτὸν διαγνῶναι ἦν, ταῦτα
καὶ ἐκ τῆς ὑπὲρ αὐτοῦ πεπονημένης ἡμῖν τε καὶ
τῷ καθ᾽ ἡμᾶς ἱερῷ μάρτυρι Παμφίλῳ ἀπολογίας
πάρεστιν ἀναλέξασθαι, ἣν τῶν φιλαιτίων ἕνεκα
συμπονήσαντες ἀλλήλοις διὰ σπουδῆς πεποιήμεθα.

XXXIV. Ἔτεσιν δὲ ὅλοις ἓξ Γορδιανοῦ τὴν [1]
Ῥωμαίων διανύσαντος ἡγεμονίαν, Φίλιππος ἅμα
παιδὶ Φιλίππῳ τὴν ἀρχὴν διαδέχεται. τοῦτον
κατέχει λόγος Χριστιανὸν ὄντα ἐν ἡμέρᾳ τῆς
ὑστάτης τοῦ πάσχα παννυχίδος τῶν ἐπὶ τῆς
ἐκκλησίας εὐχῶν τῷ πλήθει μετασχεῖν ἐθελῆσαι,
οὐ πρότερον δὲ ὑπὸ τοῦ τηνικάδε προεστῶτος
ἐπιτραπῆναι εἰσβαλεῖν, ἢ ἐξομολογήσασθαι καὶ τοῖς
ἐν παραπτώμασιν ἐξεταζομένοις μετανοίας τε
χώραν ἴσχουσιν ἑαυτὸν καταλέξαι· ἄλλως γὰρ μὴ
ἄν ποτε πρὸς αὐτοῦ, μὴ οὐχὶ τοῦτο ποιήσαντα,
διὰ πολλὰς τῶν κατ᾽ αὐτὸν αἰτίας παραδεχθῆναι.
καὶ πειθαρχῆσαί γε προθύμως λέγεται, τὸ γνήσιον
καὶ εὐλαβὲς τῆς περὶ τὸν θεῖον φόβον διαθέσεως
ἔργοις ἐπιδεδειγμένον.

XXXV. Τρίτον δὲ τούτῳ ἔτος ἦν, καθ᾽ ὃ μετ- [1]
αλλάξαντος Ἡρακλᾶ τὸν βίον ἐπὶ δέκα ἓξ ἔτεσιν
τῆς προστασίας τῶν κατ᾽ Ἀλεξάνδρειαν ἐκκλησιῶν,
τὴν ἐπισκοπὴν Διονύσιος ὑπολαμβάνει.

XXXVI. Τότε δῆτα, οἷα καὶ εἰκὸς ἦν, πλη- [1]
θυούσης τῆς πίστεως πεπαρρησιασμένου τε τοῦ
καθ᾽ ἡμᾶς παρὰ πᾶσιν λόγου, ὑπὲρ τὰ ἑξήκοντά
φασιν ἔτη τὸν Ὠριγένην γενόμενον, ἅτε δὴ μεγίστην
ἤδη συλλεξάμενον ἐκ τῆς μακρᾶς παρασκευῆς ἕξιν,
τὰς ἐπὶ τοῦ κοινοῦ λεγομένας αὐτῷ διαλέξεις

[1] A.D. 244.   [2] A.D. 247.

88

I think it well to pass over, as they do not concern the present work. But all that it was necessary to know of his affairs, these also one may gather from the *Apology* that was written on his behalf by us and Pamphilus, that holy martyr of our day, a work that we were at pains to compose conjointly because of the fault-finders.

XXXIV. When after six whole years Gordian brought his government of the Romans to an end, Philip along with his son Philip succeeded to the principate.[1] It is recorded that he, being a Christian, wished on the day of the last paschal vigil to share along with the multitude the prayers at the church, but was not permitted to enter by him who was then presiding, until he confessed and numbered himself among those who were reckoned to be in sins and were occupying the place of penitence ; for that otherwise, had he not done so, he would never have been received by [the president] on account of the many charges made concerning him. And it is said that he obeyed readily, displaying by his actions how genuine and pious was his disposition towards the fear of God.

XXXV. It was the third year of his reign [2] when Heraclas departed this life, after presiding for six-teen years over the churches at Alexandria ; Diony-sius took up the episcopal office.

XXXVI. Then indeed, as was fitting, when the faith was increasing and our doctrine was boldly proclaimed in the ears of all, it is said that Origen, who was over sixty years of age, inasmuch as he had now acquired immense facility from long preparation,[3] permitted shorthand-writers to take down the dis-

[3] Gregory, *Pan.* ii. 10.

EUSEBIUS

ταχυγράφοις μεταλαβεῖν ἐπιτρέψαι, οὐ πρότερόν
ποτε τοῦτο γενέσθαι συγκεχωρηκότα.

Ἐν τούτῳ καὶ τὰ πρὸς τὸν ἐπιγεγραμμένον καθ᾽ 2
ἡμῶν Κέλσου τοῦ Ἐπικουρείου Ἀληθῆ λόγον
ὀκτὼ τὸν ἀριθμὸν συγγράμματα συντάττει καὶ
τοὺς εἰς τὸ κατὰ Ματθαῖον εὐαγγέλιον εἴκοσι
πέντε τόμους τούς τε εἰς τοὺς δώδεκα προφήτας,
ἀφ᾽ ὧν μόνους εὕρομεν πέντε καὶ εἴκοσι. φέρεται 3
δὲ αὐτοῦ καὶ πρὸς αὐτὸν βασιλέα Φίλιππον ἐπι-
στολὴ καὶ ἄλλη πρὸς τὴν τούτου γαμετὴν Σευῆραν
διάφοροί τε ἄλλαι πρὸς διαφόρους· ὧν ὁπόσας
σποράδην παρὰ διαφόροις σωθείσας συναγαγεῖν
δεδυνήμεθα, ἐν ἰδίαις τόμων περιγραφαῖς, ὡς ἂν
μηκέτι διαρρίπτοιντο, κατελέξαμεν, τὸν ἑκατὸν
ἀριθμὸν ὑπερβαινούσας. γράφει δὲ καὶ Φαβιανῷ 4
τῷ κατὰ Ῥώμην ἐπισκόπῳ ἑτέροις τε πλείστοις
ἄρχουσιν ἐκκλησιῶν περὶ τῆς κατ᾽ αὐτὸν ὀρθοδοξίας·
ἔχεις καὶ τούτων τὰς ἀποδείξεις ἐν ἕκτῳ τῆς
γραφείσης ἡμῖν περὶ τοῦ ἀνδρὸς ἀπολογίας.

XXXVII. Ἄλλοι δ᾽ αὖ πάλιν ἐπὶ τῆς Ἀραβίας 1
κατὰ τὸν δηλούμενον ἐπιφύονται χρόνον δόγματος
ἀλλοτρίου τῆς ἀληθείας εἰσηγηταί, οἳ ἔλεγον τὴν
ἀνθρωπείαν ψυχὴν τέως μὲν κατὰ τὸν ἐνεστῶτα
καιρὸν ἅμα τῇ τελευτῇ συναποθνῄσκειν τοῖς
σώμασιν καὶ συνδιαφθείρεσθαι, αὖθις δέ ποτε κατὰ
τὸν τῆς ἀναστάσεως καιρὸν σὺν αὐτοῖς ἀνα-
βιώσεσθαι. καὶ δὴ καὶ τότε συγκροτηθείσης οὐ
σμικρᾶς συνόδου, πάλιν Ὠριγένης παρακληθεὶς
καὶ ἐνταῦθα κινήσας τε λόγους ἐπὶ τοῦ κοινοῦ περὶ
τοῦ ζητουμένου, οὕτως ἠνέχθη ὡς μετατεθῆναι
τὰς τῶν πρότερον ἐσφαλμένων διανοίας.

XXXVIII. Τότε δὲ καὶ ἄλλης διαστροφῆς κατ- 1

courses delivered by him in public, a thing that he had never before allowed.

At that time also he composed the treatises, eight in number, in answer to the work against us, entitled *True Discourse of Celsus the Epicurean*, and his twenty-five tomes on the Gospel according to Matthew, and those on the twelve prophets, of which we found only five and twenty. And there is extant also a letter of his to the Emperor Philip himself, and another to his wife Severa, and various other letters to various persons. As many of these as we have been able to bring together, preserved as they were here and there by various persons, we arranged in separate roll-cases, so that they might no longer be dispersed. These letters number more than a hundred. And he wrote also to Fabian the bishop of Rome, and to very many other rulers of churches, with reference to his orthodoxy. You will find these facts also established in the sixth book of the *Apology* we wrote on the man's behalf.

XXXVII. Once more in Arabia at the above-mentioned time other persons sprang up, introducing a doctrine foreign to the truth, and saying that the human soul dies for a while in this present time, along with our bodies, at their death, and with them turns to corruption ; but that hereafter, at the time of the resurrection, it will come to life again along with them. Moreover, when a synod of no small dimensions was then assembled together, Origen was again invited, and there opened a discussion in public on the subject in question, with such power that he changed the opinions of those who had formerly been deluded.

XXXVIII. At that time also another perverse

ἄρχεται ἡ τῶν Ἐλκεσαϊτῶν λεγομένη αἵρεσις, ἣ καὶ ἅμα τῷ ἄρξασθαι ἀπέσβη. μνημονεύει δ᾽ αὐτῆς ὁμιλῶν ἐπὶ τοῦ κοινοῦ εἰς τὸν πβ ψαλμὸν ὁ Ὠριγένης, ὧδέ πως λέγων· " ἐλήλυθέν τις ἐπὶ τοῦ παρόντος μέγα φρονῶν ἐπὶ τῷ δύνασθαι πρεσβεύειν γνώμης ἀθέου καὶ ἀσεβεστάτης, καλουμένης Ἐλκεσαϊτῶν, νεωστὶ ἐπανισταμένης ταῖς ἐκκλησίαις. ἐκείνη ἡ γνώμη οἷα λέγει κακά, παραθήσομαι ὑμῖν, ἵνα μὴ συναρπάζησθε. ἀθετεῖ τινα ἀπὸ πάσης γραφῆς, κέχρηται ῥητοῖς πάλιν ἀπὸ πάσης παλαιᾶς τε καὶ εὐαγγελικῆς, τὸν ἀπόστολον τέλεον ἀθετεῖ. φησὶν δὲ ὅτι τὸ ἀρνήσασθαι ἀδιάφορόν ἐστιν καὶ ὁ μὲν νοήσας τῷ μὲν στόματι ἐν ἀνάγκαις ἀρνήσεται, τῇ δὲ καρδίᾳ οὐχί. καὶ βίβλον τινὰ φέρουσιν, ἣν λέγουσιν ἐξ οὐρανοῦ πεπτωκέναι καὶ τὸν ἀκηκοότα ἐκείνης καὶ πιστεύοντα ἄφεσιν λήψεσθαι τῶν ἁμαρτημάτων, ἄλλην ἄφεσιν παρ᾽ ἣν Χριστὸς Ἰησοῦς ἀφῆκεν."

XXXIX. Ἀλλὰ γὰρ Φίλιππον ἔτεσιν ἑπτὰ [1] βασιλεύσαντα διαδέχεται Δέκιος· ὃς δὴ τοῦ πρὸς Φίλιππον ἔχθους ἕνεκα διωγμὸν κατὰ τῶν ἐκκλησιῶν ἐγείρει, ἐν ᾧ Φαβιανοῦ ἐπὶ Ῥώμης μαρτυρίῳ τελειωθέντος, Κορνήλιος τὴν ἐπισκοπὴν διαδέχεται.

Ἐπὶ δὲ Παλαιστίνης Ἀλέξανδρος ὁ τῆς Ἱεροσο- [2] λύμων ἐκκλησίας ἐπίσκοπος αὖθις διὰ Χριστὸν ἐν τῇ Καισαρείᾳ ἡγεμονικοῖς παραστὰς δικαστηρίοις καὶ ἐπὶ δευτέρᾳ διαπρέψας ὁμολογίᾳ, δεσμωτηρίου πειρᾶται, λιπαρῷ γήρει καὶ σεμνῇ πολιᾷ κατεστεμμένος. τούτου δὲ μετὰ τὴν ἐν τοῖς ἡγεμονικοῖς [3]

opinion had its beginning, the heresy known as that of the Helkesaites, which no sooner began than it was quenched. Origen mentions it in a public address on the eighty-second Psalm, in some such words as these: " There has come just now a certain man who prides himself on being able to champion a godless and very impious opinion, of the Helkesaites, as it is called, which has lately come into opposition with the churches. I shall lay before you the mischievous teachings of that opinion, that you may not be carried away by it. It rejects some things from every Scripture ; again, it has made use of texts from every part of the Old Testament and the Gospels ; it rejects the Apostle entirely. And it says that to deny is a matter of indifference, and that the discreet man will on occasions of necessity deny with his mouth, but not in his heart. And they produce a certain book of which they say that it has fallen from heaven, and that he who has heard it and believes will receive forgiveness of his sins—a forgiveness other than that which Christ Jesus has bestowed."

XXXIX. But to resume. When Philip had reigned for seven years he was succeeded by Decius.[1] He, on account of his enmity towards Philip, raised a persecution against the churches, in which Fabian was perfected by martyrdom at Rome, and was succeeded in the episcopate by Cornelius.

In Palestine, Alexander, the bishop of the church of Jerusalem, appeared once more for Christ's sake at Caesarea before the governor's courts, and for the second time distinguished himself by the confession he made ; he underwent the trial of imprisonment, crowned with the venerable hoary locks of ripe old age. And when after the splendid and manifest

δικαστηρίοις λαμπρὰν καὶ περιφανῆ μαρτυρίαν
ἐπὶ τῆς εἱρκτῆς κοιμηθέντος, Μαζαβάνης διάδοχος
τῆς ἐν Ἱεροσολύμοις ἐπισκοπῆς ἀναδείκνυται.

Τῷ δ' Ἀλεξάνδρῳ παραπλησίως ἐν Ἀντιοχείᾳ 4
τοῦ Βαβυλᾶ μετὰ ὁμολογίαν ἐν δεσμωτηρίῳ
μεταλλάξαντος, Φάβιος τῆς αὐτόθι προΐσταται
ἐκκλησίας.

Τὰ μὲν οὖν Ὠριγένει κατὰ τὸν διωγμὸν συμβάντα 5
οἷα καὶ ὅσα, καὶ ὁποίας ἔτυχεν τελευτῆς, τοῦ
πονηροῦ δαίμονος ἐφαμίλλως τἀνδρὶ πανστρατιᾷ
παραταξαμένου πάσῃ τε μηχανῇ καὶ δυνάμει κατ'
αὐτοῦ στρατηγήσαντος παρὰ πάντας τε τοὺς
τηνικάδε πολεμηθέντας διαφερόντως ἐπισκήψαντος
αὐτῷ, οἷά τε καὶ ὅσα διὰ τὸν Χριστοῦ λόγον ὁ
ἀνὴρ ὑπέμεινεν, δεσμὰ καὶ βασάνους τὰς κατὰ
τοῦ σώματος τάς τε ὑπὸ σιδήρῳ καὶ μυχοῖς
εἱρκτῆς τιμωρίας, καὶ ὡς ἐπὶ πλείσταις ἡμέραις
τοὺς πόδας ὑπὸ τέσσαρα τοῦ κολαστηρίου ξύλου
παραταθεὶς διαστήματα, πυρός τε ἀπειλὰς καὶ
ὅσα ἄλλα πρὸς τῶν ἐχθρῶν ἐπενεχθέντα καρτερῶς
ἤνεγκεν, οἷου τε τὰ κατ' αὐτὸν ἔτυχεν τέλους,
μηδαμῶς αὐτὸν ἀνελεῖν παντὶ σθένει τοῦ δικαστοῦ
φιλονείκως ἐνστάντος, ὁποίας τε μετὰ ταῦτα
καταλείπει φωνὰς καὶ αὐτὰς πλήρεις τοῖς ἀνα-
λήψεως δεομένοις ὠφελείας, πλεῖσται ὅσαι τἀνδρὸς
ἐπιστολαὶ τἀληθὲς ὁμοῦ καὶ ἀκριβὲς περιέχουσιν.

XL. Τά γέ τοι κατὰ Διονύσιον ἐκ τῆς πρὸς 1
Γερμανὸν ἐπιστολῆς αὐτοῦ παραθήσομαι, ἔνθα
τοῦτον περὶ ἑαυτοῦ λέγων ἱστορεῖ τὸν τρόπον·
" ἐγὼ δὲ καὶ ἐνώπιον τοῦ θεοῦ λαλῶ, καὶ αὐτὸς
οἶδεν εἰ ψεύδομαι· οὐδεμίαν ἐπ' ἐμαυτοῦ βαλλό-
μενος οὐδὲ ἀθεεὶ πεποίημαι τὴν φυγήν, ἀλλὰ καὶ

Gal. 1, 20

testimony that he gave in the governor's courts he fell asleep in prison, Mazabanes was proclaimed as his successor in the episcopate at Jerusalem.

And when at Antioch Babylas, in like manner to Alexander, after confession departed this life in prison, Fabius was made president of the church there.

Now the nature and extent of that which happened to Origen at the time of the persecution, and what was the end thereof; how the evil demon marshalled all his forces in rivalry against the man, how he led them with every device and power, and singled him out, above all others upon whom he made war at that time, for special attack; the nature and extent of that which he endured for the word of Christ, chains and tortures, punishments inflicted on his body, punishments as he lay in iron and in the recesses of his dungeon; and how, when for many days his feet were stretched four spaces in that instrument of torture, the stocks, he bore with a stout heart threats of fire and everything else that was inflicted by his enemies; and the kind of issue he had thereof, the judge eagerly striving with all his might on no account to put him to death; and what sort of sayings he left behind him after this, sayings full of help for those who needed uplifting—[of all these matters] the man's numerous letters contain both a true and accurate account.

XL. As to that which befell Dionysius, I shall quote from a letter of his against Germanus, where, speaking of himself, he gives the following account: " Now I for my part speak also before God, and He knows if I lie. Acting not on my own judgement nor apart from God have I taken flight; but on a former

πρότερον, τοῦ κατὰ Δέκιον προτεθέντος διωγμοῦ, 2
Σαβῖνος αὐτῆς ὥρας φρουμεντάριον ἔπεμψεν εἰς
ἀναζήτησίν μου, κἀγὼ μὲν τεσσάρων ἡμερῶν ἐπὶ
τῆς οἰκίας ἔμεινα, τὴν ἄφιξιν τοῦ φρουμενταρίου
προσδοκῶν, ὁ δὲ πάντα μὲν περιῆλθεν ἀνερευνῶν,
τὰς ὁδοὺς τοὺς ποταμοὺς τοὺς ἀγρούς, ἔνθα
κρύπτεσθαί με ἢ βαδίζειν ὑπενόησεν, ἀορασίᾳ δὲ
εἴχετο μὴ εὑρίσκων τὴν οἰκίαν· οὐ γὰρ ἐπίστευεν
οἴκοι με διωκόμενον μένειν. καὶ μόλις, μετὰ τὴν 3
τετάρτην ἡμέραν, κελεύσαντός μοι μεταστῆναι τοῦ
θεοῦ καὶ παραδόξως ὁδοποιήσαντος, ἐγώ τε καὶ
οἱ παῖδες καὶ πολλοὶ τῶν ἀδελφῶν ἅμα συνεξ-
ήλθομεν. καὶ ὅτι τῆς τοῦ θεοῦ προνοίας ἔργον
ἐκεῖνο γέγονεν, τὰ ἑξῆς ἐδήλωσεν, ἐν οἷς τάχα
τισὶν γεγόναμεν χρήσιμοι."

Εἶτά τινα μεταξὺ εἰπών, τὰ μετὰ τὴν φυγὴν 4
αὐτῷ συμβεβηκότα δηλοῖ, ταῦτα ἐπιφέρων· " ἐγὼ
μὲν γὰρ περὶ ἡλίου δυσμὰς ἅμα τοῖς σὺν ἐμοὶ
γενόμενος ὑπὸ τοῖς στρατιώταις, εἰς Ταπόσιριν
ἤχθην, ὁ δὲ Τιμόθεος κατὰ τὴν τοῦ θεοῦ πρόνοιαν
ἔτυχεν μὴ παρὼν μηδὲ καταληφθείς, ἐλθὼν δὲ
ὕστερον εὗρεν τὸν οἶκον ἔρημον καὶ φρουροῦντας
αὐτὸν ὑπηρέτας, ἡμᾶς δὲ ἐξηνδραποδισμένους."

Καὶ μεθ᾽ ἕτερά φησιν· " καὶ τίς ὁ τῆς θαυμασίας 5
οἰκονομίας αὐτοῦ τρόπος; τὰ γὰρ ἀληθῆ λεχθή-
σεται. ἀπήντετό τις τῶν χωριτῶν ὑποφεύγοντι
τῷ Τιμοθέῳ καὶ τεταραγμένῳ, καὶ τὴν αἰτίαν τῆς
ἐπείξεως ἐπύθετο. ὁ δὲ τἀληθὲς ἐξεῖπεν, κἀκεῖνος

---

[1] The *frumentarii*, otherwise called *milites peregrini*
(soldiers from abroad), were a body consisting of centurions
of the legions in the provinces. As the name implies, they

occasion also, when the persecution under Decius was publicly proclaimed, that selfsame hour Sabinus sent a *frumentarius*[1] to seek me out, and on my part I remained four days at my house, expecting the arrival of the *frumentarius* ; but he went around searching everything, the roads, the rivers, the fields, where he suspected I was hidden or walking, but was holden with blindness and did not find the house. For he did not believe that, pursued as I was, I was staying at home. And after the fourth day, when God bade me depart, and miraculously made a way, with difficulty did I and the boys[2] and many of the brethren set out together. And that this was the work of the Divine Providence, the sequel showed, in which we proved helpful, it may be, to some."

Then, after some intervening remarks, he tells what happened to him after the flight, adding as follows : " For I, indeed, falling about sunset into the hands of the soldiers, together with those who were with me, was brought to Taposiris,[3] but Timothy by the Divine Providence happened to be absent and to escape being seized ; but coming afterwards he found the house deserted and servants guarding it, and us completely taken captive."

And further on he says : " And what was the way in which He wonderfully brought it about ? For the truth shall be told. One of the country-folk met Timothy fleeing and distraught, and inquired the reason of his haste. And he spoke out the truth, and when the other heard it (now he was off to take part

had to do with the commissariat, but they also acted as couriers, and were employed on police work.
[2] These may be either the sons or the pupils or the servants of Dionysius.
[3] Near the coast, about thirty miles S.W. of Alexandria.

ἀκούσας (ἀπῄει δ' εὐωχησόμενος γάμους, διαπαν- 6
νυχίζειν γὰρ αὐτοῖς ἐν ταῖς τοιαύταις συνόδοις
ἔθος) εἰσελθὼν ἀπήγγειλεν τοῖς κατακειμένοις·
οἳ δὲ ὁρμῇ μιᾷ, καθάπερ ὑπὸ συνθήματι, πάντες
ἐξανέστησαν, καὶ δρόμῳ φερόμενοι τάχιστα ἧκον,
ἐπεισπεσόντες τε ἡμῖν ἠλάλαξαν, καὶ φυγῆς εὐθέως
τῶν φρουρούντων ἡμᾶς στρατιωτῶν γενομένης,
ἐπέστησαν ἡμῖν, ὡς εἴχομεν ἐπὶ τῶν ἀστρώτων
σκιμπόδων κατακείμενοι. κἀγὼ μέν, οἶδεν ὁ 7
θεὸς ὡς λῃστὰς εἶναι πρότερον ἡγούμενος ἐπὶ
σύλησιν καὶ ἁρπαγὴν ἀφικομένους, μένων ἐπὶ τῆς
εὐνῆς, ἤμην γυμνὸς ἐν τῷ λινῷ ἐσθήματι, τὴν δὲ
λοιπὴν ἐσθῆτα παρακειμένην αὐτοῖς ὤρεγον· οἳ
δὲ ἐξανίστασθαί τε ἐκέλευον καὶ τὴν ταχίστην
ἐξιέναι. καὶ τότε συνεὶς ἐφ' ᾧ παρῆσαν, ἀνέκραγον 8
δεόμενος αὐτῶν καὶ ἱκετεύων ἀπιέναι καὶ ἡμᾶς
ἐᾶν, εἰ δὲ βούλονταί τι χρηστὸν ἐργάσασθαι, τοὺς
ἀπάγοντάς με φθάσαι καὶ τὴν κεφαλὴν αὐτοὺς τὴν
ἐμὴν ἀποτεμεῖν ἠξίουν. καὶ τοιαῦτα βοῶντος, ὡς
ἴσασιν οἱ κοινωνοί μου καὶ μέτοχοι πάντων γενό-
μενοι, ἀνίστασαν πρὸς βίαν. κἀγὼ μὲν παρῆκα
ἐμαυτὸν ὕπτιον εἰς τοὔδαφος, οἳ δὲ διαλαβόντες
χειρῶν καὶ ποδῶν σύροντες ἐξήγαγον, ἐπηκολούθουν
δέ μοι οἱ τούτων πάντων μάρτυρες, Γάϊος Φαῦστος 9
Πέτρος Παῦλος· οἳ καὶ ὑπολαβόντες με φοράδην
ἐξήγαγον τοῦ πολιχνίου καὶ ὄνῳ γυμνῷ ἐπιβιβάσαν-
τες ἀπήγαγον." ταῦτα περὶ ἑαυτοῦ ὁ Διονύσιος.

XLI. Ὁ δ' αὐτὸς ἐν ἐπιστολῇ τῇ πρὸς Φάβιον, 1
Ἀντιοχέων ἐπίσκοπον, τῶν κατὰ Δέκιον μαρτυ-
ρησάντων ἐν Ἀλεξανδρείᾳ τοὺς ἀγῶνας τοῦτον
ἱστορεῖ τὸν τρόπον· " οὐκ ἀπὸ τοῦ βασιλικοῦ
προστάγματος ὁ διωγμὸς παρ' ἡμῖν ἤρξατο, ἀλλὰ
98

in a marriage-feast, for it is their custom to spend the entire night in such gatherings) he went in and told those who were reclining at table. And they all, with a single impulse, as if at a preconcerted signal, rose up, and came running with all speed ; and bursting in upon us they gave a shout, and when the soldiers that were guarding us straightway took to flight, they came up to us, lying as we were on pallets without bedding. And I—God knows that at first I thought they were robbers coming to plunder and steal— stayed on the bed, naked save for my linen shirt, and the rest of my garments that were lying by I held out to them. But they bade me get up and go out with all speed. And then, gathering why they were come, I cried out, begging and beseeching them to go away and leave us alone ; and I asked them, if they wished to do me a good turn, to anticipate those who were leading me away and to cut off my head themselves. And while I was thus shouting, as those who were my companions and partakers in everything know, they raised me up forcibly. And I let myself fall on my back on the ground, but they seized me by the hands and feet and dragged and brought me outside. And there followed me the witnesses of all these things, Gaius, Faustus, Peter and Paul ; who also took me up in their arms and brought me out of the little town, and setting me on the bare back of an ass led me away." Such is the account Dionysius gives concerning himself.

XLI. But the same person in a letter to Fabius, bishop of the Antiochenes, gives the following account of the contests of those who suffered martyrdom at Alexandria under Decius : " It was not with the imperial edict that the persecution began amongst

γὰρ ὅλον ἐνιαυτὸν προύλαβεν, καὶ φθάσας ὁ κακῶν
τῇ πόλει ταύτῃ μάντις καὶ ποιητής, ὅστις ἐκεῖνος
ἦν, ἐκίνησεν καὶ παρώρμησεν καθ᾽ ἡμῶν τὰ πλήθη
τῶν ἐθνῶν, εἰς τὴν ἐπιχώριον αὐτοῦ δεισιδαιμονίαν
ἀναρριπίσας· οἱ δ᾽ ἐρεθισθέντες ὑπ᾽ αὐτοῦ καὶ 2
πάσης ἐξουσίας εἰς ἀνοσιουργίαν λαβόμενοι, μόνην
εὐσέβειαν τὴν θρησκείαν τῶν δαιμόνων ταύτην ὑπ-
έλαβον, τὸ καθ᾽ ἡμῶν φονᾶν.

" Πρῶτον οὖν πρεσβύτην, Μητρᾶν ὀνόματι, συναρ- 3
πάσαντες καὶ κελεύσαντες ἄθεα λέγειν ῥήματα, μὴ
πειθόμενον, ξύλοις τε παίοντες τὸ σῶμα καὶ καλάμοις
ὀξέσιν τὸ πρόσωπον καὶ τοὺς ὀφθαλμοὺς κεντοῦντες,
ἀγαγόντες εἰς τὸ προάστειον, κατελιθοβόλησαν.

" Εἶτα πιστὴν γυναῖκα, Κοῖνταν καλουμένην, ἐπὶ 4
τὸ εἰδωλεῖον ἀγαγόντες, ἠνάγκαζον προσκυνεῖν·
ἀποστρεφομένην δὲ καὶ βδελυττομένην ἐκδήσαντες
τῶν ποδῶν διὰ πάσης τῆς πόλεως κατὰ τοῦ τρα-
χέος λιθοστρώτου σύροντες προσαρασσομένην τοῖς
μυλιαίοις λίθοις, ἅμα καὶ μαστιγοῦντες, ἐπὶ τὸν
αὐτὸν ἀγαγόντες κατέλευσαν τόπον. εἶθ᾽ ὁμο- 5
θυμαδὸν ἅπαντες ὥρμησαν ἐπὶ τὰς τῶν θεοσεβῶν
οἰκίας, καὶ οὓς ἐγνώριζον ἕκαστοι γειτνιῶντας,
ἐπεισπεσόντες ἦγον ἐσύλων τε καὶ διήρπαζον, τὰ
μὲν τιμιώτερα τῶν κειμηλίων νοσφιζόμενοι, τὰ
δὲ εὐτελέστερα καὶ ὅσα ἐκ ξύλων ἐπεποίητο,
διαρριπτοῦντες καὶ κατακάοντες ἐν ταῖς ὁδοῖς
ἑαλωκυίας ὑπὸ πολεμίων πόλεως παρεῖχον θέαν.
ἐξέκλινον δὲ καὶ ὑπανεχώρουν οἱ ἀδελφοὶ καὶ τὴν 6
ἁρπαγὴν τῶν ὑπαρχόντων ὁμοίως ἐκείνοις οἷς καὶ
Παῦλος ἐμαρτύρησεν, μετὰ χαρᾶς προσεδέξαντο.
καὶ οὐκ οἶδ᾽ εἴ τις, πλὴν εἰ μή πού τις εἰς ἐμπεσών,
μέχρι γε τούτου τὸν κύριον ἠρνήσατο.

Heb. 10, 34

us, but it preceded it by a whole year ; and that prophet and creator of evils for this city, whoever he was, was beforehand in stirring and inciting the masses of the heathen against us, fanning anew the flame of their native superstition. Aroused by him and seizing upon all authority for their unholy deeds, they conceived that this kind of worship of their gods—the thirsting for our blood—was the only form of piety.

"First, then, they seized an old man named Metras, and bade him utter blasphemous words ; and when he refused to obey they belaboured his body with cudgels, stabbed his face and eyes with sharp reeds, and leading him to the suburbs stoned him.

"Then they led a woman called Quinta, a believer, to the idol temple, and were for forcing her to worship. But when she turned away and showed her disgust, they bound her by the feet and dragged her through the whole city over the rough pavement, so that she was bruised by the big stones, beating her all the while ; and bringing her to the same place they stoned her to death. Then with one accord they all rushed to the houses of the godly, and, falling each upon those whom they recognized as neighbours, they harried, spoiled and plundered them, appropriating the more valuable of their treasures, and scattering and burning in the streets the cheaper articles and such as were made of wood, until they gave the city the appearance of having been captured by enemies. But the brethren gave way and gradually retired, and, like those of whom Paul also testified, they took joyfully the spoiling of their possessions. And I know not if there be any—save, it may be, some single one who fell into their hands—who up to the present has denied the Lord.

"Ἀλλὰ καὶ τὴν θαυμασιωτάτην τότε παρθένον 7
πρεσβῦτιν Ἀπολλωνίαν διαλαβόντες, τοὺς μὲν ὀδόν-
τας ἅπαντας κόπτοντες τὰς σιαγόνας ἐξήλασαν,
πυρὰν δὲ νήσαντες πρὸ τῆς πόλεως ζῶσαν ἠπείλουν
κατακαύσειν, εἰ μὴ συνεκφωνήσειεν αὐτοῖς τὰ
τῆς ἀσεβείας κηρύγματα. ἡ δὲ ὑποπαραιτησαμένη
βραχὺ καὶ ἀνεθεῖσα, συντόνως ἐπήδησεν εἰς τὸ
πῦρ, καὶ καταπέφλεκται.

"Σεραπιωνά τε καταλαβόντες ἐφέστιον, σκληραῖς 8
βασάνοις αἰκισάμενοι καὶ πάντα τὰ ἄρθρα δια-
κλάσαντες, ἀπὸ τοῦ ὑπερῴου πρηνῆ κατέρριψαν.

"Οὐδεμία δὲ ὁδός, οὐ λεωφόρος, οὐ στενωπὸς
ἡμῖν βάσιμος ἦν, οὐ νύκτωρ, οὐ μεθ' ἡμέραν, ἀεὶ
καὶ πανταχοῦ πάντων κεκραγότων, εἰ μὴ τὰ
δύσφημά τις ἀνυμνοίη ῥήματα, τοῦτον εὐθέως δεῖν
σύρεσθαί τε καὶ πίμπρασθαι. καὶ ταῦτα ἐπὶ πολὺ
μὲν τοῦτον ἤκμασεν τὸν τρόπον, διαδεξαμένη δὲ 9
τοὺς ἀθλίους ἡ στάσις καὶ πόλεμος ἐμφύλιος τὴν
καθ' ἡμῶν ὠμότητα πρὸς ἀλλήλους αὐτῶν ἔτρεψεν,
καὶ σμικρὸν μὲν προσανεπνεύσαμεν, ἀσχολίαν τοῦ
πρὸς ἡμᾶς θυμοῦ λαβόντων, εὐθέως δὲ ἡ τῆς
βασιλείας ἐκείνης τῆς εὐμενεστέρας ἡμῖν μεταβολὴ
διήγγελται, καὶ πολὺς ὁ τῆς ἐφ' ἡμᾶς ἀπειλῆς
φόβος ἀνετείνετο. καὶ δὴ καὶ παρῆν τὸ πρόσταγμα, 10
αὐτὸ σχεδὸν ἐκεῖνο οἷον τὸ προρρηθὲν ὑπὸ τοῦ
κυρίου ἡμῶν παρὰ βραχὺ τὸ φοβερώτατον, ὡς, εἰ
δυνατόν, σκανδαλίσαι καὶ τοὺς ἐκλεκτούς. πλὴν 11
πάντες γε κατεπτήχεσαν· καὶ πολλοὶ μὲν εὐθέως
τῶν περιφανεστέρων, οἳ μὲν ἀπήντων δεδιότες, οἳ
δὲ δημοσιεύοντες ὑπὸ τῶν πράξεων ἤγοντο, οἳ

Matt. 24, 24

---

[1] Or "eagerly."   [2] *i.e.* the rule of Philip.

102

" Moreover, they seized then that marvellous aged virgin Apollonia, broke out all her teeth with blows on her jaws, and piling up a pyre before the city threatened to burn her alive, if she refused to recite along with them their blasphemous sayings. But she asked for a brief space, and, being released, without flinching [1] she leaped into the fire and was consumed.

" Serapion they laid hold of at his own home, broke all his limbs by the severe tortures they inflicted, and cast him down head foremost from the upper story.

" Now there was no way, no thoroughfare, no alley by which we could go, either by night or during the day : always and everywhere all were shouting, that he who did not join in the chorus of blasphemy must immediately be dragged off and burnt. And this state of things continued at its height for a long time. But strife and civil war came upon the wretched men, and turned on themselves the fury of which we had been the object ; and for a brief space we breathed again, since they had no time to indulge their anger against us. Straightway, however, the news was spread abroad of the change from that rule that had been more kindly to us,[2] and great was the fear of threatened punishment that hung over us. And, what is more, the edict arrived, and it was almost like that which was predicted by our Lord, wellnigh the most terrible of all, so as, if possible, to cause to stumble even the elect.[3] Howsoever that be, all cowered with fear. And of many of the more eminent persons, some came forward immediately through fear, others in public positions were compelled to do so by their business, and others were

[3] Matt. xxiv. 24. Eusebius has σκανδαλίσαι for Matthew's πλανᾶσθαι.

δὲ ὑπὸ τῶν ἀμφ' αὐτοῖς ἐφείλκοντο· ὀνομαστί τε
καλούμενοι ταῖς ἀνάγνοις καὶ ἀνιέροις θυσίαις
προσῄεσαν, οἱ μὲν ὠχριῶντες καὶ τρέμοντες, ὥσπερ
οὐ θύσοντες, ἀλλ' αὐτοὶ θύματα καὶ σφάγια τοῖς
εἰδώλοις ἐσόμενοι, ὡς ὑπὸ πολλοῦ τοῦ περιεστῶτος
δήμου χλεύην αὐτοῖς ἐπιφέρεσθαι καὶ δήλους μὲν
εἶναι πρὸς πάντα δειλοὺς ὑπάρχοντας, καὶ πρὸς
τὸ τεθνάναι καὶ πρὸς τὸ θῦσαι· οἱ δέ τινες ἑτοι- 12
μότερον τοῖς βωμοῖς προσέτρεχον, ἰσχυριζόμενοι
τῇ θρασύτητι τὸ μηδὲ πρότερον Χριστιανοὶ γεγο-
νέναι, περὶ ὧν ἡ τοῦ κυρίου πρόρρησις ἀληθεστάτη
cf. ibid. 19, 23 ὅτι δυσκόλως σωθήσονται. τῶν δὲ λοιπῶν οἱ
μὲν ἕποντο τούτοις ἑκατέροις, οἱ δὲ ἔφευγον· οἱ 13
Heb. 11, 36 δὲ ἡλίσκοντο, καὶ τούτων οἱ μὲν ἄχρι δεσμῶν καὶ
φυλακῆς χωρήσαντες, καὶ τινὲς καὶ πλείονας
ἡμέρας καθειρχθέντες, εἶτα καὶ πρὶν ἐπὶ δικαστήριον
ἐλθεῖν, ἐξωμόσαντο, οἱ δὲ καὶ βασάνοις ἐπὶ ποσὸν
ἐγκαρτερήσαντες, πρὸς τὸ ἑξῆς ἀπεῖπον.

" Οἱ δὲ στερροὶ καὶ μακάριοι στῦλοι τοῦ κυρίου 14
κραταιωθέντες ὑπ' αὐτοῦ καὶ τῆς ἰσχυρᾶς ἐν αὐτοῖς
πίστεως ἀξίαν καὶ ἀνάλογον δύναμιν καὶ καρτερίαν
λαβόντες, θαυμαστοὶ γεγόνασιν αὐτοῦ τῆς βασιλείας
μάρτυρες· ὧν πρῶτος Ἰουλιανός, ἄνθρωπος πο- 15
δαγρός, μὴ στῆναι, μὴ βαδίσαι δυνάμενος, σὺν
ἑτέροις δύο τοῖς φέρουσιν αὐτὸν προσήχθη· ὧν ὁ
μὲν ἕτερος εὐθὺς ἠρνήσατο, ὁ δ' ἕτερος, Κρονίων
ὀνόματι, ἐπίκλην δὲ Εὔνους, καὶ αὐτὸς ὁ πρεσβύτης
Ἰουλιανὸς ὁμολογήσαντες τὸν κύριον, διὰ πάσης
τῆς πόλεως, μεγίστης οὔσης ὡς ἴστε, καμήλοις
ἐποχούμενοι καὶ μετέωροι μαστιγούμενοι, τέλος
ἀσβέστῳ, περικεχυμένου τοῦ δήμου παντός, κατ-

dragged by those around them. Called by name they approached the impure and unholy sacrifices, some pale and trembling, as if they were not for sacrificing but rather to be themselves the sacrifices and victims to the idols, so that the large crowd that stood around heaped mockery upon them, and it was evident that they were by nature cowards in everything, cowards both to die and to sacrifice. But others ran eagerly towards the altars, affirming by their forwardness that they had not been Christians even formerly ; concerning whom the Lord very truly predicted that they shall hardly be saved.[1] Of the rest, some followed one or other of these, others fled ; some were captured, and of these some went as far as bonds and imprisonment, and certain, when they had been shut up for many days, then forswore themselves even before coming into court, while others, who remained firm for a certain time under tortures, subsequently gave in.

" But the firm and blessed pillars of the Lord, being strengthened by Him, and receiving power and stedfastness in due measure according to the mighty faith that was in them, proved themselves admirable martyrs of His kingdom. Of these the first was Julian, a man who suffered from gout, unable to stand or walk. He was brought up with two others who carried him, of whom the one straightway denied ; the other, Cronion by name, but surnamed Eunus, and the old man Julian himself, confessed the Lord, and were carried upon camels through the whole city, very large in extent as ye know, and thus uplifted were beaten, and in the end, surrounded by all the

---

[1] A very free reference to Matt. xix. 23 ; *cf.* Mark x. 23 ; Luke xviii. 24.

ετάκησαν. στρατιώτης τε αὐτοῖς ἀπαγομένοις 16
παραστὰς καὶ τοῖς ἐφυβρίζουσιν ἐναντιωθείς, ἐκβοη-
σάντων ἐκείνων προσαχθεὶς ὁ ἀνδρειότατος ὁπλο-
μάχος τοῦ θεοῦ Βησᾶς κἂν τῷ μεγάλῳ πολέμῳ
τῷ περὶ τῆς εὐσεβείας ἀριστεύσας, ἀπετμήθη τὴν
κεφαλήν. καί τις ἕτερος, τὸ μὲν γένος Λίβυς, τὴν 17
δὲ προσηγορίαν ἅμα καὶ τὴν εὐλογίαν ἀληθὴς
See Matt. 5,
10, 11 Μάκαρ, προτροπῆς αὐτῷ πολλῆς ὑπὸ τοῦ δικαστοῦ
πρὸς ἄρνησιν γενομένης, οὐχ ὑπαχθεὶς ζῶν κατα-
πέφλεκται. Ἐπίμαχός τε μετ' αὐτοὺς καὶ Ἀλέξ-
ανδρος μετὰ πολὺν ὃν ἔμειναν δεσμῶται χρόνον,
μυρίας διενεγκόντες ἀλγηδόνας ξυστῆρας μάστι-
γας, [πυρὶ] ἀσβέστῳ καὶ οὗτοι διεχύθησαν.

"Καὶ σὺν αὐτοῖς γυναῖκες τέσσαρες, Ἀμμωνάριόν 18
τε ἁγία παρθένος, πάνυ φιλονείκως αὐτὴν ἐπὶ
πλεῖστον τοῦ δικαστοῦ βασανίσαντος, ἅτε προαπο-
φηναμένην ὅτι μηδὲν ὧν ἐκεῖνος κελεύοι φθέγξεται,
ἀληθεύσασα τὴν ἐπαγγελίαν, ἀπήχθη· αἱ δὲ λοιπαί,
ἡ σεμνοτάτη πρεσβῦτις Μερκουρία καὶ ἡ πολύπαις
μέν, οὐχ ὑπὲρ τὸν κύριον δὲ ἀγαπήσασα τὰ τέκνα
Διονυσία, καταιδεσθέντος εἰς ἀνήνυτον ἔτι βασα-
νίζειν καὶ ὑπὸ γυναικῶν ἡττᾶσθαι τοῦ ἡγεμόνος,
σιδήρῳ τεθνᾶσιν, μηκέτι βασάνων πεῖραν λαβοῦσαι·
τὰς γὰρ ὑπὲρ πασῶν ἡ πρόμαχος Ἀμμωνάριον
ἀνεδέδεκτο.

"Ἥρων δὲ καὶ Ἀτὴρ καὶ Ἰσίδωρος Αἰγύπτιοι 19
καὶ σὺν αὐτοῖς παιδάριον ὡς πεντεκαιδεκαέτης ὁ
Διόσκορος παρεδόθησαν· καὶ πρῶτον τὸ μειράκιον
λόγοις τε ἀπατᾶν ὡς εὐπαράγωγον καὶ βασάνοις
καταναγκάζειν ὡς εὐένδοτον πειρωμένου, οὔτ'
ἐπείσθη οὔτ' εἶξεν ὁ Διόσκορος· τοὺς δὲ λοιποὺς 20

people, burnt in quicklime. A soldier who stood by
as they were being led off, opposed those who in-
sulted them ; and, when the crowd cried out, Besas,
that brave warrior of God, was brought up, and after
excelling in the great war of piety was beheaded.
And another, a Libyan by race, Macar,[1] true both
to his name and the [Lord's] benediction, though
the judge urged him strongly to deny, was not in-
duced, and so was burnt alive. And after these
Epimachus and Alexander, when they had remained
a long time in prison, enduring to the end countless
agonies from scrapers and scourges, were also burnt
in quicklime.

" And with them four women : Ammonarion, a holy
virgin, though tortured vigorously by the judge for
a very long time, inasmuch as she had made it plain
beforehand that she would not utter anything of what
he bade her, kept true to her promise, and was led
away. And as to the rest, Mercuria, an aged woman
of reverend mien, and Dionysia, the mother indeed
of many children, who yet did not love them above
the Lord, when the governor was ashamed to ply
continued torture all to no end, and to be worsted
by women,—they were put to death by the sword,
and so had trial of no further tortures. For these
Ammonarion, true champion, had taken upon herself
on behalf of all.

" Hero and Ater and Isidore, Egyptians, and with
them a young boy of about fifteen named Dioscorus
were delivered up. And at first [the governor] tried
to wheedle the lad by words, as one easily led astray,
and to compel him by tortures, as one that would
easily give in ; but Dioscorus neither obeyed nor

[1] " Blessed."

ἀγριώτατα καταξήνας, ἐγκαρτερήσαντας πυρὶ καὶ
τούτους ἔδωκεν. τὸν δὲ Διόσκορον ἐλλαμπρυνά-
μενόν τε δημοσίᾳ καὶ σοφώτατα πρὸς τὰς ἰδίας
πεύσεις ἀποκρινάμενον θαυμάσας, παρῆκεν, ὑπέρ-
θεσιν φήσας εἰς μετάνοιαν αὐτῷ διὰ τὴν ἡλικίαν
ἐπιμετρεῖν· καὶ νῦν ὁ θεοπρεπέστατος σὺν ἡμῖν
ἐστιν Διόσκορος, εἰς μακρότερον τὸν ἀγῶνα καὶ
διαρκέστερον μείνας τὸν ἆθλον.

"Νεμεσίων δέ τις, κἀκεῖνος Αἰγύπτιος, ἐσυκο- 21
φαντήθη μὲν ὡς δὴ σύνοικος λῃστῶν, ἀπολυσά-
μενος δὲ ταύτην παρὰ τῷ ἑκατοντάρχῳ τὴν
ἀλλοτριωτάτην διαβολήν, καταμηνυθεὶς ὡς Χρι-
στιανὸς ἧκεν δεσμώτης ἐπὶ τὸν ἡγούμενον· ὁ δὲ
Cf. Matt.
27, 38 ; Mark
15, 27 ; Luke
23, 33 ; John
19, 18
ἀδικώτατος διπλαῖς αὐτὸν ἢ τοὺς λῃστὰς ταῖς τε
βασάνοις καὶ ταῖς μάστιξιν λυμηνάμενος, μεταξὺ
τῶν λῃστῶν κατέφλεξεν τιμηθέντα τὸν μακάριον
τῷ τοῦ Χριστοῦ παραδείγματι.

"Ἀθρόον δέ τι σύνταγμα στρατιωτικόν, Ἄμμων 22
καὶ Ζήνων καὶ Πτολεμαῖος καὶ Ἰγγένης καὶ σὺν
αὐτοῖς πρεσβύτης Θεόφιλος, εἱστήκεισαν πρὸ τοῦ
δικαστηρίου· κρινομένου δή τινος ὡς Χριστιανοῦ
καὶ πρὸς ἄρνησιν ἤδη ῥέποντος, ἐπρίοντο οὗτοι
παρεστηκότες, καὶ τοῖς τε προσώποις ἐνένευον
καὶ τὰς χεῖρας ἀνέτεινον καὶ συνεσχηματίζοντο
τοῖς σώμασιν. ἐπιστροφῆς δὲ πάντων πρὸς αὐτοὺς 23
γενομένης, πρίν τινας αὐτῶν ἄλλως λαβέσθαι,
φθάσαντες ἐπὶ τὸ βάθρον ἀνέδραμον, εἶναι Χρι-
στιανοὶ λέγοντες, ὡς τόν τε ἡγεμόνα καὶ τοὺς
συνέδρους ἐμφόβους γενέσθαι, καὶ τοὺς μὲν κρινο-
μένους εὐθαρσεστάτους ἐφ' οἷς πείσονται, φαίνεσθαι,
τοὺς δὲ δικάζοντας ἀποδειλιᾶν. καὶ οὗτοι μὲν ἐκ
δικαστηρίων ἐνεπόμπευσαν καὶ ἠγαλλιάσαντο τῇ

yielded. The rest he savagely tore in pieces, and, when they endured, committed them also to the flames. But, marvelling at the splendid bearing of Dioscorus in public and the wise answers he made to his questions in private, he let him off, saying that he granted him a period of delay to repent, on account of his youth. And now the most godly Dioscorus is with us, having remained for a still longer contest and a more lasting conflict.

" A certain Nemesion, he also an Egyptian, was falsely accused of consorting with robbers, and when he had cleared himself before the centurion of that charge so foreign to his character, he was informed against as being a Christian, and came bound before the governor. He most unjustly inflicted on him twice as many tortures and scourgings as he did on the robbers, and burnt him between them, thus honouring him, happy man, with a likeness to Christ.

" A whole band of soldiers, Ammon and Zeno and Ptolemy and Ingenuus, and with them an old man Theophilus, had taken their stand before the court. Now a certain man was being tried as a Christian, and at that moment was inclining towards denial, when these men standing by ground their teeth, cast looks at him, stretched out their hands and made gestures with their bodies. And when all turned towards them, before anyone could otherwise seize them, they ran of their own accord to the prisoner's dock, saying that they were Christians ; so that both the governor and his assessors were filled with fear, and those who were on their trial showed themselves very courageous in the face of their future sufferings, while the judges were affrighted. So these men marched from the court in proud pro-

2 Cor. 2, 14 μαρτυρίᾳ, θριαμβεύοντος αὐτοὺς ἐνδόξως τοῦ θεοῦ.

XLII. "Ἄλλοι δὲ πλεῖστοι κατὰ πόλεις καὶ 1 κώμας ὑπὸ τῶν ἐθνῶν διεσπάσθησαν, ὧν ἑνὸς παραδείγματος ἕνεκεν ἐπιμνησθήσομαι. Ἰσχυρίων ἐπετρόπευέν τινι τῶν ἀρχόντων ἐπὶ μισθῷ. τοῦτον ὁ μισθοδότης ἐκέλευσεν θῦσαι, μὴ πειθόμενον ὕβριζεν, ἐμμένοντα προεπηλάκιζεν, ὑφισταμένου, βακτηρίαν μεγίστην λαβὼν διὰ τῶν ἐντέρων καὶ τῶν σπλάγχνων διώσας, ἀπέκτεινεν.

Cf. Heb. 11, 38 "Τί δεῖ λέγειν τὸ πλῆθος τῶν ἐν ἐρημίαις καὶ 2 ὄρεσιν πλανηθέντων, ὑπὸ λιμοῦ καὶ δίψης καὶ κρύους καὶ νόσων καὶ λῃστῶν καὶ θηρίων διεφθαρμένων; ὧν οἱ περιγενόμενοι τῆς ἐκείνων εἰσὶν ἐκλογῆς καὶ νίκης μάρτυρες, ἓν δὲ καὶ τούτων εἰς δήλωσιν ἔργον παραθήσομαι. Χαιρήμων ἦν ὑπέρ- 3 γηρως τῆς Νείλου καλουμένης πόλεως ἐπίσκοπος. οὗτος εἰς τὸ Ἀράβιον ὄρος ἅμα τῇ συμβίῳ ἑαυτοῦ φυγών, οὐκ ἐπανελήλυθεν, οὐδὲ ἐδυνήθησαν ἰδεῖν οὐκέτι, καίτοι πολλὰ διερευνησάμενοι, οἱ ἀδελφοὶ οὔτε αὐτοὺς οὔτε τὰ σώματα. πολλοὶ δὲ οἱ κατ' 4 αὐτὸ τὸ Ἀραβικὸν ὄρος ἐξανδραποδισθέντες ὑπὸ βαρβάρων Σαρακηνῶν· ὧν οἳ μὲν μόλις ἐπὶ πολλοῖς χρήμασιν ἐλυτρώθησαν, οἳ δὲ μέχρι νῦν οὐδέπω.

"Καὶ ταῦτα διεξῆλθον οὐ μάτην, ἀδελφέ, ἀλλ' ἵνα εἰδῇς ὅσα καὶ ἡλίκα δεινὰ παρ' ἡμῖν συνέβη· ὧν οἱ μᾶλλον πεπειραμένοι πλείονα ἂν εἰδεῖεν."

Εἶτα τούτοις ἐπιφέρει μετὰ βραχέα λέγων· 5 " αὐτοὶ τοίνυν οἱ θεῖοι μάρτυρες παρ' ἡμῖν, οἱ νῦν τοῦ Χριστοῦ πάρεδροι καὶ τῆς βασιλείας αὐτοῦ

---

1 A free reference to Heb. xi. 38.
2 σύμβιος is a common word for husband or wife in later Greek.
110

cession, exulting in their witness, God spreading abroad their fame gloriously.

XLII. "And many others throughout the cities and villages were torn in pieces by the heathen, of whom I shall mention one as an example. Ischyrion was acting as the hired steward of one of the rulers. His employer bade him sacrifice; when he refused he insulted him, when he abode by his refusal he abused him foully; and as he still remained firm he took a very large stick, thrust it through his bowels and vital organs, and so killed him.

"What need is there to speak of the multitude of those who wandered in deserts and mountains,[1] and perished by hunger and thirst and frost and diseases and robbers and wild beasts? Such of them as survive bear testimony to their election and victory; but one fact in connexion with these men also I shall adduce as evidence. Chaeremon was bishop of the city called Nilopolis, and of extreme age. He fled to the Arabian mountain with his wife,[2] and never returned, nor could the brethren ever lay eyes again either on them or their bodies, although they made a long and thorough search. But many in that same Arabian mountain were reduced to utter slavery by barbarian Saracens. Of these some were with difficulty ransomed for large sums, others have not yet been, up to this day.

"And I have not given this account, brother, to no purpose, but that you may know all the terrible things that happened with us. Those who have had a larger experience of them would know more examples."

Then, after a little, he adds as follows: "Therefore the divine martyrs themselves among us, who now are assessors of Christ, and share the fellowship of

Cf. Matt. 19, 28; 1 Cor. 6, 2. 3; Rev. 20, 4.

Cf. Ezek. 33, 11; 2 Pet. 3, 9

κοινωνοὶ καὶ μέτοχοι τῆς κρίσεως αὐτοῦ καὶ συνδικάζοντες αὐτῷ, τῶν παραπεπτωκότων ἀδελφῶν τινας ὑπευθύνους τοῖς τῶν θυσιῶν ἐγκλήμασιν γενομένους προσελάβοντο, καὶ τὴν ἐπιστροφὴν καὶ μετάνοιαν αὐτῶν ἰδόντες δεκτήν τε γενέσθαι δυναμένην τῷ μὴ βουλομένῳ καθόλου τὸν θάνατον τοῦ ἁμαρτωλοῦ ὡς τὴν μετάνοιαν δοκιμάσαντες, εἰσεδέξαντο καὶ συνήγαγον καὶ συνέστησαν καὶ προσευχῶν αὐτοῖς καὶ ἑστιάσεων ἐκοινώνησαν. τί οὖν ἡμῖν, ἀδελφοί, περὶ τούτων συμβουλεύετε; τί ἡμῖν πρακτέον; σύμψηφοι καὶ ὁμογνώμονες 6 αὐτοῖς καταστῶμεν καὶ τὴν κρίσιν αὐτῶν καὶ τὴν χάριν φυλάξωμεν καὶ τοῖς ἐλεηθεῖσιν ὑπ' αὐτῶν χρηστευσώμεθα, ἢ τὴν κρίσιν αὐτῶν ἄδικον ποιησώμεθα καὶ δοκιμαστὰς αὐτοὺς τῆς ἐκείνων γνώμης ἐπιστήσωμεν καὶ τὴν χρηστότητα λυπήσωμεν καὶ τὴν τάξιν ἀνασκευάσωμεν; ''

Ταῦτα δ' εἰκότως ὁ Διονύσιος παρατέθειται, τὸν περὶ τῶν ἐξησθενηκότων κατὰ τὸν τοῦ διωγμοῦ καιρὸν ἀνακινῶν λόγον, XLIII. ἐπειδήπερ τῇ 1 κατὰ τούτων ἀρθεὶς ὑπερηφανίᾳ Νοουάτος, τῆς Ῥωμαίων ἐκκλησίας πρεσβύτερος, ὡς μηκέτ' οὔσης αὐτοῖς σωτηρίας ἐλπίδος μηδ' εἰ πάντα τὰ εἰς ἐπιστροφὴν γνησίαν καὶ καθαρὰν ἐξομολόγησιν ἐπιτελοῖεν, ἰδίας αἱρέσεως τῶν κατὰ λογισμὸν φυσίωσιν Καθαροὺς ἑαυτοὺς ἀποφηνάντων ἀρχηγὸς καθίσταται· ἐφ' ᾧ συνόδου μεγίστης ἐπὶ Ῥώμης 2 συγκροτηθείσης ἑξήκοντα μὲν τὸν ἀριθμὸν ἐπισκόπων, πλειόνων δ' ἔτι μᾶλλον πρεσβυτέρων τε

---

[1] συνήγαγον: cf. vii. 7. 4.
[2] The *consistentes*, or bystanders, were the highest order

His kingdom, and take part in His decisions and judge along with Him, have espoused the cause of certain of the fallen brethren who became answerable for the charge of sacrificing ; and seeing their conversion and repentance, they judged it had the power to prove acceptable to Him who hath no pleasure at all in the death of the sinner, but rather his repentance ; and so they received and admitted them to the worship of the Church[1] as *consistentes*,[2] and gave them fellowship in their prayers and feasts. What then do ye counsel us, brethren, on these matters ? What are we to do ? Are we to be of like opinion and mind with them, uphold their decision and concession, and deal kindly with those they pitied ? Or shall we esteem their decision unjust, and set ourselves up as critics of their opinion, cause grief to kindness, and do away with their arrangement ? "

Now these words Dionysius added suitably, raising the question about those who had proved weak in the time of persecution, XLIII. since Novatus,[3] a presbyter of the church of the Romans, being lifted up by arrogance against these, as if there was no longer any hope of salvation for them, not even if they were to perform everything that a genuine conversion and a pure confession demand, became the leader of a separate sect of those who, in their pride of mind, styled themselves Puritans. Whereupon a very large synod was assembled at Rome, of sixty bishops and a still greater number of presbyters

of penitents. They were admitted to the eucharistic prayers, but debarred from communion.

[3] This person, the founder of the Novatianist sect, is called by Eusebius, and subsequent Greek writers, Novatus, but by the Westerns (no doubt rightly) Novatianus. *Cf.* the letters of Dionysius in c. 45 and vii. 8.

καὶ διακόνων, ἰδίως τε κατὰ τὰς λοιπὰς ἐπαρχίας
τῶν κατὰ χώραν ποιμένων περὶ τοῦ πρακτέου
διασκεψαμένων, δόγμα παρίσταται τοῖς πᾶσιν,
τὸν μὲν Νοουάτον ἅμα τοῖς σὺν αὐτῷ συνεπ-
αρθεῖσιν τούς τε συνευδοκεῖν τῇ μισαδέλφῳ καὶ
ἀπανθρωποτάτῃ γνώμῃ τἀνδρὸς προαιρουμένους
ἐν ἀλλοτρίοις τῆς ἐκκλησίας ἡγεῖσθαι, τοὺς δὲ τῇ
συμφορᾷ περιπεπτωκότας τῶν ἀδελφῶν ἰᾶσθαι
καὶ θεραπεύειν τοῖς τῆς μετανοίας φαρμάκοις.

Ἦλθον δ' οὖν εἰς ἡμᾶς ἐπιστολαὶ Κορνηλίου 3
Ῥωμαίων ἐπισκόπου πρὸς τὸν τῆς Ἀντιοχέων
ἐκκλησίας Φάβιον, δηλοῦσαι τὰ περὶ τῆς Ῥωμαίων
συνόδου καὶ τὰ δόξαντα τοῖς κατὰ τὴν Ἰταλίαν
καὶ Ἀφρικὴν καὶ τὰς αὐτόθι χώρας, καὶ ἄλλαι
πάλιν, Ῥωμαϊκῇ φωνῇ συντεταγμέναι, Κυπριανοῦ
καὶ τῶν ἅμ' αὐτῷ κατὰ τὴν Ἀφρικήν, δι' ὧν τὸ
καὶ αὐτοὺς συνευδοκεῖν τῷ δεῖν τυγχάνειν ἐπι-
κουρίας τοὺς πεπειρασμένους ἐνεφαίνετο καὶ τῷ
χρῆναι εὐλόγως τῆς καθολικῆς ἐκκλησίας ἐκκήρυκ-
τον ποιήσασθαι τὸν τῆς αἱρέσεως ἀρχηγὸν πάντας
τε ὁμοίως τοὺς συναπαγομένους αὐτῷ. ταύταις 4
ἄλλη τις ἐπιστολὴ συνῆπτο τοῦ Κορνηλίου περὶ
τῶν κατὰ τὴν σύνοδον ἀρεσάντων καὶ πάλιν ἑτέρα
περὶ τῶν κατὰ Νοουάτον πραχθέντων· ἀφ' ἧς καὶ
μέρη παραθέσθαι οὐδὲν ἂν κωλύοι, ὅπως εἰδεῖεν
τὰ κατ' αὐτὸν οἱ τῇδε ἐντυγχάνοντες τῇ γραφῇ.
τὸν δὴ οὖν Φάβιον ἀναδιδάσκων ὁποῖός τις ὁ 5
Νοουάτος γεγόνοι τὸν τρόπον, αὐτὰ δὴ ταῦτα
γράφει ὁ Κορνήλιος· " ἵνα δὲ γνῷς ὅτι πρόπαλαι
ὀρεγόμενος τῆς ἐπισκοπῆς ὁ θαυμάσιος οὗτος καὶ
κρύπτων ἐν αὑτῷ τὴν προπετῆ ταύτην αὐτοῦ
ἐπιθυμίαν ἐλάνθανεν, ἐπικαλύμματι τῆς αὑτοῦ

and deacons, while in the rest of the provinces the pastors in their several regions individually considered the question as to what was to be done. It was unanimously decreed that Novatus, together with the partners of his arrogance, and those who decided to agree with the man's brother-hating and most inhuman opinion, should be considered as strangers to the Church, but that such of the brethren as had fallen into the misfortune should be treated and restored with the medicines of repentance.

Now there have reached us a letter of Cornelius, bishop of the Romans, to Fabius, bishop of the church of the Antiochenes, telling the facts concerning the Roman Synod, and what was decreed by them of Italy and Africa and the regions thereabout ; and, again, another of Cyprian and of those with him in Africa, composed in the Latin language, in which it was made clear that they also agreed that those who had suffered trial should meet with succour, and that in the reason of things it was fitting that the leader of the heresy should be excommunicated from the Catholic Church, and likewise all those who were led away with him. To these was subjoined a certain other letter of Cornelius, on the resolutions of the synod ; and, again, another on the doings of Novatus. There is nothing to prevent me from quoting parts of this last, so that those who read this book may know about him. In explaining, then, to Fabius what kind of manner of man Novatus was, Cornelius writes these very words : " But that you may know that for a long time back this marvellous fellow has been seeking the office of a bishop, and has succeeded in concealing in his heart this his violent desire, using

ἀπονοίας τῷ κατ᾿ ἀρχὰς σὺν αὐτῷ τοὺς ὁμολογητὰς
ἐσχηκέναι χρώμενος, εἰπεῖν βούλομαι. Μάξιμος 6
πρεσβύτερος τῶν παρ᾿ ἡμῖν καὶ Οὐρβανός, δὶς
τὴν ἐξ ὁμολογίας δόξαν ἀρίστην καρπωσάμενοι,
Σιδόνιός τε καὶ Κελερῖνος, ἀνὴρ ὃς πάσας βασάνους
διὰ τὸν τοῦ θεοῦ ἔλεον καρτερικώτατα διενέγκας
καὶ τῇ ῥώμῃ τῆς αὐτοῦ πίστεως τὸ ἀσθενὲς
τῆς σαρκὸς ἐπιρρώσας, κατὰ κράτος νενίκηκεν
τὸν ἀντικείμενον, οὗτοι δὴ οὖν οἱ ἄνδρες κατα-
νοήσαντες αὐτὸν καὶ καταφωράσαντες τὴν ἐν αὐτῷ
πανουργίαν τε καὶ παλιμβολίαν τάς τε ἐπιορκίας
καὶ τὰς ψευδολογίας καὶ τὴν ἀκοινωνησίαν αὐτοῦ
καὶ λυκοφιλίαν, ἐπανῆλθον εἰς τὴν ἁγίαν ἐκκλησίαν,
καὶ ἅπαντα αὐτοῦ τὰ τεχνάσματα καὶ πονηρεύματα,
ἃ ἐκ πολλοῦ ἔχων ἐν ἑαυτῷ ὑπεστέλλετο, παρόντων
ἱκανῶν τοῦτο μὲν ἐπισκόπων τοῦτο δὲ πρεσβυτέρων
καὶ λαϊκῶν ἀνδρῶν παμπόλλων, ἐξήγγειλαν, ἀπ-
οδυρόμενοι καὶ μεταγινώσκοντες ἐφ᾿ οἷς πεισθέντες
τῷ δολερῷ καὶ κακοήθει θηρίῳ πρὸς ὀλίγον χρόνον
τῆς ἐκκλησίας ἀπελείφθησαν.᾿᾿

Εἶτα μετὰ βραχέα φησίν· ῾῾ἀμήχανον ὅσην, 7
ἀγαπητὲ ἀδελφέ, τροπὴν καὶ μεταβολὴν ἐν βραχεῖ
καιρῷ ἐθεασάμεθα ἐπ᾿ αὐτοῦ γεγενημένην. ὁ γάρ
τοι λαμπρότατος καὶ δι᾿ ὅρκων φοβερῶν τινων
πιστούμενος τὸ μηδ᾿ ὅλως ἐπισκοπῆς ὀρέγεσθαι,
αἰφνίδιον ἐπίσκοπος ὥσπερ ἐκ μαγγάνου τινὸς
εἰς τὸ μέσον ῥιφεὶς ἀναφαίνεται. οὗτος γάρ τοι 8
ὁ δογματιστής, ὁ τῆς ἐκκλησιαστικῆς ἐπιστήμης
ὑπερασπιστής, ὁπηνίκα παρασπᾶσθαί τε καὶ ὑφ-
αρπάζειν τὴν μὴ δοθεῖσαν αὐτῷ ἄνωθεν ἐπισκοπὴν
ἐπεχείρει, δύο ἑαυτῷ κοινωνούς, ἀπεγνωκότας τῆς

1 Tim. 3, 1

as a veil for his insane folly the fact that he had the confessors with him from the beginning, I wish to speak. Maximus, one of our presbyters, and Urban, both of whom twice reaped the highest meed of renown by confession, and Sidonius, and Celerinus, a man who, by the mercy of God, bore with the utmost endurance all kinds of tortures, and by the strength of his faith strengthened the weakness of his body, and so has mightily overcome the adversary—these men marked him, and detecting the craftiness and duplicity that was in him, his perjuries and falsehoods, his unsociability and wolf-like friendship, returned to the holy Church. And all the knavish tricks and devices that he had long dissembled in his heart, they made known in the presence both of a number of bishops, and also of very many presbyters and laymen, bewailing and repenting of the fact that for a brief space they had left the Church under the persuasion of this treacherous and malicious wild beast."

Then shortly afterwards he says : " How extraordinary a change and transformation, brother beloved, we have beheld to have taken place in him in a little while ! For in sooth this highly distinguished person, who was in the habit of pledging himself by some terrible oaths in no wise to seek the office of a bishop, of a sudden appears as a bishop as if he were cast into our midst by some contrivance.[1] For in sooth this master of doctrine, this champion of the Church's discipline, when he was attempting to wrest and filch away the episcopate that was not given him from above, chose to himself two com-

---

[1] μαγγάνου : the reference is probably to the method of raising, by means of pulleys, cages containing wild beasts to the level of the arena.

ἑαυτῶν σωτηρίας, ἐπελέξατο, ὡς ἂν εἰς βραχύ
τι μέρος καὶ ἐλάχιστον τῆς Ἰταλίας ἀποστείλῃ
κἀκεῖθεν ἐπισκόπους τρεῖς, ἀνθρώπους ἀγροίκους
καὶ ἁπλουστάτους, πλαστῇ τινι ἐπιχειρήσει ἐξ-
απατήσῃ, διαβεβαιούμενος καὶ διισχυριζόμενος δεῖν
αὐτοὺς ἐν τάχει παραγενέσθαι εἰς Ῥώμην, ὡς
δῆθεν πᾶσα ἥτις δήποτε οὖν διχοστασία γεγονυῖα
σὺν καὶ ἑτέροις ἐπισκόποις καὶ αὐτῶν μεσιτευόντων
διαλυθῇ· οὓς παραγενομένους, ἅτε δή, ὡς ἔφθημεν 9
λέγοντες, ἀνθρώπους ἁπλουστέρους περὶ τὰς τῶν
πονηρῶν μηχανάς τε καὶ ῥᾳδιουργίας, συγκλεισ-
θέντας ὑπό τινων ὁμοίων αὐτῷ τεταραγμένων
ἀνθρώπων, ὥρᾳ δεκάτῃ, μεθύοντας καὶ κραι-
παλῶντας, μετὰ βίας ἠνάγκασεν εἰκονικῇ τινι καὶ
ματαίᾳ χειρεπιθεσίᾳ ἐπισκοπὴν αὐτῷ δοῦναι, ἣν
ἐνέδρᾳ καὶ πανουργίᾳ, μὴ ἐπιβάλλουσαν αὐτῷ,
ἐκδικεῖ· ἐξ ὧν εἷς μετ᾽ οὐ πολὺ ἐπανῆλθεν εἰς τὴν 10
ἐκκλησίαν, ἀποδυρόμενος καὶ ἐξομολογούμενος τὸ
ἑαυτοῦ ἁμάρτημα, ᾧ καὶ ἐκοινωνήσαμεν λαϊκῷ, ὑπὲρ
αὐτοῦ δεηθέντος παντὸς τοῦ παρόντος λαοῦ· καὶ τῶν
λοιπῶν δὲ ἐπισκόπων διαδόχους εἰς τοὺς τόπους, ἐν
οἷς ἦσαν, χειροτονήσαντες ἀπεστάλκαμεν.

"῾Ο ἐκδικητὴς οὖν τοῦ εὐαγγελίου οὐκ ἠπίστατο 11
ἕνα ἐπίσκοπον δεῖν εἶναι ἐν καθολικῇ ἐκκλησίᾳ,
ἐν ᾗ οὐκ ἠγνόει, πῶς γάρ; πρεσβυτέρους εἶναι
τεσσαράκοντα ἕξ, διακόνους ἑπτά, ὑποδιακόνους
ἑπτά, ἀκολούθους δύο καὶ τεσσαράκοντα, ἐξ-
ορκιστὰς δὲ καὶ ἀναγνώστας ἅμα πυλωροῖς δύο
καὶ πεντήκοντα, χήρας σὺν θλιβομένοις ὑπὲρ τὰς
χιλίας πεντακοσίας, οὓς πάντας ἡ τοῦ δεσπότου
χάρις καὶ φιλανθρωπία διατρέφει· ὃν οὐδὲ τοσοῦτο 12
πλῆθος καὶ οὕτως ἀναγκαῖον ἐν τῇ ἐκκλησίᾳ, διὰ

panions who had renounced their own salvation, that he might send them to a small and very insignificant part of Italy, and entice thence by some made-up device three bishops, rough and very simple men. He confidently maintained and affirmed the necessity of their coming quickly to Rome, on the pretext that any dissension whatsoever that had arisen might be ended by their activity as mediators, conjointly with other bishops. When they arrived, inasmuch as they were too simple, as we said before, for the unscrupulous devices of the wicked, they were shut up by certain disorderly men like himself, and at the tenth hour, when they were drunk, and sick with the after effects, he forcibly compelled them to give him a bishop's office by a counterfeit and vain laying on of hands, an office that he assumed by crafty treachery since it did not fall to his lot. One of the bishops not long afterwards returned to the Church, bewailing and confessing his fault; with whom we had communion as a layman, all the laity present interceding for him. And as for the remaining bishops, to these we appointed successors, whom we sent into the places where they were.

" This vindicator, then, of the Gospel did not know that there should be one bishop in a catholic church, in which he was not ignorant (for how could he be ?) that there are forty-six presbyters, seven deacons, seven sub-deacons, forty-two acolytes, fifty-two exorcists, readers and door-keepers, above fifteen hundred widows and persons in distress, all of whom are supported by the grace and loving-kindness of the Master. But not even did this great multitude, so

119

τῆς τοῦ θεοῦ προνοίας πλούσιός τε καὶ πληθύων ἀριθμὸς μετὰ μεγίστου καὶ ἀναριθμήτου λαοῦ, ἀπὸ τῆς τοιαύτης ἀπογνώσεώς τε καὶ ἀπαγορεύσεως ἐνέτρεψέν τε καὶ ἀνεκαλέσατο εἰς τὴν ἐκκλησίαν."

Καὶ αὖθις μεθ' ἕτερα τούτοις προστίθησιν ταῦτα· "φέρε δή, ἑξῆς εἴπωμεν τίσιν ἔργοις ἢ τίσιν πολιτείαις τεθαρρηκὼς ἀντεποιήθη τῆς ἐπισκοπῆς. ἆρά γε διὰ τὸ ἐξ ἀρχῆς ἐν τῇ ἐκκλησίᾳ ἀνεστράφθαι καὶ πολλοὺς ἀγῶνας ὑπὲρ αὐτῆς ἠγωνίσθαι καὶ ἐν κινδύνοις πολλοῖς τε καὶ μεγάλοις ἕνεκα τῆς θεοσεβείας γεγονέναι; ἀλλ' οὐκ ἔστιν· ᾧ γε ἀφορμὴ τοῦ πιστεῦσαι γέγονεν ὁ σατανᾶς, φοιτήσας εἰς αὐτὸν καὶ οἰκήσας ἐν αὐτῷ χρόνον ἱκανόν· ὃς βοηθούμενος ὑπὸ τῶν ἐπορκιστῶν νόσῳ περιπεσὼν χαλεπῇ καὶ ἀποθανεῖσθαι ὅσον οὐδέπω νομιζόμενος, ἐν αὐτῇ τῇ κλίνῃ, οὗ ἔκειτο, περιχυθεὶς ἔλαβεν, εἴ γε χρὴ λέγειν τὸν τοιοῦτον εἰληφέναι. οὐ μὴν οὐδὲ τῶν λοιπῶν ἔτυχεν, διαφυγὼν τὴν νόσον, ὧν χρὴ μεταλαμβάνειν κατὰ τὸν τῆς ἐκκλησίας κανόνα, τοῦ τε σφραγισθῆναι ὑπὸ τοῦ ἐπισκόπου· τούτων δὲ μὴ τυχών, πῶς ἂν τοῦ ἁγίου πνεύματος ἔτυχεν;"

Καὶ πάλιν μετὰ βραχέα φησίν· "ὁ διὰ δειλίαν καὶ φιλοζωΐαν ἐν τῷ καιρῷ τῆς διώξεως πρεσβύτερον εἶναι ἑαυτὸν ἀρνησάμενος. ἀξιούμενος γὰρ καὶ παρακαλούμενος ὑπὸ τῶν διακόνων, ἵν' ἐξελθὼν τοῦ οἰκίσκου, ἐν ᾧ καθεῖρξεν ἑαυτόν, βοηθήσῃ τοῖς ἀδελφοῖς ὅσα θέμις καὶ ὅσα δυνατὸν πρεσβυτέρῳ κινδυνεύουσιν ἀδελφοῖς καὶ ἐπικουρίας δεομένοις βοηθεῖν, τοσοῦτον ἀπέσχεν τοῦ πειθαρχῆσαι παρακαλοῦσι τοῖς διακόνοις, ὡς καὶ χαλεπαίνοντα

necessary in the Church, that number who by God's providence were rich and multiplying, nor an immense and countless laity, turn him from such a desperate failure and recall him to the Church."

And again, further on, he adds to these remarks as follows : " But come, let us next say in what deeds or in what kind of conduct he placed his confidence so as to aspire to the episcopate. Was it because from the beginning he had been brought up in the Church, and had fought many conflicts on her behalf, and had been through the midst of dangers, many and great, for the sake of religion ? Not so. The occasion of his acceptance of the faith was Satan, who resorted to him and dwelt in him for a long time. While he was being healed by the exorcists he fell into a grievous sickness, and, as he was considered to be all but dead, received baptism by affusion on the very bed in which he lay, if indeed one may say that such a man has received it. Nor yet indeed did he obtain the other things, when he recovered from his sickness, of which one should partake according to the rule of the Church, or the sealing by the bishop. And as he did not obtain these, how could he obtain the Holy Spirit ? "

And shortly afterwards he says again : " . . . he who through cowardice and love of life at the time of persecution denied that he was a presbyter. For when he was requested and exhorted by the deacons to leave the cell in which he shut himself, and bring all the help to the brethren that it is right and possible for a presbyter to bring to brethren who are in danger and in need of succour, so far was he from obeying the deacons' exhortations, that he even went

EUSEBIUS

ἀπιέναι καὶ ἀπαλλάττεσθαι· μὴ γὰρ ἔτι βούλεσθαι
πρεσβύτερος εἶναι ἔφη, ἑτέρας γὰρ εἶναι φιλοσοφίας
ἐραστής.''

Ὑπερβὰς δ' ὀλίγα, τούτοις πάλιν ἐπιφέρει λέγων· 17
'' καταλιπὼν γὰρ ὁ λαμπρὸς οὗτος τὴν ἐκκλησίαν
τοῦ θεοῦ, ἐν ᾗ πιστεύσας κατηξιώθη τοῦ πρε-
σβυτερίου κατὰ χάριν τοῦ ἐπισκόπου τοῦ ἐπιθέντος
αὐτῷ χεῖρα εἰς πρεσβυτερίου κλῆρον, ὃς διακωλυό-
μενος ὑπὸ παντὸς τοῦ κλήρου, ἀλλὰ καὶ λαϊκῶν
πολλῶν, ἐπεὶ μὴ ἐξὸν ἦν τὸν ἐν κλίνῃ διὰ νόσον
περιχυθέντα, ὥσπερ καὶ οὗτος, εἰς κλῆρόν τινα
γενέσθαι, ἠξίωσεν συγχωρηθῆναι αὐτῷ τοῦτον
μόνον χειροτονῆσαι.''

Εἶτ' ἄλλο τι τούτοις χείριστον προστίθησιν τῶν 18
τοῦ ἀνδρὸς ἀτοπημάτων, λέγων· οὕτως '' ποιήσας
γὰρ τὰς προσφορὰς καὶ διανέμων ἑκάστῳ τὸ μέρος
καὶ ἐπιδιδοὺς τοῦτο, ὀμνύειν ἀντὶ τοῦ εὐλογεῖν
τοὺς ταλαιπώρους ἀνθρώπους ἀναγκάζει, κατέχων
ἀμφοτέραις ταῖς χερσὶ τὰς τοῦ λαβόντος καὶ μὴ
ἀφιείς, ἔστ' ἂν ὀμνύοντες εἴπωσιν ταῦτα (τοῖς γὰρ
ἐκείνου χρήσομαι λόγοις)· ' ὅμοσόν μοι κατὰ τοῦ
αἵματος καὶ τοῦ σώματος τοῦ κυρίου ἡμῶν Ἰησοῦ
Χριστοῦ μηδέποτέ με καταλιπεῖν καὶ ἐπιστρέψαι
πρὸς Κορνήλιον.' καὶ ὁ ἄθλιος ἄνθρωπος οὐ 19
πρότερον γεύεται, εἰ μὴ πρότερον αὐτῷ κατ-
αράσαιτο, καὶ ἀντὶ τοῦ εἰπεῖν λαμβάνοντα τὸν
ἄρτον ἐκεῖνον τὸ ἀμήν, ' οὐκ ἐπανήξω πρὸς Κορ-
νήλιον ' λέγει.''

Καὶ μεθ' ἕτερα πάλιν ταῦτά φησιν· '' ἤδη δὲ 20
ἴσθι γεγυμνῶσθαι καὶ ἔρημον γεγονέναι, καταλιμ-
πανόντων αὐτὸν καθ' ἡμέραν ἑκάστην τῶν ἀδελφῶν
καὶ εἰς τὴν ἐκκλησίαν ἐπανερχομένων· ὃν καὶ

away and departed in anger. For he said that he no longer wished to be a presbyter, since he was enamoured of a different philosophy."

Passing over a few things, he again adds as follows : " For when this illustrious person deserted the Church of God, in which, when he came to believe, he was deemed worthy of the presbyterate through the favour of the bishop, who laid his hand on him to confer that order (meeting the opposition of all the clergy and many lay persons as well—since one who has received baptism by affusion[1] on his bed owing to sickness, as Novatus had, might not be ordained to an order—with the request that he should be allowed to ordain this man alone). . . ."

Then he adds something else, the worst of all the man's offences, saying thus : " For when he has made the offerings, and is distributing to each his portion,[2] as he gives it [into their hands] he compels the wretched persons to utter an oath instead of the blessing, taking in both his hands those of him who had received, and not letting go until they swear saying thus (for I shall use his very words) : ' Swear to me by the Blood and Body of our Lord Jesus Christ never to forsake me and turn to Cornelius.' And the miserable person does not taste until he first calls down a curse upon himself, and instead of saying the Amen as he receives that bread, he says, ' I will not return to Cornelius.' "

And after other remarks he again says as follows : " But know that now he has become bare and desolate, for every day the brethren desert him and go back

---

[1] *i.e.* by pouring water, not by immersion.
[2] *i.e.* of the Sacrament.

Μωσῆς, ὁ μακάριος μάρτυς, ὁ παρ' ἡμῖν ἔναγχος
μαρτυρήσας καλήν τινα καὶ θαυμαστὴν μαρτυρίαν,
ἔτι ὢν ἐν κόσμῳ, κατιδὼν αὐτοῦ τὴν θρασύτητα
καὶ τὴν ἀπόνοιαν, ἀκοινώνητον ἐποίησεν σὺν τοῖς
πέντε πρεσβυτέροις τοῖς ἅμα αὐτῷ ἀποσχίσασιν
ἑαυτοὺς τῆς ἐκκλησίας.''

Καὶ ἐπὶ τέλει δὲ τῆς ἐπιστολῆς τῶν ἐπὶ τῆς 21
Ῥώμης παραγενομένων ἐπισκόπων τῆς τε τοῦ
Νοουάτου κατεγνωκότων ἀβελτηρίας κατάλογον
πεποίηται, ὁμοῦ τά τε ὀνόματα καὶ ἧς ὁ καθεῖς
αὐτῶν προηγεῖτο παροικίας, ἐπισημαινόμενος, τῶν
τε μὴ παραγενομένων μὲν ἐπὶ τῆς Ῥώμης, συνευ- 22
δοκησάντων δὲ διὰ γραμμάτων τῇ τῶν προειρη-
μένων ψήφῳ τὰς προσηγορίας ὁμοῦ καὶ τὰς πόλεις,
ὅθεν ἕκαστος ὁρμώμενος ἐπέστελλεν, μνημονεύει.
ταῦτα μὲν ὁ Κορνήλιος Φαβίῳ Ἀντιοχείας ἐπισκόπῳ
δηλῶν ἔγραφεν.

XLIV. Τῷ δ' αὐτῷ τούτῳ Φαβίῳ, ὑποκατα- 1
κλινομένῳ πως τῷ σχίσματι, καὶ Διονύσιος ὁ
κατ' Ἀλεξάνδρειαν ἐπιστείλας πολλά τε καὶ ἄλλα
περὶ μετανοίας ἐν τοῖς πρὸς αὐτὸν γράμμασιν
διελθὼν τῶν τε κατ' Ἀλεξάνδρειαν ἔναγχος τότε
μαρτυρησάντων τοὺς ἀγῶνας διιών, μετὰ τῆς
ἄλλης ἱστορίας πρᾶγμά τι μεστὸν θαύματος
διηγεῖται, ὃ καὶ αὐτὸ ἀναγκαῖον τῇδε παραδοῦναι
τῇ γραφῇ, οὕτως ἔχον· '' ἕν δέ σοι τοῦτο παρά- 2
δειγμα παρ' ἡμῖν συμβεβηκὸς ἐκθήσομαι. Σερα-
πίων τις ἦν παρ' ἡμῖν, πιστὸς γέρων, ἀμέμπτως
μὲν τὸν πολὺν διαβιώσας χρόνον, ἐν δὲ τῷ πειρασμῷ
πεσών. οὗτος πολλάκις ἐδεῖτο, καὶ οὐδεὶς προσ-
εῖχεν αὐτῷ· καὶ γὰρ ἐτεθύκει. ἐν νόσῳ δὲ γενό-
μενος, τριῶν ἑξῆς ἡμερῶν ἄφωνος καὶ ἀναίσθητος

to the Church. And Moses, that blessed martyr who just now bore a goodly and marvellous testimony amongst us, while he was still in the world, perceiving his insane arrogance, broke off communion with him and with the five presbyters who, along with him, had separated themselves from the Church."

And at the close of the letter he has made a catalogue of the bishops present at Rome who condemned the stupidity of Novatus, indicating at once both their names and the name of the community over which each one presided ; and of those who were not present, indeed, at Rome, but who signified in writing their assent to the judgement of the aforesaid, he mentions the names and, as well, the city where each lived and from which each wrote. This is what Cornelius wrote for the information of Fabius, bishop of Antioch.

XLIV. But to this same Fabius, when he was inclining somewhat towards the schism, Dionysius also, he of Alexandria, wrote, making many other remarks with reference to repentance in his letter to him, and describing the conflicts of those lately martyred at Alexandria. In the course of his narrative he tells a certain astonishing tale, which must needs be handed down in this work. It is as follows : " But this one example that happened amongst us I shall set forth for thee. There was a certain Serapion amongst us, an old man and a believer, who lived blamelessly for a long time, but in the trial fell. This man oftentimes besought [absolution], and no one paid him heed. For indeed he had sacrificed. And, falling sick, he continued for three successive days speechless and unconscious ; but on the fourth

EUSEBIUS

διετέλεσεν, βραχὺ δὲ ἀνασφήλας τῇ τετάρτῃ προσ- 3
εκαλέσατο τὸν θυγατριδοῦν, καὶ ʽ μέχρι με τίνος ʼ
φησίν ʽ ὦ τέκνον, κατέχετε; δέομαι, σπεύσατε,
καὶ με θᾶττον ἀπολύσατε, τῶν πρεσβυτέρων μοί
τινα κάλεσον.ʼ καὶ ταῦτα εἰπών, πάλιν ἦν ἄφωνος. 4
ἔδραμεν ὁ παῖς ἐπὶ τὸν πρεσβύτερον· νὺξ δὲ ἦν,
κἀκεῖνος ἠσθένει. ἀφικέσθαι μὲν οὐκ ἐδυνήθη,
ἐντολῆς δὲ ὑπʼ ἐμοῦ δεδομένης τοὺς ἀπαλλαττο-
μένους τοῦ βίου, εἰ δέοιντο, καὶ μάλιστα εἰ καὶ
πρότερον ἱκετεύσαντες τύχοιεν, ἀφίεσθαι, ἵνʼ εὐ-
έλπιδες ἀπαλλάττωνται, βραχὺ τῆς εὐχαριστίας
ἔδωκεν τῷ παιδαρίῳ, ἀποβρέξαι κελεύσας καὶ τῷ
πρεσβύτῃ κατὰ τοῦ στόματος ἐπιστάξαι. ἐπανῆκεν 5
ὁ παῖς φέρων, ἐγγύς τε γενομένου, πρὶν εἰσελθεῖν,
ἀνενέγκας πάλιν ὁ Σεραπίων ʽ ἦκες ʼ ἔφη ʽ τέκνον;
καὶ ὁ μὲν πρεσβύτερος ἐλθεῖν οὐκ ἠδυνήθη, σὺ
δὲ ποίησον ταχέως τὸ προσταχθὲν καὶ ἀπάλλαττέ
με.ʼ ἀπέβρεξεν ὁ παῖς καὶ ἅμα τε ἐνέχεεν τῷ
στόματι καὶ μικρὸν ἐκεῖνος καταβροχθίσας εὐθέως
ἀπέδωκεν τὸ πνεῦμα. ἆρʼ οὐκ ἐναργῶς διετηρήθη 6
καὶ παρέμεινεν, ἕως λυθῇ καὶ τῆς ἁμαρτίας ἐξαλει-
φθείσης ἐπὶ πολλοῖς οἷς ἔπραξεν καλοῖς ὁμολογη-
θῆναι δυνηθῇ; ʼʼ

XLV. Ταῦτα ὁ Διονύσιος. ἴδωμεν δʼ ὁ αὐτὸς 1
ὁποῖα καὶ τῷ Νοουάτῳ διεχάραξεν, ταράττοντι
τηνικάδε τὴν Ῥωμαίων ἀδελφότητα· ἐπειδὴ οὖν
τῆς ἀποστασίας καὶ τοῦ σχίσματος πρόφασιν
ἐποιεῖτο τῶν ἀδελφῶν τινας, ὡς δὴ πρὸς αὐτῶν
ἐπὶ τοῦτʼ ἐλθεῖν ἐκβεβιασμένος, ὅρα τίνα τρόπον
αὐτῷ γράφει· ʽʽΔιονύσιος Νοουατιανῷ ἀδελφῷ

---

[1] This was done in the sick man's house. The "Eucharist"
126

he rallied a little, and calling his grandson to him, he said : ' How long, my child, do ye hold me back ? Haste ye, I pray, and grant me a speedy release ; do thou summon me one of the presbyters.' And having said this he again became speechless. The boy ran for the presbyter. But it was night, and he was unwell and could not come. Yet since I had given an order that those who were departing this life, if they besought it, and especially if they had made supplication before, should be absolved, that they might depart in hope, he gave the little boy a small portion of the eucharist, bidding him soak it and let it fall in drops down into the old man's mouth. Back came the boy with it, and when he was near, before he entered, Serapion revived again and said, ' Hast thou come, child ? The presbyter could not come, but do thou quickly what he bade thee, and let me depart.' The boy soaked it [1] and at the same time poured it into his mouth, and when he had swallowed a little he straightway gave up the ghost. Was it not plain that he was preserved and remained until he obtained release, that, with his sin blotted out, he might be acknowledged for all the good deeds he had done ? "

XLV. Such is the account of Dionysius. But let us see the kind of letter that the same person wrote also to Novatus,[2] who was then disturbing the Roman brotherhood. Since, then, he put forward some of the brethren as an excuse for his defection and schism, as having been compelled by them to proceed to this length, see how Dionysius writes to him : " Dionysius

must therefore have been soaked in water, or unconsecrated wine—a very early instance of communion in one kind.

[2] See note on 43. 1.

χαίρειν. εἰ ἄκων, ὡς φῄς, ἤχθης, δείξεις ἀνα-
χωρήσας ἑκών. ἔδει μὲν γὰρ καὶ πᾶν ὅτι οὖν
παθεῖν ὑπὲρ τοῦ μὴ διακόψαι τὴν ἐκκλησίαν τοῦ
θεοῦ, καὶ ἦν οὐκ ἀδοξοτέρα τῆς ἕνεκεν τοῦ μὴ
εἰδωλολατρῆσαι γινομένης ἡ ἕνεκεν τοῦ μὴ σχίσαι
μαρτυρία, κατ' ἐμὲ δὲ καὶ μείζων. ἐκεῖ μὲν γὰρ
ὑπὲρ μιᾶς τις τῆς ἑαυτοῦ ψυχῆς, ἐνταῦθα δὲ ὑπὲρ
ὅλης τῆς ἐκκλησίας μαρτυρεῖ. καὶ νῦν δὲ εἰ
πείσαις ἢ βιάσαιο τοὺς ἀδελφοὺς εἰς ὁμόνοιαν
ἐλθεῖν, μεῖζον ἔσται σοι τοῦ σφάλματος τὸ κατ-
όρθωμα, καὶ τὸ μὲν οὐ λογισθήσεται, τὸ δὲ ἐπ-
αινεθήσεται. εἰ δὲ ἀπειθούντων ἀδυνατοίης, σῴζων
σῷζε τὴν σεαυτοῦ ψυχήν. ἐρρῶσθαί σε, ἐχόμενον
τῆς εἰρήνης ἐν κυρίῳ, εὔχομαι."

Gen. 19, 17 (LXX) — marginal note

XLVI. Ταῦτα καὶ πρὸς τὸν Νοουάτον· γράφει 1
δὲ καὶ τοῖς κατ' Αἴγυπτον ἐπιστολὴν περὶ μετανοίας
ἐν ᾗ τὰ δόξαντα αὐτῷ περὶ τῶν ὑποπεπτωκότων
παρατέθειται, τάξεις παραπτωμάτων διαγράψας.
καὶ πρὸς Κόλωνα (τῆς Ἑρμουπολιτῶν δὲ παροικίας 2
ἐπίσκοπος ἦν οὗτος) ἰδίᾳ τις περὶ μετανοίας αὐτοῦ
φέρεται γραφὴ καὶ ἄλλη ἐπιστρεπτικὴ πρὸς τὸ
κατ' Ἀλεξάνδρειαν αὐτοῦ ποίμνιον. ἐν τούτοις
ἐστὶν καὶ ἡ περὶ μαρτυρίου πρὸς τὸν Ὠριγένην
γραφεῖσα· καὶ τοῖς κατὰ Λαοδίκειαν ἀδελφοῖς,
ὧν προΐστατο Θηλυμίδρης ἐπίσκοπος, καὶ τοῖς
κατὰ Ἀρμενίαν ὡσαύτως περὶ μετανοίας ἐπι-
στέλλει, ὧν ἐπεσκόπευεν Μερουζάνης. πρὸς ἅπασι 3
τούτοις καὶ Κορνηλίῳ τῷ κατὰ Ῥώμην γράφει,
δεξάμενος αὐτοῦ τὴν κατὰ τοῦ Νοουάτου ἐπι-
στολήν, ᾧ καὶ σημαίνει δηλῶν ἑαυτὸν παρα-
κεκλῆσθαι ὑπό τε Ἑλένου τοῦ ἐν Ταρσῷ τῆς
Κιλικίας ἐπισκόπου καὶ τῶν λοιπῶν τῶν σὺν αὐτῷ

to Novatianus [1] a brother, greeting. If thou wast led on unwillingly, as thou sayest, thou wilt prove it by retiring willingly. For a man ought to suffer anything and everything rather than divide the Church of God, and it were not less glorious to incur martyrdom to avoid schism than to avoid idolatry, nay, in my opinion it were more so. For in the one case a man is a martyr for the sake of his own single soul, but in the other for the sake of the whole Church. And if thou wert even now to persuade or compel the brethren to come to one mind, thy recovery will be greater than thy fall, and the one will not be reckoned, while the other will be praised. But if they obey thee not, and thou hast no power, by all means save thine own soul. I pray that thou mayest fare well and cleave to peace in the Lord."

XLVI. This also he wrote to Novatus. And he wrote also to the Egyptians a letter On Repentance, in which he has set forth his opinions with reference to those who had fallen, outlining degrees of failures. And to Colon (he was bishop of the community of the Hermopolitans) a personal letter of his is extant On Repentance, and another in the nature of a rebuke to his flock at Alexandria. Among these there is also the letter written to Origen On Martyrdom ; and to the brethren at Laodicea over whom Thelymidres presided as bishop ; and he wrote to those in Armenia, likewise On Repentance, whose bishop was Meruzanes. In addition to all these he wrote also to Cornelius of Rome, when he received his letter against Novatus, in which also he clearly indicates that he had been invited by Helenus, bishop at Tarsus in Cilicia, and the rest of the bishops with him,

---

[1] See note on 43. 1.

Φιρμιλιανοῦ. τε τοῦ ἐν Καππαδοκίᾳ καὶ τοῦ κατὰ
Παλαιστίνην Θεοκτίστου, ὡς ἂν ἐπὶ τὴν σύνοδον
ἀπαντήσοι τὴν κατὰ Ἀντιόχειαν, ἔνθα τοῦ Νοουά-
του κρατύνειν τινὲς ἐνεχείρουν τὸ σχίσμα. πρὸς 4
τούτοις ἐπιστέλλει μηνυθῆναι αὐτῷ Φάβιον μὲν
κεκοιμῆσθαι, Δημητριανὸν δὲ διάδοχον ἐκείνου τῆς
κατ' Ἀντιόχειαν ἐπισκοπῆς καθεστάναι· γράφει
δὲ καὶ περὶ τοῦ ἐν Ἱεροσολύμοις αὐτοῖς ῥήμασιν
φάσκων· "ὁ μὲν γὰρ θαυμάσιος Ἀλέξανδρος ἐν
φρουρᾷ γενόμενος, μακαρίως ἀνεπαύσατο."

Ἑξῆς ταύτῃ καὶ ἑτέρα τις ἐπιστολὴ τοῖς ἐν Ῥώμῃ 5
τοῦ Διονυσίου φέρεται διακονικὴ διὰ Ἱππολύτου·
τοῖς αὐτοῖς δὲ ἄλλην περὶ εἰρήνης διατυποῦται,
καὶ ὡσαύτως περὶ μετανοίας, καὶ αὖ πάλιν ἄλλην
τοῖς ἐκεῖσε ὁμολογηταῖς, ἔτι τῇ τοῦ Νοουάτου
συμφερομένοις γνώμῃ· τοῖς δὲ αὐτοῖς τούτοις
ἑτέρας δύο, μεταθεμένοις ἐπὶ τὴν ἐκκλησίαν,
ἐπιστέλλει. καὶ ἄλλοις δὲ πλείοσιν ὁμοίως διὰ
γραμμάτων ὁμιλήσας, ποικίλας τοῖς ἔτι νῦν
σπουδὴν περὶ τοὺς λόγους αὐτοῦ ποιουμένοις
καταλέλοιπεν ὠφελείας.

---

[1] The meaning of διακονική is uncertain. Perhaps Arch-
bishop Benson's rendering, " serviceable," is the best of many

namely Firmilian in Cappadocia and Theoctistus in Palestine, to attend the synod at Antioch, where certain were attempting to strengthen the schism of Novatus. Moreover he writes that he had received information that Fabius had fallen asleep, and that Demetrian was appointed his successor in the episcopate of Antioch. And he writes also with reference to the bishop of Jerusalem, saying in these very words : " For Alexander, that wonderful man, being put in prison, happily entered into his rest."

Next to this there is also another extant, a " diaconic "[1] letter of Dionysius to those in Rome through Hippolytus. To the same people he composed another letter On Peace, and likewise On Repentance, and again another to the confessors there while they were still in agreement with the opinion of Novatus. And to these same persons he wrote two more, after they had returned to the Church. And in his communications with many others, likewise by letter, he has left behind a varied source of profit to those who still to this day set store by his writings.

guesses. Hippolytus, who seems to have been the bearer of the letter, cannot be identified.

Ζ

Τάδε καὶ ἡ ἑβδόμη περιέχει βίβλος τῆς
Ἐκκλησιαστικῆς ἱστορίας

CONTENTS OF BOOK VII

*The Seventh Book of the Ecclesiastical History
contains the following :*

133

ĪΒ Περὶ τῶν ἐν Καισαρείᾳ τῆς Παλαιστίνης μαρτυρησάντων.

ĪΓ Περὶ τῆς κατὰ Γαλλιῆνον εἰρήνης.

ĪΔ Οἱ κατ᾿ ἐκεῖνο συνηκμακότες ἐπίσκοποι.

ĪΕ Ὅπως κατὰ Καισάρειαν Μαρῖνος ἐμαρτύρησεν.

ĪϚ Ἡ κατὰ Ἀστύριον ἱστορία.

ĪΖ Περὶ τῶν κατὰ Πανεάδα σημείων τῆς τοῦ σωτῆρος ἡμῶν μεγαλουργίας.

ĪΗ Περὶ τοῦ θρόνου Ἰακώβου.

ĪΘ Περὶ τῶν ἑορταστικῶν Διονυσίου ἐπιστολῶν, ἔνθα καὶ περὶ τοῦ πάσχα κανονίζει.

Κ̄ Περὶ τῶν ἐν Ἀλεξανδρείᾳ συμβάντων.

Κ̄Α Περὶ τῆς ἐπισκηψάσης νόσου.

Κ̄Β Περὶ τῆς Γαλλιῆνου βασιλείας.

Κ̄Γ Περὶ Νέπωτος καὶ τοῦ κατ᾿ αὐτὸν σχίσματος.

Κ̄Δ Περὶ τῆς Ἰωάννου ἀποκαλύψεως.

Κ̄Ε Περὶ τῶν ἐπιστολῶν Διονυσίου.

Κ̄Ϛ Περὶ Παύλου τοῦ Σαμοσατέως καὶ τῆς ἐν Ἀντιοχείᾳ συστάσης ὑπ᾿ αὐτοῦ αἱρέσεως.

Κ̄Ζ Περὶ τῶν τότε γνωριζομένων διαφανῶν ἐπισκόπων.

Κ̄Η Ὅπως ὁ Παῦλος ἀπελεγχθεὶς ἐξεκηρύχθη.

Κ̄Θ Περὶ τῆς τῶν Μανιχαίων ἑτεροδόξου διαστροφῆς ἄρτι τότε ἀρξαμένης.

Λ̄ Περὶ τῶν καθ᾿ ἡμᾶς αὐτοὺς διαπρεψάντων ἐκκλησιαστικῶν ἀνδρῶν τίνες τε αὐτῶν μέχρι τῆς τῶν ἐκκλησιῶν πολιορκίας διέμειναν.

---

[1] This Table of Contents does not tally with the new universally adopted division of Book VII. into thirty-two chapters.

Z

Τὸν ἕβδομον τῆς ἐκκλησιαστικῆς ἱστορίας αὖθις 1
ὁ μέγας ἡμῖν Ἀλεξανδρέων ἐπίσκοπος Διονύσιος
ἰδίαις φωναῖς συνεκπονήσει, τῶν καθ' ἑαυτὸν
πεπραγμένων ἕκαστα ἐν μέρει δι' ὧν καταλέλοιπεν
ἐπιστολῶν ὑφηγούμενος· ἐμοὶ δ' ὁ λόγος ἐντεῦθεν
ποιήσεται τὴν ἀρχήν.

I. Δέκιον οὐδ' ὅλον ἐπικρατήσαντα δυεῖν ἐτοῖν
χρόνον αὐτίκα τε ἅμα τοῖς παισὶν κατασφαγέντα
Γάλλος διαδέχεται· Ὠριγένης ἐν τούτῳ ἑνὸς
δέοντα τῆς ζωῆς ἑβδομήκοντα ἀποπλήσας ἔτη,
τελευτᾷ. γράφων γέ τοι ὁ Διονύσιος Ἑρμάμμωνι,
περὶ τοῦ Γάλλου ταῦτα φάσκει· " ἀλλ' οὐδὲ Γάλλος
ἔγνω τὸ Δεκίου κακὸν οὐδὲ προεσκόπησεν τί ποτ'
ἐκεῖνον ἔσφηλεν, ἀλλὰ πρὸς τὸν αὐτὸν πρὸ τῶν
ὀφθαλμῶν αὐτοῦ γενόμενον ἔπταισε λίθον· ὃς εὖ
φερομένης αὐτῷ τῆς βασιλείας καὶ κατὰ νοῦν
χωρούντων τῶν πραγμάτων, τοὺς ἱεροὺς ἄνδρας,
τοὺς περὶ τῆς εἰρήνης αὐτοῦ καὶ τῆς ὑγιείας
πρεσβεύοντας πρὸς τὸν θεόν, ἤλασεν. οὐκοῦν σὺν
ἐκείνοις ἐδίωξεν καὶ τὰς ὑπὲρ αὐτοῦ προσευχάς."

II. Ταῦτα μὲν οὖν περὶ τοῦδε· κατὰ δὲ τὴν 1
Ῥωμαίων πόλιν Κορνηλίου ἔτεσιν ἀμφὶ τὰ τρία

BOOK VII

In the composition of the seventh book of the *Ecclesiastical History* Dionysius, the great bishop of the Alexandrians,[1] will again assist us in our task by his own words, indicating in turn each of the things that were done in his day, by means of the letters he has left behind. From that point of time my record will take its beginning.

I. When Decius had reigned for an entire period of less than two years, he was forthwith murdered along with his sons, and Gallus succeeded him.[2] At this time[3] Origen died, having completed the seventieth year save one of his life. Now when writing to Hermammon, Dionysius speaks as follows, with reference to Gallus : " But not even did Gallus recognize the fault [in the policy] of Decius, nor yet did he look to that which caused his fall, but he stumbled against the same stone that was before his eyes. For when his reign was prospering, and matters were going according to his mind, he drove away the holy men who were supplicating God for his peace and health. Therefore along with them he banished also their prayers on his behalf."

II. So much, then, concerning him. But in the city of the Romans, when Cornelius brought his

---

[3] A vague date: Origen died apparently in 255, in the reign of Valerian.

EUSEBIUS

τὴν ἐπισκοπὴν διανύσαντος, Λούκιος κατέστη
διάδοχος, μησὶν δ' οὐδ' ὅλοις οὗτος ὀκτὼ τῇ
λειτουργίᾳ διακονησάμενος, Στεφάνῳ τελευτῶν
μεταδίδωσι τὸν κλῆρον. τούτῳ τὴν πρώτην ὁ
Διονύσιος τῶν περὶ βαπτίσματος ἐπιστολῶν δια-
τυποῦται, ζητήματος οὐ σμικροῦ τηνικάδε ἀνα-
κινηθέντος, εἰ δέοι τοὺς ἐξ οἵας δ' οὖν αἱρέσεως
ἐπιστρέφοντας διὰ λουτροῦ καθαίρειν. παλαιοῦ
γέ τοι κεκρατηκότος ἔθους ἐπὶ τῶν τοιούτων μόνῃ
χρῆσθαι τῇ διὰ χειρῶν ἐπιθέσεως εὐχῇ, III. 1
πρῶτος τῶν τότε Κυπριανός, τῆς κατὰ Καρχηδόνα
παροικίας ποιμήν, οὐδ' ἄλλως ἢ διὰ λουτροῦ
πρότερον τῆς πλάνης ἀποκαθηραμένους προσίεσθαι
δεῖν ἡγεῖτο. ἀλλ' ὅ γε Στέφανος μὴ δεῖν τι
νεώτερον παρὰ τὴν κρατήσασαν ἀρχῆθεν παράδοσιν
ἐπικαινοτομεῖν οἰόμενος, ἐπὶ τούτῳ διηγανάκτει·
IV. πλεῖστα δὴ οὖν αὐτῷ περὶ τούτου διὰ γραμ- 1
μάτων ὁ Διονύσιος ὁμιλήσας, τελευτῶν δηλοῖ ὡς
ἄρα τοῦ διωγμοῦ λελωφηκότος αἱ πανταχόσε
ἐκκλησίαι τὴν κατὰ Νοουάτον ἀποστραφεῖσαι
νεωτεροποιίαν, εἰρήνην πρὸς ἑαυτὰς ἀνειλήφεσαν·
γράφει δὲ ὧδε· V. "ἴσθι δὲ νῦν, ἀδελφέ, ὅτι 1
ἥνωνται πᾶσαι αἱ πρότερον διεσχισμέναι κατά τε
τὴν ἀνατολὴν ἐκκλησίαι καὶ ἔτι προσωτέρω, καὶ
πάντες εἰσὶν ὁμόφρονες οἱ πανταχοῦ προεστῶτες,
χαίροντες καθ' ὑπερβολὴν ἐπὶ τῇ παρὰ προσδοκίαν
εἰρήνῃ γενομένῃ, Δημητριανὸς ἐν Ἀντιοχείᾳ,
Θεόκτιστος ἐν Καισαρείᾳ, Μαζαβάνης ἐν Αἰλίᾳ,
Μαρῖνος ἐν Τύρῳ κοιμηθέντος Ἀλεξάνδρου, Ἡλιό-
δωρος ἐν Λαοδικείᾳ ἀναπαυσαμένου Θηλυμίδρου,
Ἕλενος ἐν Ταρσῷ καὶ πᾶσαι αἱ τῆς Κιλικίας
ἐκκλησίαι, Φιρμιλιανὸς καὶ πᾶσα Καππαδοκία·
138

episcopate to an end after about three years, Lucius was appointed his successor; but he exercised his ministry for less than eight entire months, and dying transmitted his office to Stephen. To him Dionysius indited the first of his letters On Baptism, no small question having then arisen as to whether it were necessary to cleanse by means of baptism those who were turning from any heresy whatsoever. A custom, which was at any rate old, having prevailed in such cases to use only prayer with the laying on of hands, III. Cyprian, pastor of the community at Carthage, was the first of those of his day to consider that they ought not to be admitted otherwise than by having been first cleansed from their error by baptism. But Stephen, thinking that they ought not to make any innovation contrary to the tradition that had prevailed from the beginning, was full of indignation thereat. IV. Dionysius, therefore, having communicated with him on this point at very great length in a letter, at its close shows that with the abatement of the persecution the churches everywhere, having now rejected the innovation of Novatus, had resumed peace among themselves. He writes thus: V. "But know now, brother, that all the churches in the East and still further away, which were formerly divided, have been united, and all their presidents everywhere are of like mind, rejoicing above measure at the unexpected arrival of peace: Demetrian at Antioch, Theoctistus at Caesarea, Mazabanes at Aelia, Marinus at Tyre (Alexander having fallen asleep), Heliodorus at Laodicea (for Thelymidres has entered into his rest), Helenus at Tarsus and all the churches of Cilicia, Firmilian and all Cappadocia.

139

τοὺς γὰρ περιφανεστέρους μόνους τῶν ἐπισκόπων
ὠνόμασα, ἵνα μήτε μῆκος τῇ ἐπιστολῇ μήτε βάρος
προσάψω τῷ λόγῳ. αἱ μέντοι Συρίαι ὅλαι καὶ 2
ἡ Ἀραβία, οἷς ἐπαρκεῖτε ἑκάστοτε καὶ οἷς νῦν
ἐπεστείλατε, ἥ τε Μεσοποταμία Πόντος τε καὶ
Βιθυνία καί, συνελόντι εἰπεῖν, ἀγαλλιῶνται πάντες
πανταχοῦ τῇ ὁμονοίᾳ καὶ φιλαδελφίᾳ, δοξάζοντες
τὸν θεόν."

Ταῦτα μὲν ὁ Διονύσιος· Στέφανον δ' ἐπὶ δυσὶν 3
ἀποπλήσαντα τὴν λειτουργίαν ἔτεσιν, Ξύστος
διαδέχεται. τούτῳ δευτέραν ὁ Διονύσιος περὶ
βαπτίσματος χαράξας ἐπιστολήν, ὁμοῦ τὴν Στε-
φάνου καὶ τῶν λοιπῶν ἐπισκόπων γνώμην τε καὶ
κρίσιν δηλοῖ, περὶ τοῦ Στεφάνου λέγων ταῦτα·
" ἐπεστάλκει μὲν οὖν πρότερον καὶ περὶ Ἑλένου 4
καὶ περὶ Φιρμιλιανοῦ καὶ πάντων τῶν τε ἀπὸ
Κιλικίας καὶ Καππαδοκίας καὶ δῆλον ὅτι Γαλατίας
καὶ πάντων τῶν ἑξῆς ὁμορούντων ἐθνῶν, ὡς οὐδὲ
ἐκείνοις κοινωνήσων διὰ τὴν αὐτὴν ταύτην αἰτίαν,
ἐπειδὴ τοὺς αἱρετικούς, φησίν, ἀναβαπτίζουσιν.
καὶ σκόπει τὸ μέγεθος τοῦ πράγματος. ὄντως γὰρ 5
δόγματα περὶ τούτου γέγονεν ἐν ταῖς μεγίσταις
τῶν ἐπισκόπων συνόδοις, ὡς πυνθάνομαι, ὥστε
τοὺς προσιόντας ἀπὸ αἱρέσεων προκατηχηθέντας
1 Cor. 6, 11   εἶτα ἀπολούεσθαι καὶ ἀνακαθαίρεσθαι τὸν τῆς
1 Cor. 5, 7   παλαιᾶς καὶ ἀκαθάρτου ζύμης ῥύπον. καὶ περὶ
τούτων αὐτοῦ πάντων δεόμενος ἐπέστειλα."

Καὶ μεθ' ἕτερά φησιν· " καὶ τοῖς ἀγαπητοῖς δὲ 6
ἡμῶν καὶ συμπρεσβυτέροις Διονυσίῳ καὶ Φιλήμονι,
συμψήφοις πρότερον Στεφάνῳ γενομένοις καὶ περὶ
τῶν αὐτῶν μοι γράφουσιν, πρότερον μὲν ὀλίγα,
καὶ νῦν δὲ διὰ πλειόνων ἐπέστειλα."

For I name only the more eminent bishops, to avoid making my letter long and my discourse tedious. Nevertheless, the Syrias as a whole and Arabia, which ye constantly help and to which ye have now written, and Mesopotamia and Pontus and Bithynia, and, in a word, all everywhere rejoice exceedingly in their concord and brotherly love, giving glory to God."

Such is the account of Dionysius. But when Stephen had fulfilled his ministry for two years, he was succeeded by Xystus. To him Dionysius penned a second letter On Baptism, showing the opinion and decision both of Stephen and of the other bishops. About Stephen he speaks thus : " Now he had written formerly with reference both to Helenus and Firmilian and all those from Cilicia and Cappadocia and, in fact, Galatia and all the provinces that border on these, to the effect that he would not hold communion in future with them either, for this same reason ; since, says he, they rebaptize heretics. And look thou at the importance of the matter. For decrees on this question have been actually passed in the largest synods of bishops, as I learn, so that those who come over from heresies are first placed under instruction, then washed and purged again from the filth of the old and impure leaven. And I wrote beseeching him on all these matters."

And, after other remarks, he says : " And to our beloved fellow-presbyters also, Dionysius and Philemon, who had formerly been of the same opinion as Stephen and wrote [some letters] to me about the same matters, at first I wrote briefly, but now at greater length."

Ἀλλὰ ταῦτα μὲν περὶ τοῦ δηλουμένου ζητή-
ματος· VI. σημαίνων δὲ ἐν ταὐτῷ καὶ περὶ τῶν 1
κατὰ Σαβέλλιον αἱρετικῶν ὡς κατ' αὐτὸν ἐπι-
πολαζόντων, ταῦτά φησιν· '' περὶ γὰρ τοῦ νῦν
κινηθέντος ἐν τῇ Πτολεμαΐδι τῆς Πενταπόλεως
δόγματος, ὄντος ἀσεβοῦς καὶ βλασφημίαν πολλὴν
ἔχοντος περὶ τοῦ παντοκράτορος θεοῦ πατρὸς τοῦ
κυρίου ἡμῶν Ἰησοῦ Χριστοῦ ἀπιστίαν τε πολλὴν

Col. 1, 15 περὶ τοῦ μονογενοῦς παιδὸς αὐτοῦ, τοῦ πρωτοτόκου
πάσης κτίσεως, τοῦ ἐνανθρωπήσαντος λόγου, ἀν-
αισθησίαν δὲ τοῦ ἁγίου πνεύματος, ἐλθόντων ἑκα-
τέρωθεν πρὸς ἐμὲ καὶ προγραμμάτων καὶ τῶν
διαλεξομένων ἀδελφῶν, ἐπέστειλά τινα, ὡς ἐδυ-
νήθην, παρασχόντος τοῦ θεοῦ, διδασκαλικώτερον
ὑφηγούμενος, ὧν τὰ ἀντίγραφα ἔπεμψά σοι.''

VII. Καὶ ἐν τῇ τρίτῃ δὲ τῶν περὶ βαπτίσματος, 1
ἣν Φιλήμονι τῷ κατὰ Ῥώμην πρεσβυτέρῳ ὁ αὐτὸς
γράφει Διονύσιος, ταῦτα παρατίθεται· '' ἐγὼ δὲ
καὶ τοῖς συντάγμασιν καὶ ταῖς παραδόσεσιν τῶν
αἱρετικῶν ἐνέτυχον, χραίνων μέν μου πρὸς ὀλίγον
τὴν ψυχὴν ταῖς παμμιάροις αὐτῶν ἐνθυμήσεσιν,
ὄνησιν δ' οὖν ἀπ' αὐτῶν ταύτην λαμβάνων, τὸ
ἐξελέγχειν αὐτοὺς παρ' ἐμαυτῷ καὶ πολὺ πλέον
βδελύττεσθαι. καὶ δή τινος ἀδελφοῦ τῶν πρεσβυ- 2
τέρων με ἀπείργοντος καὶ δεδιττομένου συμφύρε-
σθαι τῷ τῆς πονηρίας αὐτῶν βορβόρῳ, λυμανεῖσθαι
γὰρ τὴν ψυχὴν τὴν ἐμαυτοῦ, καὶ ἀληθῆ γε λέ-
γοντος, ὡς ᾐσθόμην· ὅραμα θεόπεμπτον προσελθὸν
ἐπέρρωσέν με, καὶ λόγος πρός με γενόμενος 3
προσέταξεν, διαρρήδην λέγων· ' πᾶσιν ἐντύγχανε

_____

[1] Sabellius held that Father, Son, and Holy Spirit were
142

So much with regard to the question of which I am speaking. VI. But when indicating in the same letter, with reference to the followers of the Sabellian heresy,[1] that they were prevalent in his day, he speaks thus : " For as to the doctrine now set on foot at Ptolemais in the Pentapolis, an impious doctrine which contains great blasphemy concerning the Almighty God, Father of our Lord Jesus Christ, and great unbelief as to His only-begotten Son, the firstborn of all creation, the Word who was made man, and which is without perception of the Holy Spirit,—when there came to me from both sides both documents and also the brethren who were ready to discuss the question, I wrote some letters, as I was able by the help of God, giving an exposition of the matter in a somewhat didactic manner ; of which I send thee the copies."

VII. And in the third of those On Baptism, which the same Dionysius wrote to Philemon the Roman presbyter, he relates the following : " But as for me, I read both the compositions and the traditions of the heretics, polluting my soul for a little with their abominable thoughts, yet all the while deriving this advantage from them, that I could refute them for myself and loathed them far more. And indeed a certain brother, one of the presbyters, attempted to dissuade and frighten me from becoming involved in the mire of their wickedness, for he said that I should injure my own soul ; and said truly, as I perceived. But a vision sent by God came and strengthened me, and a word of command was given me, saying expressly : ' Read all things that may come to thy

only πρόσωπα or characters by which God is revealed to men : the Trinity being one of revelation, not of essence. See 26. 1.

EUSEBIUS

οἷς ἂν εἰς χεῖρας λάβοις· διευθύνειν γὰρ ἕκαστα
καὶ δοκιμάζειν ἱκανὸς εἶ, καί σοι γέγονεν τοῦτο
ἐξ ἀρχῆς καὶ τῆς πίστεως αἴτιον.' ἀπεδεξάμην
τὸ ὅραμα, ὡς ἀποστολικῇ φωνῇ συντρέχον τῇ
λεγούσῃ πρὸς τοὺς δυνατωτέρους ' γίνεσθε δόκιμοι
τραπεζῖται.' "

Εἶτά τινα περὶ πασῶν εἰπὼν τῶν αἱρέσεων, 4
ἐπιφέρει λέγων· "τοῦτον ἐγὼ τὸν κανόνα καὶ τὸν
τύπον παρὰ τοῦ μακαρίου πάπα ἡμῶν Ἡρακλᾶ
παρέλαβον. τοὺς γὰρ προσιόντας ἀπὸ τῶν
αἱρέσεων, καίτοι τῆς ἐκκλησίας ἀποστάντας,
μᾶλλον δὲ οὐδὲ ἀποστάντας, ἀλλὰ συνάγεσθαι
μὲν δοκοῦντας, καταμηνυθέντας δὲ ὡς προσ-
φοιτῶντάς τινι τῶν ἑτεροδιδασκαλούντων, ἀπ-
ελάσας τῆς ἐκκλησίας, δεομένους οὐ προσήκατο,
ἕως δημοσίᾳ πάντα ὅσα ἀκηκόασιν παρὰ τοῖς
ἀντιδιατιθεμένοις ἐξέφρασαν, καὶ τότε συνήγαγεν
αὐτούς, οὐ δεηθεὶς ἐπ' αὐτῶν ἑτέρου βαπτίσματος·
τοῦ γὰρ ἁγίου πρότερον παρ' αὐτοῦ τετυχήκεσαν."

Πάλιν δὲ ἐπὶ πολὺ γυμνάσας τὸ πρόβλημα, ταῦτ' 5
ἐπιλέγει· "μεμάθηκα καὶ τοῦτο ὅτι μὴ νῦν οἱ ἐν
Ἀφρικῇ μόνον τοῦτο παρεισήγαγον, ἀλλὰ καὶ πρὸ
πολλοῦ κατὰ τοὺς πρὸ ἡμῶν ἐπισκόπους ἐν ταῖς
πολυανθρωποτάταις ἐκκλησίαις καὶ ταῖς συνόδοις
τῶν ἀδελφῶν, ἐν Ἰκονίῳ καὶ Συνάδοις καὶ παρὰ
πολλοῖς, τοῦτο ἔδοξεν· ὧν τὰς βουλὰς ἀνατρέπων
εἰς ἔριν αὐτοὺς καὶ φιλονεικίαν ἐμβαλεῖν οὐχ
ὑπομένω. ' οὐ γὰρ μετακινήσεις,' φησίν, ' ὅρια
τοῦ πλησίον σου, ἃ ἔθεντο οἱ πατέρες σου.' "

Ἡ τετάρτη αὐτοῦ τῶν περὶ βαπτίσματος ἐπι- 6

---

[1] This saying is quoted by many earlier writers, and is usually cited as a saying of Christ. But cf. 1 Thess. v. 21.

144

hand. For thou art able to sift and prove each matter ; which thing was originally the cause of thy faith.' I accepted the vision, as agreeing with the apostolic saying addressed to the stronger: ' Show yourselves approved money-changers.' " [1]

Then, making certain remarks about all the heresies, he goes on to say : " This rule and pattern I myself received from our blessed pope [2] Heraclas. For those who came over from the heresies, although they had departed from the Church (or rather, had not even done that, but, while still reputed members of the congregation, were charged with frequenting some false teacher), he drove from the Church, and refused to listen to their entreaties until they publicly declared all that they had heard from ' them that oppose themselves,' and then he admitted them to the congregation, without requiring of them a second baptism. For they had formerly received the holy [baptism] from him."

And again, after a protracted discussion of the question, he adds as follows : " I have learnt this also, that the Africans did not introduce this practice now for the first time, but that long before, in the days of the bishops that were before us, in the most populous churches and the synods of the brethren, in Iconium and Synnada and in many places, this course was adopted. And I do not dare to overturn their decisions and involve them in strife and contention. 'For thou shalt not remove,' he says, ' thy neighbour's landmarks, which thy fathers placed.' "

The fourth of his letters on baptism was written to

[2] πάπα: this is the earliest known occasion on which an Alexandrian bishop is entitled " pope," though later on there are several instances of the practice.

στολῶν πρὸς τὸν κατὰ Ῥώμην ἐγράφη Διονύσιον,
τότε μὲν πρεσβείου ἠξιωμένον, οὐκ εἰς μακρὸν
δὲ καὶ τὴν ἐπισκοπὴν τῶν ἐκεῖσε παρειληφότα·
ἐξ ἧς γνῶναι πάρεστιν ὅπως καὶ αὐτὸς οὗτος
λόγιός τε καὶ θαυμάσιος πρὸς τοῦ κατ᾽ Ἀλεξάν-
δρειαν Διονυσίου μεμαρτύρηται. γράφει δὲ αὐτῷ
μεθ᾽ ἕτερα τῶν κατὰ Νοουᾶτον μνημονεύων ἐν
τούτοις· VIII. "Νοουατιανῷ μὲν γὰρ εὐλόγως [1]
ἀπεχθανόμεθα, διακόψαντι τὴν ἐκκλησίαν καί
τινας τῶν ἀδελφῶν εἰς ἀσεβείας καὶ βλασφημίας
ἑλκύσαντι καὶ περὶ τοῦ θεοῦ διδασκαλίαν ἀν-
οσιωτάτην ἐπεισκυκλήσαντι καὶ τὸν χρηστότατον
κύριον ἡμῶν Ἰησοῦν Χριστὸν ὡς ἀνηλεῆ συκοφαν-
τοῦντι, ἐπὶ πᾶσι δὲ τούτοις τὸ λουτρὸν ἀθετοῦντι
τὸ ἅγιον καὶ τήν τε πρὸ αὐτοῦ πίστιν καὶ ὁμολογίαν
ἀνατρέποντι τό τε πνεῦμα τὸ ἅγιον ἐξ αὐτῶν, εἰ
καί τις ἦν ἐλπὶς τοῦ παραμεῖναι ἢ καὶ ἐπανελθεῖν
πρὸς αὐτούς, παντελῶς φυγαδεύοντι."

IX. Καὶ ἡ πέμπτη δὲ αὐτῷ πρὸς τὸν Ῥω- [1]
μαίων ἐπίσκοπον Ξύστον γέγραπτο· ἐν ᾗ πολλὰ
κατὰ τῶν αἱρετικῶν εἰπών, τοιοῦτόν τι γεγονὸς
κατ᾽ αὐτὸν ἐκτίθεται, λέγων· "καὶ γὰρ ὄντως,
ἀδελφέ, καὶ συμβουλῆς δέομαι καὶ γνώμην αἰτῶ
παρὰ σοῦ, τοιούτου τινός μοι προσελθόντος πράγ-
ματος, δεδιὼς μὴ ἄρα σφάλλομαι. τῶν γὰρ [2]
συναγομένων ἀδελφῶν πιστὸς νομιζόμενος ἀρχαῖος
καὶ πρὸ τῆς ἐμῆς χειροτονίας, οἶμαι δὲ καὶ τῆς
τοῦ μακαρίου Ἡρακλᾶ καταστάσεως, τῆς συν-
αγωγῆς μετασχών, τοῖς ὑπόγυον βαπτιζομένοις
παρατυχὼν καὶ τῶν ἐπερωτήσεων καὶ τῶν ἀπο-
κρίσεων ἐπακούσας, προσῆλθέν μοι κλαίων καὶ
καταθρηνῶν ἑαυτὸν καὶ πίπτων πρὸ τῶν ποδῶν

Dionysius of Rome, who at that time had been deemed worthy of the presbyterate, but not long afterwards received also the episcopate there. From it one may learn how that he too had witness paid him by Dionysius of Alexandria for his learning and admirable qualities. In the course of his letter to him he mentions the affair of Novatus in the following terms : VIII. " For it is with good reason indeed that we feel enmity towards Novatian, who caused a division in the Church and drew away some of the brethren to impieties and blasphemies, and introduced as well most profane teaching about God, and falsely accuses our most compassionate Lord Jesus Christ of being without mercy ; and above all this, he sets at naught the holy washing, and overturns the faith and confession that precede it, and entirely banishes the Holy Spirit from them, even though there was some hope of His remaining with or even returning to them."

IX. And his fifth letter was written to Xystus, bishop of the Romans. In it, speaking much against the heretics, he sets forth the following thing that happened in his day, saying : " Of a truth, brother, I have need of counsel, and ask an opinion of thee. The following matter has come before me, and I am fearful lest after all I be mistaken. Of the brethren who meet together for worship there is one, reckoned faithful, of long standing, a member of the congregation before my ordination, and, I think, before the appointment of the blessed Heraclas. Having been present with those who were recently being baptized, and having heard the questions and answers, he came to me in tears, bewailing himself and falling before

147

μου, ἐξομολογούμενος μὲν καὶ ἐξομνύμενος τὸ
βάπτισμα, ὃ παρὰ τοῖς αἱρετικοῖς βεβάπτιστο, μὴ
τοῦτο εἶναι μηδὲ ὅλως ἔχειν τινὰ πρὸς τοῦτο
κοινωνίαν, ἀσεβείας γὰρ ἐκεῖνο καὶ βλασφημιῶν
πεπληρῶσθαι, λέγων δὲ πάνυ τι τὴν ψυχὴν νῦν **3**
Cf. Acts 2,
87
Luke 18, 13 κατανενύχθαι καὶ μηδὲ παρρησίαν ἔχειν ἐπᾶραι
τοὺς ὀφθαλμοὺς πρὸς τὸν θεὸν ἀπὸ τῶν ἀνοσίων
ἐκείνων ῥημάτων καὶ πραγμάτων ὁρμώμενος, καὶ
διὰ τοῦτο δεόμενος τῆς εἰλικρινεστάτης ταύτης
καθάρσεως καὶ παραδοχῆς καὶ χάριτος τυχεῖν·
ὅπερ ἐγὼ μὲν οὐκ ἐτόλμησα ποιῆσαι, φήσας αὐτ- **4**
άρκη τὴν πολυχρόνιον αὐτῷ κοινωνίαν εἰς τοῦτο
γεγονέναι. εὐχαριστίας γὰρ ἐπακούσαντα καὶ
συνεπιφθεγξάμενον τὸ ἀμὴν καὶ τραπέζῃ παρα-
στάντα καὶ χεῖρας εἰς ὑποδοχὴν τῆς ἁγίας τροφῆς
προτείναντα καὶ ταύτην καταδεξάμενον καὶ τοῦ
σώματος καὶ τοῦ αἵματος τοῦ κυρίου ἡμῶν μετα-
σχόντα ἱκανῷ χρόνῳ, οὐκ ἂν ἐξ ὑπαρχῆς ἀνασκευά-
ζειν ἔτι τολμήσαιμι· θαρσεῖν δὲ ἐκέλευον καὶ μετὰ
βεβαίας πίστεως καὶ ἀγαθῆς ἐλπίδος τῇ μετοχῇ
τῶν ἁγίων προσιέναι. ὃ δὲ οὔτε πενθῶν παύεται **5**
πέφρικέν τε τῇ τραπέζῃ προσιέναι καὶ μόλις παρα-
καλούμενος συνεστάναι ταῖς προσευχαῖς ἀνέχεται.''

Ἐπὶ ταῖς προειρημέναις φέρεταί τις καὶ ἄλλη τοῦ **6**
αὐτοῦ περὶ βαπτίσματος ἐπιστολή, ἐξ αὐτοῦ καὶ ἧς
ἡγεῖτο παροικίας Ξύστῳ καὶ τῇ κατὰ Ῥώμην
ἐκκλησίᾳ προσπεφωνημένη, ἐν ᾗ διὰ μακρᾶς
ἀποδείξεως τὸν περὶ τοῦ ὑποκειμένου ζητήματος
παρατείνει λόγον. καὶ ἄλλη δέ τις αὐτοῦ μετὰ
ταύτας φέρεται πρὸς τὸν κατὰ Ῥώμην Διονύσιον,
ἡ περὶ Λουκιανοῦ. καὶ περὶ μὲν τούτων τοσαῦτα.

Χ. Οἵ γε μὴν ἀμφὶ τὸν Γάλλον οὐδ' ὅλοις ἔτεσιν **1**

my feet; confessing and swearing that the baptism
with which he had been baptized by the heretics,
was not such as this and had nothing in common
with it inasmuch as it had been full of impieties and
blasphemies. He said that he was now altogether
pricked in heart and had not courage so much as to
lift up his eyes to God, after beginning with those
unholy words and deeds; and therefore he begged
that he might receive this most pure cleansing and
reception and grace. This I for my part did not dare
to do, saying that his long-standing communion with
us had been sufficient for this purpose. For since he
had heard the Thanksgiving and joined in saying the
Amen, and stood beside the Table and stretched forth
his hands to receive the holy food, and had received
it and partaken of the Body and Blood of our Lord
for a long time, I should not dare to build him up
again from the beginning. But I kept exhorting him
to be of good courage, and to approach for the partici-
pation of the holy things with firm faith and good
hope. But he never ceases his lament, and shudders
to approach the Table, and scarcely, though invited,
does he dare to take his stand with the *consistentes*
at the prayers.[1] "

In addition to the above-mentioned letters, there
is extant also another of his On Baptism, addressed
by him and the community over which he ruled to
Xystus and the church at Rome, in which with a long
proof he gives a protracted discussion of the subject
in question. And, after these, there is yet another
letter of his extant, to Dionysius at Rome, that with
reference to Lucian. So much for these matters.

X. But to resume. Gallus and his associates held

---

[1] συνεστάναι ταῖς προσευχαῖς: see vi. 42. 5.

δύο τὴν ἀρχὴν ἐπικατασχόντες, ἐκποδὼν μεθ-
ίστανται, Οὐαλεριανὸς δ' ἅμα παιδὶ Γαλλιήνῳ δια-
δέχεται τὴν ἡγεμονίαν. αὖθις δὴ οὖν ὁ Διονύσιος 2
οἷα καὶ περὶ τούτου διέξεισιν, ἐκ τῆς πρὸς Ἑρμάμ-
μωνα ἐπιστολῆς μαθεῖν ἔστιν, ἐν ᾗ τοῦτον ἱστορεῖ
τὸν τρόπον· " καὶ τῷ Ἰωάννῃ δὲ ὁμοίως ἀπο-
Rev. 13, 5 καλύπτεται· ' καὶ ἐδόθη γὰρ αὐτῷ,' φησίν, ' στόμα
λαλοῦν μεγάλα καὶ βλασφημίαν, καὶ ἐδόθη αὐτῷ
ἐξουσία καὶ μῆνες τεσσαράκοντα δύο.' ἀμφότερα 3
Rev. 13, 3 δὲ ἔστιν ἐπὶ Οὐαλεριανοῦ θαυμάσαι καὶ τούτων
μάλιστα τὰ πρῶτα ὡς οὕτως ἔσχεν, συννοεῖν
ὡς μὲν ἤπιος καὶ φιλόφρων ἦν πρὸς τοὺς ἀν-
θρώπους τοῦ θεοῦ· οὐδὲ γὰρ ἄλλος τις οὕτω τῶν
πρὸ αὐτοῦ βασιλέων εὐμενῶς καὶ δεξιῶς πρὸς
αὐτοὺς διετέθη, οὐδ' οἱ λεχθέντες ἀναφανδὸν
Χριστιανοὶ γεγονέναι, ὡς ἐκεῖνος οἰκειότατα ἐν
ἀρχῇ καὶ προσφιλέστατα φανερὸς ἦν αὐτοὺς ἀπο-
δεχόμενος, καὶ πᾶς τε ὁ οἶκος αὐτοῦ θεοσεβῶν
πεπλήρωτο καὶ ἦν ἐκκλησία θεοῦ· ἀποσκευάσασθαι 4
δὲ παρέπεισεν αὐτὸν ὁ διδάσκαλος καὶ τῶν ἀπ'
Αἰγύπτου μάγων ἀρχισυνάγωγος, τοὺς μὲν καθα-
ροὺς καὶ ὁσίους ἄνδρας κτείννυσθαι καὶ διώκεσθαι
κελεύων ὡς ἀντιπάλους καὶ κωλυτὰς τῶν παμ-
μιάρων καὶ βδελυκτῶν ἐπαοιδῶν ὑπάρχοντας (καὶ
γὰρ εἰσὶν καὶ ἦσαν ἱκανοί, παρόντες καὶ ὁρώμενοι
καὶ μόνον ἐμπνέοντες καὶ φθεγγόμενοι διασκεδάσαι
τὰς τῶν ἀλιτηρίων δαιμόνων ἐπιβουλάς), τελετὰς
δὲ ἀνάγνους καὶ μαγγανείας ἐξαγίστους καὶ ἱε-

---

[1] Rev. xiii. 5. (The text differs somewhat from that of
A.V. and R.V.)

[2] Apparently, in the preceding context, Dionysius had
quoted a passage of Scripture, not from the Apocalypse,

the principate for less than two entire years, and then were removed out of the way; and Valerian along with his son Gallienus succeeded to the government. Once more we may learn from his letter to Hermammon the description that Dionysius gives of him also; in which he gives an account of the following kind: "And to John also it is likewise revealed: 'And there was given to him,' says he, 'a mouth speaking great things and blasphemy, and there was given to him authority and forty and two months.'[1] One may wonder at both of these things[2] under Valerian, and of them note especially the nature of his previous conduct,[3] how mild and friendly he was to the men of God. For not a single one of the emperors before him was so kindly and favourably disposed towards them, not even those who were said to have been openly Christians, as he manifestly was, when he received them at the beginning in the most intimate and friendly manner; indeed all his house had been filled with godly persons, and was a church of God. But the master and ruler of the synagogue of the Egyptian magicians[4] persuaded him to get rid of them, bidding him slay and pursue the pure and holy men, as being rivals and hinderers of his abominable and disgusting incantations (for indeed they are and were capable by their presence and sight, and by merely breathing on them and uttering words, of scattering the designs of the baneful demons). And he advised him to perform unhallowed rites, and abominable juggleries and ill-

which predicted Valerian, and (as we may suppose) depicted him as favourable to the Church. The word "both" (ἀμφότερα) refers to it and Rev. xiii. 5.

[3] Reading τὰ πρῶτα, with three mss., in place of τὰ πρὸ αὐτοῦ.   [4] i.e. Macrianus (see § 5).

ρουργίας ἀκαλλιερήτους ἐπιτελεῖν ὑποτιθέμενος,
παῖδας ἀθλίους ἀποσφάττειν καὶ τέκνα δυστήνων
πατέρων καταθύειν καὶ σπλάγχνα νεογενῆ διαιρεῖν
καὶ τὰ τοῦ θεοῦ διακόπτειν καὶ καταχορδεύειν
πλάσματα, ὡς ἐκ τούτων εὐδαιμονήσοντας."

Καὶ τούτοις γε ἐπιφέρει λέγων· " καλὰ γοῦν 5
αὐτοῖς Μακριανὸς τῆς ἐλπιζομένης βασιλείας
προσήνεγκεν χαριστήρια· ὃς πρότερον μὲν ἐπὶ
τῶν καθόλου λόγων λεγόμενος εἶναι βασιλέως,
οὐδὲν εὔλογον οὐδὲ καθολικὸν ἐφρόνησεν, ἀλλ᾽
Ezek. 13, 3   ὑποπέπτωκεν ἀρᾷ προφητικῇ τῇ λεγούσῃ ‘ οὐαὶ
τοῖς προφητεύουσιν ἀπὸ καρδίας αὐτῶν καὶ τὸ
καθόλου μὴ βλέπουσιν'· οὐ γὰρ συνῆκεν τὴν 6
καθόλου πρόνοιαν, οὐδὲ τὴν κρίσιν ὑπείδετο τοῦ
Cf. Eph. 4, 6; πρὸ πάντων καὶ διὰ πάντων καὶ ἐπὶ πᾶσιν, δι᾽
Col. 1, 17   ὃ καὶ τῆς μὲν καθολικῆς αὐτοῦ ἐκκλησίας γέγονεν
πολέμιος, ἠλλοτρίωσεν δὲ καὶ ἀπεξένωσεν ἑαυτὸν
τοῦ ἐλέους τοῦ θεοῦ καὶ πορρωτάτω τῆς ἑαυτοῦ
σωτηρίας ἐφυγάδευσεν, ἐν τούτῳ τὸ ἴδιον ἐπαλη-
θεύων ὄνομα."

Καὶ πάλιν μεθ᾽ ἕτερά φησιν· "ὁ μὲν γὰρ Οὐα- 7
λεριανὸς εἰς ταῦτα ὑπὸ τούτου προαχθείς, εἰς
ὕβρεις καὶ ὀνειδισμοὺς ἐκδοθείς, κατὰ τὸ ῥηθὲν
Is. 66, 3, 4   πρὸς Ἡσαΐαν· ‘ καὶ οὗτοι ἐξελέξαντο τὰς ὁδοὺς
αὐτῶν καὶ τὰ βδελύγματα αὐτῶν, ἡ ψυχὴ αὐτῶν
ἠθέλησεν, καὶ ἐγὼ ἐκλέξομαι τὰ ἐμπαίγματα
αὐτῶν, καὶ τὰς ἁμαρτίας ἀνταποδώσω αὐτοῖς'·
οὗτος δὲ τῇ βασιλείᾳ παρὰ τὴν ἀξίαν ἐπιμανεὶς 8

---

[1] Obscure: probably the meaning is that Macrianus pro-
pitiated them (*sc.* the demons) in order to gain his ambitious
ends. A double play on words follows, which cannot be
reproduced in English, between λόγων ("accounts") and
152

omened sacrifices, such as cutting the throats of wretched boys and sacrificing children of hapless parents and opening up the entrails of new-born babes, and cutting up and mincing the handywork of God, as if all this would bring them divine favour."

And in addition he goes on to say : " Goodly at all events were the thank-offerings that Macrianus made to them for the Empire of his hopes.[1] Formerly when he was regarded as minister over the imperial accounts as a whole, he displayed neither a reasonable nor a catholic mind. But he has fallen under the prophetic curse which says : ' Woe unto them that prophesy from their heart, and see not the whole.' For he did not understand the universal Providence, nor did he suspect the judgement of Him who is before all and through all and over all. Therefore he has come to be at enmity with His Catholic Church, and so alienated and estranged himself from God's mercy and banished himself as far as possible from his own salvation, in this proving true his name."[2]

And again, after other remarks, he says : " For Valerian, being induced by him to this course of action, was given over to insults and reproaches, according to that which was said to Isaiah : ' And these have chosen their own ways and abominations, in which their soul delighteth, and I will choose their mockings, and their sins I will recompense them.' Now this man,[3] in his mad desire for the

εὔλογον (" reasonable "), and also between καθόλου and καθολικόν ; and, in order to maintain this latter play, Dionysius, in his quotation of Ezek. xiii. 3 (LXX), takes τὸ καθόλου as the object of the sentence (" the whole ") instead of adverbially (" not at all ").

[2] Another play upon words : Macrianus and μακρός (" far off ").   [3] *i.e.* Macrianus ; he was lame.

EUSEBIUS

Ex. 20, 5

καὶ τὸν βασίλειον ὑποδῦναι κόσμον ἀδυνατῶν
ἀναπήρῳ τῷ σώματι, τοὺς δύο παῖδας τὰς πατρῴας
ἀναδεξαμένους ἁμαρτίας προεστήσατο. ἐναργὴς
γὰρ ἐπὶ τούτων ἡ πρόρρησις ἦν εἶπεν ὁ θεός·
' ἀποδιδοὺς ἁμαρτίας πατέρων ἐπὶ τέκνα ἕως
τρίτης καὶ τετάρτης γενεᾶς τοῖς μισοῦσίν με.'
τὰς γὰρ ἰδίας πονηρὰς ἐπιθυμίας, ὧν ἠτύχει, ταῖς 9
τῶν υἱῶν κεφαλαῖς ἐπιβαλών, εἰς ἐκείνους τὴν
ἑαυτοῦ κακίαν καὶ τὸ πρὸς τὸν θεὸν μῖσος ἐξ-
ωμόρξατο.''

Καὶ περὶ μὲν τοῦ Οὐαλεριανοῦ τοσαῦτα ὁ
Διονύσιος· XI. περὶ δὲ τοῦ κατ' αὐτὸν διωγμοῦ 1
σφοδρότατα πνεύσαντος οἷα σὺν ἑτέροις ὁ αὐτὸς
διὰ τὴν εἰς τὸν τῶν ὅλων θεὸν εὐσέβειαν ὑπέστη,
δηλώσουσιν αἱ αὐτοῦ φωναὶ ἃς πρὸς Γερμανὸν
τῶν κατ' αὐτὸν ἐπισκόπων κακῶς ἀγορεύειν αὐτὸν
πειρώμενον ἀποτεινόμενος, τοῦτον παρατίθεται

Cf. 2 Cor. 11, 1, 17

τὸν τρόπον· '' εἰς ἀφροσύνην δὲ κινδυνεύω πολλὴν 2
καὶ ἀναισθησίαν ὄντως ἐμπεσεῖν, εἰς ἀνάγκην συμ-
βιβαζόμενος τοῦ διηγεῖσθαι τὴν θαυμαστὴν περὶ

Tobit 12, 7

ἡμᾶς οἰκονομίαν τοῦ θεοῦ· ἀλλ' ἐπεὶ 'μυστήριον,'
φησίν, 'βασιλέως κρύψαι καλόν, τὰ δὲ ἔργα τοῦ
θεοῦ ἀνακαλύπτειν ἔνδοξον,' ὁμόσε χωρήσω τῇ
Γερμανοῦ βίᾳ. ἧκον πρὸς Αἰμιλιανόν, οὐ μόνος, 3
ἠκολούθησαν δέ μοι συμπρεσβύτερός τέ μου
Μάξιμος καὶ διάκονοι Φαῦστος Εὐσέβιος Χαιρήμων,
καί τις τῶν ἀπὸ Ῥώμης παρόντων ἀδελφῶν ἡμῖν
συνεισῆλθεν. Αἰμιλιανὸς δὲ οὐκ εἶπέν μοι προ- 4
ηγουμένως 'μὴ σύναγε.' περιττὸν γὰρ τοῦτο
ἦν αὐτῷ καὶ τὸ τελευταῖον, ἐπὶ τὸ πρῶτον ἀνα-
τρέχοντι· οὐ γὰρ περὶ τοῦ μὴ συνάγειν ἑτέρους ὁ

---

[1] Deputy-prefect of Egypt in 258.

imperial rule of which he was not worthy, and unable
to deck his maimed body with the imperial robes, put
forward his two sons, who thus received their father's
sins. For in them was clearly fulfilled the prophecy
that God spake : ' Visiting the sins of fathers upon
children, until the third and fourth generation in
them that hate me.' For his own evil desires, in
which he failed, he heaped upon the heads of his
sons, and so wiped off on them his own wickedness
and his hatred toward God."

This is the account given by Dionysius concerning
Valerian. XI. But with regard to the storm of
persecution that raged fiercely in his day, what the
same Dionysius, and others with him, underwent for
their piety toward the God of the universe will be
made plain by his own words which he wrote at
length against Germanus, one of the bishops of his
day who was attempting to defame him. He makes
his statement in the following manner : " But I am
in danger of falling, in truth, into great foolishness
and stupidity, being forced to the point of compulsion
to recount the wonderful dispensation of God con-
cerning us. But since ' it is good,' he says, ' to keep
close the secret of a king, but glorious to reveal the
works of God,' I will join issue with the violence of
Germanus. I came before Aemilianus,[1] not alone,
but there followed me my fellow-presbyter Maximus,
and Faustus, Eusebius, Chaeremon, deacons ; and
one of the brethren who had come from Rome
entered in along with us. And Aemilianus did not
lead off with the words ' Do not hold assemblies.'
For that would have been superfluous for him to say,
and the last thing [to be mentioned] by one who was
going back to the very beginning. For his discourse

λόγος ἦν αὐτῷ, ἀλλὰ περὶ τοῦ μηδ' αὐτοὺς ἡμᾶς
εἶναι Χριστιανούς, καὶ τούτου προσέταττεν πε-
παῦσθαι, εἰ μεταβαλοίμην ἐγώ, καὶ τοὺς ἄλλους
ἔψεσθαί μοι νομίζων. ἀπεκρινάμην δὲ οὐκ ἀπ- 5
εοικότως οὐδὲ μακρὰν τοῦ ' πειθαρχεῖν δεῖ θεῷ
μᾶλλον ἢ ἀνθρώποις,' ἀλλ' ἄντικρυς διεμαρτυράμην
ὅτι τὸν θεὸν τὸν ὄντα μόνον καὶ οὐδένα ἕτερον
σέβω οὐδ' ἂν μεταθείμην οὐδὲ παυσαίμην ποτὲ
Χριστιανὸς ὤν. ἐπὶ τούτοις ἐκέλευσεν ἡμᾶς ἀπ-
ελθεῖν εἰς κώμην πλησίον τῆς ἐρήμου καλουμένην
Κεφρώ.

Acts 5, 29

" Αὐτῶν δὲ ἐπακούσατε τῶν ὑπ' ἀμφοτέρων 6
λεχθέντων ὡς ὑπεμνηματίσθη. εἰσαχθέντων Διο-
νυσίου καὶ Φαύστου καὶ Μαξίμου καὶ Μαρ-
κέλλου καὶ Χαιρήμονος Αἰμιλιανὸς διέπων τὴν
ἡγεμονίαν εἶπεν· ' καὶ ἀγράφως ὑμῖν διελέχθην
περὶ τῆς φιλανθρωπίας τῶν κυρίων ἡμῶν ᾗ περὶ ὑμᾶς
κέχρηνται· δεδώκασιν γὰρ ἐξουσίαν ὑμῖν σωτηρίας, 7
εἰ βούλοισθε ἐπὶ τὸ κατὰ φύσιν τρέπεσθαι καὶ
θεοὺς τοὺς σῴζοντας αὐτῶν τὴν βασιλείαν προσ-
κυνεῖν, ἐπιλαθέσθαι δὲ τῶν παρὰ φύσιν. τί οὖν
φατὲ πρὸς ταῦτα; οὐδὲ γὰρ ἀχαρίστους ὑμᾶς
ἔσεσθαι περὶ τὴν φιλανθρωπίαν αὐτῶν προσδοκῶ,
ἐπειδήπερ ἐπὶ τὰ βελτίω ὑμᾶς προτρέπονται.'

" Διονύσιος ἀπεκρίνατο· ' οὐ πάντες πάντας 8
προσκυνοῦσι θεούς, ἀλλ' ἕκαστοι τινάς, οὓς νομί-
ζουσιν. ἡμεῖς τοίνυν τὸν ἕνα θεὸν καὶ δημιουργὸν
τῶν ἁπάντων, τὸν καὶ τὴν βασιλείαν ἐγχειρίσαντα
τοῖς θεοφιλεστάτοις Οὐαλεριανῷ καὶ Γαλλιήνῳ
Σεβαστοῖς, τοῦτον καὶ σέβομεν καὶ προσκυνοῦμεν,
καὶ τούτῳ διηνεκῶς ὑπὲρ τῆς βασιλείας αὐτῶν,
ὅπως ἀσάλευτος διαμείνῃ, προσευχόμεθα.'

was not about not assembling others, but about not being Christians ourselves, and from that he ordered me to desist, thinking that if I were to change, the others also would follow me. But I gave a reply that was not inappropriate, nor far from 'We must obey God rather than men'; yea, I testified outright that I worship the only God and none other, nor would I change or ever cease to be a Christian. Thereupon he bade us depart to a village near the desert, called Cephro.

"But hear the things themselves that were spoken on both sides, as they were placed on record: When Dionysius and Faustus and Maximus and Marcellus and Chaeremon were brought into court, Aemilianus, the deputy-prefect, said, '. . . And verbally I discoursed with you concerning the kindness that our lords[1] have displayed on your behalf. For they gave you the opportunity of safety if ye were willing to turn to that which is according to nature and worship the gods which preserve their Empire, and forget those gods which are contrary to nature. What, therefore, say ye to these things? For I do not expect that ye will be ungrateful for their kindness, forasmuch as they urge you on to the better course.'

"Dionysius replied: 'Not all men worship all gods, but each one certain whom he regards as such. We therefore both worship and adore the one God and Maker of all things, who also committed the Empire to the Augusti, most highly favoured of God, Valerian and Gallienus; and to Him we unceasingly pray for their Empire, that it may remain unshaken.'

---

[1] i.e. Valerian and Gallienus.

" Αἰμιλιανὸς διέπων τὴν ἡγεμονίαν αὐτοῖς εἶπεν· 9
' τίς γὰρ ὑμᾶς κωλύει καὶ τοῦτον, εἴπερ ἐστὶν
θεός, μετὰ τῶν κατὰ φύσιν θεῶν προσκυνεῖν;
θεοὺς γὰρ σέβειν ἐκελεύσθητε. καὶ θεοὺς οὓς
πάντες ἴσασιν.'

" Διονύσιος ἀπεκρίνατο· ' ἡμεῖς οὐδένα ἕτερον
προσκυνοῦμεν.'

" Αἰμιλιανὸς διέπων τὴν ἡγεμονίαν αὐτοῖς εἶπεν· 10
' ὁρῶ ὑμᾶς ὁμοῦ καὶ ἀχαρίστους ὄντας καὶ ἀν-
αισθήτους τῆς πρᾳότητος τῶν Σεβαστῶν ἡμῶν· δι'
ὅπερ οὐκ ἔσεσθε ἐν τῇ πόλει ταύτῃ, ἀλλὰ ἀπο-
σταλήσεσθε εἰς τὰ μέρη τῆς Λιβύης καὶ ἐν τόπῳ
λεγομένῳ Κεφρώ· τοῦτον γὰρ τὸν τόπον ἐξελεξάμην
ἐκ τῆς κελεύσεως τῶν Σεβαστῶν ἡμῶν. οὐδαμῶς
δὲ ἐξέσται οὔτε ὑμῖν οὔτε ἄλλοις τισὶν ἢ συνόδους
ποιεῖσθαι ἢ εἰς τὰ καλούμενα κοιμητήρια εἰσιέναι.
εἰ δέ τις φανείη ἢ μὴ γενόμενος εἰς τὸν τόπον 11
τοῦτον ὃν ἐκέλευσα, ἢ ἐν συναγωγῇ τινι εὑρεθείη,
ἑαυτῷ τὸν κίνδυνον ἐπαρτήσει· οὐ γὰρ ἐπιλείψει
ἡ δέουσα ἐπιστρέφεια. ἀπόστητε οὖν ὅπου ἐκελεύ-
σθητε.'

" Καὶ νοσοῦντα δέ με κατήπειξεν, οὐδὲ μιᾶς
ὑπέρθεσιν δοὺς ἡμέρας. ποίαν οὖν ἔτι τοῦ συν-
άγειν ἢ μὴ συνάγειν εἶχον σχολήν; "

Εἶτα μεθ' ἕτερά φησιν· " ἀλλ' οὐδὲ τῆς αἰ- 12
σθητῆς ἡμεῖς μετὰ τοῦ κυρίου συναγωγῆς ἀπ-
έστημεν, ἀλλὰ τοὺς μὲν ἐν τῇ πόλει σπουδαιότερον
συνεκρότουν ὡς συνών, 'ἀπὼν μὲν τῷ σώματι,' ὡς
εἶπεν, 'παρὼν δὲ τῷ πνεύματι,' ἐν δὲ τῇ Κεφροῖ
καὶ πολλὴ συνεπεδήμησεν ἡμῖν ἐκκλησία, τῶν μὲν
ἀπὸ τῆς πόλεως ἀδελφῶν ἑπομένων, τῶν δὲ
συνιόντων ἀπ' Αἰγύπτου. κἀκεῖ θύραν ἡμῖν ὁ

1 Cor. 5, 3

Col. 4, 3

158

"Aemilianus, the deputy-prefect, said to them: 'And who prevents you from worshipping this god also, if he be a god, along with the natural gods? For ye were bidden to worship gods, and gods whom all know.'

"Dionysius replied: 'We worship no other God.'

"Aemilianus, the deputy-prefect, said to them: 'I see that ye are at once ungrateful and insensible of the clemency of our Augusti. Wherefore ye shall not be in this city, but ye shall betake yourselves to the parts of Libya and [remain] in a place called Cephro. For this is the place I chose in accordance with the command of our Augusti. And it shall in no wise be permitted either to you or to any others either to hold assemblies or to enter the cemeteries,[1] as they are called. If anyone be proved not to have gone to the place that I commanded, or be found at any assembly, he will bring the peril upon himself, for there shall be no lack of the necessary observation. Be gone therefore whither ye were bidden.'

"And even though I was sick, he hurried me away without granting me a single day's respite. What spare time had I then remaining either for holding or not holding an assembly?"

Then after other remarks he says: "But we did not abstain from even the visible assembling of ourselves with the Lord; nay, I strove the more earnestly to gather together those in the city, as if I were with them, 'being absent in body,' as he[2] said, 'but present in spirit,' and at Cephro a large church also sojourned with us, some brethren following us from the city, others joining us from Egypt. And

---

[1] It was felt to be dangerous to allow Christians to assemble at the grave of martyrs: cf. ix. 2.   [2] i.e. St. Paul.

θεὸς ἀνέῳξεν τοῦ λόγου. καὶ τὸ μὲν πρῶτον 13
ἐδιώχθημεν, ἐλιθοβολήθημεν, ὕστερον δέ τινες οὐκ
ὀλίγοι τῶν ἐθνῶν τὰ εἴδωλα καταλιπόντες, ἐπ-
έστρεψαν ἐπὶ τὸν θεόν· οὐ πρότερον δὲ παρα-
δεξαμένοις αὐτοῖς τότε πρῶτον δι᾽ ἡμῶν ὁ λόγος 14
ἐπεσπάρη, καὶ ὥσπερ τούτου ἕνεκεν ἀπαγαγὼν
Acts 12, 25 ἡμᾶς πρὸς αὐτοὺς ὁ θεός, ἐπεὶ τὴν διακονίαν
ταύτην ἐπληρώσαμεν, πάλιν ἀπαγήοχεν.

"'Ὁ γὰρ Αἰμιλιανὸς εἰς τραχυτέρους μέν, ὡς
ἐδόκει, καὶ λιβυκωτέρους ἡμᾶς μεταστῆσαι τόπους
ἐβουλήθη, καὶ τοὺς πανταχόσε εἰς τὸν Μαρεώτην
ἐκέλευσεν συρρεῖν, κώμας ἑκάστοις τῶν κατὰ
χώραν ἀφορίσας, ἡμᾶς δὲ μᾶλλον ἐν ὁδῷ καὶ
πρώτους καταληφθησομένους ἔταξεν. ᾠκονόμει
γὰρ δῆλον ὅτι καὶ παρεσκεύαζεν ἵνα ὁπόταν
βουληθείη συλλαβεῖν, πάντας εὐαλώτους ἔχοι.
ἐγὼ δὲ ὅτε μὲν εἰς Κεφρὼ κεκελεύσμην ἀπελθεῖν, 15
καὶ τὸν τόπον ἠγνόουν ὅποι ποτὲ οὗτός ἐστιν,
οὐδὲ τὸ ὄνομα σχεδὸν πρότερον ἀκηκοώς, καὶ
ὅμως εὐθύμως καὶ ἀταράχως ἀπῄειν· ἐπεὶ δὲ
μετασκηνώσειν εἰς τὰ Κολλουθίωνος ἀπηγγέλη
μοι, ἴσασιν οἱ παρόντες ὅπως διετέθην (ἐνταῦθα
γὰρ ἐμαυτοῦ κατηγορήσω), τὸ μὲν πρῶτον ἠχθέ- 16
σθην καὶ λίαν ἐχαλέπηνα· καὶ γὰρ εἰ γνωριμώτεροι
καὶ συνηθέστεροι ἐτύγχανον ἡμῖν οἱ τόποι, ἀλλ᾽
ἔρημον μὲν ἀδελφῶν καὶ σπουδαίων ἀνθρώπων
ἔφασκον εἶναι τὸ χωρίον, ταῖς δὲ τῶν ὁδοι-
πορούντων ἐνοχλήσεσιν καὶ λῃστῶν καταδρομαῖς
ἐκκείμενον· ἔτυχον δὲ παραμυθίας, ὑπομνησάντων 17
με τῶν ἀδελφῶν ὅτι γειτνιῴη μᾶλλον τῇ πόλει
καὶ ἡ μὲν Κεφρὼ πολλὴν ἡμῖν ἦγεν ἀδελφῶν τῶν

there God opened unto us a door for the word. And at first we were pursued, we were stoned, but afterwards not a few of the heathen left their idols and turned to God. Then for the first time was the word sown through our agency among those who had not formerly received it. It was, as it were, for this that God took us away to them, and, when we had fulfilled this ministration, took us away again.

" For Aemilianus wished to remove us to rougher, as he thought, and more Libyan-like places, and he bade those [who were scattered] in every direction to stream together to the Mareotian [nome], assigning separate villages in the district for each party ; but us he posted more on the road, so that we should be the first to be arrested. For he evidently was managing and arranging it, that, whenever he wished to seize us, he might find us all easy of capture. As for me, when I had been bidden to depart to Cephro, I did not even know in what direction the place lay, scarcely having heard so much as the name before ; nevertheless I departed with a good grace and made no disturbance. But when it was told me that I was to remove to the parts of Colluthion, those who were present know how I was affected (for here I shall be my own accuser): at first I was vexed and exceedingly angry ; for although the places happened to be better known and more familiar to us, yet it was affirmed that the district was without brethren or persons of good character, and exposed besides to annoyances of travellers and incursions of robbers. But I found encouragement when the brethren reminded me that it was nearer the city,[1] and that, while Cephro used to bring us much intercourse with

[1] *i.e.* Alexandria.

EUSEBIUS

ἀπ' Αἰγύπτου τὴν ἐπιμιξίαν, ὡς πλατύτερον ἐκκλησιάζειν δύνασθαι, ἐκεῖ δέ, πλησιαίτερον οὔσης τῆς πόλεως, συνεχέστερον τῆς τῶν ὄντως ἀγαπητῶν καὶ οἰκειοτάτων καὶ φιλτάτων ὄψεως ἀπολαύσομεν· ἀφίξονται γὰρ καὶ ἀναπαύσονται καὶ ὡς ἐν προαστείοις πορρωτέρω κειμένοις κατὰ μέρος ἔσονται συναγωγαί. καὶ οὕτως ἐγένετο."

Καὶ μεθ' ἕτερα περὶ τῶν συμβεβηκότων αὐτῷ 18 αὖθις ταῦτα γράφει· "πολλαῖς γε ταῖς ὁμολογίαις Γερμανὸς σεμνύνεται, πολλά γε εἰπεῖν ἔχει καθ' ἑαυτοῦ γενόμενα· ὅσας ἀριθμῆσαι δύναται περὶ ἡμῶν ἀποφάσεις, δημεύσεις, προγραφάς, ὑπ-

Heb. 10, 84   αρχόντων ἁρπαγάς, ἀξιωμάτων ἀποθέσεις, δόξης κοσμικῆς ὀλιγωρίας, ἐπαίνων ἡγεμονικῶν καὶ βουλευτικῶν καταφρονήσεις καὶ τῶν ἐναντίων,

Cf. Rom. 8,   ἀπειλῶν καὶ καταβοήσεων καὶ κινδύνων καὶ
85   διωγμῶν καὶ πλάνης καὶ στενοχωρίας καὶ ποικίλης θλίψεως ὑπομονήν, οἷα τὰ ἐπὶ Δεκίου καὶ Σαβίνου συμβάντα μοι, οἷα μέχρι νῦν Αἰμιλιανοῦ. ποῦ δὲ 19 Γερμανὸς ἐφάνη; τίς δὲ περὶ αὐτοῦ λόγος; ἀλλὰ τῆς πολλῆς ἀφροσύνης, εἰς ἣν ἐμπίπτω διὰ Γερμανόν, ὑφίεμαι, δι' ὃ καὶ τὴν καθ' ἕκαστον τῶν γενομένων διήγησιν παρίημι τοῖς εἰδόσιν ἀδελφοῖς λέγειν."

Ὁ δ' αὐτὸς καὶ ἐν τῇ πρὸς Δομέτιον καὶ Δίδυμον 20 ἐπιστολῇ τῶν ἀμφὶ τὸν διωγμὸν αὖθις μνημονεύει ἐν τούτοις· "τοὺς δὲ ἡμετέρους πολλούς τε ὄντας καὶ ἀγνῶτας ὑμῖν, περισσὸν ὀνομαστὶ καταλέγειν, πλὴν ἴστε ὅτι ἄνδρες καὶ γυναῖκες, καὶ νέοι καὶ γέροντες, καὶ κόραι καὶ πρεσβύτιδες, καὶ στρατιῶται καὶ ἰδιῶται, καὶ πᾶν γένος καὶ πᾶσα ἡλικία, οἱ μὲν διὰ μαστίγων καὶ πυρός, οἳ δὲ διὰ σιδήρου τὸν

162

brethren from Egypt, so that there was a wider area from which to gather a congregation, yet there, from the nearer position of the city, we should enjoy seeing more constantly those really beloved and most intimate and dear. They would come, they said, and stay the night, and, as in the more remote suburban districts, there would be sectional assemblies. And so it proved."

And, after other remarks with reference to what happened to him, he writes again as follows : " Many, to be sure, are the confessions on which Germanus prides himself, many the happenings to his hurt of which he has to tell—even all the things that he can make a list of as regards us : sentences, confiscations, proscriptions, spoiling of possessions, losses of dignities, despisings of worldly glory, disdainings of commendations and the reverse from prefect and council, endurance of threats, outcries, perils, persecutions, wanderings, anguish and divers tribulations, such as happened to me under Decius and Sabinus, up to the present time under Aemilianus. But where did Germanus appear ? What talk was there about him ? But I must cease from the great folly into which I am falling on account of Germanus ; wherefore also I forbear to give in detail to the brethren who know them an account of the events."

The same Dionysius, in the letter also to Domitius and Didymus, mentions again the happenings of the persecution, as follows : " But it is superfluous to recount by name our people, since they are numerous and unknown to you. Only understand that men and women, both old men and lads, both girls and aged women, both soldiers and civilians, both every race and every age, some enduring scourgings and fire,

ἀγῶνα νικήσαντες, τοὺς στεφάνους ἀπειλήφασιν·
τοῖς δὲ οὐ πάμπολυς αὐτάρκης ἀπέβη χρόνος εἰς 21
τὸ φανῆναι δεκτοὺς τῷ κυρίῳ, ὥσπερ οὖν ἔοικεν
μηδὲ ἐμοὶ μέχρι νῦν, διόπερ εἰς ὃν οἶδεν αὐτὸς
ἐπιτήδειον καιρὸν ὑπερέθετό με ὁ λέγων ‘ καιρῷ
δεκτῷ ἐπήκουσά σου, καὶ ἐν ἡμέρᾳ σωτηρίας
ἐβοήθησά σοι.’ τὰ γὰρ καθ’ ἡμᾶς ἐπειδὴ πυν- 22
θάνεσθε καὶ βούλεσθε δηλωθῆναι ὑμῖν ὅπως δι-
άγομεν, ἠκούσατε μὲν πάντως ὅπως ἡμᾶς δεσμώ-
τας ἀγομένους ὑπὸ ἑκατοντάρχου καὶ στρατηγῶν
καὶ τῶν σὺν αὐτοῖς στρατιωτῶν καὶ ὑπηρετῶν,
ἐμέ τε καὶ Γάϊον καὶ Φαῦστον καὶ Πέτρον καὶ
Παῦλον, ἐπελθόντες τινὲς τῶν Μαρεωτῶν, ἄκοντας
καὶ μηδὲ ἑπομένους, βίᾳ τε καὶ σύροντες, ἀφ-
ήρπασαν· ἐγὼ δὲ νῦν καὶ Γάϊος καὶ Πέτρος μόνοι, 23
τῶν ἄλλων ἀδελφῶν ἀποφανισθέντες, ἐν ἐρήμῳ
καὶ αὐχμηρῷ τῆς Λιβύης τόπῳ κατακεκλείσμεθα,
τριῶν ὁδὸν ἡμερῶν τοῦ Παραιτονίου διεστηκότες.”

Καὶ ὑποκαταβάς φησιν· “ ἐν δὲ τῇ πόλει κατα- 24
δεδύκασιν ἀφανῶς ἐπισκεπτόμενοι τοὺς ἀδελφούς,
πρεσβύτεροι μὲν Μάξιμος Διόσκορος Δημήτριος
Λούκιος· οἱ γὰρ ἐν τῷ κόσμῳ προφανέστεροι
Φαυστῖνος καὶ Ἀκύλας ἐν Αἰγύπτῳ πλανῶνται·
διάκονοι δὲ οἱ μετὰ τοὺς ἐν τῇ νήσῳ τελευτήσαντας
ὑπολειφθέντες Φαῦστος Εὐσέβιος Χαιρήμων·
Εὐσέβιος, ὃν ἐξ ἀρχῆς ὁ θεὸς ἐνεδυνάμωσεν καὶ
παρεσκεύασεν τὰς ὑπηρεσίας τῶν ἐν ταῖς φυλακαῖς
γενομένων ὁμολογητῶν ἐναγωνίως ἀποπληροῦν
καὶ τὰς τῶν σωμάτων περιστολὰς τῶν τελείων
καὶ μακαρίων μαρτύρων οὐκ ἀκινδύνως ἐκτελεῖν·
καὶ γὰρ μέχρι νῦν οὐκ ἀνίησιν ὁ ἡγούμενος τοὺς
μὲν ἀναιρῶν, ὡς προεῖπον, ὠμῶς τῶν προσ- 25

164

Is. 49, 8
2 Cor. 6, 2

others the sword, conquered in the fight and have received their crowns. But in the case of some, a very long time was not sufficient to show them acceptable to the Lord, as indeed it is still seemingly not sufficient in my case; wherefore I have been put off, until that suitable time that He knows, by Him that saith : ' At an acceptable time I hearkened unto thee, and in a day of salvation did I succour thee.' For since ye make inquiries as to our affairs and desire to be told how we pass our time, ye have heard of course how that when we were being led away prisoners by a centurion and duumvirs with their soldiers and servants—I and Gaius and Faustus and Peter and Paul—certain of the nome of Marea came up, dragged us by force and carried us away, against our will and in the face of our refusal to follow them. And now I and Gaius and Peter only, bereft of the other brethren, have been shut up in a lonely, parched spot in Libya, a three-days journey from Paraetonium."

And a little further down he says : " But in the city there have concealed themselves, secretly visiting the brethren, of the presbyters Maximus, Dioscorus, Demetrius, Lucius. For those who are better known in the world, Faustinus and Aquila, are wandering about in Egypt. As to the deacons, they who survived those that died in the island are Faustus, Eusebius, Chaeremon : that Eusebius, whom from the beginning God strengthened and prepared to render with all energy the services to the confessors that were in prison, and at no small risk to perform the task of laying out the corpses of the blessed and perfect martyrs. For even to this day the prefect does not cease from putting to a cruel death, as I have said before, some of those who are brought before

ἀγομένων, τοὺς δὲ βασάνοις καταξαίνων, τοὺς δὲ φυλακαῖς καὶ δεσμοῖς ἐκτήκων προστάσσων τε μηδένα τούτοις προσιέναι καὶ ἀνερευνῶν μή τις φανείη, καὶ ὅμως ὁ θεὸς τῇ προθυμίᾳ καὶ λιπαρίᾳ τῶν ἀδελφῶν διαναπαύει τοὺς πεπιεσμένους."

Καὶ τοσαῦτα μὲν ὁ Διονύσιος. ἰστέον δὲ ὡς ὁ μὲν 26 Εὐσέβιος, ὃν διάκονον προσεῖπεν, σμικρὸν ὕστερον ἐπίσκοπος τῆς κατὰ Συρίαν Λαοδικείας καθίσταται, ὁ δὲ Μάξιμος, ὃν τότε πρεσβύτερον εἴρηκεν, μετ' αὐτὸν Διονύσιον τὴν λειτουργίαν τῶν κατ' Ἀλεξάνδρειαν ἀδελφῶν διαδέχεται, Φαῦστος δέ, ὁ σὺν αὐτῷ τηνικάδε διαπρέψας ἐν τῇ ὁμολογίᾳ, μέχρι τοῦ καθ' ὑμᾶς διωγμοῦ φυλαχθείς, γηραιὸς κομιδῇ καὶ πλήρης ἡμερῶν καθ' ἡμᾶς αὐτοὺς μαρτυρίῳ τὴν κεφαλὴν ἀποτμηθεὶς τελειοῦται.

Ἀλλὰ τὰ μὲν κατ' ἐκεῖνο καιροῦ τῷ Διονυσίῳ συμβάντα τοιαῦτα. XII. κατὰ δὲ τὸν δηλούμενον Οὐαλεριανοῦ διωγμὸν τρεῖς ἐν Καισαρείᾳ τῆς Παλαι- 1 στίνης τῇ κατὰ Χριστὸν διαλάμψαντες ὁμολογίᾳ, θείῳ κατεκοσμήθησαν μαρτυρίῳ, θηρίων γενόμενοι βορά· τούτων ὁ μὲν Πρίσκος ἐκαλεῖτο, ὁ δὲ Μάλχος, τῷ δὲ τρίτῳ Ἀλέξανδρος ὄνομα ἦν. τούτους φασὶν κατ' ἀγρὸν οἰκοῦντας, πρότερον μὲν ἑαυτοὺς ὡς ἀμελεῖς καὶ ῥᾳθύμους κακίσαι, ὅτι δὴ βραβείων, τοῦ καιροῦ τοῖς πόθου γλιχομένοις οὐρανίου διανέμοντος, ὀλιγωροῖεν αὐτοί, μὴ οὐχὶ προαρπάζοντες τὸν τοῦ μαρτυρίου στέφανον· ταύτῃ δὲ βουλευσαμένους, ὁρμῆσαι ἐπὶ τὴν Καισάρειαν ὁμόσε τε χωρῆσαι ἐπὶ τὸν δικαστὴν καὶ τυχεῖν

him, while others he mutilates with tortures, or allows to pine away in imprisonment and chains, giving his orders that no one is to go near them, and investigating whether any has been found so doing ; nevertheless God gives some respite to those who are sorely pressed, through the zeal and steadfastness of the brethren."

Such is the account given by Dionysius. It should be observed, however, that Eusebius, whom he calls a deacon, shortly afterwards was appointed bishop of Laodicea in Syria ; and Maximus, of whom he speaks as a presbyter then, succeeded Dionysius himself in his ministry to the brethren in Alexandria ; but that Faustus, who along with him was distinguished at that time for his confession, was preserved until the persecution in our day, and, when quite an old man and full of days, was perfected by martyrdom in our own time, being beheaded.

XII. So it happened to Dionysius at that time. But during the persecution of Valerian, of which we are speaking, three persons at Caesarea in Palestine, conspicuous for their confession of Christ, were adorned with a divine martyrdom, becoming food for wild beasts. Of these one was called Priscus, the second Malchus, and the name of the third was Alexander. It is said that these men, who were living in the country, at first reproached themselves for their carelessness and sloth, because instead of hastening to secure the crown of martyrdom, they were proving contemptuous of prizes, though the present opportunity was bestowing them upon such as yearned with a heavenly desire. But that when they had taken counsel thereon, they started for Caesarea, appeared before the judge and met the

τοῦ προδεδηλωμένου τέλους. ἔτι πρὸς τούτοις γύναιόν τι κατὰ τὸν αὐτὸν διωγμὸν ἐν τῇ αὐτῇ πόλει τὸν ὅμοιον ἱστοροῦσιν ἀγῶνα διηθληκέναι· τῆς δὲ Μαρκίωνος αὐτὴν αἱρέσεως γενέσθαι κατέχει λόγος.

XIII. Ἀλλ' οὐκ εἰς μακρὸν δουλείαν τὴν παρὰ [1] βαρβάροις ὑπομείναντος Οὐαλεριανοῦ, μοναρχήσας ὁ παῖς σωφρονέστερον τὴν ἀρχὴν διατίθεται, ἀνίησί τε αὐτίκα διὰ προγραμμάτων τὸν καθ' ἡμῶν διωγμόν, ἐπ' ἐλευθερίας τοῖς τοῦ λόγου προεστῶσιν τὰ ἐξ ἔθους ἐπιτελεῖν δι' ἀντιγραφῆς προστάξας, ἥτις τοῦτον ἔχει τὸν τρόπον· " Αὐτοκράτωρ Καῖσαρ Πούπλιος Λικίνιος Γαλλιῆνος Εὐσεβὴς Εὐτυχὴς Σεβαστὸς Διονυσίῳ καὶ Πίννᾳ καὶ Δημητρίῳ καὶ τοῖς λοιποῖς ἐπισκόποις. τὴν εὐεργεσίαν τῆς ἐμῆς δωρεᾶς διὰ παντὸς τοῦ κόσμου ἐκβιβασθῆναι προσέταξα, ὅπως ἀπὸ τῶν τόπων τῶν θρησκευσίμων ἀποχωρήσωσιν, καὶ διὰ τοῦτο καὶ ὑμεῖς τῆς ἀντιγραφῆς τῆς ἐμῆς τῷ τύπῳ χρῆσθαι δύνασθε, ὥστε μηδένα ὑμῖν ἐνοχλεῖν. καὶ τοῦτο, ὅπερ κατὰ τὸ ἐξὸν δύναται ὑφ' ὑμῶν ἀναπληροῦσθαι, ἤδη πρὸ πολλοῦ ὑπ' ἐμοῦ συγκεχώρηται, καὶ διὰ τοῦτο Αὐρήλιος Κυρίνιος, ὁ τοῦ μεγίστου πράγματος προστατεύων, τὸν τύπον τὸν ὑπ' ἐμοῦ δοθέντα διαφυλάξει."

Ταῦτα ἐπὶ τὸ σαφέστερον ἐκ τῆς Ῥωμαίων ἑρμηνευθέντα γλώττης ἐγκείσθω. καὶ ἄλλη δὲ τοῦ αὐτοῦ διάταξις φέρεται, ἣν πρὸς ἑτέρους

---

[1] The Persian King, Sapor I., invading the eastern provinces of the Empire, took Antioch, and made the emperor Valerian a prisoner.

above-mentioned end. Moreover they relate that, besides these, a certain woman during the same persecution and in the same city endured to the end a like conflict. But it is recorded that she belonged to the sect of Marcion.

XIII. But not long afterwards Valerian underwent slavery at the hands of the barbarians,[1] and his son, succeeding to the sole power,[2] conducted the government with more prudence, and immediately by means of edicts put an end to the persecution against us. He granted free power to those who presided over the word to perform their accustomed duties, by a rescript which runs as follows : " The Emperor Caesar Publius Licinius Gallienus Pius Felix Augustus to Dionysius and Pinnas and Demetrius and the other bishops. I have given my order that the benefit of my bounty should be published throughout all the world, to the intent that they should depart from the places of worship,[3] and therefore ye also may use the ordinance contained in my rescript, so that none may molest you. And this thing which it is within your power to accomplish has long since been conceded by me ; and therefore Aurelius Quirinius, who is in charge of the Exchequer, will observe the ordinance given by me."

Let this, which for the sake of greater clearness was translated from the Latin, be inserted. And there is also extant another of the same emperor's ordinances, which he addressed to other bishops,

---

[2] Gallienus, who had been associated in rule with his father Valerian since A.D. 253, became sole Augustus in 260 or 261.

[3] *i.e.* that the *heathen* should depart from them, and give them up to the Christians.

ἐπισκόπους πεποίηται, τὰ τῶν καλουμένων κοιμη-
τηρίων ἀπολαμβάνειν ἐπιτρέπων χωρία.

XIV. Ἐν τούτῳ δὲ τῆς μὲν Ῥωμαίων ἐκκλησίας 1
εἰς ἔτι τότε καθηγεῖτο Ξύστος, τῆς δ᾽ ἐπ᾽ Ἀντιο-
χείας μετὰ Φάβιον Δημητριανός, Φιρμιλιανὸς δὲ
Καισαρείας τῆς Καππαδοκῶν, καὶ ἐπὶ τούτοις τῶν
κατὰ Πόντον ἐκκλησιῶν Γρηγόριος καὶ ὁ τούτου
ἀδελφὸς Ἀθηνόδωρος, Ὠριγένους γνώριμοι· τῆς
δ᾽ ἐπὶ Παλαιστίνης Καισαρείας, Θεοκτίστου μετ-
αλλάξαντος, διαδέχεται τὴν ἐπισκοπὴν Δόμνος,
βραχεῖ δὲ χρόνῳ τούτου διαγενομένου, Θεότεκνος,
ὁ καθ᾽ ἡμᾶς, διάδοχος καθίσταται· τῆς δ᾽ Ὠρι-
γένους διατριβῆς καὶ οὗτος ἦν. ἀλλὰ καὶ ἐν
Ἱεροσολύμοις ἀναπαυσαμένου Μαζαβάνου, τὸν
θρόνον Ὑμέναιος, ὁ καὶ αὐτὸς ἐπὶ πλείστοις τοῖς
καθ᾽ ἡμᾶς διαπρέψας ἔτεσιν, διεδέξατο.

XV. Κατὰ τούτους εἰρήνης ἁπανταχοῦ τῶν 1
ἐκκλησιῶν οὔσης, ἐν Καισαρείᾳ τῆς Παλαιστίνης
Μαρῖνος τῶν ἐν στρατείαις ἀξιώμασι τετιμημένων
γένει τε καὶ πλούτῳ περιφανὴς ἀνήρ, διὰ τὴν
Χριστοῦ μαρτυρίαν τὴν κεφαλὴν ἀποτέμνεται,
τοιᾶσδε ἕνεκεν αἰτίας. τιμή τίς ἐστι παρὰ Ῥω- 2
μαίοις τὸ κλῆμα, οὗ τοὺς τυχόντας φασὶν ἑκατοντ-
άρχους γίνεσθαι. τόπου σχολάζοντος, ἐπὶ τοῦτο
προκοπῆς τὸν Μαρῖνον ἡ τοῦ βαθμοῦ τάξις ἐκάλει,
ἤδη τε μέλλοντα τῆς τιμῆς ἔχεσθαι παρελθὼν
ἄλλος πρὸ τοῦ βήματος, μὴ ἐξεῖναι μὲν ἐκείνῳ
τῆς Ῥωμαίων μετέχειν ἀξίας κατὰ τοὺς παλαιοὺς
νόμους, Χριστιανῷ γε ὄντι καὶ τοῖς βασιλεῦσι μὴ
θύοντι, κατηγόρει, αὐτῷ δ᾽ ἐπιβάλλειν τὸν κλῆρον·
ἐφ᾽ ᾧ κινηθέντα τὸν δικαστὴν (Ἀχαιὸς οὗτος ἦν) 3

giving them permission to recover the sites of the cemeteries, as they are called.

XIV. At that time Xystus was still ruling the church of the Romans, Demetrian, who came after Fabius, the church at Antioch, and Firmilian at Caesarea in Cappadocia ; and moreover Gregory and his brother Athenodore were ruling the churches of Pontus, pupils of Origen. As to Caesarea in Palestine, on the death of Theoctistus, Domnus succeeded to the episcopate, but after he had continued in office a short time Theotecnus, our contemporary, was appointed to succeed him. He also was of the school of Origen. But at Jerusalem, when Mazabanes had entered into his rest, Hymenaeus succeeded to the throne, the same who was distinguished for very many years in our day.

XV. In the time of those persons, when the churches everywhere were at peace, a man at Caesarea in Palestine called Marinus, honoured by high rank in the army and distinguished besides by birth and wealth, was beheaded for his testimony to Christ, on the following account. There is a certain mark of honour among the Romans, the vine-switch, and those that obtain it become, it is said, centurions. A post was vacant, and according to the order of promotion Marinus was being called to this advancement. Indeed he was on the point of receiving the honour, when another stepped forward before the tribunal, and stated that in accordance with the ancient laws Marinus could not share in the rank that belonged to Romans, since he was a Christian and did not sacrifice to the emperors ; but that the office fell to himself. And [it is said] that the judge (his name was Achaeus) was moved thereat, and first

171

πρῶτον μὲν ἐρέσθαι ποίας ὁ Μαρῖνος εἴη γνώμης, ὡς δ' ὁμολογοῦντα Χριστιανὸν ἐπιμόνως ἑώρα, τριῶν ὡρῶν ἐπιδοῦναι αὐτῷ εἰς ἐπίσκεψιν διάστημα.

Ἐκτὸς δῆτα γενόμενον αὐτὸν τοῦ δικαστηρίου 4 Θεότεκνος ὁ τῇδε ἐπίσκοπος ἀφέλκει, προσελθὼν δι' ὁμιλίας, καὶ τῆς χειρὸς λαβὼν ἐπὶ τὴν ἐκκλησίαν προάγει, εἴσω τε πρὸς αὐτῷ στήσας τῷ ἁγιάσματι, μικρόν τι παραναστείλας αὐτοῦ τῆς χλαμύδος καὶ τὸ προσηρτημένον αὐτῷ ξίφος ἐπιδείξας ἅμα τε ἀντιπαρατίθησιν προσαγαγὼν αὐτῷ τὴν τῶν θείων εὐαγγελίων γραφήν, κελεύσας τῶν δυεῖν ἑλέσθαι τὸ κατὰ γνώμην.

Ὡς δ' ἀμελλητὶ τὴν δεξιὰν προτείνας ἐδέξατο τὴν θείαν γραφήν, " ἔχου τοίνυν, ἔχου," φησὶν πρὸς αὐτὸν ὁ Θεότεκνος, " τοῦ θεοῦ, καὶ τύχοις ὧν εἵλου, πρὸς αὐτοῦ δυναμούμενος, καὶ βάδιζε μετ' εἰρήνης." εὐθὺς ἐκεῖθεν ἐπανελθόντα αὐτὸν 5 κῆρυξ ἐβόα καλῶν πρὸ τοῦ δικαστηρίου· καὶ γὰρ ἤδη τὰ τῆς προθεσμίας τοῦ χρόνου πεπλήρωτο· καὶ δὴ παραστὰς τῷ δικαστῇ καὶ μείζονα τῆς πίστεως τὴν προθυμίαν ἐπιδείξας, εὐθὺς ὡς εἶχεν, ἀπαχθεὶς τὴν ἐπὶ θανάτῳ, τελειοῦται.

XVI. Ἔνθα καὶ Ἀστύριος ἐπὶ τῇ θεοφιλεῖ 1 παρρησίᾳ μνημονεύεται, ἀνὴρ τῶν ἐπὶ Ῥώμης συγκλητικῶν γενόμενος βασιλεῦσίν τε προσφιλὴς καὶ πᾶσι γνώριμος εὐγενείας τε ἕνεκα καὶ περιουσίας· ὃς παρὼν τελειουμένῳ τῷ μάρτυρι, τὸν ὦμον ὑποθείς, ἐπὶ λαμπρᾶς καὶ πολυτελοῦς ἐσθῆτος ἄρας τὸ σκῆνος ἐπιφέρεται, περιστείλας τε εὖ μάλα πλουσίως, τῇ προσηκούσῃ ταφῇ παραδίδωσιν.

---

[1] Or " sanctuary " : τῷ ἁγιάσματι.

of all asked what views Marinus held ; and then, when he saw that he was stedfast in confessing himself a Christian, gave him a space of three hours for consideration.

When he came outside the court Theotecnus, the bishop there, approached and drew him aside in conversation, and taking him by the hand led him forward to the church. Once inside, he placed him close to the altar [1] itself, and raising his cloak a little, pointed to the sword with which he was girded ; at the same time he brought and placed before him the book of the divine Gospels, and bade him choose which of the two he wished.

Without hesitation he stretched forth his right hand and took the divine book. " Hold fast then," said Theotecnus to him, " hold fast to God ; and, strengthened by Him, mayest thou obtain that thou hast chosen. Go in peace." As he was returning thence immediately a herald cried aloud, summoning him before the court of justice. For the appointed time was now over. Standing before the judge he displayed still greater zeal for the faith ; and straightway, even as he was, was led away to death, and so was perfected.

XVI. In that place Astyrius also is commemorated for the boldness which is dear to God. He was a member of the Roman Senate, a favourite of emperors, and well known to all both for birth and wealth. He was present with the martyr when he was being perfected, and raising the corpse [2] upon his shoulder he placed it upon a splendid and costly robe, and laying it out with great magnificence gave it a fitting burial.

[2] Lit. " tabernacle " ($\sigma\kappa\tilde{\eta}\nu o s$).

Τούτου μυρία μὲν καὶ ἄλλα μνημονεύουσιν οἱ τἀνδρὸς καὶ εἰς ἡμᾶς διαμείναντες γνώριμοι, ἀτὰρ καὶ παραδόξου τοιούτου. XVII. ἐπὶ τῆς Φιλίππου 1 Καισαρείας, ἣν Πανεάδα Φοίνικες προσαγορεύουσιν, φασὶ παρὰ ταῖς αὐτόθι δεικνυμέναις ἐν ταῖς ὑπωρείαις τοῦ καλουμένου Πανείου ὄρους πηγαῖς, ἐξ ὧν καὶ τὸν Ἰορδάνην προχεῖσθαι, κατά τινα ἑορτῆς ἡμέραν σφάγιόν τι καταβάλλεσθαι καὶ τοῦτο τῇ τοῦ δαίμονος δυνάμει ἀφανὲς γίνεσθαι παραδόξως θαῦμά τε εἶναι περιβόητον τοῖς παροῦσι τὸ γινόμενον. παρόντα δ' οὖν ποτε τοῖς πραττομένοις τὸν Ἀστύριον καὶ τὸ πρᾶγμα καταπεπληγμένους ἰδόντα τοὺς πολλούς, οἰκτεῖραι τῆς πλάνης, κἄπειτα ἀνανεύσαντα εἰς οὐρανόν, ἱκε-

Rom. 9, 5
τεῦσαι διὰ Χριστοῦ τὸν ἐπὶ πάντων θεὸν τὸ λαοπλάνον δαιμόνιον ἐλέγξαι καὶ παῦσαι τῆς τῶν ἀνθρώπων ἀπάτης. ταῦτα δέ φασιν εὐξαμένου, ἀθρόως τὸ ἱερεῖον ἐπιπολάσαι ταῖς πηγαῖς οὕτω τε αὐτοῖς τὸ παράδοξον οἴχεσθαι, μηδενὸς μηκέτι θαύματος περὶ τὸν τόπον γινομένου.

XVIII. Ἀλλ' ἐπειδὴ τῆσδε τῆς πόλεως εἰς 1 μνήμην ἐλήλυθα, οὐκ ἄξιον ἡγοῦμαι παρελθεῖν διήγησιν καὶ τοῖς μεθ' ἡμᾶς μνημονεύεσθαι ἀξίαν.

Matt. 9, 20
τὴν γὰρ αἱμορροοῦσαν, ἣν ἐκ τῶν ἱερῶν εὐαγγελίων πρὸς τοῦ σωτῆρος ἡμῶν τοῦ πάθους ἀπαλλαγὴν εὕρασθαι μεμαθήκαμεν, ἐνθένδε ἔλεγον ὁρμᾶσθαι τόν τε οἶκον αὐτῆς ἐπὶ τῆς πόλεως δείκνυσθαι καὶ τῆς ὑπὸ τοῦ σωτῆρος εἰς αὐτὴν εὐεργεσίας θαυμαστὰ τρόπαια παραμένειν. ἑστάναι γὰρ ἐφ' 2 ὑψηλοῦ λίθου πρὸς μὲν ταῖς πύλαις τοῦ αὐτῆς οἴκου γυναικὸς ἐκτύπωμα χάλκεον, ἐπὶ γόνυ κεκλιμένον καὶ τεταμέναις ἐπὶ τὸ πρόσθεν ταῖς

A great many other facts are mentioned about this man by his friends, who have survived to our day, and also the following wonderful event. XVII. At Caesarea Philippi, which Phoenicians call Paneas, it is said that on a certain festival a victim is thrown down among the springs that are shown there, on the slopes of the mountain called Paneion, from which the Jordan takes its source ; and that it becomes invisible in some miraculous way through the demon's power, a circumstance, they say, that is looked upon by those present as a far-famed marvel. Now [the story goes] that once Astyrius was there when this was being done, and when he saw the multitude struck with amazement at the affair, in pity for their error he looked up toward heaven and besought God who is over all, through Christ, to confound the demon who was causing the people to err, and put an end to the deception of these men. And it is said that, when he had thus prayed, of a sudden the sacrifice floated on the surface of the springs ; and thus their miracle came to an end, and no further marvel ever took place in connexion with that spot.

XVIII. But since I have come to mention this city, I do not think it right to omit a story that is worthy to be recorded also for those that come after us. For they say that she who had an issue of blood, and who, as we learn from the sacred Gospels, found at the hands of our Saviour relief from her affliction, came from this place, and that her house was pointed out in the city, and that marvellous memorials of the good deed, which the Saviour wrought upon her, still remained. For [they said] that there stood on a lofty stone at the gates of her house a brazen figure in relief of a woman, bending on her knee and stretching

χερσὶν ἱκετευούσῃ ἐοικός, τούτου δὲ ἄντικρυς
ἄλλο τῆς αὐτῆς ὕλης, ἀνδρὸς ὄρθιον σχῆμα, δι-
πλοΐδα κοσμίως περιβεβλημένον καὶ τὴν χεῖρα
τῇ γυναικὶ προτεῖνον, οὗ παρὰ τοῖς ποσὶν ἐπὶ τῆς
στήλης αὐτῆς ξένον τι βοτάνης εἶδος φύειν, ὃ
μέχρι τοῦ κρασπέδου τῆς τοῦ χαλκοῦ διπλοΐδος
ἀνιόν, ἀλεξιφάρμακόν τι παντοίων νοσημάτων
τυγχάνειν. τοῦτον τὸν ἀνδριάντα εἰκόνα τοῦ 3
Ἰησοῦ φέρειν ἔλεγον, ἔμενεν δὲ καὶ εἰς ἡμᾶς,
ὡς καὶ ὄψει παραλαβεῖν ἐπιδημήσαντας αὐτοὺς τῇ
πόλει. καὶ θαυμαστὸν οὐδὲν τοὺς πάλαι ἐξ ἐθνῶν 4
εὐεργετηθέντας πρὸς τοῦ σωτῆρος ἡμῶν ταῦτα
πεποιηκέναι, ὅτε καὶ τῶν ἀποστόλων αὐτοῦ τὰς
εἰκόνας Παύλου καὶ Πέτρου καὶ αὐτοῦ δὴ τοῦ
Χριστοῦ διὰ χρωμάτων ἐν γραφαῖς σῳζομένας
ἱστορήσαμεν, ὡς εἰκός, τῶν παλαιῶν ἀπαρα-
φυλάκτως οἷα σωτῆρας ἐθνικῇ συνηθείᾳ παρ᾽ ἑαυ-
τοῖς τοῦτον τιμᾶν εἰωθότων τὸν τρόπον.

XIX. Τὸν γὰρ Ἰακώβου θρόνον, τοῦ πρώτου 1
τῆς Ἱεροσολύμων ἐκκλησίας τὴν ἐπισκοπὴν πρὸς
τοῦ σωτῆρος καὶ τῶν ἀποστόλων ὑποδεξαμένου,

Gal. 1, 19

ὃν καὶ ἀδελφὸν τοῦ Χριστοῦ χρηματίσαι οἱ θεῖοι
λόγοι περιέχουσιν, εἰς δεῦρο πεφυλαγμένον οἱ
τῇδε κατὰ διαδοχὴν περιέποντες ἀδελφοὶ σαφῶς
τοῖς πᾶσιν ἐπιδεικνύνται οἷον περὶ τοὺς ἁγίους
ἄνδρας τοῦ θεοφιλοῦς ἕνεκεν οἵ τε πάλαι καὶ οἱ
εἰς ἡμᾶς ἔσῳζόν τε καὶ ἀποσῴζουσι σέβας. καὶ
ταῦτα μὲν ταύτῃ.

XX. Ὅ γε μὴν Διονύσιος πρὸς ταῖς δηλωθείσαις 1
ἐπιστολαῖς αὐτοῦ ἔτι καὶ τὰς φερομένας ἑορτα-
στικὰς τὸ τηνικαῦτα συντάττει, πανηγυρικωτέρους

176

forth her hands like a suppliant, while opposite to this there was another of the same material, an upright figure of a man, clothed in comely fashion in a double cloak and stretching out his hand to the woman ; at his feet on the monument itself a strange species of herb was growing, which climbed up to the border of the double cloak of brass, and acted as an antidote to all kinds of diseases. This statue, they said, bore the likeness of Jesus. And it was in existence even to our day, so that we saw it with our own eyes when we stayed in the city. And there is nothing wonderful in the fact that those heathen, who long ago had good deeds done to them by our Saviour, should have made these objects, since we saw the likenesses of His apostles also, of Paul and Peter, and indeed of Christ Himself, preserved in pictures painted in colours. And this is what we should expect, for the ancients were wont, according to their pagan habit, to honour them as saviours, without reservation, in this fashion.

XIX. Now the throne of James, who was the first to receive from the Saviour and the apostles the episcopate of the church at Jerusalem, who also, as the divine books show, was called a brother of Christ, has been preserved to this day ; and by the honour that the brethren in succession there pay to it, they show clearly to all the reverence in which the holy men were and still are held by the men of old time and those of our day, because of the love shown them by God. So much for these matters.

XX. But to resume. Dionysius, in addition to the letters of his that were mentioned, composed at that time also the festal letters which are still extant, in which he gives utterance to words specially suited to

ἐν αὐταῖς περὶ τῆς τοῦ πάσχα ἑορτῆς ἀνακινῶν
λόγους. τούτων τὴν μὲν Φλαυΐῳ προσφωνεῖ,
τὴν δὲ Δομετίῳ καὶ Διδύμῳ, ἐν ᾗ καὶ κανόνα
ἐκτίθεται ὀκταετηρίδος, ὅτι μὴ ἄλλοτε ἢ μετὰ
τὴν ἐαρινὴν ἰσημερίαν προσήκοι τὴν τοῦ πάσχα
ἑορτὴν ἐπιτελεῖν, παριστάμενος· πρὸς ταύταις καὶ
ἄλλην τοῖς κατ' Ἀλεξάνδρειαν συμπρεσβυτέροις
ἐπιστολὴν διαχαράττει ἑτέροις τε ὁμοῦ διαφόρως,
καὶ ταύτας ἔτι τοῦ διωγμοῦ συνεστῶτος.

XXI. Ἐπιλαβούσης δὲ ὅσον οὔπω τῆς εἰρήνης, 1
ἐπάνεισι μὲν εἰς τὴν Ἀλεξάνδρειαν, πάλιν δ'
ἐνταῦθα στάσεως καὶ πολέμου συστάντος, ὡς
οὐχ οἷόν τε ἦν αὐτῷ τοὺς κατὰ τὴν πόλιν ἅπαντας
ἀδελφούς, εἰς ἑκάτερον τῆς στάσεως μέρος διῃρη-
μένους, ἐπισκοπεῖν, αὖθις ἐν τῇ τοῦ πάσχα ἑορτῇ,
ὥσπερ τις ὑπερόριος, ἐξ αὐτῆς τῆς Ἀλεξανδρείας
διὰ γραμμάτων αὐτοῖς ὡμίλει. καὶ Ἱέρακι δὲ 2
μετὰ ταῦτα τῶν κατ' Αἴγυπτον ἐπισκόπῳ ἑτέραν
ἑορταστικὴν ἐπιστολὴν γράφων, τῆς κατ' αὐτὸν
τῶν Ἀλεξανδρέων στάσεως μνημονεύει διὰ τούτων·

" Ἐμοὶ δέ, τί θαυμαστὸν εἰ πρὸς τοὺς πορρω-
τέρω παροικοῦντας χαλεπὸν τὸ κἂν δι' ἐπιστολῶν
ὁμιλεῖν, ὅτε καὶ τὸ πρὸς ἐμαυτὸν αὐτῷ μοι δια-
λέγεσθαι καὶ τῇ ἰδίᾳ ψυχῇ συμβουλεύεσθαι καθ-
Philem. 12   έστηκεν ἄπορον; πρὸς γοῦν τὰ ἐμαυτοῦ σπλάγχνα, 3
τοὺς ὁμοσκήνους καὶ συμψύχους ἀδελφοὺς καὶ τῆς
αὐτῆς πολίτας ἐκκλησίας, ἐπιστολιμαίων δέομαι
γραμμάτων, καὶ ταῦθ' ὅπως διαπεμψαίμην, ἀμή-
χανον φαίνεται. ῥᾷον γὰρ ἄν τις οὐχ ὅπως εἰς
τὴν ὑπερορίαν, ἀλλὰ καὶ ἀπ' ἀνατολῶν ἐπὶ δυσμὰς
178

a solemn occasion with reference to the festival of the Pascha. Of these he addressed one to Flavius, another to Domitius and Didymus in which also he sets forth a canon based on a cycle of eight years, proving that it is not proper to celebrate the festival of the Pascha at any other time than after the vernal equinox. In addition to these he penned also another letter to his fellow-presbyters at Alexandria, and to others at the same time in different places. And these [he wrote] while the persecution was still proceeding.

XXI. Peace had all but arrived, when he returned to Alexandria. But when faction and war broke out there once more, since it was not possible for him to discharge his oversight over all the brethren in the city, separated as they were into one or other part of the faction, he again at the festival of the Pascha communicated with them by letter, as if he were someone in a foreign country, from Alexandria itself. And to Hierax, after this, a bishop of those in Egypt he writes another festal letter, mentioning in the following terms the faction prevailing among the Alexandrians in his day :

" But as for me, what wonder is it if I find it difficult to communicate even by letter with those who live at some distance, seeing that it has become impossible even for myself to converse with myself, or to take counsel with my own soul ? Certainly, I have need to write by letter to my very heart, that is, the brethren that are of the same household and mind with me, and citizens of the same church ; and there seems no possible way of getting this correspondence through. For it were easier for a man to pass, I do not say to a foreign country, but even from East to

περαιωθείη, ἢ τὴν Ἀλεξάνδρειαν ἀπ᾽ αὐτῆς τῆς Ἀλεξανδρείας ἐπέλθοι. τῆς γὰρ ἐρήμου τῆς 4 πολλῆς καὶ ἀτριβοῦς ἐκείνης ἣν ἐν δυσὶν γενεαῖς διώδευσεν ὁ Ἰσραήλ, ἄπειρος μᾶλλον καὶ ἄβατός ἐστιν ἡ μεσαιτάτη τῆς πόλεως ὁδός· καὶ τῆς θαλάσσης ἣν ἐκεῖνοι ῥαγεῖσαν καὶ διατειχισθεῖσαν ἔσχον ἱππήλατον καὶ ἐν τῇ λεωφόρῳ κατεποντίσθησαν Αἰγύπτιοι, οἱ γαληνοὶ καὶ ἀκύμαντοι λιμένες γεγόνασιν εἰκών, πολλάκις φανέντες ἀπὸ τῶν ἐν αὐτοῖς φόνων οἷον ἐρυθρὰ θάλασσα· ὁ δ᾽ 5 ἐπιρρέων ποταμὸς τὴν πόλιν ποτὲ μὲν ἐρήμου τῆς ἀνύδρου ξηρότερος ὤφθη καὶ μᾶλλον αὐχμώδης

Deut. 8, 15;
Ps. 78, 20

ἐκείνης ἦν διαπορευόμενος ὁ Ἰσραὴλ οὕτως ἐδίψησεν, ὡς Μωσῆ μὲν καταβοᾶν, ῥυῆναι δ᾽

Ps. 136, 4;
Wisdom 11,
4

αὐτοῖς παρὰ τοῦ θαυμάσια ποιοῦντος μόνου ἐκ πέτρας ἀκροτόμου ποτόν· ποτὲ δὲ τοσοῦτος 6 ἐπλήμμυρεν ὡς πᾶσαν τὴν περίχωρον τάς τε ὁδοὺς καὶ τοὺς ἀγροὺς ἐπικλύσαντα, τῆς ἐπὶ Νῶε γενομένης τοῦ ὕδατος φορᾶς ἐπαγαγεῖν ἀπειλήν· ἀεὶ δὲ αἵματι καὶ φόνοις καὶ καταποντισμοῖς κάτεισιν μεμιασμένος, οἷος ὑπὸ Μωσῆ γέγονεν τῷ Φαραώ,

Ex. 7, 20, 21

μεταβαλὼν εἰς αἷμα καὶ ἐποζέσας. καὶ ποῖον 7 γένοιτ᾽ ἂν τοῦ πάντα καθαίροντος ὕδατος ὕδωρ ἄλλο καθάρσιον; πῶς ἂν ὁ πολὺς καὶ ἀπέραντος ἀνθρώποις ὠκεανὸς ἐπιχυθεὶς τὴν πικρὰν ταύτην ἀποσμῆξαι θάλασσαν; ἢ πῶς ἂν ὁ μέγας ποταμός, ὁ ἐκπορευόμενος ἐξ Ἐδέμ, τὰς τέσσαρας ἀρχὰς εἰς ἃς ἀφορίζεται, μετοχετεύσας εἰς μίαν τοῦ

Gen. 2, 10,
13

Γηών, ἀποπλῦναι τὸν λύθρον; ἢ πότε ὁ τεθολω- 8 μένος ὑπὸ τῶν πονηρῶν πανταχόθεν ἀναθυμιάσεων ἀὴρ εἰλικρινὴς γένοιτο; τοιοῦτοι γὰρ ἀπὸ τῆς γῆς ἀτμοὶ καὶ ἀπὸ θαλάσσης ἄνεμοι ποταμῶν τε

West, than to traverse Alexandria from Alexandria itself. For the street that runs through the very centre of the city is harder to traverse and more impassable than that great and trackless desert through which Israel journeyed for two generations. And our calm and waveless harbours have become an image of the sea, which, split up and made into a wall on either side, they had for a carriage road, and in the highway[1] the Egyptians were drowned; and from the murders that take place in them they oftentimes appeared like a Red Sea. And the river that flows on past the city at one time appeared drier than the waterless desert, and more arid than that in whose crossing Israel so thirsted that Moses cried out, and there flowed to them, from Him who alone doeth wonders, drink out of the rock of flint. At another time it overflowed to such an extent that it submerged the whole neighbourhood, both the roads and the fields, threatening to bring upon us the rush of waters that took place in the days of Noah. And always its course is defiled with blood and murders and drownings, such as it became for Pharaoh by the hand of Moses, when it was turned to blood and stank. And what other water could there be to cleanse the water that cleanses all things? How could the great ocean that men cannot pass, if it were poured upon it, purge this horrid sea? Or how could the great river that goeth out of Eden, if it were to divert the four heads, into which it is parted, into one, the Gihon, wash away the gore? Or when might the air, made foul by the vile exhalations on all sides, become pure? For such are the vapours that are given off from the land, winds from the sea, breezes

---

[1] Omitting ὤν before ἐν τῇ λεωφόρῳ, as Schwartz suggests.

αὖραι καὶ λιμένων ἀνιμήσεις ἀποπνέουσιν, ὡς
σηπομένων ἐν πᾶσι τοῖς ὑποκειμένοις στοιχείοις 9
νεκρῶν ἰχῶρας εἶναι τὰς δρόσους. εἶτα θαυ-
μάζουσιν καὶ διαποροῦσιν, πόθεν οἱ συνεχεῖς
λοιμοί, πόθεν αἱ χαλεπαὶ νόσοι, πόθεν αἱ παντο-
δαπαὶ φθοραί, πόθεν ὁ ποικίλος καὶ πολὺς τῶν
ἀνθρώπων ὄλεθρος, διὰ τί μηκέτι τοσοῦτο πλῆθος
οἰκητόρων ἡ μεγίστη πόλις ἐν αὑτῇ φέρει, ἀπὸ
νηπίων ἀρξαμένη παίδων μέχρι τῶν εἰς ἄκρον
γεγηρακότων, ὅσους ὠμογέροντας οὓς ἐκάλει, πρό-
τερον ὄντας ἔτρεφεν· ἀλλ᾽ οἱ τεσσαρακοντοῦται καὶ
μέχρι τῶν ἑβδομήκοντα ἐτῶν τοσοῦτον πλέονες τότε,
ὥστε μὴ συμπληροῦσθαι νῦν τὸν ἀριθμὸν αὐτῶν,
προσεγγραφέντων καὶ συγκαταλεγέντων εἰς τὸ δη-
μόσιον σιτηρέσιον τῶν ἀπὸ τεσσαρεσκαίδεκα ἐτῶν
μέχρι τῶν ὀγδοήκοντα, καὶ γεγόνασιν οἷον ἡλικιῶται
τῶν πάλαι γεραιτάτων οἱ ὄψει νεώτατοι. καὶ οὕτω 10
μειούμενον ἀεὶ καὶ δαπανώμενον ὁρῶντες τὸ ἐπὶ
γῆς ἀνθρώπων γένος, οὐ τρέμουσιν, αὐξομένου καὶ
προκόπτοντος τοῦ παντελοῦς αὐτῶν ἀφανισμοῦ.''

XXII. Μετὰ ταῦτα λοιμικῆς τὸν πόλεμον 1
διαλαβούσης νόσου τῆς τε ἑορτῆς πλησιαζούσης,
αὖθις διὰ γραφῆς τοῖς ἀδελφοῖς ὁμιλεῖ, τὰ τῆς
συμφορᾶς ἐπισημαινόμενος πάθη διὰ τούτων·

''Τοῖς μὲν ἄλλοις ἀνθρώποις οὐκ ἂν δόξειεν 2
καιρὸς ἑορτῆς εἶναι τὰ παρόντα, οὐδὲ ἔστιν αὐτοῖς
οὔτε οὗτος οὔτε τις ἕτερος, οὐχ ὅπως τῶν ἐπιλύπων,
ἀλλ᾽ οὐδ᾽ εἴ τις περιχαρής, ὃν οἰηθεῖεν μάλιστα.
νῦν μέν γε θρῆνοι πάντα, καὶ πενθοῦσιν πάντες,

---

[1] The pestilence which began in A.D. 250 afflicted the
Empire at intervals for twenty years. Alexandria was
probably the first city it visited.

from the rivers and mists from the harbours, that the dews are discharges from corpses rotting in all their constituent elements. Yet men marvel and are at a loss as to whence come the constant plagues,[1] whence the grievous diseases, whence the various forms of death, whence the manifold and great human mortality, why this greatest of cities no longer contains within it so great a multitude of inhabitants, from infant children up to those extremely advanced in years, as it used formerly to support of those known as men of green old age ! Nay, those of forty years old and up to seventy were then so numerous, that the full total of their number is not to be reached now, when those from fourteen to eighty years have been registered and reckoned together for the public food-ration[2]; and the youngest in appearance have become of equal age, so to speak, with those who long ago were the oldest.[3] And though the human race upon earth is thus ever diminishing and consuming away before their eyes, they do not tremble, as its total disappearance draws nearer and nearer."

XXII. After this, when the war was followed by a pestilential disease, and the feast was at hand, he communicated once more by letter with the brethren, indicating the sufferings of the calamity, as follows :

" To other men the present would not seem to be a time for festival, nor for them is this or any other time of such a nature ; I speak not of times of mourning, but even of any time that might be thought especially joyful. Now indeed all is lamentation, and all men mourn, and wailings resound

---

[2] We have no other evidence, apart from this passage, of this "dole" or public distribution of a food ration.

[3] *i.e.* the young, by sharing in the dole, were now classed along with the old.

καὶ περιηχοῦσιν οἰμωγαὶ τὴν πόλιν διὰ τὸ πλῆθος
τῶν τεθνηκότων καὶ τῶν ἀποθνησκόντων ὁσημέραι·
ὡς γὰρ ἐπὶ τῶν πρωτοτόκων τῶν Αἰγυπτίων γέ- 3
γραπται, οὕτως καὶ νῦν ἐγενήθη κραυγὴ μεγάλη·
οὐ γὰρ ἔστιν οἰκία, ἐν ᾗ οὐκ ἔστιν ἐν αὐτῇ τεθνη-
κώς, καὶ ὄφελόν γε εἷς.

Ex. 12, 80

" Πολλὰ μὲν γὰρ καὶ δεινὰ καὶ τὰ πρὸ τούτου
συμβεβηκότα· πρῶτον μὲν ἡμᾶς ἤλασαν, καὶ μόνοι 4
πρὸς ἁπάντων διωκόμενοι καὶ θανατούμενοι ἑωρ-
τάσαμεν καὶ τότε, καὶ πᾶς ὁ τῆς καθ' ἕκαστον
θλίψεως τόπος πανηγυρικὸν ἡμῖν γέγονε χωρίον,
ἀγρὸς ἐρημία ναῦς πανδοχεῖον δεσμωτήριον, φαι-
δροτάτην δὲ πασῶν ἤγαγον ἑορτὴν οἱ τέλειοι
μάρτυρες, εὐωχηθέντες ἐν οὐρανῷ· μετὰ δὲ ταῦτα 5
πόλεμος καὶ λιμὸς ἐπέλαβεν, ἃ τοῖς ἔθνεσι συν-
διηνέγκαμεν, μόνοι μὲν ὑποστάντες ὅσα ἡμῖν
ἐλυμήναντο, παραπολαύσαντες δὲ καὶ ὧν ἀλλήλους
εἰργάσαντό τε καὶ πεπόνθασιν, καὶ τῇ Χριστοῦ
πάλιν ἐνηυφράνθημεν εἰρήνῃ, ἣν μόνοις ἡμῖν
δέδωκεν· βραχυτάτης δὲ ἡμῶν τε καὶ αὐτῶν 6
τυχόντων ἀναπνοῆς, ἐπικατέσκηψεν ἡ νόσος αὕτη,
πρᾶγμα φόβου τε παντὸς φοβερώτερον ἐκείνοις καὶ
συμφορᾶς ἧστινος οὖν σχετλιώτερον καὶ ὡς ἴδιός
Thuc. ii. 64. 1 τις αὐτῶν ἀπήγγειλεν συγγραφεύς, ' πρᾶγμα μόνον
δὴ τῶν πάντων ἐλπίδος κρεῖσσον γενόμενον,' ἡμῖν
δὲ οὐ τοιοῦτο μέν, γυμνάσιον δὲ καὶ δοκίμιον
οὐδενὸς τῶν ἄλλων ἔλαττον. ἀπέσχετο μὲν γὰρ
οὐδὲ ἡμῶν, πολλὴ δὲ ἐξῆλθεν εἰς τὰ ἔθνη."

Τούτοις ἑξῆς ἐπιφέρει λέγων· " οἱ γοῦν πλεῖστοι 7
τῶν ἀδελφῶν ἡμῶν δι' ὑπερβάλλουσαν ἀγάπην
καὶ φιλαδελφίαν ἀφειδοῦντες ἑαυτῶν καὶ ἀλλήλων

throughout the city because of the number of dead and of those that are dying day by day. For as it is written of the firstborn of the Egyptians, so also it is now : ' There was a great cry ; for there is not a house where there is not one dead ' : and would indeed that it were but one !

" For of a truth many and terrible were the things also that happened to us before this. At first they drove us out, and alone we kept our festival at that time also, persecuted and put to death by all, and every single spot where we were afflicted became for us a place of festive assembly, field, desert, ship, inn, prison ; but the brightest of all festivals was kept by the perfect martyrs, when they feasted in heaven. And, after that, war and famine came upon us, which we bore along with the heathen. Alone we endured all the injuries they inflicted upon us, while we had the benefit besides of what they wrought upon each other and what they suffered : and we found our joy once more in the peace of Christ, which He has given to us alone. But when the briefest breathing-space had been granted us and them, there descended upon us this disease, a thing that is to them more fearful than any other object of fear, more cruel than any calamity whatsoever, and, as one of their own writers declared, ' the only thing of all that proved worse than what was expected.' Yet to us it was not so, but, no less than the other misfortunes, a source of discipline and testing. For indeed it did not leave us untouched, although it attacked the heathen with great strength."

Following these remarks he adds as follows : " The most, at all events, of our brethren in their exceeding love and affection for the brotherhood were unsparing

ἐχόμενοι, ἐπισκοποῦντες ἀφυλάκτως τοὺς νοσοῦν-
τας, λιπαρῶς ὑπηρετούμενοι, θεραπεύοντες ἐν
Χριστῷ, συναπηλλάττοντο ἐκείνοις ἀσμενέστατα,
τοῦ παρ᾽ ἑτέρων ἀναπιμπλάμενοι πάθους καὶ τὴν
νόσον ἐφ᾽ ἑαυτοὺς ἕλκοντες ἀπὸ τῶν πλησίον καὶ
ἑκόντες ἀναμασσόμενοι τὰς ἀλγηδόνας. καὶ πολλοὶ
νοσοκομήσαντες καὶ ῥώσαντες ἑτέρους, ἐτελεύ-
τησαν αὐτοί, τὸν ἐκείνων θάνατον εἰς ἑαυτοὺς
μεταστησάμενοι καὶ τὸ δημῶδες ῥῆμα, μόνης
ἀεὶ δοκοῦν φιλοφροσύνης ἔχεσθαι, ἔργῳ δὴ τότε
πληροῦντες, ᾽ ἀπιόντες αὐτῶν περίψημα.᾽ οἱ γοῦν 8
ἄριστοι τῶν παρ᾽ ἡμῖν ἀδελφῶν τοῦτον τὸν
τρόπον ἐξεχώρησαν τοῦ βίου, πρεσβύτεροί τέ τινες
καὶ διάκονοι καὶ τῶν ἀπὸ τοῦ λαοῦ, λίαν ἐπαι-
νούμενοι, ὡς καὶ τοῦ θανάτου τοῦτο τὸ εἶδος, διὰ
πολλὴν εὐσέβειαν καὶ πίστιν ἰσχυρὰν γινόμενον,
μηδὲν ἀποδεῖν μαρτυρίου δοκεῖν. καὶ τὰ σώματα 9
δὲ τῶν ἁγίων ὑπτίαις χερσὶ καὶ κόλποις ὑπολαμ-
βάνοντες καθαιροῦντές τε ὀφθαλμοὺς καὶ στόματα
συγκλείοντες ὠμοφοροῦντές τε καὶ διατιθέντες,
προσκολλώμενοι, συμπλεκόμενοι, λουτροῖς τε καὶ
περιστολαῖς κατακοσμοῦντες, μετὰ μικρὸν ἐτύγ-
χανον τῶν ἴσων, ἀεὶ τῶν ὑπολειπομένων ἐφεπο-
μένων τοῖς πρὸ αὐτῶν. τὰ δέ γε ἔθνη πᾶν τοὐναν- 10
τίον· καὶ νοσεῖν ἀρχομένους ἀπωθοῦντο καὶ ἀπ-
έφευγον τοὺς φιλτάτους κἂν ταῖς ὁδοῖς ἐρρίπτουν
ἡμιθνῆτας καὶ νεκροὺς ἀτάφους ἀπεσκυβαλίζοντο,
τὴν τοῦ θανάτου διάδοσιν καὶ κοινωνίαν ἐκτρεπό-

---

¹ περίψημα. This word was used of worthless persons
whom, in time of plague or some other calamity, the Athenians
used to throw into the sea, in the belief that they would
wipe off the guilt of the nation. By the third century A.D.

of themselves and clave to one another, visiting the sick without a thought as to the danger, assiduously ministering to them, tending them in Christ, and so most gladly departed this life along with them ; being infected with the disease from others, drawing upon themselves the sickness from their neighbours, and willingly taking over their pains. And many, when they had cared for and restored to health others, died themselves, thus transferring their death to themselves, and then in very deed making good the popular saying, that always seems to be merely an expression of courtesy : for ' in departing ' they became ' their devoted servants.' [1] In this manner the best at any rate of our brethren departed this life, certain presbyters and deacons and some of the laity, receiving great commendation, so that this form of death seems in no respect to come behind martyrdom, being the outcome of much piety and strong faith. So, too, the bodies of the saints they would take up in their open hands to their bosom, closing their eyes and shutting their mouths, carrying them on their shoulders and laying them out ; they would cling to them, embrace them, bathe and adorn them with their burial clothes, and after a little receive the same services themselves, for those that were left behind were ever following those that went before. But the conduct of the heathen was the exact opposite. Even those who were in the first stages of the disease they thrust away, and fled from their dearest. They would even cast them in the roads half-dead, and treat the unburied corpses as vile refuse, in their attempts to avoid the spreading and contagion of the death-

περίψημά σου had, apparently, become a common expression of formal compliment: "Your humble and devoted servant."

187

μενοι, ἣν οὐκ ἦν καὶ πολλὰ μηχανωμένοις ἐκκλῖναι ῥᾴδιον.''

Μετὰ δὲ καὶ ταύτην τὴν ἐπιστολήν, εἰρηνευ- 1 σάντων τῶν κατὰ τὴν πόλιν, τοῖς κατ᾽ Αἴγυπτον ἀδελφοῖς ἑορταστικὴν αὖθις ἐπιστέλλει γραφήν, καὶ ἐπὶ ταύτῃ πάλιν ἄλλας διατυποῦται· φέρεται δέ τις αὐτοῦ καὶ περὶ σαββάτου καὶ ἄλλη περὶ γυμνασίου.

Ἑρμάμμωνι δὲ πάλιν καὶ τοῖς κατ᾽ Αἴγυπτον 1 ἀδελφοῖς δι᾽ ἐπιστολῆς ὁμιλῶν πολλά τε ἄλλα περὶ τῆς Δεκίου καὶ τῶν μετ᾽ αὐτὸν διεξελθὼν κακοτροπίας, τῆς κατὰ τὸν Γαλλιῆνον εἰρήνης ἐπιμιμνήσκεται· XXIII. οὐδὲν δὲ οἷον τὸ καὶ τού- 1 των ὡδέ πως ἐχόντων ἀκοῦσαι·

'' Ἐκεῖνος μὲν οὖν τῶν ἑαυτοῦ βασιλέων τὸν μὲν προέμενος, τῷ δὲ ἐπιθέμενος, παγγενεῖ ταχέως καὶ πρόρριζος ἐξηφανίσθη, ἀνεδείχθη δὲ καὶ συνανωμολογήθη παρὰ πάντων ὁ Γαλλιῆνος, παλαιὸς ἅμα βασιλεὺς καὶ νέος, πρῶτος ὢν καὶ μετ᾽ ἐκείνους παρών. κατὰ γὰρ τὸ ῥηθὲν πρὸς τὸν 2 προφήτην Ἡσαΐαν ' τὰ ἀπ᾽ ἀρχῆς ἰδοὺ ἥκασιν, καὶ καινὰ ἃ νῦν ἀνατελεῖ.' ὥσπερ γὰρ νέφος τὰς ἡλιακὰς ἀκτῖνας ὑποδραμὸν καὶ πρὸς ὀλίγον ἐπηλυγάσαν ἐσκίασεν αὐτὸν καὶ ἀντ᾽ αὐτοῦ προεφάνη, εἶτα παρελθόντος ἢ διατακέντος τοῦ νέφους, ἐξεφάνη πάλιν ἐπανατείλας ὁ προανατείλας ἥλιος, οὕτω προστὰς καὶ προσπελάσας ἑαυτὸν ὁ Μακριανὸς τῆς ἐφεστώσης Γαλλιήνου βασιλείας, ὃ μὲν οὐκ ἔστιν, ἐπεὶ μηδὲ ἦν, ὃ δὲ ἔστιν ὁμοίως ὥσπερ ἦν, καὶ οἷον ἀποθεμένη τὸ γῆρας ἡ βασιλεία καὶ 3

---

[1] Macrianus, who incited Valerian to persecute (10. 4) and

188

plague ; a thing which, for all their devices, it was not easy for them to escape."

And also after this letter, when peace reigned in the city, he once more sent a festal letter to the brethren in Egypt, and following this he again indited others. And there is extant, also, a certain letter of his on the Sabbath, and another on Exercise.

Communicating by a letter again with Hermammon and the brethren in Egypt, he recounts in full many other things about the wickedness of Decius and his successors, and mentions the peace under Gallienus. XXIII. But there is nothing like hearing the nature of these happenings also.

" He[1] then, after inciting one of his emperors and attacking the other, of a sudden disappeared altogether, root and branch with all his family, and Gallienus was proclaimed and acknowledged by all, being at once an old and a new emperor, for he was before and came after them ; for in accordance with that which was spoken to the prophet Isaiah : ' Behold, the former things are come to pass, and new things which shall now spring forth.'[2] For as when a cloud speeds underneath the rays of the sun, and for a short time screens and darkens it, and appears instead of it, but when the cloud passes by or is melted away, the sun that shone before again shines forth and once more appears ; so Macrianus, after coming forward and getting for himself access to the imperial power that belonged to Gallienus, is no more, since indeed he never was, while Gallienus is like as he was before ; and the monarchy has, as it

attempted to dethrone Gallienus (10. 8). He and his son were subsequently defeated in battle and slain.
[2] A mixed quotation from Is. xlii. 9 and xliii. 19.

τὴν προοῦσαν ἀνακαθηραμένη κακίαν, ἀκμαιότερον
νῦν ἐπανθεῖ καὶ πορρώτερον ὁρᾶται καὶ ἀκούεται
καὶ διαφοιτᾷ πανταχοῦ."

Εἶθ' ἑξῆς καὶ τὸν χρόνον, καθ' ὃν ταῦτ' ἔγραφεν, 4
διὰ τούτων σημαίνει· " καί μοι πάλιν τὰς ἡμέρας
τῶν βασιλικῶν ἐτῶν ἔπεισι σκοπεῖν. ὁρῶ γάρ,
ὡς ὀνομασθέντες μὲν οἱ ἀσεβέστατοι μετ' οὐ πολὺ
γεγόνασιν ἀνώνυμοι, ὁ δὲ ὁσιώτερος καὶ φιλο-
θεώτερος ὑπερβὰς τὴν ἑπταετηρίδα, νῦν ἐνιαυτὸν
1 Cor. 5, 8   ἔνατον διανύει, ἐν ᾧ ἡμεῖς ἑορτάσωμεν."

XXIV. Ἐπὶ τούτοις ἅπασιν σπουδάζεται αὐτῷ 1
καὶ τὰ Περὶ ἐπαγγελιῶν δύο συγγράμματα, ἡ δ'
ὑπόθεσις αὐτῷ Νέπως ἦν, ἐπίσκοπος τῶν κατ'
Αἴγυπτον, Ἰουδαϊκώτερον τὰς ἐπηγγελμένας τοῖς
ἁγίοις ἐν ταῖς θείαις γραφαῖς ἐπαγγελίας ἀπο-
δοθήσεσθαι διδάσκων καί τινα χιλιάδα ἐτῶν τρυφῆς
σωματικῆς ἐπὶ τῆς ξηρᾶς ταύτης ἔσεσθαι ὑπο-
τιθέμενος. δόξας γοῦν οὗτος ἐκ τῆς Ἀποκαλύψεως 2
Ἰωάννου τὴν ἰδίαν κρατύνειν ὑπόληψιν, Ἔλεγχον
ἀλληγοριστῶν λόγον τινὰ περὶ τούτου συντάξας
ἐπέγραψεν· πρὸς ὃν ὁ Διονύσιος ἐν τοῖς Περὶ 3
ἐπαγγελιῶν ἐνίσταται, διὰ μὲν τοῦ προτέρου τὴν
αὐτοῦ γνώμην ἣν εἶχεν περὶ τοῦ δόγματος, παρα-
τιθέμενος, διὰ δὲ τοῦ δευτέρου περὶ τῆς Ἀπο-
καλύψεως Ἰωάννου διαλαμβάνων· ἔνθα τοῦ Νέ-
πωτος κατὰ τὴν ἀρχὴν μνημονεύσας, ταῦτα περὶ
αὐτοῦ γράφει· " ἐπεὶ δὲ σύνταγμά τι προκομίζουσιν 4

---

[1] The seventh year of Gallienus ended towards the close of
A.D. 260, apparently a short time before the capture of
Valerian. From that time to the destruction of the Macriani

190

were, put aside its old age and cleansed itself from its former wickedness, and now blossoms forth in fuller bloom, is seen and heard more widely and spreads abroad everywhere."

Then, following on this, he indicates also the time at which he wrote this, in these words : " And it occurs to me once more to observe the days of the imperial years. For I perceive that those wicked persons, though they were named with honour, after a short time have become nameless ; while he, who is holier and filled with more love to God, has passed the period of seven years, and is now completing a ninth year,[1] in which let us keep the feast."

XXIV. Besides all these, the two treatises *On Promises* were also composed by him. The occasion was supplied him by the teaching of Nepos, a bishop of those in Egypt, that the promises which had been made to the saints in the divine Scriptures should be interpreted after a more Jewish fashion, and his assumption that there will be a kind of millennium on this earth devoted to bodily indulgence. Thinking, for example, to establish his own peculiar opinion from the Apocalypse of John, he composed a certain book on the subject and entitled it *Refutation of the Allegorists*.[2] Dionysius attacked him in the books *On Promises*, in the first of which he sets out the view that he himself held with regard to the doctrine, and in the second treats of the Apocalypse of John. There, at the beginning, he mentions Nepos, writing as follows about him : " But since they bring forward

in his ninth year he was, to use Dionysius's metaphor, "under a cloud."

[2] The "Allegorists" were those who, like Dionysius, protested against a literal interpretation of Revelation: see 25. 6.

Νέπωτος, ᾧ λίαν ἐπερείδονται ὡς ἀναντιρρήτως
ἀποδεικνύντι τὴν τοῦ Χριστοῦ βασιλείαν ἐπὶ γῆς
ἔσεσθαι, ἐν ἄλλοις μὲν πολλοῖς ἀποδέχομαι καὶ
ἀγαπῶ Νέπωτα τῆς τε πίστεως καὶ τῆς φιλοπονίας
καὶ τῆς ἐν ταῖς γραφαῖς διατριβῆς καὶ τῆς πολλῆς
ψαλμῳδίας, ᾗ μέχρι νῦν πολλοὶ τῶν ἀδελφῶν
εὐθυμοῦνται, καὶ πάνυ δι' αἰδοῦς ἄγω τὸν ἄνθρωπον,
ταύτῃ μᾶλλον ᾗ προανεπαύσατο· ἀλλὰ φίλη γὰρ
καὶ προτιμοτάτη πάντων ἡ ἀλήθεια, ἐπαινεῖν τε
χρὴ καὶ συναινεῖν ἀφθόνως, εἴ τι ὀρθῶς λέγοιτο,
ἐξετάζειν δὲ καὶ διευθύνειν, εἴ τι μὴ φαίνοιτο
ὑγιῶς ἀναγεγραμμένον. καὶ πρὸς μὲν παρόντα 5
καὶ ψιλῷ λόγῳ δογματίζοντα αὐτάρκης ἦν ἂν ἡ
ἄγραφος ὁμιλία, δι' ἐρωτήσεως καὶ ἀποκρίσεως
2 Tim. 2, 25 πείθουσα καὶ συμβιβάζουσα τοὺς ἀντιδιατιθε-
μένους· γραφῆς δὲ ἐκκειμένης, ὡς δοκεῖ τισιν,
πιθανωτάτης καὶ τινων διδασκάλων τὸν μὲν νόμον
καὶ τοὺς προφήτας τὸ μηδὲν ἡγουμένων καὶ τὸ
τοῖς εὐαγγελίοις ἕπεσθαι παρέντων καὶ τὰς τῶν
ἀποστόλων ἐπιστολὰς ἐκφαυλισάντων, τὴν δὲ τοῦ
συγγράμματος τούτου διδασκαλίαν ὡς μέγα δή τι
καὶ κεκρυμμένον μυστήριον κατεπαγγελλομένων
καὶ τοὺς ἁπλουστέρους ἀδελφοὺς ἡμῶν οὐδὲν
ἐώντων ὑψηλὸν καὶ μεγαλεῖον φρονεῖν οὔτε περὶ
1 Tim. 6, 14
Cf. 2 Thess.
2, 1; 1 John
3, 2 τῆς ἐνδόξου καὶ ἀληθῶς ἐνθέου τοῦ κυρίου ἡμῶν
ἐπιφανείας οὔτε τῆς ἡμετέρας ἐκ νεκρῶν ἀνα-
στάσεως καὶ τῆς πρὸς αὐτὸν ἐπισυναγωγῆς καὶ
ὁμοιώσεως, ἀλλὰ μικρὰ καὶ θνητὰ καὶ οἷα τὰ νῦν,
ἐλπίζειν ἀναπειθόντων ἐν τῇ βασιλείᾳ τοῦ θεοῦ,
ἀναγκαῖον καὶ ἡμᾶς ὡς πρὸς παρόντα τὸν ἀδελφὸν
ἡμῶν διαλεχθῆναι Νέπωτα."

Τούτοις μεθ' ἕτερα ἐπιφέρει λέγων· " ἐν μὲν 6

a certain composition of Nepos, on which they rely greatly as proving indisputably that the kingdom of Christ will be on earth, let me say that in many other respects I approve and love Nepos, for his faith and devotion to work, his diligent study of the Scriptures and his abundant psalmody, by which many of the brethren have till this day been cheered ; and I am full of respectful regard for the man, all the more for that he has gone to his rest already. But truth is dear and to be honoured above all things,[1] and one must give ungrudging praise and assent to whatever is stated rightly, but examine and correct whatever appears to be unsoundly written. And if he were present and putting forward his opinions merely in words, conversation, without writing, would be sufficient, persuading and instructing by question and answer 'them that oppose themselves.' But when a book is published, which some think most convincing, and when certain teachers, who consider the law and the prophets of no value and disregard the following of the Gospels and depreciate the epistles of the apostles, yet make promises concerning the teaching of this treatise as if it were some great and hidden mystery, and do not suffer the simpler of our brethren to have high and noble thoughts, either about the glorious and truly divine appearing of our Lord, or of our resurrection from the dead and our gathering together and being made like unto Him, but persuade them to hope for what is petty and mortal and like the present in the kingdom of God— then we also are compelled to argue with Nepos our brother as if he were present."

After other remarks he adds as follows : " Now

---

[1] *Cf.* Aristotle, *Eth. Nic.* i. 1096 a.

οὖν τῷ Ἀρσενοΐτῃ γενόμενος, ἔνθα, ὡς οἶδας, πρὸ πολλοῦ τοῦτο ἐπεπόλαζεν τὸ δόγμα, ὡς καὶ σχίσματα καὶ ἀποστασίας ὅλων ἐκκλησιῶν γεγονέναι, συγκαλέσας τοὺς πρεσβυτέρους καὶ διδασκάλους τῶν ἐν ταῖς κώμαις ἀδελφῶν, παρόντων καὶ τῶν βουλομένων ἀδελφῶν, δημοσίᾳ τὴν ἐξέτασιν ποιήσασθαι τοῦ λόγου προετρεψάμην, καὶ 7 τοῦτό μοι προσαγαγόντων τὸ βιβλίον ὥς τι ὅπλον καὶ τεῖχος ἄμαχον, συγκαθεσθεὶς αὐτοῖς τριῶν ἑξῆς ἡμερῶν ἐξ ἕω μέχρις ἑσπέρας, διευθύνειν ἐπειράθην τὰ γεγραμμένα· ἔνθα καὶ τὸ εὐσταθὲς 8 καὶ τὸ φιλάληθες καὶ τὸ εὐπαρακολούθητον καὶ συνετὸν ὑπερηγάσθην τῶν ἀδελφῶν, ὡς ἐν τάξει καὶ μετ᾽ ἐπιεικείας τὰς ἐρωτήσεις καὶ τὰς ἐπαπορήσεις καὶ τὰς συγκαταθέσεις ἐποιούμεθα, τὸ μὲν ἐκ παντὸς τρόπου καὶ φιλονείκως τῶν ἅπαξ δοξάντων περιέχεσθαι, εἰ καὶ μὴ φαίνοιτο ὀρθῶς ἔχοντα, παραιτησάμενοι, μήτε δὲ τὰς ἀντιλογίας ὑποστελλόμενοι, ἀλλ᾽ ἐς ὅσον οἷόν τε, τῶν προκειμένων ἐπιβατεύειν καὶ κρατύνειν αὐτὰ πειρώμενοι, μήτε, εἰ λόγος αἱροῖ, μεταπείθεσθαι καὶ συνομολογεῖν αἰδούμενοι, ἀλλ᾽ εὐσυνειδήτως καὶ ἀνυποκρίτως καὶ ταῖς καρδίαις πρὸς τὸν θεὸν ἡπλωμέναις τὰ ταῖς ἀποδείξεσι καὶ διδασκαλίαις τῶν ἁγίων γραφῶν συνιστανόμενα καταδεχόμενοι. καὶ τέλος ὅ τε τῆς διδαχῆς ταύτης ἀρχηγὸς καὶ 9 εἰσηγητής, ὁ καλούμενος Κορακίων, ἐν ἐπηκόῳ πάντων τῶν παρόντων ἀδελφῶν ὡμολόγησεν καὶ διεμαρτύρατο ἡμῖν μηκέτι τούτῳ προσέξειν μηδὲ διαλέξεσθαι περὶ τούτου μηδὲ μεμνῆσθαι μηδὲ διδάξειν, ὡς ἱκανῶς ὑπὸ τῶν ἀντιλεχθέντων ᾑρημένος· τῶν τε ἄλλων ἀδελφῶν οἳ μὲν ἔχαιρον
194

when I came to the nome of Arsinoë, where, as thou knowest, this doctrine had long been prevalent, so that schisms and defections of whole churches had taken place, I called together the presbyters and teachers of the brethren in the villages (there were present also such of the brethren as wished), and I urged them to hold the examination of the question publicly. And when they brought me this book as some invincible weapon and rampart, I sat with them and for three successive days from morn till night attempted to correct what had been written. On that occasion I conceived the greatest admiration for the brethren, their firmness, love of truth, facility in following an argument, and intelligence, as we propounded in order and with forbearance the questions, the difficulties raised and the points of agreement; on the one hand refusing to cling obstinately and at all costs (even though they were manifestly wrong) to opinions once held; and on the other hand not shirking the counter-arguments, but as far as possible attempting to grapple with the questions in hand and master them. Nor, if convinced by reason, were we ashamed to change our opinions and give our assent; but conscientiously and unfeignedly and with hearts laid open to God we accepted whatever was established by the proofs and teachings of the holy Scriptures. And in the end the leader and introducer of this teaching, Coracion, as he was called, in the hearing of all the brethren present, assented, and testified to us that he would no longer adhere to it, nor discourse upon it, nor mention nor teach it, since he had been sufficiently convinced by the contrary arguments. And as to the rest of the

ἐπὶ τῇ κοινολογίᾳ καὶ τῇ πρὸς πάντας συγκατα-
βάσει καὶ συνδιαθέσει."

XXV. Εἶθ' ἑξῆς ὑποβάς, περὶ τῆς Ἀποκαλύψεως 1
Ἰωάννου ταῦτά φησιν· "τινὲς μὲν οὖν τῶν πρὸ
ἡμῶν ἠθέτησαν καὶ ἀνεσκεύασαν πάντη τὸ βιβλίον,
καθ' ἕκαστον κεφάλαιον διευθύνοντες ἄγνωστόν
τε καὶ ἀσυλλόγιστον ἀποφαίνοντες ψεύδεσθαί τε
τὴν ἐπιγραφήν. Ἰωάννου γὰρ οὐκ εἶναι λέγουσιν, 2
ἀλλ' οὐδ' ἀποκάλυψιν εἶναι τὴν σφόδρα καὶ παχεῖ
κεκαλυμμένην τῷ τῆς ἀγνοίας παραπετάσματι,
καὶ οὐχ ὅπως τῶν ἀποστόλων τινά, ἀλλ' οὐδ'
ὅλως τῶν ἁγίων ἢ τῶν ἀπὸ τῆς ἐκκλησίας τούτου
γεγονέναι ποιητὴν τοῦ γράμματος, Κήρινθον δὲ
τὸν καὶ τὴν ἀπ' ἐκείνου κληθεῖσαν Κηρινθιανὴν
συστησάμενον αἵρεσιν, ἀξιόπιστον ἐπιφημίσαι θελή-
σαντα τῷ ἑαυτοῦ πλάσματι ὄνομα. τοῦτο γὰρ 3
εἶναι τῆς διδασκαλίας αὐτοῦ τὸ δόγμα, ἐπίγειον
ἔσεσθαι τὴν τοῦ Χριστοῦ βασιλείαν, καὶ ὧν αὐτὸς
ὠρέγετο, φιλοσώματος ὢν καὶ πάνυ σαρκικός, ἐν
τούτοις ὀνειροπολεῖν ἔσεσθαι, γαστρὸς καὶ τῶν
ὑπὸ γαστέρα πλησμοναῖς, τοῦτ' ἐστὶ σιτίοις καὶ
ποτοῖς καὶ γάμοις καὶ δι' ὧν εὐφημότερον ταῦτα
ᾠήθη ποριεῖσθαι, ἑορταῖς καὶ θυσίαις καὶ ἱερείων
σφαγαῖς. ἐγὼ δὲ ἀθετῆσαι μὲν οὐκ ἂν τολμήσαιμι 4
τὸ βιβλίον, πολλῶν αὐτὸ διὰ σπουδῆς ἐχόντων
ἀδελφῶν, μείζονα δὲ τῆς ἐμαυτοῦ φρονήσεως τὴν
ὑπόληψιν τὴν περὶ αὐτοῦ λαμβάνων, κεκρυμμένην
εἶναί τινα καὶ θαυμασιωτέραν τὴν καθ' ἕκαστον
ἐκδοχὴν ὑπολαμβάνω. καὶ γὰρ εἰ μὴ συνίημι,
ἀλλ' ὑπονοῶ γε νοῦν τινα βαθύτερον ἐγκεῖσθαι τοῖς

---

[1] *Cf.* Gaius (iii. 28. 2 above).

brethren, some rejoiced at the joint conference, and the mutual deference and unanimity which all displayed. . . ."

XXV. Then, in due course, lower down he speaks thus, with reference to the Apocalypse of John : " Some indeed of those before our time rejected and altogether impugned the book, examining it chapter by chapter and declaring it to be unintelligible and illogical, and its title false. For they say that it is not John's, no, nor yet an apocalypse (unveiling), since it is veiled by its heavy, thick curtain of unintelligibility ; and that the author of this book was not only not one of the apostles, nor even one of the saints or those belonging to the Church, but Cerinthus, the same who created the sect called " Cerinthian " after him, since he desired to affix to his own forgery a name worthy of credit. For that this was the doctrine which he taught, that the kingdom of Christ would be on earth ; and he dreamed that it would consist in those things which formed the object of his own desires (for he was a lover of the body and altogether carnal), in the full satisfaction of the belly and lower lusts, that is, in feasts and carousals and marriages, and (as a means, he thought, of procuring these under a better name) in festivals and sacrifices and slayings of victims.[1] But for my part I should not dare to reject the book, since many brethren hold it in estimation ; but, reckoning that my perception is inadequate to form an opinion concerning it, I hold that the interpretation of each several passage is in some way hidden and more wonderful.[2] For even although I do not understand it, yet I suspect that some deeper meaning underlies the words. For I

[2] *i.e.* than appears on the surface.

EUSEBIUS

ῥήμασιν, οὐκ ἰδίῳ ταῦτα μετρῶν καὶ κρίνων 5
λογισμῷ, πίστει δὲ τὸ πλέον νέμων ὑψηλότερα ἢ
ὑπ᾽ ἐμοῦ καταληφθῆναι νενόμικα, καὶ οὐκ ἀπο-
δοκιμάζω ταῦτα ἃ μὴ συνεώρακα, θαυμάζω δὲ
μᾶλλον ὅτι μὴ καὶ εἶδον.᾽

Ἐπὶ τούτοις τὴν ὅλην τῆς Ἀποκαλύψεως 6
βασανίσας γραφὴν ἀδύνατόν τε αὐτὴν κατὰ τὴν
πρόχειρον ἀποδείξας νοεῖσθαι διάνοιαν, ἐπιφέρει
λέγων· "συντελέσας δὴ πᾶσαν ὡς εἰπεῖν τὴν
προφητείαν, μακαρίζει ὁ προφήτης τούς τε
Rev. 22, 7. 8 φυλάσσοντας αὐτὴν καὶ δὴ καὶ ἑαυτόν. ᾽μακά-
ριος᾽ γάρ φησιν ᾽ὁ τηρῶν τοὺς λόγους τῆς προ-
φητείας τοῦ βιβλίου τούτου κἀγὼ Ἰωάννης ὁ
βλέπων καὶ ἀκούων ταῦτα.᾽ καλεῖσθαι μὲν οὖν 7
αὐτὸν Ἰωάννην καὶ εἶναι τὴν γραφὴν Ἰωάννου
ταύτην οὐκ ἀντερῶ, ἁγίου μὲν γὰρ εἶναί τινος καὶ
θεοπνεύστου συναινῶ· οὐ μὴν ῥᾳδίως ἂν συνθείμην
τοῦτον εἶναι τὸν ἀπόστολον, τὸν υἱὸν Ζεβεδαίου,
τὸν ἀδελφὸν Ἰακώβου, οὗ τὸ εὐαγγέλιον τὸ κατὰ
Ἰωάννην ἐπιγεγραμμένον καὶ ἡ ἐπιστολὴ ἡ καθο-
λική. τεκμαίρομαι γὰρ ἔκ τε τοῦ ἤθους ἑκατέρων 8
καὶ τοῦ τῶν λόγων εἴδους καὶ τῆς τοῦ βιβλίου
διεξαγωγῆς λεγομένης, μὴ τὸν αὐτὸν εἶναι. ὁ μὲν
γὰρ εὐαγγελιστὴς οὐδαμοῦ τὸ ὄνομα αὐτοῦ παρ-
εγγράφει οὐδὲ κηρύσσει ἑαυτὸν οὔτε διὰ τοῦ εὐ-
αγγελίου οὔτε διὰ τῆς ἐπιστολῆς.᾽᾽

Εἶθ᾽ ὑποβάς, πάλιν ταῦτα λέγει· "Ἰωάννης δὲ 9
οὐδαμοῦ, οὐδὲ ὡς περὶ ἑαυτοῦ οὐδὲ ὡς περὶ
ἑτέρου· ὁ δὲ τὴν Ἀποκάλυψιν γράψας εὐθύς τε
Rev. 1, 1. 2 ἐν ἀρχῇ ἑαυτὸν προτάσσει ᾽Ἀποκάλυψις Ἰησοῦ
Χριστοῦ, ἣν ἔδωκεν αὐτῷ δεῖξαι τοῖς δούλοις
αὐτοῦ ἐν τάχει, καὶ ἐσήμανεν ἀποστείλας διὰ τοῦ
198

do not measure and judge these things by my own reasoning, but, assigning to faith the greater value, I have come to the conclusion that they are too high for my comprehension, and I do not reject what I have not understood, but I rather wonder that I did not indeed see them."

Moreover, after closely examining the whole book of the Apocalypse and demonstrating that it cannot be understood in the literal sense, he adds as follows : " After completing the whole, one might say, of his prophecy, the prophet calls those blessed who observe it, and indeed himself also : for he says : ' Blessed is he that keepeth the words of the prophecy of this book, and I John, he that saw and heard these things.' That, then, he was certainly named John and that this book is by one John, I will not gainsay ; for I fully allow that it is the work of some holy and inspired person. But I should not readily agree that he was the apostle, the son of Zebedee, the brother of James, whose are the Gospel entitled According to John and the Catholic Epistle. For I form my judgement from the character of each and from the nature of the language and from what is known as the general construction of the book, that [the John therein mentioned] is not the same. For the evangelist nowhere adds his name, nor yet proclaims himself, throughout either the Gospel or the Epistle."

Then lower down he again speaks thus : " . . . But John nowhere, either in the first or the third person. But he who wrote the Apocalypse at the very beginning puts himself forward : ' The Revelation of Jesus Christ, which he gave him to show unto his servants quickly, and he sent and signified it by his angel unto

ἀγγέλου αὐτοῦ τῷ δούλῳ αὐτοῦ Ἰωάννῃ, ὃς
ἐμαρτύρησεν τὸν λόγον τοῦ θεοῦ καὶ τὴν μαρτυρίαν
αὐτοῦ, ὅσα εἶδεν'· εἶτα καὶ ἐπιστολὴν γράφει·

Rev. 1, 4 'Ἰωάννης ταῖς ἑπτὰ ἐκκλησίαις ταῖς ἐν τῇ Ἀσίᾳ, 10
χάρις ὑμῖν καὶ εἰρήνη.' ὁ δέ γε εὐαγγελιστὴς
οὐδὲ τῆς καθολικῆς ἐπιστολῆς προέγραψεν ἑαυτοῦ
τὸ ὄνομα, ἀλλὰ ἀπερίττως ἀπ' αὐτοῦ τοῦ μυστηρίου

1 John 1, 1 τῆς θείας ἀποκαλύψεως ἤρξατο· 'ὃ ἦν ἀπ' ἀρχῆς,
ὃ ἀκηκόαμεν, ὃ ἑωράκαμεν τοῖς ὀφθαλμοῖς ἡμῶν'·
ἐπὶ ταύτῃ γὰρ τῇ ἀποκαλύψει καὶ ὁ κύριος τὸν

Matt. 16, 17 Πέτρον ἐμακάρισεν, εἰπών· 'μακάριος εἶ Σίμων
βὰρ Ἰωνᾶ, ὅτι σὰρξ καὶ αἷμα οὐκ ἀπεκάλυψέν
σοι, ἀλλ' ὁ πατήρ μου ὁ οὐράνιος.' ἀλλ' οὐδὲ ἐν 11
τῇ δευτέρᾳ φερομένῃ Ἰωάννου καὶ τρίτῃ, καίτοι
βραχείαις οὔσαις ἐπιστολαῖς, ὁ Ἰωάννης ὀνομαστὶ

2 John 1;
3 John 1 πρόκειται, ἀλλὰ ἀνωνύμως 'ὁ πρεσβύτερος'
γέγραπται. οὗτος δέ γε οὐδὲ αὔταρκες ἐνόμισεν,
εἰς ἅπαξ ἑαυτὸν ὀνομάσας διηγεῖσθαι τὰ ἑξῆς,

Rev. 1, 9 ἀλλὰ πάλιν ἀναλαμβάνει· 'ἐγὼ Ἰωάννης, ὁ ἀδελφὸς
ὑμῶν καὶ συγκοινωνὸς ἐν τῇ θλίψει καὶ βασιλείᾳ
καὶ ἐν ὑπομονῇ Ἰησοῦ, ἐγενόμην ἐν τῇ νήσῳ τῇ
καλουμένῃ Πάτμῳ διὰ τὸν λόγον τοῦ θεοῦ καὶ τὴν
μαρτυρίαν Ἰησοῦ.' καὶ δὴ καὶ πρὸς τῷ τέλει

Rev. 22, 7. 8 ταῦτα εἶπεν· 'μακάριος ὁ τηρῶν τοὺς λόγους τῆς
προφητείας τοῦ βιβλίου τούτου κἀγὼ Ἰωάννης
ὁ βλέπων καὶ ἀκούων ταῦτα.'

'Ὅτι μὲν οὖν Ἰωάννης ἐστὶν ὁ ταῦτα γράφων, 12
αὐτῷ λέγοντι πιστευτέον· ποῖος δὲ οὗτος, ἄδηλον.
οὐ γὰρ εἶπεν ἑαυτὸν εἶναι, ὡς ἐν τῷ εὐαγγελίῳ
πολλαχοῦ, τὸν ἠγαπημένον ὑπὸ τοῦ κυρίου μαθητὴν

John 13, 25 οὐδὲ τὸν ἀναπεσόντα ἐπὶ τὸ στῆθος αὐτοῦ οὐδὲ τὸν
ἀδελφὸν Ἰακώβου οὐδὲ τὸν αὐτόπτην καὶ αὐτήκοον
200

his servant John; who bare witness of the word of God and his testimony, even of all things that he saw.' Then he also writes an epistle: 'John to the seven churches which are in Asia; Grace to you and peace.' But the evangelist did not write his name even at the beginning of the Catholic Epistle, but without anything superfluous began with the mystery itself of the divine revelation: 'That which was from the beginning, that which we have heard, that which we have seen with our eyes.' It was in respect of this revelation that the Lord also called Peter blessed, saying: 'Blessed art thou, Simon Bar-Jonah: for flesh and blood hath not revealed it unto thee, but my heavenly Father.' Nay, not even in the second or third extant epistles of John, although they are short, is John set forth by name; but he has written 'the elder,' without giving his name. But this writer did not even consider it sufficient, having once mentioned his name, to narrate what follows, but he takes up his name again: 'I John, your brother and partaker with you in the tribulation and kingdom and in the patience of Jesus, was in the isle that is called Patmos, for the word of God and the testimony of Jesus.' Moreover at the close he speaks thus: 'Blessed is he that keepeth the words of the prophecy of this book, and I John, he that saw and heard these things.'

"That the writer of these words, therefore, was John, one must believe, since he says it. But what John, is not clear. For he did not say that he was, as is frequently said in the Gospel, the disciple loved by the Lord, nor he which leaned back on His breast, nor the brother of James, nor the eye-witness and

201

τοῦ κυρίου γενόμενον. εἶπεν γὰρ ἄν τι τούτων 13
τῶν προδεδηλωμένων, σαφῶς ἑαυτὸν ἐμφανίσαι
βουλόμενος· ἀλλὰ τούτων μὲν οὐδέν, ἀδελφὸν δὲ
ἡμῶν καὶ συγκοινωνὸν εἶπεν καὶ μάρτυρα Ἰησοῦ
καὶ μακάριον ἐπὶ τῇ θέᾳ καὶ ἀκοῇ τῶν ἀπο-
καλύψεων. πολλοὺς δὲ ὁμωνύμους Ἰωάννῃ τῷ 14
ἀποστόλῳ νομίζω γεγονέναι, οἳ διὰ τὴν πρὸς
ἐκεῖνον ἀγάπην καὶ τῷ θαυμάζειν καὶ ζηλοῦν
ἀγαπηθῆναί τε ὁμοίως αὐτῷ βούλεσθαι ὑπὸ τοῦ
κυρίου, καὶ τὴν ἐπωνυμίαν τὴν αὐτὴν ἠσπάσαντο,
ὥσπερ καὶ ὁ Παῦλος πολὺς καὶ δὴ καὶ ὁ Πέτρος
ἐν τοῖς τῶν πιστῶν παισὶν ὀνομάζεται. ἔστιν μὲν 15
οὖν καὶ ἕτερος Ἰωάννης ἐν ταῖς Πράξεσι τῶν
ἀποστόλων, ὁ ἐπικληθεὶς Μάρκος, ὃν Βαρναβᾶς
καὶ Παῦλος ἑαυτοῖς συμπαρέλαβον, περὶ οὗ καὶ
πάλιν λέγει ' εἶχον δὲ καὶ Ἰωάννην ὑπηρέτην.' εἰ
δὲ οὗτος ὁ γράψας ἐστίν, οὐκ ἂν φαίην· οὐδὲ γὰρ
ἀφῖχθαι σὺν αὐτοῖς εἰς τὴν Ἀσίαν γέγραπται,
ἀλλὰ ' ἀναχθέντες μέν,' φησίν, ' ἀπὸ τῆς Πάφου
οἱ περὶ τὸν Παῦλον ἦλθον εἰς Πέργην τῆς Παμ-
φυλίας, Ἰωάννης δὲ ἀποχωρήσας ἀπ' αὐτῶν
ὑπέστρεψεν εἰς Ἱεροσόλυμα'· ἄλλον δέ τινα οἶμαι 16
τῶν ἐν Ἀσίᾳ γενομένων, ἐπεὶ καὶ δύο φασὶν ἐν
Ἐφέσῳ γενέσθαι μνήματα καὶ ἑκάτερον Ἰωάννου
λέγεσθαι.

" Καὶ ἀπὸ τῶν νοημάτων δὲ καὶ ἀπὸ τῶν ῥημά- 17
των καὶ τῆς συντάξεως αὐτῶν εἰκότως ἕτερος
οὗτος παρ' ἐκεῖνον ὑποληφθήσεται. συνᾴδουσι
μὲν γὰρ ἀλλήλοις τὸ εὐαγγέλιον καὶ ἡ ἐπιστολή,
ὁμοίως τε ἄρχονται· τὸ μέν φησιν ' ἐν ἀρχῇ ἦν ὁ 18
λόγος,' ἡ δὲ ' ὃ ἦν ἀπ' ἀρχῆς' τὸ μέν φησιν ' καὶ

Rev. 1, 9

Rev. 22, 7. 8

John 21, 20, etc.

Acts 12, 25

Acts 13, 5

Acts 13, 13

John 1, 1

1 John 1, 1

hearer of the Lord. For he would have mentioned some one of these aforesaid epithets, had he wished to make himself clearly known. Yet he makes use of none of them, but speaks of himself as our brother and partaker with us, and a witness of Jesus, and blessed in seeing and hearing the revelations. I hold that there have been many persons of the same name as John the apostle, who for the love they bore him, and because they admired and esteemed him and wished to be loved, as he was, of the Lord, were glad to take also the same name after him; just as Paul, and for that matter Peter too, is a common name among boys of believing parents. So then, there is also another John in the Acts of the Apostles, whose surname was Mark, whom Barnabas and Paul took with themselves, concerning whom also the Scripture says again: 'And they had also John as their attendant.' But as to whether it were he who was the writer, I should say No. For it is written that he did not arrive in Asia along with them, but 'having set sail, the Scripture says, from Paphos Paul and his company came to Perga in Pamphylia; and John departed from them and returned to Jerusalem.' But I think that there was a certain other [John] among those that were in Asia, since it is said both that there were two tombs at Ephesus, and that each of the two is said to be John's.

"And from the conceptions too, and from the terms and their arrangement, one might naturally assume that this writer was a different person from the other. For there is indeed a mutual agreement between the Gospel and the Epistle, and they begin alike. The one says: 'In the beginning was the Word'; the other: 'That which was from the begin-

203

John 1, 14 ὁ λόγος σὰρξ ἐγένετο καὶ ἐσκήνωσεν ἐν ἡμῖν καὶ
ἐθεασάμεθα τὴν δόξαν αὐτοῦ, δόξαν ὡς μονο-
γενοῦς παρὰ πατρός,' ἢ δὲ τὰ αὐτὰ σμικρῷ
1 John 1, 1. 2 παρηλλαγμένα ' ὃ ἀκηκόαμεν, ὃ ἑωράκαμεν τοῖς
ὀφθαλμοῖς ἡμῶν, ὃ ἐθεασάμεθα καὶ αἱ χεῖρες
ἡμῶν ἐψηλάφησαν, περὶ τοῦ λόγου τῆς ζωῆς καὶ
ἡ ζωὴ ἐφανερώθη.' ταῦτα γὰρ προανακρούεται, 19
διατεινόμενος, ὡς ἐν τοῖς ἑξῆς ἐδήλωσεν, πρὸς τοὺς
1 John 4, 2 οὐκ ἐν σαρκὶ φάσκοντας ἐληλυθέναι τὸν κύριον·
δι' ἃ καὶ συνῆψεν ἐπιμελῶς ' καὶ ὃ ἑωράκαμεν,
μαρτυροῦμεν καὶ ἀπαγγέλλομεν ὑμῖν τὴν ζωὴν
τὴν αἰώνιον, ἥτις ἦν πρὸς τὸν πατέρα καὶ ἐφανερώθη
ἡμῖν· ὃ ἑωράκαμεν καὶ ἀκηκόαμεν, ἀπαγγέλλομεν
καὶ ὑμῖν.' ἔχεται αὐτοῦ καὶ τῶν προθέσεων οὐκ 20
ἀφίσταται, διὰ δὲ τῶν αὐτῶν κεφαλαίων καὶ
ὀνομάτων πάντα διεξέρχεται· ὧν τινὰ μὲν ἡμεῖς
συντόμως ὑπομνήσομεν, ὁ δὲ προσεχῶς ἐντυγ- 21
χάνων εὑρήσει ἐν ἑκατέρῳ πολλὴν τὴν ζωήν, πολὺ
τὸ φῶς ἀποτροπὴν τοῦ σκότους, συνεχῆ τὴν
ἀλήθειαν τὴν χάριν τὴν χαρὰν τὴν σάρκα καὶ τὸ
αἷμα τοῦ κυρίου τὴν κρίσιν τὴν ἄφεσιν τῶν ἁμαρ-
τιῶν τὴν πρὸς ἡμᾶς ἀγάπην τοῦ θεοῦ τὴν πρὸς
ἀλλήλους ἡμᾶς ἀγάπης ἐντολήν, ὡς πάσας δεῖ
φυλάττειν τὰς ἐντολάς· ὁ ἔλεγχος τοῦ κόσμου τοῦ

---

[1] 1 John i. 1, 2, 3.
[2] The text is probably corrupt.
[3] John i. 4, and *passim*; 1 John ii. 25; iii. 14 f., etc.
[4] John i.-xii. *passim*; 1 John i. 5, 7; ii. 8-10.
[5] John i. 14, and *passim*; 1 John i. 8; iii. 19, etc.
[6] John i. 14, 16, 17; 2 John 3.

ning.' The one says : ' And the Word became flesh,
and dwelt among us (and we beheld his glory, glory
as of the only-begotten from the Father) '; the other,
the same words slightly changed : ' That which we
have heard, that which we have seen with our eyes,
that which we beheld, and our hands handled, con-
cerning the Word of life; and the life was manifested.'
For these words he employs as a prelude, since he is
aiming, as he shows in what follows, at those who
were asserting that the Lord had not come in the
flesh. Therefore he was careful also to add : ' And
that which we have seen, we bear witness, and
declare unto you the life, the eternal life, which was
with the Father, and was manifested unto us ; that
which we have seen and heard, declare we unto you
also.' [1] He is consistent with himself [2] and does not
depart from what he has proposed, but proceeds
throughout under the same heads and expressions,
certain of which we shall mention concisely. But
the attentive reader will find frequently in one and
the other ' the life,' [3] ' the light,' [4] ' turning from
darkness '; continually ' the truth,' [5] ' the grace,' [6]
' the joy,' [7] ' the flesh [8] and blood [9] of the Lord,'
' the judgement,' [10] ' the forgiveness of sins,' [11] ' the
love of God toward us,' [12] the ' commandment ' that
we should ' love one another,' [13] that we should ' keep
all the commandments ' [14]; the ' conviction ' of ' the

[7] John iii. 29, etc.; 1 John i. 4; 2 John 12; 3 John 4
(*v.l.* " grace ").
[8] John i. 13, 14; vi. 53, 56, etc.; 1 John iv. 2.
[9] John vi. 53-56; xix. 34; 1 John i. 7; v. 6, 8.
[10] John iii. 19, etc.; 1 John iv. 17; *cf.* ii. 18, etc.
[11] *Cf.* John xx. 23: 1 John i. 9; *cf.* ii. 12; *cf.* iii. 5.
[12] John iii. 16; xiv. 23; xvii. 23; 1 John iii. 1; iv. 11, etc.
[13] John xiii. 34; xv. 12, 17; 1 John iii. 23, etc.
[14] John xv. 10; 1 John ii. 3; iii. 22 ff., etc.

διαβόλου τοῦ ἀντιχρίστου ἡ ἐπαγγελία τοῦ ἁγίου
πνεύματος ἡ υἱοθεσία τοῦ θεοῦ ἡ διόλου πίστις
ἡμῶν ἀπαιτουμένη ὁ πατὴρ καὶ ὁ υἱός, πανταχοῦ·
καὶ ὅλως διὰ πάντων χαρακτηρίζοντας ἕνα καὶ
τὸν αὐτὸν συνορᾶν τοῦ τε εὐαγγελίου καὶ τῆς
ἐπιστολῆς χρῶτα πρόκειται. ἀλλοιοτάτη δὲ καὶ 22
ξένη παρὰ ταῦτα ἡ Ἀποκάλυψις, μήτε ἐφαπτομένη
μήτε γειτνιῶσα τούτων μηδενί, σχεδόν, ὡς εἰπεῖν,
μηδὲ συλλαβὴν πρὸς αὐτὰ κοινὴν ἔχουσα· ἀλλ' 23
οὐδὲ μνήμην τινὰ οὐδὲ ἔννοιαν οὔτε ἡ ἐπιστολὴ
τῆς Ἀποκαλύψεως ἔχει (ἔα γὰρ τὸ εὐαγγέλιον) οὔτε
τῆς ἐπιστολῆς ἡ Ἀποκάλυψις, Παύλου διὰ τῶν ἐπι-
στολῶν ὑποφήναντός τι καὶ περὶ τῶν ἀποκαλύψεων
αὐτοῦ, ἃς οὐκ ἐνέγραψεν καθ' αὐτάς.

" "Ἔτι δὲ καὶ διὰ τῆς φράσεως τὴν διαφορὰν 24
ἔστιν τεκμήρασθαι τοῦ εὐαγγελίου καὶ τῆς ἐπι-
στολῆς πρὸς τὴν Ἀποκάλυψιν. τὰ μὲν γὰρ οὐ 25
μόνον ἀπταίστως κατὰ τὴν τῶν Ἑλλήνων φωνήν,
ἀλλὰ καὶ λογιώτατα ταῖς λέξεσιν τοῖς συλλογι-
σμοῖς ταῖς συντάξεσιν τῆς ἑρμηνείας γέγραπται,
πολλοῦ γε δεῖ βάρβαρόν τινα φθόγγον ἢ σολοικισμὸν
ἢ ὅλως ἰδιωτισμὸν ἐν αὐτοῖς εὑρεθῆναι· ἑκάτερον
γὰρ εἶχεν, ὡς ἔοικεν, τὸν λόγον, ἀμφοτέρους αὐτῷ
1 Cor. 12, 8 χαρισαμένου τοῦ κυρίου, τόν τε τῆς γνώσεως τόν
1 Cor. 14, 6 τε τῆς φράσεως· τούτῳ δὲ ἀποκαλύψεις μὲν 26
ἑωρακέναι καὶ γνῶσιν εἰληφέναι καὶ προφητείαν
οὐκ ἀντερῶ, διάλεκτον μέντοι καὶ γλῶσσαν οὐκ
ἀκριβῶς ἑλληνίζουσαν αὐτοῦ βλέπω, ἀλλ' ἰδιώμασίν

---

[1] John xvi. 8; 1 John ii. 16 f.
[2] 1 John iii. 8; cf. ii. 14, etc.   [3] 1 John ii. 18 f.
[4] John xiv. 16, etc.; 1 John iii. 24; iv. 13; cf. ii. 20.
[5] John i. 12; xi. 52; 1 John iii. 1, 2, etc.

world,'¹ of 'the devil,'² of 'the antichrist'³; the
promise of the Holy Spirit⁴; the adoption of the
sons of God⁵; the 'faith'⁶ that is demanded of us
throughout; 'the Father' and 'the Son'⁷: these
are to be found everywhere. In a word, it is obvious
that those who observe their character throughout
will see at a glance that the Gospel and Epistle have
one and the same complexion. But the Apocalypse
is utterly different from, and foreign to, these
writings; it has no connexion, no affinity, in any way
with them; it scarcely, so to speak, has even a
syllable in common with them. Nay more, neither
does the Epistle (not to speak of the Gospel) contain
any mention or thought of the Apocalypse, nor the
Apocalypse of the Epistle, whereas Paul in his
epistles gave us a little light also on his revelations,
which he did not record separately.

"And further, by means of the style one can
estimate the difference between the Gospel and
Epistle and the Apocalypse. For the former are not
only written in faultless Greek, but also show the
greatest literary skill in their diction, their reasonings,
and the constructions in which they are expressed.
There is a complete absence of any barbarous word,
or solecism, or any vulgarism whatever. For their
author had, as it seems, both kinds of word, by the
free gift of the Lord, the word of knowledge and the
word of speech. But I will not deny that the other
writer had seen revelations and received knowledge
and prophecy; nevertheless I observe his style and
that his use of the Greek language is not accurate,
but that he employs barbarous idioms, in some places

⁶ John i. 7, etc.; 1 John v. 4.
⁷ John iii. 36 and *passim*; 1 John iv. 14, etc.

τε βαρβαρικοῖς χρώμενον καί που καὶ σολοικί- 27
ζοντα· ἅπερ οὐκ ἀναγκαῖον νῦν ἐκλέγειν· οὐδὲ γὰρ
ἐπισκώπτων (μή τις νομίσῃ) ταῦτα εἶπον, ἀλλὰ μόνον
τὴν ἀνομοιότητα διευθύνων τούτων τῶν γραφῶν."

XXVI. Ἐπὶ ταύταις τοῦ Διονυσίου φέρονται 1
καὶ ἄλλαι πλείους ἐπιστολαί, ὥσπερ αἱ κατὰ
Σαβελλίου πρὸς Ἄμμωνα τῆς κατὰ Βερνίκην
ἐκκλησίας ἐπίσκοπον καὶ ἡ πρὸς Τελεσφόρον καὶ
ἡ πρὸς Εὐφράνορα καὶ πάλιν Ἄμμωνα καὶ Εὔπορον·
συντάττει δὲ περὶ τῆς αὐτῆς ὑποθέσεως καὶ ἄλλα
τέσσαρα συγγράμματα, ἃ τῷ κατὰ Ῥώμην ὁμω-
νύμῳ Διονυσίῳ προσφωνεῖ. καὶ πλείους δὲ παρὰ 2
ταύτας εἰσὶν αὐτοῦ παρ' ἡμῖν ἐπιστολαὶ καὶ δὴ καὶ
πολυεπεῖς λόγοι ἐν ἐπιστολῆς χαρακτῆρι γραφέντες,
ὡς οἱ περὶ φύσεως, Τιμοθέῳ τῷ παιδὶ προσπε-
φωνημένοι, καὶ ὁ περὶ πειρασμῶν, ὃν καὶ αὐτὸν
Εὐφράνορι ἀνατέθεικεν. ἐπὶ τούτοις καὶ Βασιλείδῃ 3
τῶν κατὰ τὴν Πεντάπολιν παροικιῶν ἐπισκόπῳ
γράφων, φησὶν ἑαυτὸν εἰς τὴν ἀρχὴν ἐξήγησιν
πεποιῆσθαι τοῦ Ἐκκλησιαστοῦ, διαφόρους δ' ἡμῖν
[τε] καὶ πρὸς τοῦτον καταλέλοιπεν ἐπιστολάς.

Τοσαῦτα ὁ Διονύσιος· ἀλλὰ γὰρ ἤδη μετὰ τὴν
τούτων ἱστορίαν φέρε, καὶ τὴν καθ' ἡμᾶς τοῖς
μετέπειτα γνωρίζειν γενεὰν ὁποία τις ἦν, παρα-
δῶμεν. XXVII. Ξύστον τῆς Ῥωμαίων ἐκκλησίας 1
ἔτεσιν ἕνδεκα προστάντα διαδέχεται τῷ κατ'
Ἀλεξάνδρειαν ὁμώνυμος Διονύσιος. ἐν τούτῳ δὲ
καὶ Δημητριανοῦ κατ' Ἀντιόχειαν τὸν βίον μεταλ-
λάξαντος, τὴν ἐπισκοπὴν Παῦλος ὁ ἐκ Σαμοσάτων
παραλαμβάνει. τούτου δὲ ταπεινὰ καὶ χαμαιπετῆ 2
περὶ τοῦ Χριστοῦ παρὰ τὴν ἐκκλησιαστικὴν διδα-
σκαλίαν φρονήσαντος ὡς κοινοῦ τὴν φύσιν ἀνθρώπου

committing downright solecisms. These there is no necessity to single out now. For I have not said these things in mockery (let no one think it), but merely to establish the dissimilarity of these writings."

XXVI. In addition to these letters of Dionysius there are extant also many others, as for example those against Sabellius to Ammon bishop of the church at Bernice, and that to Telesphorus, and that to Euphranor and Ammon again and Euporus. And he composed on the same subject also four other treatises, which he addressed to his namesake at Rome, Dionysius. And we have many letters of his besides these, and moreover lengthy books written in epistolary form, such as those on Nature, addressed to Timothy his boy, and that on Temptations, which also he dedicated to Euphranor. In addition to these, in writing also to Basilides, bishop of the communities in the Pentapolis, he says that he himself had written an exposition of the beginning of Ecclesiastes ; and he has left behind for our benefit various other letters addressed to this person.

So much for Dionysius. But come now, after recording these things, let us hand down for the information of posterity the character of our own generation. XXVII. When Xystus had presided over the church of the Romans for eleven years,[1] he was succeeded by Dionysius, namesake of him of Alexandria. At this time also, when Demetrian had departed this life at Antioch, Paul of Samosata received the episcopate. As this person espoused low and mean views as to Christ, contrary to the Church's teaching, namely, that He was in His nature

---

[1] Xystus II. was bishop from Aug. or Sept. 257 to Aug. 258. Eusebius should have said " eleven months."

γενομένου, ὁ μὲν κατ' 'Αλεξάνδρειαν Διονύσιος
παρακληθεὶς ὡς ἂν ἐπὶ τὴν σύνοδον ἀφίκοιτο,
γῆρας ὁμοῦ καὶ ἀσθένειαν τοῦ σώματος αἰτιασά-
μενος, ἀνατίθεται τὴν παρουσίαν, δι' ἐπιστολῆς
τὴν αὐτοῦ γνώμην, ἣν ἔχοι περὶ τοῦ ζητουμένου,
παραστήσας, οἱ δὲ λοιποὶ τῶν ἐκκλησιῶν ποιμένες
ἄλλος ἄλλοθεν ὡς ἐπὶ λυμεῶνα τῆς Χριστοῦ
ποίμνης συνήεσαν, οἱ πάντες ἐπὶ τὴν 'Αντιόχειαν
σπεύδοντες.

XXVIII. Τούτων οἳ μάλιστα διέπρεπον, Φιρ- 1
μιλιανὸς μὲν τῆς Καππαδοκῶν Καισαρείας ἐπί-
σκοπος ἦν, Γρηγόριος δὲ καὶ 'Αθηνόδωρος ἀδελφοὶ
τῶν κατὰ Πόντον παροικιῶν ποιμένες καὶ ἐπὶ
τούτοις Ἕλενος τῆς ἐν Ταρσῷ παροικίας καὶ
Νικομᾶς τῆς ἐν 'Ικονίῳ, οὐ μὴν ἀλλὰ καὶ τῆς ἐν
'Ιεροσολύμοις ἐκκλησίας 'Υμέναιος τῆς τε ὁμόρου
ταύτης Καισαρείας Θεότεκνος, Μάξιμος ἔτι πρὸς
τούτοις, τῶν κατὰ Βόστραν δὲ καὶ οὗτος ἀδελφῶν
διαπρεπῶς ἡγεῖτο, μυρίους τε ἄλλους οὐκ ἂν
ἀπορήσαι τις ἅμα πρεσβυτέροις καὶ διακόνοις τῆς
αὐτῆς ἕνεκεν αἰτίας ἐν τῇ προειρημένῃ πόλει
συγκροτηθέντας ἀπαριθμούμενος, ἀλλὰ τούτων γε
οἱ μάλιστα ἐπιφανεῖς οἶδε ἦσαν. πάντων οὖν κατὰ 2
καιροὺς διαφόρως καὶ πολλάκις ἐπὶ ταὐτὸν συνιόν-
των, λόγοι καὶ ζητήσεις καθ' ἑκάστην ἀνεκινοῦντο
σύνοδον, τῶν μὲν ἀμφὶ τὸν Σαμοσατέα τὰ τῆς
ἑτεροδοξίας ἐπικρύπτειν ἔτι καὶ παρακαλύπτεσθαι
πειρωμένων, τῶν δὲ ἀπογυμνοῦν καὶ εἰς φανερὸν
ἄγειν τὴν αἵρεσιν καὶ τὴν εἰς Χριστὸν βλασφημίαν
αὐτοῦ διὰ σπουδῆς ποιουμένων.

Ἐν τούτῳ δὲ Διονύσιος τελευτᾷ κατὰ τὸ 3
δωδέκατον τῆς Γαλλιηνοῦ βασιλείας, προστὰς τῆς

an ordinary man, Dionysius of Alexandria was invited to attend the synod, but, pleading as his excuse both old age and bodily weakness, he postponed his coming, and furnished by letter the opinion that he held on the subject in question. But the rest of the pastors of the churches, from various quarters, all hasted to Antioch, and assembled as against a spoiler of the flock of Christ.

XXVIII. Among those who were the most distinguished were Firmilian, bishop of Caesarea in Cappadocia ; the brothers Gregory and Athenodore, pastors of the communities in Pontus ; and in addition to these, Helenus, [bishop] of the community at Tarsus, and Nicomas, of the community at Iconium ; nor must we omit Hymenaeus, of the church at Jerusalem, and Theotecnus, of this neighbouring church of Caesarea ; and moreover there was Maximus also, who was ruling with distinction the brethren at Bostra ; and one would not be at a loss to reckon up countless others, together with presbyters and deacons, who were gathered together in the abovementioned city for the same cause. But these were the most famous among them. When all, then, were coming together frequently on different occasions, arguments and questions were mooted at each meeting, the Samosatene and his party attempting to keep still concealed and to cloak what was heterodox, while the others were earnestly engaged in laying bare and bringing into the open his heresy and blasphemy against Christ.

At that time Dionysius died in the twelfth year of the reign of Gallienus,[1] having presided in the epis-

---

[1] A.D. 264-265.

κατ’ Ἀλεξάνδρειαν ἐπισκοπῆς ἔτεσιν ἑπτακαίδεκα, διαδέχεται δ’ αὐτὸν Μάξιμος.

Γαλλιηνοῦ δ’ ἐφ’ ὅλοις ἐνιαυτοῖς πεντεκαίδεκα 4 τὴν ἀρχὴν κεκρατηκότος, Κλαύδιος κατέστη διάδοχος.

Δεύτερον οὗτος διελθὼν ἔτος Αὐρηλιανῷ μεταδίδωσι τὴν ἡγεμονίαν· XXIX. καθ’ ὃν τελευταίας 1 συγκροτηθείσης πλείστων ὅσων ἐπισκόπων συνόδου, φωραθεὶς καὶ πρὸς ἁπάντων ἤδη σαφῶς καταγνωσθεὶς ἑτεροδοξίαν ὁ τῆς κατὰ Ἀντιόχειαν αἱρέσεως ἀρχηγὸς τῆς ὑπὸ τὸν οὐρανὸν καθολικῆς ἐκκλησίας ἀποκηρύττεται. μάλιστα δ’ αὐτὸν εὐ- 2 θύνας ἐπικρυπτόμενον διήλεγξεν Μαλχίων, ἀνὴρ τά τε ἄλλα λόγιος καὶ σοφιστοῦ τῶν ἐπ’ Ἀντιοχείας Ἑλληνικῶν παιδευτηρίων διατριβῆς προεστώς, οὐ μὴν ἀλλὰ καὶ δι’ ὑπερβάλλουσαν τῆς εἰς Χριστὸν πίστεως γνησιότητα πρεσβυτερίου τῆς αὐτόθι παροικίας ἠξιωμένος· οὗτός γέ τοι ἐπισημειουμένων ταχυγράφων ζήτησιν πρὸς αὐτὸν ἐνστησάμενος, ἣν καὶ εἰς δεῦρο φερομένην ἴσμεν, μόνος ἴσχυσεν τῶν ἄλλων κρυψίνουν ὄντα καὶ ἀπατηλὸν φωρᾶσαι τὸν ἄνθρωπον.

XXX. Μίαν δὴ οὖν ἐκ κοινῆς γνώμης οἱ ἐπὶ 1 ταὐτὸν συγκεκροτημένοι ποιμένες διαχαράξαντες ἐπιστολὴν εἰς πρόσωπον τοῦ τε Ῥωμαίων ἐπισκόπου Διονυσίου καὶ Μαξίμου τοῦ κατ’ Ἀλεξάνδρειαν ἐπὶ πάσας διαπέμπονται τὰς ἐπαρχίας, τὴν αὐτῶν τε σπουδὴν τοῖς πᾶσιν φανερὰν καθιστάντες καὶ τοῦ Παύλου τὴν διάστροφον ἑτεροδοξίαν, ἐλέγχους τε καὶ ἐρωτήσεις ἃς πρὸς αὐτὸν ἀνακεκινήκασιν, καὶ ἔτι τὸν πάντα βίον τε καὶ τρόπον τοῦ ἀνδρὸς διηγούμενοι· ἐξ ὧν μνήμης ἕνεκεν

copate at Alexandria for seventeen years. He was succeeded by Maximus.

Gallienus having held the principate for fifteen entire years, Claudius was established as his successor.[1]

When he had completed his second year, he gave over the government to Aurelian. XXIX. In Aurelian's day a final synod of an exceedingly large number of bishops was assembled, and the leader of the heresy at Antioch, being unmasked and now clearly condemned of heterodoxy by all, was excommunicated from the Catholic Church under heaven. The person foremost in calling him to account and in utterly refuting his attempts at concealment was Malchion, a learned man, who also was head of a school of rhetoric, one of the Greek educational establishments at Antioch; and, moreover, for the surpassing sincerity of his faith in Christ he had been deemed worthy of the presbyterate of that community. In fact, this man had stenographers to take notes as he held a disputation with Paul, which we know to be extant even to this day; and he, alone of them all, was able to unmask that crafty and deceitful person.

XXX. The pastors, then, who had been assembled together, indited unanimously a single letter personally to Dionysius, bishop of Rome, and Maximus, of Alexandria, and sent it throughout all the provinces. In it they make manifest to all their zeal, and also the perverse heterodoxy of Paul, as well as the arguments and questions that they addressed to him; and moreover they describe the man's whole life and conduct. From which, by way of memorial, it may

[1] A.D. 270.

καλῶς ἂν ἔχοι ταύτας αὐτῶν ἐπὶ τοῦ παρόντος διελθεῖν τὰς φωνάς·

" Διονυσίῳ καὶ Μαξίμῳ καὶ τοῖς κατὰ τὴν 2 οἰκουμένην πᾶσιν συλλειτουργοῖς ἡμῶν ἐπισκόποις καὶ πρεσβυτέροις καὶ διακόνοις καὶ πάσῃ τῇ ὑπὸ τὸν οὐρανὸν καθολικῇ ἐκκλησίᾳ Ἕλενος καὶ Ὑμέναιος καὶ Θεόφιλος καὶ Θεότεκνος καὶ Μάξιμος Πρόκλος Νικομᾶς καὶ Αἰλιανὸς καὶ Παῦλος καὶ Βωλανὸς καὶ Πρωτογένης καὶ Ἱέραξ καὶ Εὐτύχιος καὶ Θεόδωρος καὶ Μαλχίων καὶ Λούκιος καὶ οἱ λοιποὶ πάντες οἱ σὺν ἡμῖν παροικοῦντες τὰς ἐγγὺς πόλεις καὶ ἔθνη ἐπίσκοποι καὶ πρεσβύτεροι καὶ διάκονοι καὶ αἱ ἐκκλησίαι τοῦ θεοῦ ἀγαπητοῖς ἀδελφοῖς ἐν κυρίῳ χαίρειν."

Τούτοις μετὰ βραχέα ἐπιλέγουσιν ταῦτα· " ἐπ- 3 εστέλλομεν δὲ ἅμα καὶ παρεκαλοῦμεν πολλοὺς καὶ τῶν μακρὰν ἐπισκόπων ἐπὶ τὴν θεραπείαν τῆς θανατηφόρου διδασκαλίας, ὥσπερ καὶ Διονύσιον τὸν ἐπὶ τῆς Ἀλεξανδρείας καὶ Φιρμιλιανὸν τὸν ἀπὸ τῆς Καππαδοκίας, τοὺς μακαρίτας· ὧν ὁ μὲν καὶ ἐπέστειλεν εἰς τὴν Ἀντιόχειαν, τὸν ἡγεμόνα τῆς πλάνης οὐδὲ προσρήσεως ἀξιώσας οὐδὲ πρὸς πρόσωπον γράψας αὐτῷ, ἀλλὰ τῇ παροικίᾳ πάσῃ, ἧς καὶ τὸ ἀντίγραφον ὑπετάξαμεν· ὁ δὲ Φιρ- 4 μιλιανός, καὶ δὶς ἀφικόμενος, κατέγνω μὲν τῶν ὑπ᾽ ἐκείνου καινοτομουμένων, ὡς ἴσμεν καὶ μαρτυροῦμεν οἱ παραγενόμενοι καὶ ἄλλοι πολλοὶ συνίσασιν, ἐπαγγειλαμένου δὲ μεταθήσεσθαι, πιστεύσας καὶ ἐλπίσας ἄνευ τινὸς περὶ τὸν λόγον λοιδορίας τὸ πρᾶγμα εἰς δέον καταστήσεσθαι, ἀνεβάλετο, παρακρουσθεὶς ὑπὸ τοῦ καὶ τὸν θεὸν τὸν ἑαυτοῦ καὶ κύριον ἀρνουμένου καὶ τὴν πίστιν,

Jude 8. 4

214

be well on the present occasion to give an account of these their utterances.

" To Dionysius and Maximus and to all our fellow-ministers throughout the world, bishops, presbyters and deacons, and to the whole Catholic Church under heaven, Helenus and Hymenaeus and Theophilus and Theotecnus and Maximus, Proclus, Nicomas and Aelianus and Paul and Bolanus and Protogenes and Hierax and Eutychius and Theodore and Malchion and Lucius and all the others who, with us, sojourn in the adjacent cities and provinces, bishops and presbyters and deacons and the churches of God, as to brethren beloved in the Lord send greeting."

A little further on they proceed thus : " And we wrote [1] inviting many even of the bishops at a distance to come and heal this deadly doctrine, as for example, both Dionysius at Alexandria and Firmilian of Cappadocia, those blessed men. The former of these wrote to Antioch, [not to the bishop,] neither deeming the leader of the heresy worthy of being addressed nor writing to him personally, but to the whole community ; of which letter also we subjoin a copy. Firmilian, on the other hand, even came twice, and condemned Paul's new-fangled ideas, as we who were present know and bear witness, and many others know as well ; but, on his promising to change, he adjourned the [proceedings], hoping and believing that the matter would be fittingly concluded without any reproach to the Word ; for he was deceived by him who both denied his God and Lord, and also did not

---

[1] The Greek (imperf.) implies a continued correspondence.

ἦν καὶ αὐτὸς πρότερον εἶχεν, μὴ φυλάξαντος. ἔμελλεν δὲ καὶ νῦν ὁ Φιρμιλιανὸς εἰς τὴν Ἀντιό- 5 χειαν διαβήσεσθαι καὶ μέχρι γε Ταρσῶν ἧκεν, ἅτε τῆς ἀρνησιθέου κακίας αὐτοῦ πεῖραν εἰληφώς· ἀλλὰ γὰρ μεταξύ, συνεληλυθότων ἡμῶν καὶ καλούντων καὶ ἀναμενόντων, ἄχρι ἂν ἔλθῃ, τέλος ἔσχεν τοῦ βίου.''

Μεθ' ἕτερα δ' αὖθις τὸν βίον τοῦ αὐτοῦ οἵας 6 ἐτύγχανεν ἀγωγῆς, διαγράφουσιν ἐν τούτοις· '' ὅπου δὲ ἀποστὰς τοῦ κανόνος, ἐπὶ κίβδηλα καὶ

1 Cor. 5, 12 νόθα διδάγματα μετελήλυθεν, οὐδὲν δεῖ τοῦ ἔξω ὄντος τὰς πράξεις κρίνειν, οὐδ' ὅτι πρότερον πένης 7 ὢν καὶ πτωχὸς καὶ μήτε παρὰ πατέρων παρα- λαβὼν μηδεμίαν εὐπορίαν μήτε ἐκ τέχνης ἤ τινος ἐπιτηδεύματος κτησάμενος, νῦν εἰς ὑπερβάλλοντα πλοῦτον ἐλήλακεν ἐξ ἀνομιῶν καὶ ἱεροσυλιῶν καὶ ὧν αἰτεῖ καὶ σείει τοὺς ἀδελφούς, καταβραβεύων τοὺς ἀδικουμένους καὶ ὑπισχνούμενος βοηθήσειν μισθοῦ, ψευδόμενος δὲ καὶ τούτους καὶ μάτην καρπούμενος τὴν τῶν ἐν πράγμασιν ὄντων ἑτοι- μότητα πρὸς τὸ διδόναι ὑπὲρ ἀπαλλαγῆς τῶν

1 Tim. 6, 5
1 Tim. 6, 17 ἐνοχλούντων, πορισμὸν ἡγούμενος τὴν θεοσέβειαν· οὔτε ὡς ὑψηλὰ φρονεῖ καὶ ὑπερῆρται, κοσμικὰ 8 ἀξιώματα ὑποδυόμενος καὶ δουκηνάριος μᾶλλον ἢ ἐπίσκοπος θέλων καλεῖσθαι καὶ σοβῶν κατὰ τὰς ἀγορὰς καὶ ἐπιστολὰς ἀναγινώσκων καὶ ὑπαγο- ρεύων ἅμα βαδίζων δημοσίᾳ καὶ δορυφορούμενος, τῶν μὲν προπορευομένων, τῶν δ' ἐφεπομένων, πολλῶν τὸν ἀριθμόν, ὡς καὶ τὴν πίστιν φθονεῖσθαι

---

¹ A procurator of high rank, so called because he had a salary of 200 sestertia.

preserve the faith that he himself formerly held. And Firmilian was now again on his way to cross over to Antioch, and had got as far as Tarsus, for he had had experience of the villainy of this denier of God. But while we had come together and were actually calling him and awaiting his arrival, in the midst of it all he reached life's end."

Again, after other remarks they describe the manner of his life, in the following terms : " But whereas he departed from the canon [of truth], and has turned aside to spurious and bastard doctrines, we are under no obligation to judge the actions of him that is without, not even because, though he was formerly poor and penniless, neither having received a livelihood from his fathers nor having got it from a trade or any occupation, he has now come to possess abundant wealth, as a result of lawless deeds and sacrilegious plunderings and extortions exacted from the brethren by threats ; for he deprives the injured of their rights, and promises to help them for money, yet breaks his word with these also, and with a light heart makes his harvest out of the readiness of persons engaged in lawsuits to make an offer, for the sake of being rid of those that trouble them ; seeing that he considers that godliness is a way of gain. Neither [do we judge him] because he sets his mind on high things and is lifted up, clothing himself with wordly honours and wishing to be called *ducenarius* [1] rather than bishop, and struts in the market-places,[2] reading and dictating letters as he walks in public, and attended by a bodyguard, some preceding, some following, and that too in numbers : with the result

---

[2] *Cf.* Demosthenes, Κατὰ Μειδίου, 158: τρεῖς ἀκολούθους ἢ τέτταρας αὐτὸς ἔχων διὰ τῆς ἀγορᾶς σοβεῖ.

καὶ μισεῖσθαι διὰ τὸν ὄγκον αὐτοῦ καὶ τὴν ὑπερ-
ηφανίαν τῆς καρδίας· οὔτε τὴν ἐν ταῖς ἐκκλησια- 9
στικαῖς συνόδοις τερατείαν, ἣν μηχανᾶται, δοξο-
κοπῶν καὶ φαντασιοκοπῶν καὶ τὰς τῶν ἀκεραιο-
τέρων ψυχὰς τοῖς τοιούτοις ἐκπλήττων, βῆμα μὲν
καὶ θρόνον ὑψηλὸν ἑαυτῷ κατασκευασάμενος, οὐχ
ὡς Χριστοῦ μαθητής, σήκρητόν τε, ὥσπερ οἱ τοῦ
κόσμου ἄρχοντες, ἔχων τε καὶ ὀνομάζων, παίων
τε τῇ χειρὶ τὸν μηρὸν καὶ τὸ βῆμα ἀράττων τοῖς
ποσὶν καὶ τοῖς μὴ ἐπαινοῦσιν μηδὲ ὥσπερ ἐν τοῖς
θεάτροις κατασείουσιν ταῖς ὀθόναις μηδ᾽ ἐκβοῶσίν
τε καὶ ἀναπηδῶσιν κατὰ τὰ αὐτὰ τοῖς ἀμφ᾽ αὐτὸν
στασιώταις, ἀνδράσιν τε καὶ γυναίοις, ἀκόσμως
οὕτως ἀκροωμένοις, τοῖς δ᾽ οὖν ὡς ἐν οἴκῳ θεοῦ
σεμνοπρεπῶς καὶ εὐτάκτως ἀκούουσιν ἐπιτιμῶν
καὶ ἐνυβρίζων καὶ εἰς τοὺς ἀπελθόντας ἐκ τοῦ βίου
τούτου παροινῶν ἐξηγητὰς τοῦ λόγου φορτικῶς
ἐν τῷ κοινῷ καὶ μεγαλορημονῶν περὶ ἑαυτοῦ,
καθάπερ οὐκ ἐπίσκοπος ἀλλὰ σοφιστὴς καὶ γόης·
ψαλμοὺς δὲ τοὺς μὲν εἰς τὸν κύριον ἡμῶν Ἰησοῦν 10
Χριστὸν παύσας ὡς δὴ νεωτέρους καὶ νεωτέρων
ἀνδρῶν συγγράμματα, εἰς ἑαυτὸν δὲ ἐν μέσῃ τῇ
ἐκκλησίᾳ τῇ μεγάλῃ τοῦ πάσχα ἡμέρᾳ ψαλμῳδεῖν
γυναῖκας παρασκευάζων, ὧν καὶ ἀκούσας ἄν τις
φρίξειεν· οἷα καὶ τοὺς θωπεύοντας αὐτὸν ἐπισκόπους
τῶν ὁμόρων ἀγρῶν τε καὶ πόλεων καὶ πρεσβυτέ-
ρους ἐν ταῖς πρὸς τὸν λαὸν ὁμιλίαις καθίησιν δια-
λέγεσθαι· τὸν μὲν γὰρ υἱὸν τοῦ θεοῦ οὐ βούλεται 11
συνομολογεῖν ἐξ οὐρανοῦ κατεληλυθέναι (ἵνα τι

that the faith is ill thought of and hated because of his conceit and the overweening pride of his heart. Nor [do we judge] the quackery in church assemblies that he devises, courting popularity and posing for appearance' sake, and thus astonishing the minds of the simpler folk, with the tribunal and lofty throne that he prepared for himself, not befitting a disciple of Christ, and the *secretum*[1] which, in imitation of the rulers of the world, he has and so styles. Also, he smites his hand on his thigh and stamps the tribunal with his feet; and those who do not applaud or wave their handkerchiefs, as in a theatre, or shout out and jump up in the same way as do the men and wretched women who are his partizans and hearken in this disorderly fashion, but who listen, as in God's house, with orderly and becoming reverence,—these he rebukes and insults. And towards the interpreters of the Word who have departed this life he behaves in an insolent and ill-bred fashion in the common assembly, and brags about himself as though he were not a bishop but a sophist and charlatan. And as to psalms, he put a stop to those addressed to our Lord Jesus Christ, on the ground that they are modern and the compositions of modern men, but he trains women to sing hymns to himself in the middle of the church on the great day of the Pascha, which would make one shudder to hear. Such also is the kind of discourse that he permits the bishops of the neighbouring country and towns, who fawn upon him, and the presbyters as well, to deliver in their sermons to the people. For he is not willing to acknowledge with us that the Son of God has come down from heaven

[1] The *secretum* was the private chamber of a magistrate or judge.

προλαβόντες τῶν μελλόντων γραφήσεσθαι θῶμεν,
καὶ τοῦτο οὐ λόγῳ ψιλῷ ῥηθήσεται, ἀλλ᾽ ἐξ ὧν
ἐπέμψαμεν ὑπομνημάτων δείκνυται πολλαχόθεν,
οὐχ ἥκιστα δὲ ὅπου λέγει Ἰησοῦν Χριστὸν
κάτωθεν), οἱ δὲ εἰς αὐτὸν ψάλλοντες καὶ ἐγκωμιά-
ζοντες ἐν τῷ λαῷ ἄγγελον τὸν ἀσεβῆ διδάσκαλον
ἑαυτῶν ἐξ οὐρανοῦ κατεληλυθέναι λέγουσιν, καὶ
ταῦτα οὐ κωλύει, ἀλλὰ καὶ λεγομένοις πάρεστιν ὁ
ὑπερήφανος· τὰς δὲ συνεισάκτους αὐτοῦ γυναῖκας, 12
ὡς Ἀντιοχεῖς ὀνομάζουσιν, καὶ τῶν περὶ αὐτὸν
πρεσβυτέρων καὶ διακόνων, οἷς καὶ τοῦτο καὶ τὰ
ἄλλα ἁμαρτήματα ἀνίατα ὄντα συγκρύπτει, συν-
ειδὼς καὶ ἐλέγξας, ὅπως αὐτοὺς ὑπόχρεως ἔχῃ,
περὶ ὧν λόγοις καὶ ἔργοις ἀδικεῖ, μὴ τολμῶντας
κατηγορεῖν τῷ καθ᾽ ἑαυτοὺς φόβῳ, ἀλλὰ καὶ
πλουσίους ἀπέφηνεν, ἐφ᾽ ᾧ πρὸς τῶν τὰ τοιαῦτα
ζηλούντων φιλεῖται καὶ θαυμάζεται—τί ἂν ταῦτα
γράφοιμεν; ἐπιστάμεθα δέ, ἀγαπητοί, ὅτι τὸν 13
ἐπίσκοπον καὶ τὸ ἱερατεῖον ἅπαν παράδειγμα
Tit. 2, 7 εἶναι δεῖ τῷ πλήθει πάντων καλῶν ἔργων, καὶ
οὐδὲ ἐκεῖνο ἀγνοοῦμεν ὅσοι ὑπὸ τοῦ συνεισάγειν
ἑαυτοῖς γυναῖκας ἐξέπεσον, οἳ δ᾽ ὑπωπτεύθησαν,
ὥστ᾽ εἰ καὶ δοίη τις αὐτῷ τὸ μηδὲν ἀσελγὲς
ποιεῖν, ἀλλὰ τήν γε ὑπόνοιαν τὴν ἐκ τοῦ τοιούτου
πράγματος φυομένην ἐχρῆν εὐλαβηθῆναι, μή τινα
σκανδαλίσῃ, τοὺς δὲ καὶ μιμεῖσθαι προτρέψῃ.
πῶς γὰρ ἂν ἐπιπλήξειεν ἢ νουθετήσειεν ἕτερον 14
μὴ συγκαταβαίνειν ἐπὶ πλέον εἰς ταὐτὸν γυναικί,
Cf. Ecclus. 9. 8, 9 μὴ ὀλίσθῃ, φυλαττόμενον, ὡς γέγραπται, ὅστις

---

[1] Paul held that Jesus Christ was a mere man, although anointed in a special degree with the Holy Ghost. Hence He had no divine origin from above: He was "from below."

220

(to anticipate something of what we are about to write ; and this will not be merely asserted, but is proved from many passages of the notes that we send, and not least where he says that Jesus Christ is from below [1]) ; while they who sing psalms to him and utter his praises in the congregation say that their impious teacher has come down an angel from heaven. And he does not prevent this, but is even present when such things are said, arrogant fellow that he is. And as to the *subintroductae*,[2] as the Antiochenes call them, his own and those of the presbyters and deacons in his company, with whom he joins in concealing both this and the other incurable sins (though he knows of, and has convicted, them), that he may have them under obligation to him, and that they may not dare, through fear for themselves, to accuse him of his misdemeanours in word and deed ; yea, he has even made them rich, for which cause he is the beloved and admired of those who affect such conduct—why should we write of these things ? But we know, beloved, that the bishop and the priesthood as a whole should be a pattern to the people of all good works ; and we are not ignorant of this : how many have fallen through procuring *subintroductae* for themselves, while others are under suspicion ; so that even if it be granted that he does nothing licentious, yet he ought at least to guard against the suspicion that arises from such a practice, lest he cause someone to stumble, and induce others also to imitate him. For how could he rebuke another, or counsel him not to consort any further with a woman and so guard against a slip, as it is written, seeing that he has

[2] *i.e.* spiritual " sisters."

μίαν μὲν ἀπέστησεν ἤδη, δύο δὲ ἀκμαζούσας καὶ
εὐπρεπεῖς τὴν ὄψιν ἔχει μεθ' ἑαυτοῦ, κἂν ἀπίῃ
που, συμπεριφέρει, καὶ ταῦτα τρυφῶν καὶ ὑπερεμ-
πιμπλάμενος; ὧν ἕνεκα στενάζουσι μὲν καὶ ὀδύ- 15
ρονται πάντες καθ' ἑαυτούς, οὕτω δὲ τὴν τυραννίδα
καὶ δυναστείαν αὐτοῦ πεφόβηνται, ὥστε κατηγορεῖν
μὴ τολμᾶν. ἀλλὰ ταῦτα μέν, ὡς προειρήκαμεν, 16
εὔθυνεν ἄν τις ἄνδρα τὸ γοῦν φρόνημα καθολικὸν
ἔχοντα καὶ συγκαταριθμούμενον ἡμῖν, τὸν δ'
ἐξορχησάμενον τὸ μυστήριον καὶ ἐμπομπεύσαντα
cf. 1 Tim. 3, 16 τῇ μιαρᾷ αἱρέσει τῇ Ἀρτεμᾶ (τί γὰρ οὐ χρὴ μόλις
τὸν πατέρα αὐτοῦ δηλῶσαι;) οὐδὲν δεῖν ἡγούμεθα
τούτων τοὺς λογισμοὺς ἀπαιτεῖν."

Εἶτ' ἐπὶ τέλει τῆς ἐπιστολῆς ταῦτ' ἐπιλέγουσιν· 17
" ἠναγκάσθημεν οὖν ἀντιτασσόμενον αὐτὸν τῷ
θεῷ καὶ μὴ εἴκοντα ἐκκηρύξαντες, ἕτερον ἀντ'
αὐτοῦ τῇ καθολικῇ ἐκκλησίᾳ καταστῆσαι ἐπί-
σκοπον, θεοῦ προνοίᾳ ὡς πεπείσμεθα, τὸν τοῦ
μακαρίου Δημητριανοῦ καὶ ἐπιφανῶς προστάντος
πρὸ τούτου τῆς αὐτῆς παροικίας υἱὸν Δόμνον,
ἅπασιν τοῖς πρέπουσιν ἐπισκόπῳ καλοῖς κεκοσμη-
μένον, ἐδηλώσαμέν τε ὑμῖν, ὅπως τούτῳ γράφητε
καὶ παρὰ τούτου τὰ κοινωνικὰ δέχησθε γράμματα·
τῷ δὲ Ἀρτεμᾷ οὗτος ἐπιστελλέτω καὶ οἱ τὰ
Ἀρτεμᾷ φρονοῦντες τούτῳ κοινωνείτωσαν."

Τοῦ δὴ οὖν Παύλου σὺν καὶ τῇ τῆς πίστεως 18
ὀρθοδοξίᾳ τῆς ἐπισκοπῆς ἀποπεπτωκότος, Δόμνος,
ὡς εἴρηται, τὴν λειτουργίαν τῆς κατὰ Ἀντιόχειαν
ἐκκλησίας διεδέξατο· ἀλλὰ γὰρ μηδαμῶς ἐκστῆναι 19
τοῦ Παύλου τοῦ τῆς ἐκκλησίας οἴκου θέλοντος,

sent one away already, and has two in his company in the flower of youth and beauty, and even if he go away anywhere, he brings them around with him, living all the while in luxury and surfeiting ? Wherefore, though all groan and lament in private, so fearful have they become of his tyranny and power, that they dare not accuse him. Yet, as we have said before,[1] one might call to account for these matters a man who has at any rate a catholic mind and is numbered along with us ; but as for one who burlesqued the mystery, and strutted about in the abominable heresy of Artemas[2] (for why should we not bring ourselves to declare his father ?)—from such a one we think that we are under no obligation to demand a reckoning for these things."

Then at the close of the letter they add as follows : " We were compelled therefore, as he opposed himself to God and refused to yield, to excommunicate him, and appoint another bishop in his stead for the Catholic Church [choosing] by the providence of God, as we are persuaded, Domnus the son of the blessed Demetrian, who formerly presided with distinction over the same community ; he is adorned with all the noble qualities suitable for a bishop, and we notify [this his appointment] unto you that ye may write to him, and from him receive letters of communion. But let this fellow write to Artemas, and let those who side with Artemas hold communion with him."

When Paul, then, had fallen from the episcopate as well as from his orthodoxy in the faith, Domnus, as has been said, succeeded to the ministry of the church at Antioch. But as Paul refused on any account to give up possession of the church-building,

EUSEBIUS

βασιλεὺς ἐντευχθεὶς Αὐρηλιανὸς αἰσιώτατα περὶ
τοῦ πρακτέου διείληφεν, τούτοις νεῖμαι προσ-
τάττων τὸν οἶκον, οἷς ἂν οἱ κατὰ τὴν Ἰταλίαν
καὶ τὴν Ῥωμαίων πόλιν ἐπίσκοποι τοῦ δόγματος
ἐπιστέλλοιεν. οὕτω δῆτα ὁ προδηλωθεὶς ἀνὴρ
μετὰ τῆς ἐσχάτης αἰσχύνης ὑπὸ τῆς κοσμικῆς
ἀρχῆς ἐξελαύνεται τῆς ἐκκλησίας.

Τοιοῦτος μέν γέ τις ἦν τὸ τηνικάδε περὶ ἡμᾶς 20
ὁ Αὐρηλιανός, προϊούσης δ' αὐτῷ τῆς ἀρχῆς
ἀλλοῖόν τι περὶ ἡμῶν φρονήσας, ἤδη τισὶν βουλαῖς,
ὡς ἂν διωγμὸν καθ' ἡμῶν ἐγείρειεν, ἀνεκινεῖτο,
πολύς τε ἦν ὁ παρὰ πᾶσιν περὶ τούτου λόγος·
μέλλοντα δὲ ἤδη καὶ σχεδὸν εἰπεῖν τοῖς καθ' ἡμῶν 21
γράμμασιν ὑποσημειούμενον θεία μέτεισιν δίκη,
μόνον οὐχὶ ἐξ ἀγκώνων τῆς ἐγχειρήσεως αὐτὸν
ἀποδεσμοῦσα λαμπρῶς τε τοῖς πᾶσιν συνορᾶν
παριστῶσα ὡς οὔποτε γένοιτ' ἂν ῥαστώνη τοῖς
τοῦ βίου ἄρχουσιν κατὰ τῶν τοῦ Χριστοῦ ἐκ-
κλησιῶν, μὴ οὐχὶ τῆς ὑπερμάχου χειρὸς θείᾳ καὶ
οὐρανίῳ κρίσει παιδείας ἕνεκα καὶ ἐπιστροφῆς,
καθ' οὓς ἂν αὐτὴ δοκιμάζοι καιρούς, τοῦτ' ἐπι-
τελεῖσθαι συγχωρούσης. ἔτεσι γοῦν ἓξ κρατήσαντα 22
τὸν Αὐρηλιανὸν διαδέχεται Πρόβος, καὶ τοῦτον
δέ που τοῖς ἴσοις ἐπικατασχόντα Κᾶρος ἅμα
παισὶν Καρίνῳ καὶ Νουμεριανῷ, πάλιν τ' αὖ καὶ
τούτων οὐδ' ὅλοις τρισὶν ἐνιαυτοῖς διαγενομένων,
μέτεισιν τὰ τῆς ἡγεμονίας Διοκλητιανὸν καὶ τοὺς
μετ' αὐτὸν εἰσποιηθέντας, ἐφ' ὧν ὁ καθ' ἡμᾶς

---

[1] τοῦ δόγματος, *i.e.* the Christian religion : probably a
translation of the actual words used by Aurelian.

224

the emperor Aurelian, on being petitioned, gave an extremely just decision regarding the matter, ordering the assignment of the building to those with whom the bishops of the doctrine [1] in Italy and Rome should communicate in writing. Thus, then, was the aforesaid man driven with the utmost indignity from the church by the ruler of this world.

Such indeed was the disposition of Aurelian towards us at that time. But as his reign advanced, he changed his mind with regard to us, and was now being moved by certain counsels to stir up persecution against us; and there was great talk about this on all sides. But as he was just on the point of so doing and was putting, one might almost say, his signature to the decrees against us, the divine Justice visited him, and pinioned his arms, so to speak, to prevent his undertaking. Thus it was clearly shown for all to see that the rulers of this world would never find it easy to proceed against the churches of Christ, unless the hand which champions us were to permit this to be done, as a divine and heavenly judgement to chasten and turn us, at whatsoever times it should approve. At all events, when Aurelian had reigned for six years, [2] he was succeeded by Probus. He held the government for something like the same number of years, [3] and Carus with his sons Carinus and Numerianus succeeded him; and when they in their turn had remained in office for not three entire years, the government devolved on Diocletian [4] and on those who were brought in after him; and under them was

[2] A.D. 270–275.
[3] A.D. 276–282, two emperors, Tacitus and Florianus, coming between Aurelian and Probus with short reigns.
[4] A.D. 284.

συντελεῖται διωγμὸς καὶ ἡ κατ' αὐτὸν τῶν ἐκ-
κλησιῶν καθαίρεσις.

Ἀλλὰ γὰρ μικρῷ τούτου πρότερον τὸν ἐπὶ 23
Ῥώμης ἐπίσκοπον Διονύσιον ἔτεσιν ἐννέα δι-
ελθόντα τὴν λειτουργίαν διαδέχεται Φῆλιξ.

XXXI. Ἐν τούτῳ καὶ ὁ μανεὶς τὰς φρένας 1
ἐπώνυμός τε τῆς δαιμονώσης αἱρέσεως τὴν τοῦ
λογισμοῦ παρατροπὴν καθωπλίζετο, τοῦ δαίμονος,
αὐτοῦ δὴ τοῦ θεομάχου σατανᾶ, ἐπὶ λύμῃ πολλῶν
τὸν ἄνδρα προβεβλημένου. βάρβαρος δῆτα τὸν
βίον αὐτῷ λόγῳ καὶ τρόπῳ τήν τε φύσιν δαιμονικός
τις ὢν καὶ μανιώδης, ἀκόλουθα τούτοις ἐγχειρῶν,
Χριστὸν αὑτὸν μορφάζεσθαι ἐπειρᾶτο, τοτὲ μὲν
John 14,16 f. τὸν παράκλητον καὶ αὐτὸ τὸ πνεῦμα τὸ ἅγιον
αὐτὸς ἑαυτὸν ἀνακηρύττων καὶ τυφούμενός γε
Matt. 10, 1, ἐπὶ τῇ μανίᾳ, τοτὲ δέ, οἷα Χριστός, μαθητὰς δώ-
etc, δεκα κοινωνοὺς τῆς καινοτομίας αἱρούμενος· δόγ- 2
ματά γε μὴν ψευδῆ καὶ ἄθεα ἐκ μυρίων τῶν
πρόπαλαι ἀπεσβηκότων ἀθέων αἱρέσεων συμ-
πεφορημένα καττύσας, ἐκ τῆς Περσῶν ἐπὶ τὴν
καθ' ἡμᾶς οἰκουμένην ὥσπερ τινὰ θανατηφόρον
ἰὸν ἐξωμόρξατο, ἀφ' οὗ δὴ τὸ Μανιχαίων δυσσεβὲς
ὄνομα τοῖς πολλοῖς εἰς ἔτι νῦν ἐπιπολάζει. τοιαύτη
1 Tim. 6, 20 μὲν οὖν ἡ καὶ τῆσδε τῆς ψευδωνύμου γνώσεως ὑπό-
θεσις, κατὰ τοὺς δεδηλωμένους ὑποφυείσης χρόνους.

XXXII. Καθ' οὓς Φήλικα τῆς Ῥωμαίων προ-1
στάντα ἐκκλησίας ἔτεσιν πέντε Εὐτυχιανὸς δια-
δέχεται· οὐδ' ὅλοις δὲ μησὶν οὗτος δέκα διαγενό-
μενος, Γαΐῳ τῷ καθ' ἡμᾶς καταλείπει τὸν κλῆρον·
καὶ τούτου δὲ ἀμφὶ τὰ πεντεκαίδεκα ἔτη προ-

---

¹ The similarity between Μάνης (Mani) and μανεὶς, although

accomplished the persecution of our day and the destruction of the churches therein.

But a short time before this, Felix succeeded in the ministry Dionysius, bishop of Rome, who had completed nine years.

XXXI. At that time also the madman,[1] named after his devil-possessed heresy, was taking as his armour mental delusion; for the devil, that is Satan himself, the adversary of God, had put the man forward for the destruction of many. His very speech and manners proclaimed him a barbarian in mode of life, and, being by nature devilish and insane, he suited his endeavours thereto and attempted to pose as Christ: at one time giving out that he was the Paraclete and the Holy Spirit Himself, conceited fool that he was, as well as mad; at another time choosing, as Christ did, twelve disciples as associates in his new-fangled system. In short, he stitched together false and godless doctrines that he had collected from the countless, long-extinct, godless heresies, and infected our empire with, as it were, a deadly poison that came from the land of the Persians; and from him the profane name of Manichaean is still commonly on men's lips to this day. Such, then, was the foundation on which rested this knowledge which is falsely so called, which sprang up at the time we have mentioned.

XXXII. At that time Felix, who had presided over the church of the Romans for five years, was succeeded by Eutychianus. This person did not survive for even ten entire months; he left the office to Gaius our contemporary. And when he had presided

the words have no etymological relation to each other, is sufficient to give Eusebius occasion for punning.

227

στάντος, Μαρκελλῖνος κατέστη διάδοχος, ὃν καὶ
αὐτὸν ὁ διωγμὸς κατείληφεν.

Κατὰ τούσδε τῆς Ἀντιοχέων ἐπισκοπῆς μετὰ 2
Δόμνον ἡγήσατο Τίμαιος, ὃν ὁ καθ᾽ ἡμᾶς διεδέξατο
Κύριλλος· καθ᾽ ὃν Δωρόθεον, πρεσβείου τοῦ κατὰ
Ἀντιόχειαν ἠξιωμένον, λόγιον ἄνδρα ἔγνωμεν.
φιλόκαλος δ᾽ οὗτος περὶ τὰ θεῖα γεγονώς, καὶ τῆς
Ἑβραίων ἐπεμελήθη γλώττης, ὡς καὶ αὐταῖς ταῖς
Ἑβραϊκαῖς γραφαῖς ἐπιστημόνως ἐντυγχάνειν. ἦν 3
δ᾽ οὗτος τῶν μάλιστα ἐλευθερίων προπαιδείας τε
τῆς καθ᾽ Ἕλληνας οὐκ ἄμοιρος, τὴν φύσιν δὲ
ἄλλως εὐνοῦχος, οὕτω πεφυκὼς ἐξ αὐτῆς γενέσεως,
ὡς καὶ βασιλέα διὰ τοῦτο, οἷόν τι παράδοξον,
αὐτὸν οἰκειώσασθαι καὶ τιμῆσαί γε ἐπιτροπῇ τῆς
κατὰ Τύρον ἁλουργοῦ βαφῆς. τούτου μετρίως 4
τὰς γραφὰς ἐπὶ τῆς ἐκκλησίας διηγουμένου κατ-
ηκούσαμεν.

Μετὰ δὲ Κύριλλον Τύραννος τῆς Ἀντιοχέων
παροικίας τὴν ἐπισκοπὴν διεδέξατο, καθ᾽ ὃν
ἤκμασεν ἡ τῶν ἐκκλησιῶν πολιορκία.

Τῆς δ᾽ ἐν Λαοδικείᾳ παροικίας ἡγήσατο μετὰ 5
Σωκράτην Εὐσέβιος, ἀπὸ τῆς Ἀλεξανδρέων ὁρμη-
θεὶς πόλεως· αἰτία δ᾽ αὐτῷ τῆς μεταναστάσεως
ὑπῆρξεν ἡ κατὰ τὸν Παῦλον ὑπόθεσις, δι᾽ ὃν τῆς
Συρίας ἐπιβάς, πρὸς τῶν τῇδε περὶ τὰ θεῖα
ἐσπουδακότων τῆς οἴκαδε πορείας εἴργεται, ἐπ-
έραστόν τι θεοσεβείας χρῆμα τῶν καθ᾽ ἡμᾶς γενό-
μενος, ὡς καὶ ἀπὸ τῶν προπαρατεθεισῶν Διονυσίου
φωνῶν διαγνῶναι ῥᾴδιον. Ἀνατόλιος αὐτῷ διά- 6
δοχος, ἀγαθός, φασίν, ἀγαθοῦ, καθίσταται, γένος

---

[1] 11. 3, 24.

for about fifteen years, Marcellinus was appointed his successor, the same whom the persecution has overtaken.

In the time of these persons, in succession to Domnus, Timaeus was in charge of the episcopate of Antioch, whom our contemporary Cyril succeeded. During Cyril's episcopate we came to know Dorotheus, a learned man, who had been deemed worthy of the presbyterate at Antioch. In his zeal for all that is beautiful in divine things, he made so careful a study of the Hebrew tongue that he read with understanding the original Hebrew Scriptures. And he was by no means unacquainted with the most liberal studies and Greek primary education ; but withal he was by nature a eunuch, having been so from his very birth, so that even the emperor, accounting this as a sort of miracle, took him into his friendship and honoured him with the charge of the purple dye-works at Tyre. We heard him giving a measured exposition of the Scriptures in the church.

After Cyril, Tyrannus succeeded to the episcopate of the community of the Antiochenes, in whose day the attack upon the churches was at its height.

After Socrates as head of the community at Laodicea came Eusebius, being a native of the city of Alexandria. The reason of his migration was the affair of Paul. For when he had come to Syria on business connected with Paul, he was prevented from returning home by those who had divine things at heart. He was a goodly example of piety among our contemporaries, as it will be easy to discover from the expressions of Dionysius quoted above.[1] Anatolius was appointed his successor, one good man, as they say, following another. He also was by race an

EUSEBIUS

μὲν καὶ αὐτὸς Ἀλεξανδρεύς, λόγων δ' ἕνεκα καὶ
παιδείας τῆς Ἑλλήνων φιλοσοφίας τε τὰ πρῶτα
τῶν μάλιστα καθ' ἡμᾶς δοκιμωτάτων ἀπενηνεγ-
μένος, ἅτε ἀριθμητικῆς καὶ γεωμετρίας ἀστρο-
νομίας τε καὶ τῆς ἄλλης, διαλεκτικῆς εἴτε φυσικῆς,
θεωρίας ῥητορικῶν τε αὖ μαθημάτων ἐληλακὼς
εἰς ἄκρον· ὧν ἕνεκα καὶ τῆς ἐπ' Ἀλεξανδρείας
Ἀριστοτέλους διαδοχῆς τὴν διατριβὴν λόγος ἔχει
πρὸς τῶν τῇδε πολιτῶν συστήσασθαι αὐτὸν
ἀξιωθῆναι. μυρίας μὲν οὖν τοῦδε καὶ ἄλλας 7
ἀριστείας ἐν τῇ κατ' Ἀλεξάνδρειαν τοῦ Πιρουχίου
πολιορκίᾳ μνημονεύουσιν, ἅτε τῶν ἐν τέλει προ-
νομίας ἐξαιρέτου πρὸς ἁπάντων ἠξιωμένου, δείγ-
ματος δ' ἕνεκα μόνου τοῦδε ἐπιμνησθήσομαι. τοῦ 8
πυροῦ, φασίν, τοῖς πολιορκουμένοις ἐπιλελοιπότος,
ὡς ἤδη τῶν ἔξωθεν πολεμίων μᾶλλον αὐτοῖς τὸν
λιμὸν ἀφόρητον καθεστάναι, παρὼν ὁ δηλούμενος
οἰκονομεῖταί τι τοιοῦτον. θατέρου μέρους τῆς
πόλεως τῷ Ῥωμαϊκῷ συμμαχοῦντος στρατῷ
ταύτῃ τε τυγχάνοντος ἀπολιορκήτου, τὸν Εὐσέβιον
(ἔτι γὰρ εἶναι τότε αὐτόθι πρὸ τῆς ἐπὶ Συρίαν
μεταναστάσεως), ἐν τοῖς ἀπολιορκήτοις ὄντα μέγα
τε κλέος καὶ διαβόητον ὄνομα μέχρι καὶ τοῦ
Ῥωμαίων στρατηλάτου κεκτημένον, περὶ τῶν
λιμῷ διαφθειρομένων κατὰ τὴν πολιορκίαν πέμψας
ὁ Ἀνατόλιος ἐκδιδάσκει· ὁ δὲ μαθών, σωτηρίαν 9
τοῖς ἀπὸ τῶν πολεμίων αὐτομόλοις παρασχεῖν ὡς
ἐν μεγίστῃ χάριτι δωρεᾶς τὸν Ῥωμαίων στρατηγὸν
αἰτεῖται, καὶ τῆς ἀξιώσεώς γε τυχὼν ἐμφανὲς τῷ
Ἀνατολίῳ καθίστησιν. ὁ δὲ αὐτίκα τὴν ἐπαγγελίαν

230

Alexandrian, who for his learning, secular education and philosophy had attained the first place among our most illustrious contemporaries ; inasmuch as in arithmetic and geometry, in astronomy and other sciences, whether of logic or of physics, and in the arts of rhetoric as well, he had reached the pinnacle. It is recorded that because of these attainments the citizens there deemed him worthy to establish the school of the Aristotelian tradition[1] at Alexandria. Now countless other of his deeds of prowess are related during the siege of the Pirucheum[2] at Alexandria, seeing that he was deemed worthy by all of an extraordinary privilege among the officials ; but as an example I shall make mention of the following one only. It is said that when the wheat failed the besieged, so that hunger was now a more intolerable thing than their enemies without, the person of whom we are speaking, being present, adopted the following device. The other part of the city was fighting in alliance with the Roman army, and thus was not besieged. Among these latter was Eusebius (for it is said that he was still there at that time before his migration to Syria), who had won so great fame and so widespread a reputation that it reached the ears even of the Roman general. To him Anatolius sent, and informed him as to those that were perishing of hunger in the siege. When he learnt it, he asked the Roman commander as a very great favour to grant safety to deserters from the enemy ; and having obtained his request acquainted Anatolius of the fact. The moment Anatolius received the promise, he

[1] Lit. " succession."
[2] The Greek quarter at Alexandria, in which were the most important buildings.

δεξάμενος, βουλὴν τῶν Ἀλεξανδρέων συναγαγών,
τὰ μὲν πρῶτα πάντας ἠξίου φιλικὴν δοῦναι Ῥω-
μαίοις δεξιάν, ὡς δ᾽ ἀγριαίνοντας ἐπὶ τῷ λόγῳ
συνεῖδεν, " ἀλλ᾽ οὐ τούτῳ γε," φησίν, " ἀντιλέξειν
ποθ᾽ ὑμᾶς οἴομαι, εἰ τοὺς περιττοὺς καὶ ἡμῖν
αὐτοῖς οὐδαμῇ χρησίμους, γραΐδας καὶ νήπια καὶ
πρεσβύτας, ἐκδοῦναι πυλῶν ἔξω βαδίζειν ὅποι καὶ
βούλοιντο, συμβουλεύσαιμι. τί γὰρ δὴ τούτους
εἰς μάτην, ὅσον οὔπω τεθνηξομένους, παρ᾽ ἑαυτοῖς
ἔχομεν; τί δὲ τοὺς ἀναπήρους καὶ τὰ σώματα
λελωβημένους τῷ λιμῷ κατατρύχομεν, τρέφειν
δέον μόνους ἄνδρας καὶ νεανίας καὶ τὸν ἀναγκαῖον
πυρὸν τοῖς ἐπὶ φυλακῇ τῆς πόλεως ἐπιτηδείοις
ταμιεύεσθαι;" τοιούτοις τισὶν λογισμοῖς πείσας 10
τὸ συνέδριον, ψῆφον πρῶτος ἀναστὰς ἐκφέρει πᾶν
τὸ τῇ στρατείᾳ μὴ ἐπιτήδειον εἴτε ἀνδρῶν εἴτε
γυναικῶν γένος ἀπολύειν τῆς πόλεως, ὅτι μηδὲ
καταμένουσιν αὐτοῖς καὶ εἰς ἄχρηστον ἐν τῇ πόλει
διατρίβουσιν ἐλπὶς ἂν γένοιτο σωτηρίας, πρὸς τοῦ
λιμοῦ διαφθαρησομένοις. ταύτῃ δὲ τῶν λοιπῶν 11
ἁπάντων τῶν ἐν τῇ βουλῇ συγκαταθεμένων μικροῦ
δεῖν τοὺς πάντας τῶν πολιορκουμένων διεσώσατο,
ἐν πρώτοις μὲν τῶν ἀπὸ τῆς ἐκκλησίας, ἔπειτα δὲ
καὶ τῶν ἄλλων τῶν κατὰ τὴν πόλιν πᾶσαν ἡλικίαν
διαδιδράσκειν προμηθούμενος, οὐ μόνον τῶν κατὰ
τὴν ψῆφον δεδογμένων, τῇ δὲ τούτων προφάσει
καὶ μυρίους ἄλλους, λεληθότως γυναικείαν στολὴν
ἀμπισχομένους νύκτωρ τε τῇ ἐκείνου φροντίδι τῶν
πυλῶν ἐξιόντας καὶ ἐπὶ τὴν Ῥωμαίων στρατιὰν
ὁρμῶντας. ἔνθα τοὺς πάντας ὑποδεχόμενος ὁ
Εὐσέβιος πατρὸς καὶ ἰατροῦ δίκην κεκακωμένους
ἐκ τῆς μακρᾶς πολιορκίας διὰ πάσης προνοίας καὶ

assembled a council of the Alexandrians, and at first requested all to extend the right hand of fellowship to the Romans. But when he perceived that they were getting angry at the proposal, " At any rate," said he, " I do not think you would contradict me if I were to counsel that those who were superfluous and in no wise useful to us ourselves, old women and young children and old men, should be permitted to go outside the gates whithersoever they wish. Why keep we these persons with us to no purpose, seeing they are all but on the point of death ? Why destroy we with hunger the maimed and crippled in body, when we should support only men and youths, and husband the necessary wheat for such as are required to guard the city ? " With some such arguments he persuaded the assembly, and was the first to rise and give his vote that the whole body of those who were not required for the army, whether men or women, should depart from the city, because were they to remain and uselessly stay therein, there would be no hope of safety for them, since they would perish with hunger. And when all the rest of those in the assembly assented to this proposal, he went within a little of saving the whole of them that were besieged ; he took care that first of all those belonging to the Church, and then the rest remaining in the city, of all ages, should escape, not only those who came under the terms of the vote, but also great numbers of others, passing themselves off as such, who secretly donned women's attire, and by his management left the gates by night and hastened to the Roman army. Eusebius was there to receive them all, and, like a father and physician, restore them, in evil plight after their long siege, with every kind of forethought and

θεραπείας ἀνεκτᾶτο. τοιούτων ἡ κατὰ Λαοδίκειαν 12
ἐκκλησία δύο ἐφεξῆς κατὰ διαδοχὴν ἠξιώθη ποι-
μένων, σὺν θείᾳ προμηθείᾳ μετὰ τὸν δηλωθέντα
πόλεμον ἐκ τῆς Ἀλεξανδρέων πόλεως ἐπὶ τὰ τῇδε
μετεληλυθότων. οὐμενοῦν ἐσπουδάσθη πλεῖστα τῷ 13
Ἀνατολίῳ συγγράμματα, τοσαῦτα δ' εἰς ἡμᾶς
ἐλήλυθεν, δι' ὧν αὐτοῦ καταμαθεῖν δυνατὸν ὁμοῦ
τό τε λόγιον καὶ πολυμαθές· ἐν οἷς μάλιστα τὰ περὶ
τοῦ πάσχα δόξαντα παρίστησιν, ἀφ' ὧν ἀναγκαῖον
ἂν εἴη τούτων ἐπὶ τοῦ παρόντος μνημονεῦσαι.

ΕΚ ΤΩΝ ΠΕΡΙ ΤΟΥ ΠΑΣΧΑ ΑΝΑΤΟΛΙΟΥ ΚΑΝΟΝΩΝ

" Ἔχει τοίνυν ἐν τῷ πρώτῳ ἔτει τὴν νουμηνίαν 14
τοῦ πρώτου μηνός, ἥτις ἁπάσης ἐστὶν ἀρχὴ τῆς
ἐννεακαιδεκαετηρίδος, τὴν κατ' Αἰγυπτίους μὲν
Φαμενὼθ κ̄ς̄, κατὰ δὲ τοὺς Μακεδόνων μῆνας
Δύστρου κβ, ὡς δ' ἂν εἴποιεν Ῥωμαῖοι, πρὸ ῑα
Καλανδῶν Ἀπριλίων. εὑρίσκεται δὲ ὁ ἥλιος ἐν 15
τῇ προκειμένῃ Φαμενὼθ κ̄ς̄ οὐ μόνον ἐπιβὰς τοῦ
πρώτου τμήματος, ἀλλ' ἤδη καὶ τετάρτην ἡμέραν
ἐν αὐτῷ διαπορευόμενος. τοῦτο δὲ τὸ τμῆμα
πρῶτον δωδεκατημόριον καὶ ἰσημερινὸν καὶ μηνῶν
ἀρχὴν καὶ κεφαλὴν τοῦ κύκλου καὶ ἄφεσιν τοῦ
τῶν πλανητῶν δρόμου καλεῖν εἰώθασιν, τὸ δὲ
πρὸ τούτου μηνῶν ἔσχατον καὶ τμῆμα δωδέκατον
καὶ τελευταῖον δωδεκατημόριον καὶ τέλος τῆς τῶν
πλανητῶν περιόδου· δι' ὃ καὶ τοὺς ἐν αὐτῷ τιθεμέ-
νους τὸν πρῶτον μῆνα καὶ τὴν τεσσαρεσκαιδεκάτην
τοῦ πάσχα κατ' αὐτὴν λαμβάνοντας οὐ μικρῶς
οὐδ' ὡς ἔτυχεν ἁμαρτάνειν φαμέν. ἔστιν δ' οὐχ 16

---

[1] See note, p. 244.

attention. Such were the two pastors that the church of Laodicea was deemed worthy to have successively, who by divine providence, after the above-mentioned war, had left the city of the Alexandrians to come there. Not a very great many works, indeed, were composed by Anatolius, but enough have reached us to enable us to perceive both his eloquence and his great erudition. In these works he especially presents his opinions with reference to the Pascha; from which it may be necessary on the present occasion to give the following passage.

From the Canons of Anatolius on the Pascha.[1]

" It has therefore in the first year the new moon of the first month, which is the beginning of the whole nineteen-year cycle, on the 26th of Phamenoth according to the Egyptians, but according to the months of the Macedonians the 22nd of Dystrus, or, as the Romans would say, the 11th before the Kalends of April. The sun is found on the aforesaid 26th of Phamenoth not only to have arrived at the first sign of the zodiac, but already to be passing through the fourth day within it. This sign is commonly called the first of the twelve divisions and the equinoctial [sign] and the beginning of months and head of the cycle and the starting-point of the planetary course. But the preceding sign is the last of the months and the twelfth sign and the last of the twelve divisions and the end of the planetary circuit. Therefore we say that they who place the first month in it, and determine the fourteenth day of the Pascha accordingly,[2] are guilty of no small or ordinary mistake.

[2] The Greek (κατ' αὐτήν) is unintelligible; we give the general sense.

ἡμέτερος οὗτος ὁ λόγος, Ἰουδαίοις δὲ ἐγινώσκετο
τοῖς πάλαι καὶ πρὸ Χριστοῦ ἐφυλάττετό τε πρὸς
αὐτῶν μάλιστα· μαθεῖν δ᾽ ἔστιν ἐκ τῶν ὑπὸ
Φίλωνος Ἰωσήπου Μουσαίου λεγομένων, καὶ οὐ
μόνων τούτων, ἀλλὰ καὶ τῶν ἔτι παλαιοτέρων
ἀμφοτέρων Ἀγαθοβούλων, τῶν ἐπίκλην διδα-
σκάλων Ἀριστοβούλου τοῦ πάνυ, ὃς ἐν τοῖς ο'
κατειλεγμένος τοῖς τὰς ἱερὰς καὶ θείας Ἑβραίων
ἑρμηνεύσασι γραφὰς Πτολεμαίῳ τῷ Φιλαδέλφῳ
καὶ τῷ τούτου πατρί, καὶ βίβλους ἐξηγητικὰς τοῦ
Μωυσέως νόμου τοῖς αὐτοῖς προσεφώνησεν βασι-
λεῦσιν. οὗτοι τὰ ζητούμενα κατὰ τὴν Ἔξοδον 17
ἐπιλύοντες, φασὶ δεῖν τὰ διαβατήρια θύειν ἐπ᾽
ἴσης ἅπαντας μετὰ ἰσημερίαν ἐαρινήν, μεσοῦντος
τοῦ πρώτου μηνός· τοῦτο δὲ εὑρίσκεσθαι, τὸ
πρῶτον τμῆμα τοῦ ἡλιακοῦ, ἢ ὥς τινες αὐτῶν
ὠνόμασαν, ζῳοφόρου κύκλου διεξιόντος ἡλίου.
ὁ δὲ Ἀριστόβουλος προστίθησιν ὡς εἴη ἐξ ἀνάγκης
τῇ τῶν διαβατηρίων ἑορτῇ μὴ μόνον τὸν ἥλιον
ἰσημερινὸν διαπορεύεσθαι τμῆμα, καὶ τὴν σελήνην
δέ. τῶν γὰρ ἰσημερινῶν τμημάτων ὄντων δύο, 18
τοῦ μὲν ἐαρινοῦ, τοῦ δὲ μετοπωρινοῦ, καὶ δια-
μετρούντων ἄλληλα δοθείσης τε τῆς τῶν δια-
βατηρίων ἡμέρας τῇ τεσσαρεσκαιδεκάτῃ τοῦ μηνὸς
μεθ᾽ ἑσπέραν, ἐνστήξεται μὲν ἡ σελήνη τὴν ἐναν-
τίαν καὶ διάμετρον τῷ ἡλίῳ στάσιν, ὥσπερ οὖν
ἔξεστιν ἐν ταῖς πανσελήνοις ὁρᾶν, ἔσονται δὲ ὁ
μὲν κατὰ τὸ ἐαρινὸν ἰσημερινόν, ὁ ἥλιος, τμῆμα,
ἢ δὲ ἐξ ἀνάγκης κατὰ τὸ φθινοπωρινὸν ἰσημερινόν,
ἡ σελήνη. οἶδα πλεῖστα καὶ ἄλλα πρὸς αὐτῶν 19
λεγόμενα, τοῦτο μὲν πιθανά, τοῦτο δὲ κατὰ τὰς
κυριακὰς ἀποδείξεις προϊόντα, δι᾽ ὧν παριστάνειν

And this is not our own statement, but the fact was known to the Jews, those of old time even before Christ, and it was carefully observed by them. One may learn it from what is said by Philo, Josephus and Musaeus, and not only by them but also by those of still more ancient date, the two Agathobuli, surnamed the Masters of Aristobulus the Great. He was reckoned among the Seventy who translated the sacred and divine Hebrew Scriptures for Ptolemy Philadelphus and his father ; and he dedicated books exegetical of the Law of Moses to the same kings. These writers, when they resolve the questions relative to the Exodus, say that all equally ought to sacrifice the passover after the vernal equinox, at the middle of the first month ; and that this is found to occur when the sun is passing through the first sign of the solar, or, as some have named it, the zodiacal cycle. And Aristobulus adds that at the feast of the passover it is necessary that not only the sun should be passing through an equinoctial sign, but the moon also. For as the equinoctial signs are two, the one vernal, the other autumnal, diametrically opposite each to other, and as the fourteenth of the month, at evening, is assigned as the day of the passover, the moon will have its place in the station that is diametrically opposed to the sun, as may be seen in full moons ; and the one, the sun, will be in the sign of the vernal equinox, while the other, the moon, will of necessity be in that of the autumnal. I know many other statements of theirs, some of them probable, others advanced as absolute proofs,[1] by which they attempt to establish that the Feast of

---

[1] The translation is uncertain.

πειρῶνται τὴν τοῦ πάσχα καὶ τῶν ἀζύμων ἑορτὴν δεῖν πάντως μετ᾽ ἰσημερίαν ἄγεσθαι· παρίημι δὲ τὰς τοιαύτας τῶν ἀποδείξεων ὕλας ἀπαιτῶν ὧν περιῄρηται μὲν τὸ ἐπὶ τῷ Μωυσέως νόμῳ κάλυμμα, ἀνακεκαλυμμένῳ δὲ τῷ προσώπῳ λοιπὸν ἤδη Χριστὸν καὶ τὰ Χριστοῦ ἀεὶ κατοπτρίζεσθαι μαθήματά τε καὶ παθήματα. τοῦ δὲ τὸν πρῶτον παρ᾽ Ἑβραίοις μῆνα περὶ ἰσημερίαν εἶναι παραστατικὰ καὶ τὰ ἐν τῷ Ἐνὼχ μαθήματα."

2 Cor. 3, 15, 16, 18

Καὶ ἀριθμητικὰς δὲ καταλέλοιπεν ὁ αὐτὸς ἐν ὅλοις δέκα συγγράμμασιν εἰσαγωγὰς καὶ ἄλλα 20 δείγματα τῆς περὶ τὰ θεῖα σχολῆς τε αὐτοῦ καὶ πολυπειρίας. τούτῳ πρῶτος ὁ τῆς Παλαιστίνων 21 Καισαρείας ἐπίσκοπος Θεότεκνος χεῖρας εἰς ἐπισκοπὴν ἐπιτέθεικεν, διάδοχον ἑαυτοῦ μετὰ τελευτὴν πορίεσθαι τῇ ἰδίᾳ παροικίᾳ προμνώμενος, καὶ δὴ ἐπὶ σμικρόν τινα χρόνον ἄμφω τῆς αὐτῆς προύστησαν ἐκκλησίας· ἀλλὰ γὰρ ἐπὶ τὴν Ἀντιόχειαν τῆς κατὰ Παῦλον συνόδου καλούσης, τὴν Λαοδικέων πόλιν παριὼν πρὸς τῶν ἀδελφῶν αὐτόθι κοιμηθέντος Εὐσεβίου κεκράτηται.

Καὶ τοῦ Ἀνατολίου δὲ τὸν βίον μεταλλάξαντος, 22 τῆς ἐκεῖσε παροικίας ὕστατος τῶν πρὸ τοῦ διωγμοῦ καθίσταται Στέφανος, λόγων μὲν φιλοσόφων καὶ τῆς ἄλλης παρ᾽ Ἕλλησι παιδείας παρὰ τοῖς πολλοῖς θαυμασθείς, οὐχ ὁμοίως γε μὴν περὶ τὴν θείαν πίστιν διατεθειμένος, ὡς προϊὼν ὁ τοῦ διωγμοῦ καιρὸς ἀπήλεγξεν, εἴρωνα μᾶλλον δειλόν τε καὶ ἄνανδρον ἤπερ ἀληθῆ φιλόσοφον ἀποδείξας τὸν ἄνδρα. οὐ μὴν ἐπὶ τούτῳ γε καταστρέφειν ἔμελλε 23

the Passover and of unleavened bread ought without
exception to be held after the equinox. But I refrain
from demanding proofs thus composed from those for
whom the veil upon the law of Moses has been taken
away, and for whom it now remains with unveiled
face ever to behold as in a mirror Christ and the
things of Christ, both what He learned and what
He suffered.[1] But that the first month with the
Hebrews lies around the equinox is shown also by
the teachings in the Book of Enoch." [2]

And the same person has left behind an *Introduction
to Arithmetic* also in ten complete treatises, and, as
well, evidences of his study and deep knowledge of
divine things. Theotecnus, bishop of Caesarea in
Palestine, first had ordained him to the episcopate,
seeking to procure him as his successor in his own
community after his death, and indeed for some short
time both presided over the same church. But, the
synod with reference to Paul summoning him to
Antioch, as he was passing by the city of the Laodi-
ceans he was retained there by the brethren, Euse-
bius having fallen asleep.

And when Anatolius also departed this life, Stephen
was appointed over the community there, the last
bishop before the persecution. He won widespread
admiration for his knowledge of philosophy and other
secular learning, but he was not similarly disposed
towards the divine faith, as the progress of the
persecution clearly proved, demonstrating that the
man was more of a dissembler, more of a craven and
coward, than a true philosopher. But indeed the
church and her affairs were not destined to perish

---

[1] μαθήματα παθήματα, Herod. i. 207 ; *cf.* Heb. v. 8.
[2] Enoch lxxii. 6, 9, 31, 32.

τὰ τῆς ἐκκλησίας, ἀνορθοῦται δ' αὐτὰ πρὸς αὐτοῦ
θεοῦ τοῦ πάντων σωτῆρος αὐτίκα τῆς αὐτόθι
παροικίας ἐπίσκοπος ἀναδειχθεὶς Θεόδοτος, πράγ-
μασιν αὐτοῖς ἀνὴρ καὶ τὸ κύριον ὄνομα καὶ τὸ
ἐπίσκοπον ἐπαληθεύσας. ἰατρικῆς μὲν γὰρ σω-
μάτων ἀπεφέρετο τὰ πρῶτα τῆς ἐπιστήμης,
ψυχῶν δὲ θεραπευτικῆς οἷος οὐδὲ ἄλλος ἀνθρώπων
ἐτύγχανεν φιλανθρωπίας γνησιότητος συμπαθείας
σπουδῆς τῶν τῶν τῆς παρ' αὐτοῦ δεομένων ὠφελείας
ἕνεκεν, πολὺ δὲ ἦν αὐτῷ καὶ τὸ περὶ τὰ θεῖα μαθή-
ματα συνησκημένον. οὗτος μὲν δὴ τοιοῦτος ἦν.

Ἐν Καισαρείᾳ δὲ τῆς Παλαιστίνης Θεότεκνον 24
σπουδαιότατα τὴν ἐπισκοπὴν διελθόντα Ἀγάπιος
διαδέχεται· ὃν καὶ πολλὰ καμεῖν γνησιωτάτην τε
πρόνοιαν τῆς τοῦ λαοῦ προστασίας ἴσμεν πεποιη-
μένον πλουσίᾳ τε χειρὶ πάντων μάλιστα πενήτων
ἐπιμεμελημένον. κατὰ τοῦτον ἐλλογιμώτατον αὐτῷ 25
τε βίῳ φιλόσοφον ἀληθῆ πρεσβείου τῆς αὐτόθι
παροικίας ἠξιωμένον Πάμφιλον ἔγνωμεν· ὃν ὁποῖός
τις ἦν καὶ ὅθεν ὁρμώμενος, οὐ σμικρᾶς ἂν γένοιτο
δηλοῦν ὑποθέσεως· ἕκαστα δὲ τοῦ κατ' αὐτὸν βίου
καὶ ἧς συνεστήσατο διατριβῆς, τούς τε κατὰ τὸν
διωγμὸν ἐν διαφόροις ὁμολογίαις ἀγῶνας αὐτοῦ
καὶ ὃν ἐπὶ πᾶσιν ἀνεδήσατο τοῦ μαρτυρίου στέ-
φανον, ἐν ἰδίᾳ τῇ περὶ αὐτοῦ διειλήφαμεν ὑποθέσει.
ἀλλ' οὗτος μὲν τῶν τῇδε θαυμασιώτατος· ἐν δὲ 26
τοῖς μάλιστα καθ' ἡμᾶς σπανιωτάτους γενομένους
ἴσμεν τῶν μὲν ἐπ' Ἀλεξανδρείας πρεσβυτέρων
Πιέριον, Μελέτιον δὲ τῶν κατὰ Πόντον ἐκκλησιῶν
ἐπίσκοπον. ἀλλ' ὃ μὲν ἄκρως ἀκτήμονι βίῳ καὶ 27

because of him; they were set to rights by one who was immediately proclaimed bishop of that community by God Himself, the Saviour of all, even Theodotus, a man whose deeds themselves proved true his title to his own name and that of a bishop. He had reached, indeed, the first rank in the science of healing bodies, but in that of curing souls he was second to none among men, because of his benevolence, sincerity, fellow-feeling and zeal towards those that sought his aid; and he was also greatly devoted to the study of divinity. Such a one was he.

But at Caesarea in Palestine Theotecnus, after exercising his episcopal office in the most zealous fashion, was succeeded by Agapius, whom also we know to have laboured much, displaying a most genuine regard for the government of his people, and with a liberal hand caring especially for all the poor. In his day we came to know Pamphilus, a most eloquent man and a true philosopher in his mode of life, who had been deemed worthy of the presbyterate of that community. It would be no small undertaking to show the kind of man he was and whence he came. But of each particular of his life and of the school that he established, as well as his contest in various confessions during the persecution, and the crown of martyrdom with which he was wreathed at the end of all, we have treated separately in a special work concerning him. Truly he was the most admirable of those of that city; but as men possessed of especially rare qualities in our day we know Pierius, one of the presbyters at Alexandria, and Meletius, bishop of the churches in Pontus. The former of these had been noted for his life of extreme

μαθήμασιν φιλοσόφοις δεδοκίμαστο, ταῖς περὶ τὰ
θεῖα θεωρίαις καὶ ἐξηγήσεσιν καὶ ταῖς ἐπὶ τοῦ
κοινοῦ τῆς ἐκκλησίας διαλέξεσιν ὑπερφυῶς ἐξ-
ησκημένος· ὁ δὲ Μελέτιος (τὸ μέλι τῆς Ἀττικῆς
ἐκάλουν αὐτὸν οἱ ἀπὸ παιδείας) τοιοῦτος ἦν οἷον
ἂν γράψειέν τις τὸν κατὰ πάντα λόγων ἕνεκα
τελεώτατον. ῥητορικῆς μέν γε τὴν ἀρετὴν οὐδ'
οἷόν τε θαυμάζειν ἐπαξίως, ἀλλὰ τοῦτο μὲν εἶναι
αὐτῷ φαίη ἄν τις τὸ κατὰ φύσιν· τῆς δ' ἄλλης
πολυπειρίας τε καὶ πολυμαθείας τίς ἂν τὴν ἀρετὴν
ὑπερβάλοιτο, ὅτι δὴ ἐπὶ πάσαις λογικαῖς ἐπι- 28
στήμαις τὸν τεχνικώτατον καὶ λογιώτατον, καὶ
μόνον πεῖραν αὐτοῦ λαβών, εἶπες ἄν; ἐφάμιλλα
δὲ αὐτῷ καὶ τὰ τῆς ἀρετῆς παρῆν τοῦ βίου. τοῦ-
τον κατὰ τὸν τοῦ διωγμοῦ καιρὸν τοῖς κατὰ
Παλαιστίνην κλίμασιν διαδιδράσκοντα ἐφ' ὅλοις
ἔτεσιν ἑπτὰ κατενοήσαμεν.

Τῆς δ' ἐν Ἱεροσολύμοις ἐκκλησίας μετὰ τὸν 29
μικρῷ πρόσθεν δεδηλωμένον ἐπίσκοπον Ὑμέναιον
Ζαβδᾶς τὴν λειτουργίαν παραλαμβάνει· μετ' οὐ
πολὺ δὲ τούτου κεκοιμημένου, Ἕρμων ὕστατος τῶν
μέχρι τοῦ καθ' ἡμᾶς διωγμοῦ τὸν εἰς ἔτι νῦν ἐκεῖσε
πεφυλαγμένον ἀποστολικὸν διαδέχεται θρόνον.

Καὶ ἐπ' Ἀλεξανδρείας δὲ Μάξιμον ὀκτωκαίδεκα 30
ἔτεσιν μετὰ τὴν Διονυσίου τελευτὴν ἐπισκοπεύ-
σαντα Θεωνᾶς διαδέχεται· καθ' ὃν ἐπὶ τῆς Ἀλε-
ξανδρείας ἐπὶ ταὐτὸν τῷ Πιερίῳ πρεσβυτερίου
ἠξιωμένος Ἀχιλλᾶς ἐγνωρίζετο, τῆς ἱερᾶς πίστεως
τὸ διδασκαλεῖον ἐγκεχειρισμένος, οὐδενὸς ἧττον
σπανιώτατον φιλοσοφίας ἔργον καὶ πολιτείας

poverty and for his learning in philosophy. He was
exceedingly well practised in the deeper study of
divine things and in expositions thereof, as well as
in his public discourses in church. Meletius [1] (edu-
cated persons used to call him the honey of Attica)
was such as one would describe as a most accom-
plished scholar in all respects. It is impossible to
admire sufficiently his skill in oratory, yet this might
be said to be his by a natural gift. But who could
surpass the excellence of his great experience and
erudition as well, because you would say, even on a
single trial, that he was the most skilful and learned
man in all branches of literature ? Equally, too, was
his life distinguished for its virtues. We took note
of him during the period of the persecution, as for
seven whole years he was fleeing in the regions of
Palestine.

In the church at Jerusalem, after the bishop
Hymenaeus mentioned shortly before, Zabdas re-
ceived the ministry. After no great time he fell
asleep, and Hermo, the last of the bishops up to the
persecution in our day, succeeded to the apostolic
throne that has still been preserved there to the
present day.[2]

And at Alexandria too, Maximus, who had held
the episcopate for eighteen years after the death of
Dionysius, was succeeded by Theonas. In his day at
Alexandria Achillas, deemed worthy of the presby-
terate along with Pierius, was well known ; he had
been entrusted with the school of the sacred faith,
having displayed a wealth of philosophy most rare
and inferior to none, and a manner of life that was

[1] His sobriquet "the honey (μέλι) of Attica" is a pun on
his name.   [2] See c. 19 of this book.

EUSEBIUS

εὐαγγελικῆς τρόπον γνήσιον ἐπιδεδειγμένος. μετὰ 31
δὲ Θεωνᾶν ἐννεακαίδεκα ἔτεσιν ἐξυπηρετησάμενον
διαδέχεται τὴν ἐπισκοπὴν τῶν ἐπ' Ἀλεξανδρείας
Πέτρος, ἐν τοῖς μάλιστα καὶ αὐτὸς διαπρέψας ἐφ'
ὅλοις δυοκαίδεκα ἐνιαυτοῖς, ὧν πρὸ τοῦ διωγμοῦ
τρισὶν οὐδ' ὅλοις ἔτεσιν ἡγησάμενος τῆς ἐκκλησίας,
τὸν λοιπὸν τοῦ βίου χρόνον εὐτονωτέρᾳ τῇ συν-
ασκήσει ἑαυτόν τε ἦγεν καὶ τῆς κοινῆς τῶν ἐκ-
κλησιῶν ὠφελείας οὐκ ἀφανῶς ἐπεμέλετο. ταύτῃ
δ' οὖν ἐνάτῳ ἔτει τοῦ διωγμοῦ τὴν κεφαλὴν
ἀποτμηθεὶς τῷ τοῦ μαρτυρίου κατεκοσμήθη στε-
φάνῳ.
Ἐν τούτοις τὴν τῶν διαδοχῶν περιγράψαντες 32
ὑπόθεσιν, ἀπὸ τῆς τοῦ σωτῆρος ἡμῶν γενέσεως
ἐπὶ τὴν τῶν προσευκτηρίων καθαίρεσιν εἰς ἔτη
συντείνουσαν πέντε καὶ τριακόσια, φέρε, ἑξῆς τοὺς
καθ' ἡμᾶς τῶν ὑπὲρ εὐσεβείας ἀνδρισαμένων
ἀγῶνας, ὅσοι τε καὶ ὁπηλίκοι γεγόνασιν, καὶ τοῖς
μεθ' ἡμᾶς εἰδέναι διὰ γραφῆς καταλείψωμεν.

NOTE ON THE PASCHAL CANONS OF ANATOLIUS
(ch. xxxii. 14-19).

The Paschal Table of Anatolius is based on the
supposition that after the lapse of every cycle of
nineteen years the full moons recur on the same
days of the month, and at the same hours. This
method of calculation, although not strictly accurate,
was an advance on the eight-year cycle employed
by Hippolytus (vi. 22) and Dionysius of Alexandria
(vii. 20). Anatolius reckons as the first year of his

truly in accordance with the Gospel. After Theonas
had given his utmost service for nineteen years, Peter
succeeded to the episcopate of the Alexandrians, and
he too was especially prominent for twelve entire
years ; he ruled the church for less than three entire
years before the persecution, and for the remainder
of his days practised a life of severer discipline, and
cared in no hidden manner for the general good of
the churches. For this reason, therefore, in the ninth
year of the persecution he was beheaded, and so
adorned with the crown of martyrdom.

In these books having concluded the subject of the
successions, from the birth of our Saviour to the
destruction of the places of prayer—a subject that
extends over three hundred and five years—come,
let us next leave in writing, for the information of
those also that come after us, what the extent and
nature have been of the conflicts in our own day of
those who manfully contended for piety.

---

cycle that upon which " the new moon of the first
month " (*i.e.* the Jewish Nisan or Abib, correspond-
ing to our March-April) falls upon March 22 : he is,
however, in error about the vernal equinox, which
he places on March 19 (§ 15, where March 22 is " the
fourth day ") instead of March 21. He rightly
insists (as did also Dionysius) that the paschal full
moon must fall *after* the equinox, as opposed to those,
whom he mentions at the close of § 15, who regarded
the full moon (" the fourteenth day "), if it fell on
the day before the equinox, as the paschal moon.

Η̄

Τάδε καὶ ἡ ὀγδόη περιέχει βίβλος τῆς
Ἐκκλησιαστικῆς ἱστορίας

246

CONTENTS OF BOOK VIII

The Eighth Book of the Ecclesiastical History
contains the following :

Η

Τὴν τῶν ἀποστόλων διαδοχὴν ἐν ὅλοις ἑπτὰ περιγράψαντες βιβλίοις, ἐν ὀγδόῳ τούτῳ συγγράμματι τὰ καθ' ἡμᾶς αὐτούς, οὐ τῆς τυχούσης ἄξια ὄντα γραφῆς, ἕν τι τῶν ἀναγκαιοτάτων ἡγούμεθα δεῖν εἰς γνῶσιν καὶ τῶν μεθ' ἡμᾶς παραδοῦναι, καὶ ἄρξεταί γε ὁ λόγος ἡμῖν ἐντεῦθεν.

I. Ὅσης μὲν καὶ ὁποίας πρὸ τοῦ καθ' ἡμᾶς 1 διωγμοῦ δόξης ὁμοῦ καὶ παρρησίας ὁ διὰ Χριστοῦ τῷ βίῳ κατηγγελμένος τῆς εἰς τὸν τῶν ὅλων θεὸν εὐσεβείας λόγος παρὰ πᾶσιν ἀνθρώποις, Ἕλλησί τε καὶ βαρβάροις, ἠξίωτο, μεῖζον ἢ καθ' ἡμᾶς ἐπαξίως διηγήσασθαι· τεκμήρια δ' ἂν γένοιτο τῶν 2 κρατούντων αἱ περὶ τοὺς ἡμετέρους δεξιώσεις, οἷς καὶ τὰς τῶν ἐθνῶν ἐνεχείριζον ἡγεμονίας, τῆς περὶ τὸ θύειν ἀγωνίας κατὰ πολλὴν ἣν ἀπέσῳζον περὶ τὸ δόγμα φιλίαν αὐτοὺς ἀπαλλάττοντες. τί 3 δεῖ περὶ τῶν κατὰ τοὺς βασιλικοὺς λέγειν οἴκους καὶ τῶν ἐπὶ πᾶσιν ἀρχόντων; οἳ τοῖς οἰκείοις εἰς πρόσωπον ἐπὶ τῷ θείῳ παρρησιαζομένοις λόγῳ τε καὶ βίῳ συνεχώρουν, γαμεταῖς καὶ παισὶ καὶ οἰκέταις, μόνον οὐχὶ καὶ ἐγκαυχᾶσθαι ἐπὶ τῇ παρρησίᾳ τῆς πίστεως ἐπιτρέποντες· οὓς ἐξόχως καὶ μᾶλλον τῶν συνθεραπόντων ἀποδεκτοὺς ἡγοῦντο

BOOK VIII

HAVING concluded the succession from the apostles in seven entire books, in this eighth treatise we regard it as one of our most urgent duties to hand down, for the knowledge of those that come after us, the events of our own day, which are worthy of no casual record ; and from this point our account will take its beginning.

I. It is beyond our powers to describe in a worthy manner the measure and nature of that honour as well as freedom which was accorded by all men, both Greeks and barbarians, before the persecution in our day, to that word of piety toward the God of the universe which had been proclaimed through Christ to the world. Yet proofs might be forthcoming in the favours granted by the rulers to our people ; to whom they would even entrust the government of the provinces, freeing them from agony of mind as regards sacrificing, because of the great friendliness that they used to entertain for their doctrine. Why need one speak of those in the imperial palaces and of the supreme rulers, who allowed the members of their households—wives, children and servants—to practise openly to their face the divine word and conduct, and—one might say—permitted them even to boast of the freedom accorded to the faith ? And these they used to regard with especial esteem and more

251

οἷος ἐκεῖνος ἦν Δωρόθεος, πάντων αὐτοῖς εὐ- 4
νούστατός τε καὶ πιστότατος καὶ τούτων ἕνεκα
διαφερόντως παρὰ τοὺς ἐν ἀρχαῖς καὶ ἡγεμονίαις
ἐντιμότατος, ὅ τε σὺν αὐτῷ περιβόητος Γοργόνιος
καὶ ὅσοι τῆς αὐτῆς ὁμοίως τούτοις ἠξίωντο διὰ
τὸν τοῦ θεοῦ λόγον τιμῆς· οἵας τε καὶ τοὺς καθ' 5
ἑκάστην ἐκκλησίαν ἄρχοντας παρὰ πᾶσιν ἐπι-
τρόποις καὶ ἡγεμόσιν ἀποδοχῆς ἦν ὁρᾶν ἀξιου-
μένους. πῶς δ' ἂν τις διαγράψειεν τὰς μυρι-
άνδρους ἐκείνας ἐπισυναγωγὰς καὶ τὰ πλήθη τῶν
κατὰ πᾶσαν πόλιν ἀθροισμάτων τάς τε ἐπισήμους
ἐν τοῖς προσευκτηρίοις συνδρομάς; ὧν δὴ ἕνεκα
μηδαμῶς ἔτι τοῖς πάλαι οἰκοδομήμασιν ἀρκού-
μενοι, εὐρείας εἰς πλάτος ἀνὰ πάσας τὰς πόλεις
ἐκ θεμελίων ἀνίστων ἐκκλησίας. ταῦτα δὲ τοῖς 6
χρόνοις προϊόντα ὁσημέραι τε εἰς αὔξην καὶ
μέγεθος ἐπιδιδόντα οὐδεὶς ἀνεῖργεν φθόνος οὐδέ
τις δαίμων πονηρὸς οἷός τε ἦν βασκαίνειν οὐδ'
ἀνθρώπων ἐπιβουλαῖς κωλύειν, ἐς ὅσον ἡ θεία καὶ
οὐράνιος χεὶρ ἔσκεπέν τε καὶ ἐφρούρει, οἷα δὴ
ἄξιον ὄντα, τὸν ἑαυτῆς λαόν.

Ὡς δ' ἐκ τῆς ἐπὶ πλέον ἐλευθερίας ἐπὶ χαυνότητα 7
καὶ νωθρίαν τὰ καθ' ἡμᾶς μετηλλάττετο, ἄλλων
ἄλλοις διαφθονουμένων καὶ διαλοιδορουμένων καὶ
μόνον οὐχὶ ἡμῶν αὐτῶν ἑαυτοῖς προσπολεμούντων
ὅπλοις, εἰ οὕτω τύχοι, καὶ δόρασιν τοῖς διὰ λόγων
ἀρχόντων τε ἄρχουσι προσρηγνύντων καὶ λαῶν
ἐπὶ λαοὺς καταστασιαζόντων τῆς τε ὑποκρίσεως
ἀφάτου καὶ τῆς εἰρωνείας ἐπὶ πλεῖστον ὅσον κακίας
προϊούσης, ἡ μὲν δὴ θεία κρίσις, οἷα φίλον αὐτῇ,
πεφεισμένως, τῶν ἀθροισμάτων ἔτι συγκροτου-

favourably than their fellow-servants. Such a one was the famous Dorotheus, who surpassed all in his devotion and faithfulness to them, and for this reason was more highly honoured than men who held positions as rulers or governors. With him was the celebrated Gorgonius and all those who, like them, had been deemed worthy of the same honour because of the word of God. With what favour one might note that the rulers in every church were honoured by all procurators and governors! And how could one fully describe those assemblies thronged with countless men, and the multitudes that gathered together in every city, and the famed concourses in the places of prayer; by reason of which they were no longer satisfied with the buildings of olden time, and would erect from the foundations churches of spacious dimensions throughout all the cities? And as these things went forward with the times, and day by day increasingly grew mightier, no envy could stop them, nor was any evil spirit able to cast its spell or hinder them by human devices, so long as the divine and heavenly hand was sheltering and guarding, as a worthy object, its own people.

But when, as the result of greater freedom, a change to pride and sloth came over our affairs, we fell to envy and fierce railing against one another, warring upon ourselves, so to speak, as occasion offered, with weapons and spears formed of words; and rulers attacked rulers and laity formed factions against laity, while unspeakable hypocrisy and pretence pursued their evil course to the furthest end: until the divine judgement with a sparing hand, as is its wont (for the assemblies were still crowded),

μένων, ἠρέμα καὶ μετρίως τὴν αὐτῆς ἐπισκοπὴν
ἀνεκίνει, ἐκ τῶν ἐν στρατείαις ἀδελφῶν καταρχο-
μένου τοῦ διωγμοῦ· ὡς δ' ἀνεπαισθήτως ἔχοντες 8
οὐχ ὅπως εὐμενὲς καὶ ἵλεω καταστήσεσθαι τὸ
θεῖον προυθυμούμεθα, οἷα δέ τινες ἄθεοι ἀφρόν-
τιστα καὶ ἀνεπίσκοπα τὰ καθ' ἡμᾶς ἡγούμενοι
ἄλλας ἐπ' ἄλλαις προσετίθεμεν κακίας οἵ τε δο-
κοῦντες ἡμῶν ποιμένες τὸν τῆς θεοσεβείας θεσμὸν
παρωσάμενοι ταῖς πρὸς ἀλλήλους ἀνεφλέγοντο
φιλονεικίαις, αὐτὰ δὴ ταῦτα μόνα, τὰς ἔριδας καὶ
τὰς ἀπειλὰς τόν τε ζῆλον καὶ τὸ πρὸς ἀλλήλους
ἔχθος τε καὶ μῖσος ἐπαύξοντες οἷά τε τυραννίδας
τὰς φιλαρχίας ἐκθύμως διεκδικοῦντες, τότε δή,
τότε κατὰ τὴν φάσκουσαν τοῦ Ἰερεμίου φωνὴν

Lam. 2, 1. 2
(w.th var a-
tions from
LXX)

ἐγνόφωσεν ἐν ὀργῇ αὐτοῦ κύριος τὴν θυγατέρα
Σιὼν καὶ κατέρριψεν ἐξ οὐρανοῦ δόξασμα Ἰσραὴλ
οὐκ ἐμνήσθη τε ὑποποδίου ποδῶν αὐτοῦ ἐν ἡμέρᾳ
ὀργῆς αὐτοῦ· ἀλλὰ καὶ κατεπόντισεν κύριος πάντα
τὰ ὡραῖα Ἰσραὴλ καὶ καθεῖλεν πάντας τοὺς

Ps. 89, 40
Ps. 89, 39-45

φραγμοὺς αὐτοῦ, κατά τε τὰ ἐν Ψαλμοῖς προ- 9
θεσπισθέντα κατέστρεψεν τὴν διαθήκην τοῦ δούλου
αὐτοῦ καὶ ἐβεβήλωσεν εἰς γῆν διὰ τῆς τῶν ἐκ-
κλησιῶν καθαιρέσεως τὸ ἁγίασμα αὐτοῦ καὶ
καθεῖλεν πάντας τοὺς φραγμοὺς αὐτοῦ, ἔθετο τὰ
ὀχυρώματα αὐτοῦ δειλίαν· διήρπασάν τε τὰ πλήθη
τοῦ λαοῦ πάντες οἱ διοδεύοντες ὁδόν, καὶ δὴ ἐπὶ
τούτοις ὄνειδος ἐγενήθη τοῖς γείτοσιν αὐτοῦ.
ὕψωσεν γὰρ τὴν δεξιὰν τῶν ἐχθρῶν αὐτοῦ καὶ
ἀπέστρεψεν τὴν βοήθειαν τῆς ῥομφαίας αὐτοῦ καὶ
οὐκ ἀντελάβετο αὐτοῦ ἐν τῷ πολέμῳ· ἀλλὰ καὶ
κατέλυσεν ἀπὸ καθαρισμοῦ αὐτὸν καὶ τὸν θρόνον
αὐτοῦ εἰς τὴν γῆν κατέρραξεν ἐσμίκρυνέν τε τὰς
254

quietly and moderately began to exercise its over-sight, the persecution commencing with the brethren in the army. But when in our blindness we took not the least care to secure the goodwill and propitious favour of the Deity, but, like some kind of atheists, imagined that our affairs escaped all heed and over-sight, we went on adding one wickedness to another ; and those accounted our pastors, casting aside the sanctions of the fear of God, were enflamed with mutual contentions, and did nothing else but add to the strifes and threats, the jealousy, enmity and hatred that they used one to another, claiming with all vehemence the objects of their ambition as if they were a despot's spoils ; then indeed, then according to the word spoken by Jeremiah, the Lord hath darkened the daughter of Zion in his anger, and hath cast down from heaven the glory of Israel ; he hath not remembered his footstool in the day of his anger ; but the Lord hath also swallowed up all the beauty of Israel and hath broken down all his hedges. And according to what has been foretold in the Psalms, He hath overturned the covenant of his servant and hath profaned to the ground, through the destruction of the churches, his sanctuary and hath broken down all his hedges, he hath made his strongholds cowardice. All that pass by the way have spoiled the multitudes of the people, yea more, he hath become a reproach to his neighbours. For he hath exalted the right hand of his adversaries, and hath turned back the help of his sword and hath not taken his part in the battle. But he hath also made his purification to cease, and hath cast his throne down to the ground, and hath

ἡμέρας τοῦ χρόνου αὐτοῦ, καὶ ἐπὶ πᾶσιν κατέχεεν
αὐτοῦ αἰσχύνην.

II. Συντετέλεσται δῆτα καθ' ἡμᾶς ἅπαντα, 1
ὁπηνίκα τῶν μὲν προσευκτηρίων τοὺς οἴκους ἐξ
ὕψους εἰς ἔδαφος αὐτοῖς θεμελίοις καταρριπτου-
μένους, τὰς δ' ἐνθέους καὶ ἱερὰς γραφὰς κατὰ
μέσας ἀγορὰς πυρὶ παραδιδομένας αὐτοῖς ἐπείδο-
μεν ὀφθαλμοῖς τούς τε τῶν ἐκκλησιῶν ποιμένας
αἰσχρῶς ὧδε κἀκεῖσε κρυπταζομένους, τοὺς δὲ
ἀσχημόνως ἁλισκομένους καὶ πρὸς τῶν ἐχθρῶν
καταπαιζομένους, ὅτε καὶ κατ' ἄλλον προφητικὸν
λόγον ἐξεχύθη ἐξουδένωσις ἐπ' ἄρχοντας, καὶ
Ps. 107, 40 ἐπλάνησεν αὐτοὺς ἐν ἀβάτῳ καὶ οὐχ ὁδῷ. ἀλλὰ 2
τούτων μὲν οὐχ ἡμέτερον διαγράφειν τὰς ἐπὶ τέλει
σκυθρωπὰς συμφοράς, ἐπεὶ καὶ τὰς πρόσθεν τοῦ
διωγμοῦ διαστάσεις τε αὐτῶν εἰς ἀλλήλους καὶ
ἀτοπίας οὐχ ἡμῖν οἰκεῖον μνήμῃ παραδιδόναι· δι'
ὃ καὶ πλέον οὐδὲν ἱστορῆσαι περὶ αὐτῶν διέγνωμεν
ἢ δι' ὧν ἂν τὴν θείαν δικαιώσαιμεν κρίσιν. οὐκοῦν 3
οὐδὲ τῶν πρὸς τοῦ διωγμοῦ πεπειραμένων ἢ τῶν
1 Tim. 1, 19 εἰς ἅπαν τῆς σωτηρίας νεναυαγηκότων αὐτῇ τε
γνώμῃ τοῖς τοῦ κλύδωνος ἐναπορριφέντων βυθοῖς
μνήμην ποιήσασθαι προήχθημεν, μόνα δ' ἐκεῖνα
τῇ καθόλου προσθήσομεν ἱστορίᾳ, ἃ πρώτοις μὲν
ἡμῖν αὐτοῖς, ἔπειτα δὲ καὶ τοῖς μεθ' ἡμᾶς γένοιτ'
ἂν πρὸς ὠφελείας. ἴωμεν οὖν ἐντεῦθεν ἤδη τοὺς
ἱεροὺς ἀγῶνας τῶν τοῦ θείου λόγου μαρτύρων ἐν
ἐπιτομῇ διαγράψοντες.

Ἔτος τοῦτο ἦν ἐννεακαιδέκατον τῆς Διοκλη- 4
τιανοῦ βασιλείας, Δύστρος μήν, λέγοιτο δ' ἂν
οὗτος Μάρτιος κατὰ Ῥωμαίους, ἐν ᾧ τῆς τοῦ

---

[1] A.D. 303.

shortened the days of his time and, last of all, he hath covered him with shame.

II. All things in truth were fulfilled in our day, when we saw with our very eyes the houses of prayer cast down to their foundations from top to bottom, and the inspired and sacred Scriptures committed to the flames in the midst of the market-places, and the pastors of the churches, some shamefully hiding themselves here and there, while others were ignominiously captured and made a mockery by their enemies; when also, according to another prophetic word, He poureth contempt upon princes, and causeth them to wander in the waste, where there is no way.

But as to these, it is not our part to describe their melancholy misfortunes in the issue, even as we do not think it proper to hand down to memory their dissensions and unnatural conduct to one another before the persecution. Therefore we resolved to place on record nothing more about them than what would justify the divine judgement. Accordingly, we determined not even to mention those who have been tried by the persecution, or have made utter shipwreck of their salvation, and of their own free will were plunged in the depths of the billows; but we shall add to the general history only such things as may be profitable, first to ourselves, and then to those that come after us. Let us proceed, therefore, from this point to give a summary description of the sacred conflicts of the martyrs of the divine Word.

It was the nineteenth year of the reign of Diocletian,[1] and the month Dystrus,[2] or March, as the Romans would call it, in which, as the festival of the

[2] The seventh month of the Macedonian year, which began in September.

EUSEBIUS

σωτηρίου πάθους ἑορτῆς ἐπελαυνούσης ἥπλωτο
πανταχόσε βασιλικὰ γράμματα, τὰς μὲν ἐκκλησίας
εἰς ἔδαφος φέρειν, τὰς δὲ γραφὰς ἀφανεῖς πυρὶ
γενέσθαι προστάττοντα, καὶ τοὺς μὲν τιμῆς
ἐπειλημμένους ἀτίμους, τοὺς δ’ ἐν οἰκετίαις, εἰ
ἐπιμένοιεν τῇ τοῦ Χριστιανισμοῦ προθέσει, ἐλευθε-
ρίας στερεῖσθαι προαγορεύοντα. καὶ ἡ μὲν πρώτη 5
καθ’ ἡμῶν γραφὴ τοιαύτη τις ἦν· μετ’ οὐ πολὺ δὲ
ἑτέρων ἐπιφοιτησάντων γραμμάτων, προσετάττετο
τοὺς τῶν ἐκκλησιῶν προέδρους πάντας τοὺς κατὰ
πάντα τόπον πρῶτα μὲν δεσμοῖς παραδίδοσθαι,
εἶθ’ ὕστερον πάσῃ μηχανῇ θύειν ἐξαναγκάζεσθαι.
III. τότε δὴ οὖν, τότε πλεῖστοι μὲν ὅσοι τῶν 1
ἐκκλησιῶν ἄρχοντες, δειναῖς αἰκίαις προθύμως
ἐναθλήσαντες, μεγάλων ἀγώνων ἱστορίας ἐπ-
εδείξαντο, μυρίοι δ’ ἄλλοι τὴν ψυχὴν ὑπὸ δειλίας
προναρκήσαντες προχείρως οὕτως ἀπὸ πρώτης
ἐξησθένησαν προσβολῆς, τῶν δὲ λοιπῶν ἕκαστος
εἴδη διάφορα βασάνων ἐνήλλαττεν, ὃ μὲν μάστιξιν
αἰκιζόμενος τὸ σῶμα, ὃ δὲ στρεβλώσεσιν καὶ
ξεσμοῖς ἀνυπομονήτοις τιμωρούμενος, ἐφ’ οἷς ἤδη
τινὲς οὐκ αἴσιον ἀπηνέγκαντο τοῦ βίου τέλος.
ἄλλοι δ’ αὖ πάλιν ἄλλως τὸν ἀγῶνα διεξῄεσαν· ὃ 2
μὲν γάρ τις ἑτέρων βίᾳ συνωθούντων καὶ ταῖς
παμμιάροις καὶ ἀνάγνοις προσαγόντων θυσίαις ὡς
τεθυκὼς ἀπηλλάττετο, καὶ εἰ μὴ τεθυκὼς ἦν, ὃ
δὲ μηδ’ ὅλως προσπελάσας μηδέ τινος ἐναγοῦς
ἐφαψάμενος, εἰρηκότων δ’ ἑτέρων ὅτι τεθύκοι,
σιωπῇ φέρων τὴν συκοφαντίαν ἀπῄει· ἄλλος
ἡμιθνὴς αἰρόμενος ὡς ἂν ἤδη νεκρὸς ἐρρίπτετο,
καί τις αὖ πάλιν ἐπ’ ἐδάφους κείμενος μακρὰν 3

¹ i.e. Easter.

258

Saviour's Passion[1] was coming on, an imperial letter was everywhere promulgated, ordering the razing of the churches to the ground and the destruction by fire of the Scriptures, and proclaiming that those who held high positions would lose all civil rights, while those in households, if they persisted in their profession of Christianity, would be deprived of their liberty. Such was the first document against us. But not long afterwards we were further visited with other letters, and in them the order was given that the presidents of the churches should all, in every place, be first committed to prison, and then afterwards compelled by every kind of device to sacrifice.

III. Then indeed, then very many rulers of the churches contended with a stout heart under terrible torments, and displayed spectacles of mighty conflicts; while countless others, whose souls cowardice had numbed beforehand, readily proved weak at the first assault; while of the rest, each underwent a series of varied forms of torture: one would have his body maltreated by scourgings; another would be punished with the rack and torn to an unbearable degree, whereat some met a miserable end to their life. But others, again, emerged from the conflict otherwise: one man was brought to the abominable and unholy sacrifices by the violence of others who pressed round him, and dismissed as if he had sacrificed, even though he had not; another who did not so much as approach or touch any accursed thing, when others had said that he had sacrificed, went away bearing the false accusation in silence. A third was taken up half-dead and cast aside as if he were a corpse already; and, again, a certain person lying on the ground was dragged a long distance by the feet, having been

ἐσύρετο τοῖν ποδοῖν, ἐν τεθυκόσιν αὐτοῖς λελογι-
σμένος. ὁ δέ τις ἐβόα καὶ μεγάλῃ διεμαρτύρετο
φωνῇ τῆς θυσίας τὴν ἄρνησιν, καὶ ἄλλος Χριστιανὸς
εἶναι ἐκεκράγει, τῇ τοῦ σωτηρίου προσρήματος
ὁμολογίᾳ λαμπρυνόμενος· ἕτερος τὸ μὴ τεθυκέναι
μηδὲ θύσειν ποτὲ διετείνετο. ὅμως δ' οὖν καὶ 4
οἶδε πολυχειρίᾳ τῆς ἐπὶ τοῦτο τεταγμένης στρατιω-
τικῆς παρατάξεως κατὰ στόματος παιόμενοι καὶ
κατασιγαζόμενοι κατά τε προσώπου καὶ παρειῶν
τυπτόμενοι μετὰ βίας ἐξωθοῦντο· οὕτως ἐξ ἅπαντος
οἱ τῆς θεοσεβείας ἐχθροὶ τὸ δοκεῖν ἠνυκέναι περὶ
πολλοῦ ἐτίθεντο.

Ἀλλ' οὐ καὶ κατὰ τῶν ἁγίων αὐτοῖς μαρτύρων
ταῦτα προυχώρει· ὧν εἰς ἀκριβῆ διήγησιν τίς ἂν
ἡμῖν ἐξαρκέσειεν λόγος; IV. μυρίους μὲν γὰρ 1
ἱστορήσαι ἄν τις θαυμαστὴν ὑπὲρ εὐσεβείας τοῦ
θεοῦ τῶν ὅλων ἐνδεδειγμένους προθυμίαν, οὐκ ἐξ
ὅτουπερ μόνον ὁ κατὰ πάντων ἀνεκινήθη διωγμός,
πολὺ πρότερον δὲ καθ' ὃν ἔτι τὰ τῆς εἰρήνης
συνεκροτεῖτο. ἄρτι γὰρ ἄρτι πρῶτον ὥσπερ ἀπὸ 2
κάρου βαθέος ὑποκινουμένου τοῦ τὴν ἐξουσίαν
εἰληφότος κρύβδην τε ἔτι καὶ ἀφανῶς μετὰ τὸν
ἀπὸ Δεκίου καὶ Οὐαλεριανοῦ μεταξὺ χρόνον ταῖς
ἐκκλησίαις ἐπιχειροῦντος οὐκ ἀθρόως τε τῷ καθ'
ἡμῶν ἐπαποδυομένου πολέμῳ, ἀλλ' ἔτι τῶν κατὰ
τὰ στρατόπεδα μόνων ἀποπειρωμένου (ταύτῃ γὰρ
καὶ τοὺς λοιποὺς ἁλῶναι ῥᾳδίως ᾤετο, εἰ πρότερον
ἐκείνων καταγωνισάμενος περιγένοιτο), πλείστους
παρῆν τῶν ἐν στρατείαις ὁρᾶν ἀσμενέστατα τὸν
ἰδιωτικὸν προασπαζομένους βίον, ὡς ἂν μὴ

---

[1] Galerius, or, as some have thought, the Devil. The
260

reckoned among those who had voluntarily sacrificed. One cried out and with a loud voice attested his refusal to sacrifice, and another shouted aloud that he was a Christian, glorying in his confession of the saving Name. Another stoutly maintained that he had not sacrificed, and never would. Nevertheless these also were struck on the mouth and silenced by a large band of soldiers drawn up for that purpose, and with blows on their face and cheeks driven forcibly away. So great store did the enemies of godliness set on seeming by any means to have accomplished their purpose.

But even such methods did not avail them against the holy martyrs. What word of ours could suffice for an accurate description of these? IV. For one might tell of countless numbers who displayed a marvellous zeal for piety to the God of the universe; not only from what time the persecution was stirred up against all, but long before, during the period when peace was still firmly established. For when he who had received the authority[1] was just now awakening, as it were, from profound torpor, though he was in a secret and hidden manner already making attempts against the churches during the time that came after Decius and Valerian, and did not get himself in readiness for the war against us all at once, but as yet made an attempt only upon those in the camps (for in this way he thought that the rest also could easily be taken, if first of all he were to get the better in the conflict with these): then one could see great numbers of those in the army most gladly embracing civil life, so that they might not prove

---

" profound torpor " is the forty years' peace—the interval between the persecutions of Valerian and Diocletian.

ἔξαρνοι γένοιντο τῆς περὶ τὸν τῶν ὅλων δημιουργὸν
εὐσεβείας. ὡς γὰρ ὁ στρατοπεδάρχης, ὅστις 3
ποτὲ ἦν ἐκεῖνος, ἄρτι πρῶτον ἐνεχείρει τῷ κατὰ
τῶν στρατευμάτων διωγμῷ, φυλοκρινῶν καὶ δια-
καθαίρων τοὺς ἐν τοῖς στρατοπέδοις ἀναφερομένους
αἵρεσίν τε διδοὺς ἢ πειθαρχοῦσιν ἧς μετῆν αὐτοῖς
ἀπολαύειν τιμῆς ἢ τοὐναντίον στέρεσθαι ταύτης,
εἰ ἀντιτάττοιντο τῷ προστάγματι, πλεῖστοι ὅσοι
τῆς Χριστοῦ βασιλείας στρατιῶται τὴν εἰς αὐτὸν
ὁμολογίαν, μὴ μελλήσαντες, τῆς δοκούσης δόξης
καὶ εὐπραγίας ἧς εἴχοντο, ἀναμφιλόγως πρου-
τίμησαν. ἤδη δὲ σπανίως τούτων εἷς που καὶ 4
δεύτερος οὐ μόνον τῆς ἀξίας τὴν ἀποβολήν, ἀλλὰ
καὶ θάνατον τῆς εὐσεβοῦς ἐνστάσεως ἀντικατ-
ηλλάττοντο, μετρίως πως ἤδη τότε τοῦ τὴν ἐπι-
Heb. 12, 4βουλὴν ἐνεργοῦντος καὶ μέχρις αἵματος ἐπ᾽ ἐνίων
φθάνειν ἐπιτολμῶντος, τοῦ πλήθους, ὡς ἔοικεν,
τῶν πιστῶν δεδιττομένου τε αὐτὸν ἔτι καὶ ἀπο-
κναίοντος ἐπὶ τὸν κατὰ πάντων ἀθρόως ἐφορμῆσαι
πόλεμον. ὡς δὲ καὶ γυμνότερον ἐπαπεδύετο, οὐδ᾽
ἔστιν λόγῳ δυνατὸν ἀφηγήσασθαι ὅσους καὶ ὁποί-
ους τοῦ θεοῦ μάρτυρας ὀφθαλμοῖς παρῆν ὁρᾶν τοῖς
ἀνὰ πάσας τάς τε πόλεις καὶ τὰς χώρας οἰκοῦσιν.

V. Αὐτίκα γοῦν τῶν οὐκ ἀσήμων τις, ἀλλὰ 1
καὶ ἄγαν κατὰ τὰς ἐν τῷ βίῳ νενομισμένας
ὑπεροχὰς ἐνδοξοτάτων, ἅμα τῷ τὴν κατὰ τῶν
ἐκκλησιῶν ἐν τῇ Νικομηδείᾳ προτεθῆναι γραφήν,
ζήλῳ τῷ κατὰ θεὸν ὑποκινηθεὶς διαπύρῳ τε
ἐφορμήσας τῇ πίστει, ἐν προφανεῖ καὶ δημοσίῳ
κειμένην ὡς ἀνοσίαν καὶ ἀσεβεστάτην ἀνελὼν

---

¹ His name was Veturius, as Eusebius tells us in his

renegades in their piety toward the Creator of the universe. For when the supreme commander,[1] whoever he was, was just making his first attempt at persecuting the soldiers—separating into classes and thoroughly sifting out those serving in the camps, giving them a choice whether they would obey and enjoy the rank they held, or else be deprived of it, if they continued to disobey the commandment—a great many soldiers of Christ's kingdom, without hesitation, unquestionably preferred to confess Him than retain the seeming glory and prosperity that they possessed. And already in rare cases one or two of these were receiving not only loss of honour but even death in exchange for their godly stedfastness, for as yet the instigator of the plot was working with a certain moderation and daring to proceed unto blood only in some instances; fearing, presumably, the multitude of believers, and hesitating to plunge into the war against us all at once. But when he prepared himself still further for battle, it is quite impossible to recount the number or the splendour of God's martyrs that it was given to the inhabitants throughout all the cities and country parts to see.

V. To begin with, the moment that the decree against the churches was published at Nicomedia, a certain person[2] by no means obscure, but most highly honoured as the world counts pre-eminence, moved by zeal toward God and carried away by his burning faith, seized and tore it to pieces, when posted up in an open and public place, as an unholy and profane

Chronicle. The words "whoever he was" are probably contemptuous—he was not worth naming.

[2] Probably Euethius, who suffered martyrdom at Nicomedia on February 24, the day on which the edict was published. Tradition, however, identified him with St. George of England.

σπαράττει, δυεῖν ἐπιπαρόντων κατὰ τὴν αὐτὴν
πόλιν βασιλέων, τοῦ τε πρεσβυτάτου τῶν ἄλλων
καὶ τοῦ τὸν τέταρτον ἀπὸ τούτου τῆς ἀρχῆς
ἐπικρατοῦντος βαθμόν. ἀλλ᾽ οὗτος μὲν τῶν τηνι-
κάδε πρῶτος τοῦτον διαπρέψας τὸν τρόπον ἅμα
τε τοιαῦτα οἷα καὶ εἰκὸς ἦν ὑπομείνας ὡς ἂν ἐπὶ
τοιούτῳ τολμήματι, τὸ ἄλυπον καὶ ἀτάραχον εἰς
αὐτὴν τελευταίαν διετήρησεν ἀναπνοήν.

VI. Πάντων δὲ ὅσοι τῶν πώποτε ἀνυμνοῦνται 1
θαυμάσιοι καὶ ἐπ᾽ ἀνδρείᾳ βεβοημένοι εἴτε παρ᾽
Ἕλλησιν εἴτε παρὰ βαρβάροις, θείους ἤνεγκεν ὁ
καιρὸς καὶ διαπρεπεῖς μάρτυρας τοὺς ἀμφὶ τὸν
Δωρόθεον βασιλικοὺς παῖδας, οἳ καὶ τῆς ἀνωτάτω
παρὰ τοῖς δεσπόταις ἠξιωμένοι τιμῆς γνησίων
τε αὐτοῖς διαθέσει τέκνων οὐ λειπόμενοι, μείζονα
Ibid. 11, 26 πλοῦτον ὡς ἀληθῶς ἥγηνται τῆς τοῦ βίου δόξης
καὶ τρυφῆς τοὺς ὑπὲρ εὐσεβείας ὀνειδισμούς τε
καὶ πόνους καὶ τοὺς κεκαινουργημένους ἐπ᾽ αὐτοῖς
πολυτρόπους θανάτους· ὧν ἑνός τινος οἵῳ κέχρηται
μνησθέντες τῷ τοῦ βίου τέλει, σκοπεῖν ἐξ αὐτοῦ
καὶ τὰ τοῖς ἄλλοις συμβεβηκότα τοῖς ἐντυγχάνουσιν
καταλείψομεν.

Ἤγετό τις εἰς μέσον κατὰ τὴν προειρημένην 2
πόλιν ἐφ᾽ ὧν δεδηλώκαμεν ἀρχόντων. θύειν δὴ
οὖν προσταχθείς, ὡς ἐνίστατο, γυμνὸς μετάρσιος
ἀρθῆναι κελεύεται μάστιξίν τε τὸ πᾶν σῶμα κατα-
ξαίνεσθαι, εἰς ὅτε ἡττηθεὶς κἂν ἄκων τὸ προστατ-
τόμενον ποιήσειεν. ὡς δὲ καὶ ταῦτα πάσχων 3
ἀδιάτρεπτος ἦν, ὄξος λοιπὸν ἤδη τῶν ὀστέων ὑπο-
φαινομένων αὐτοῦ σὺν καὶ ἅλατι φύραντες κατὰ
τῶν διασαπέντων τοῦ σώματος μερῶν ἐνέχεον·

---

[1] i.e. Diocletian.   [2] i.e. Galerius.

thing; [and this he did] while two emperors were present in the same city, the senior of them all,[1] and he who held the fourth place in the government after him.[2] But this man was the first of those at that time who thus distinguished himself; and, at the same time, in his endurance of such results as naturally followed a daring act of this kind, he maintained an untroubled and undisturbed demeanour to his very last breath.

VI. But among all those whose praises have ever yet been sung as worthy of admiration and famed for courage, whether by Greeks or barbarians, this occasion produced those divine and outstanding martyrs Dorotheus and the imperial servants that were with him. These persons had been deemed worthy of the highest honour by their masters, who loved them no less than their own children; but they accounted the reproaches and sufferings for piety and the many forms of death that were newly devised against them, as truly greater riches than the fair fame and luxury of this life. We shall mention the kind of death that one of them met, and leave our readers to gather from that instance what happened to the others.

A certain man was publicly brought forward in the city of which we have spoken above, under the rulers we have mentioned. He was ordered to sacrifice; and, as he refused, the command was given that he should be raised on high naked, and have his whole body torn with scourges, until he should give in, and even against his will do what was bidden him. But when he remained unmoved even under these sufferings, they proceeded to mix vinegar and salt together and pour them into the mangled parts of his body, where the bones were already showing. And as he

ὡς δὲ καὶ ταύτας ἐπάτει τὰς ἀλγηδόνας, ἐσχάρα τοὐντεῦθεν καὶ πῦρ εἰς μέσον εἵλκετο, καὶ κρεῶν ἐδωδίμων δίκην τὰ λείψανα αὐτῷ τοῦ σώματος ὑπὸ τοῦ πυρὸς οὐκ εἰς ἄθρουν, ὡς ἂν μὴ συντόμως ἀπαλλαγείη, κατὰ βραχὺ δὲ ἀνηλίσκετο, οὐ πρότερον ἀνεῖναι τῶν ἐπιτιθέντων αὐτὸν τῇ πυρᾷ συγχωρουμένων, πρὶν ἂν καὶ μετὰ τοσαῦτα τοῖς προσταττομένοις ἐπινεύσειεν. ὁ δ' ἀπρὶξ ἐχόμενος 4 τῆς προθέσεως νικηφόρος ἐν αὐταῖς βασάνοις παρέδωκε τὴν ψυχήν. τοιοῦτον τῶν βασιλικῶν ἑνὸς τὸ μαρτύριον παίδων, ἄξιον ὡς ὄντως καὶ τῆς προσηγορίας· Πέτρος γὰρ ἐκαλεῖτο.

Οὐ χείρονα δὲ καὶ τὰ κατὰ τοὺς λοιποὺς ὄντα 5 λόγου φειδόμενοι συμμετρίας παραλείψομεν, τοσοῦτον ἱστορήσαντες ὡς ὅ τε Δωρόθεος καὶ ὁ Γοργόνιος ἑτέροις ἅμα πλείοσιν τῆς βασιλικῆς οἰκετίας μετὰ τοὺς πολυτρόπους ἀγῶνας βρόχῳ τὴν ζωὴν μεταλλάξαντες, τῆς ἐνθέου νίκης ἀπηνέγκαντο βραβεῖα.

Ἐν τούτῳ τῆς κατὰ Νικομήδειαν ἐκκλησίας ὁ 6 τηνικαῦτα προεστὼς Ἄνθιμος διὰ τὴν εἰς Χριστὸν μαρτυρίαν τὴν κεφαλὴν ἀποτέμνεται· τούτῳ δὲ πλῆθος ἄθρουν μαρτύρων προστίθεται, οὐκ οἶδ' ὅπως ἐν τοῖς κατὰ τὴν Νικομήδειαν βασιλείοις πυρκαϊᾶς ἐν αὐταῖς δὴ ταῖς ἡμέραις ἀφθείσης, ἣν καθ' ὑπόνοιαν ψευδῆ πρὸς τῶν ἡμετέρων ἐπιχειρηθῆναι λόγου διαδοθέντος, παγγενεῖ σωρηδὸν βασιλικῷ νεύματι τῶν τῇδε θεοσεβῶν οἳ μὲν ξίφει κατεσφάττοντο, οἳ δὲ διὰ πυρὸς ἐτελειοῦντο, ὅτε λόγος ἔχει προθυμίᾳ θείᾳ τινὶ καὶ ἀρρήτῳ ἄνδρας ἅμα γυναιξὶν ἐπὶ τὴν πυρὰν καθαλέσθαι· δήσαντες δὲ οἱ δήμιοι ἄλλο τι πλῆθος ἐπὶ σκάφαις τοῖς θαλαττίοις ἐναπέρριπτον βυθοῖς. τοὺς δέ γε βασι- 7

despised these pains also, a gridiron and fire were then produced, and the remnants of his body, just as if it were flesh for eating, were consumed by the fire, not all at once, in case he might find immediate release, but little by little ; nor were those who placed him on the pyre allowed to desist, until, after such sufferings, he should signify his assent to what was commanded. But he clung fixedly to his purpose, and triumphantly gave up the ghost in the midst of his tortures. Such was the martyrdom of one of the imperial servants, who truly was worthy of his name. For he was called Peter.

But we shall pass by the martyrdoms of the rest, though they were not inferior, having regard to the due proportions of the book ; only placing it on record that Dorotheus and Gorgonius, together with many others of the imperial household, after conflicts of various kinds, departed this life by strangling, and so carried off the prizes of the God-given victory.

At that time Anthimus, who then presided over the church at Nicomedia, was beheaded for his witness to Christ. And with him was associated a large number of martyrs all together ; for, I know not how, in the palace at Nicomedia a fire broke out in those very days, and through a false suspicion the rumour went around that it was the work of our people : and by the imperial command the God-fearing persons there, whole families and in heaps, were in some cases butchered with the sword ; while others were perfected by fire, when it is recorded that men and women leaped upon the pyre with a divine and unspeakable eagerness. The executioners bound a multitude of others, and [placing them] on boats threw them into the depths of the sea. As to the imperial

λικοὺς μετὰ θάνατον παῖδας, γῇ μετὰ τῆς προσ-
ηκούσης κηδείας παραδοθέντας, αὖθις ἐξ ὑπαρχῆς
ἀνορύξαντες ἐναπορρῖψαι θαλάττῃ καὶ αὐτοὺς
ᾤοντο δεῖν οἱ νενομισμένοι δεσπόται, ὡς ἂν μὴ ἐν
μνήμασιν ἀποκειμένους προσκυνοῖέν τινες, θεοὺς
δὴ αὐτούς, ὥς γε ᾤοντο, λογιζόμενοι.

Καὶ τὰ μὲν ἐπὶ τῆς Νικομηδείας κατὰ τὴν ἀρχὴν
ἀποτελεσθέντα τοῦ διωγμοῦ τοιαῦτα· οὐκ εἰς 8
μακρὸν δ᾽ ἑτέρων κατὰ τὴν Μελιτηνὴν οὕτω
καλουμένην χώραν καὶ αὖ πάλιν ἄλλων ἀμφὶ τὴν
Συρίαν ἐπιφυῆναι τῇ βασιλείᾳ πεπειραμένων, τοὺς
πανταχόσε τῶν ἐκκλησιῶν προεστῶτας εἱρκταῖς
καὶ δεσμοῖς ἐνεῖραι πρόσταγμα ἐφοίτα βασιλικόν.
καὶ ἦν ἡ θέα τῶν ἐπὶ τούτοις γινομένων πᾶσαν 9
διήγησιν ὑπεραίρουσα, μυρίου πλήθους ἐν παντὶ
τόπῳ καθειργνυμένου καὶ τὰ πανταχῇ δεσμω-
τήρια, ἀνδροφόνοις καὶ τυμβωρύχοις πάλαι πρό-
τερον ἐπεσκευασμένα, τότε πληρούντων ἐπισκόπων
καὶ πρεσβυτέρων καὶ διακόνων ἀναγνωστῶν τε
καὶ ἐπορκιστῶν, ὡς μηδὲ χώραν ἔτι τοῖς ἐπὶ
κακουργίαις κατακρίτοις αὐτόθι λείπεσθαι.

Αὖθις δ᾽ ἑτέρων τὰ πρῶτα γράμματα ἐπικατ- 10
ειληφότων, ἐν οἷς τοὺς κατακλείστους θύσαντας
μὲν ἐᾶν βαδίζειν ἐπ᾽ ἐλευθερίας, ἐνισταμένους δὲ
μυρίαις καταξαίνειν προστέτακτο βασάνοις, πῶς
ἂν πάλιν ἐνταῦθα τῶν καθ᾽ ἑκάστην ἐπαρχίαν
μαρτύρων ἀριθμήσειέν τις τὸ πλῆθος καὶ μάλιστα
τῶν κατὰ τὴν Ἀφρικὴν καὶ τὸ Μαύρων ἔθνος
Θηβαΐδα τε καὶ κατ᾽ Αἴγυπτον; ἐξ ἧς καὶ εἰς

---

[1] The province of Armenia Minor, of which Melitene was
the capital.

268

servants, whose bodies after death had been committed to the ground with fitting honours, their reputed masters, starting afresh, deemed it necessary to exhume them and cast them also into the sea, lest any, regarding them as actually gods (so at least they imagined), should worship them as they lay in their tombs.

Such were the things that were done in Nicomedia at the beginning of the persecution. But not long afterwards, when some in the district known as Melitene,[1] and again on the other hand when others in Syria, had attempted to take possession of the Empire,[2] an imperial command went forth that the presidents of the churches everywhere should be thrown into prison and bonds. And the spectacle of what followed surpasses all description ; for in every place a countless number were shut up, and everywhere the prisons, that long ago had been prepared for murderers and grave-robbers, were then filled with bishops and presbyters and deacons, readers and exorcists, so that there was no longer any room left there for those condemned for wrongdoing.

Moreover, the first letter was followed by others, wherein the order had been given that those in prison should be allowed to go in liberty if they sacrificed, but if they refused, should be mutilated by countless tortures. And then, once more, how could one here number the multitude of the martyrs in each province, and especially of those in Africa and Mauretania,[3] and in Thebais and Egypt ? From this last country also some departed into other

---

[2] It is quite uncertain to what rising Eusebius here refers.
[3] Lit. " the province ($\xi\theta\nu os$) of the Moors."

ἑτέρας ἤδη προελθόντες πόλεις τε καὶ ἐπαρχίας
διέπρεψαν τοῖς μαρτυρίοις.

VII. Ἴσμεν γοῦν τοὺς ἐξ αὐτῶν διαλάμψαντας 1
ἐν Παλαιστίνῃ, ἴσμεν δὲ καὶ τοὺς ἐν Τύρῳ τῆς
Φοινίκης· οὓς τίς ἰδὼν οὐ κατεπλάγη τὰς ἀναρί-
θμους μάστιγας καὶ τὰς ἐν τούτοις τῶν ὡς ἀληθῶς
παραδόξων τῆς θεοσεβείας ἀθλητῶν ἐνστάσεις τόν
τε παραχρῆμα μετὰ τὰς μάστιγας ἐν θηρσὶν
ἀνθρωποβόροις ἀγῶνα καὶ τὰς ἐν τούτῳ παρδάλεων
καὶ διαφόρων ἄρκτων συῶν τε ἀγρίων καὶ πυρὶ
καὶ σιδήρῳ κεκαυτηριασμένων βοῶν προσβολὰς
καὶ τὰς πρὸς ἕκαστον τῶν θηρίων θαυμασίους τῶν
γενναίων ὑπομονάς; οἷς γιγνομένοις καὶ αὐτοὶ 2
παρῆμεν, ὁπηνίκα τοῦ μαρτυρουμένου σωτῆρος
ἡμῶν, αὐτοῦ δὴ Ἰησοῦ Χριστοῦ, τὴν θείαν δύναμιν
ἐπιπαροῦσαν ἐναργῶς τε αὐτὴν τοῖς μάρτυσιν
ἐπιδεικνῦσαν ἱστορήσαμεν, τῶν ἀνθρωποβόρων
ἐπὶ πλείονα χρόνον μὴ προσψαύειν μηδὲ πλησιάζειν
τοῖς τῶν θεοφιλῶν σώμασιν ἐπιτολμώντων, ἀλλ᾽
ἐπὶ μὲν τοὺς ἄλλους, ὅσοι δήπουθεν ἔξωθεν ἐρε-
θισμοῖς παρώρμων αὐτά, φερομένων, μόνων δὲ
τῶν ἱερῶν ἀθλητῶν, γυμνῶν ἑστώτων καὶ ταῖς
χερσὶν κατασειόντων ἐπί τε σφᾶς αὐτοὺς ἐπι-
σπωμένων (τοῦτο γὰρ αὐτοῖς ἐκελεύετο πράττειν),
μηδ᾽ ὅλως ἐφαπτομένων, ἀλλ᾽ ἔσθ᾽ ὅπῃ μὲν καὶ
ἐπ᾽ αὐτοὺς ὁρμώντων, οἷα δὲ πρός τινος θειοτέρας
δυνάμεως ἀνακρουομένων καὶ αὖ πάλιν εἰς τοὐπίσω
χωρούντων· ὃ καὶ εἰς μακρὸν γινόμενον θαῦμα 3
παρεῖχεν οὐ σμικρὸν τοῖς θεωμένοις, ὥστε ἤδη
διὰ τὸ ἄπρακτον τοῦ πρώτου δεύτερον καὶ τρίτον
προσαφίεσθαι ἑνὶ καὶ τῷ αὐτῷ μάρτυρι θηρίον.

cities and provinces and were distinguished in their martyrdoms.

VII. We know at any rate those of them who were conspicuous in Palestine, and we know also those at Tyre in Phoenicia. Who that saw them was not struck with amazement at the numberless lashes and the stedfastness displayed under them by these truly marvellous champions of godliness; at the conflict with man-eating wild beasts that followed immediately on the lashes; the attacks that then took place of leopards and different kinds of bears, of wild boars and bulls goaded with hot iron; and the marvellous endurance of these noble persons when opposed to each of the wild beasts? We ourselves were present when these things were happening, what time we beheld the present, divine power of our Saviour, Jesus Christ Himself, the Object of their witness, and the clear manifestation of that power to the martyrs. The man-eating beasts for a considerable time did not dare to touch or even approach the bodies of those who were dear to God, but made their attacks on the others who presumably were provoking and urging them on from the outside; while the holy champions were the only persons they did not reach at all, though they stood naked, waving their hands to draw them on to themselves (for this they were commanded to do); and sometimes, when the beasts would make a rush at them, they would be checked by, as it were, some divine power and once again retreat to the rear. And when this happened for a long time, it occasioned no small astonishment among the spectators, so that, as the first beast did nothing, a second and a third were let loose against one and the same martyr.

EUSEBIUS

Καταπλαγῆναι δ' ἦν τὴν ἐπὶ τούτοις ἀπτόητον 4
τῶν ἱερῶν ἐκείνων καρτερίαν καὶ τὴν ἐν σώμασι
νέοις βεβηκυῖαν καὶ ἀδιάτρεπτον ἔνστασιν. ἑώρας
γοῦν ἡλικίαν οὐδ' ὅλων ἐτῶν εἴκοσι δίχα δεσμῶν
ἑστῶτος νέου καὶ τὰς μὲν χεῖρας ἐφαπλοῦντος εἰς
σταυροῦ τύπον, ἀκαταπλήκτῳ δὲ καὶ ἀτρεμεῖ
διανοίᾳ ταῖς πρὸς τὸ θεῖον σχολαίτατα τεταμένου
λιταῖς μηδ' ὅλως τε μεθισταμένου μηδ' ἀποκλίνον-
τός ποι τοῦ ἔνθα εἱστήκει τόπου, ἄρκτων καὶ παρ-
δάλεων θυμοῦ καὶ θανάτου πνεόντων σχεδὸν αὐτῆς
καθαπτομένων αὐτοῦ τῆς σαρκός, ἀλλ' οὐκ οἶδ'
ὅπως θείᾳ καὶ ἀπορρήτῳ δυνάμει μόνον οὐχὶ
φραττομένων τὸ στόμα καὶ αὖθις παλινδρομούντων
εἰς τοὐπίσω. καὶ οὗτος μέν τις τοιοῦτος ἦν· 5
πάλιν δ' ἂν ἑτέρους εἶδες (πέντε γὰρ οἱ πάντες
ἐτύγχανον) ἠγριωμένῳ ταύρῳ παραβληθέντας, ὃς
τοὺς μὲν ἄλλους τῶν ἔξωθεν προσιόντων τοῖς
κέρασιν εἰς τὸν ἀέρα ῥίπτων διεσπάραττεν, ἡμι-
θνῆτας αἴρεσθαι καταλιπών, ἐπὶ μόνους δὲ θυμῷ
καὶ ἀπειλῇ τοὺς ἱεροὺς ὁρμῶν μάρτυρας οὐδὲ
πλησιάζειν αὐτοῖς οἷός τε ἦν, κυρίττων δὲ τοῖς
ποσὶν καὶ τοῖς κέρασιν τῇδε κἀκεῖσε χρώμενος καὶ
διὰ τοὺς ἀπὸ τῶν καυτήρων ἐρεθισμοὺς θυμοῦ καὶ
ἀπειλῆς πνέων εἰς τοὐπίσω πρὸς τῆς ἱερᾶς ἀνθ-
εἵλκετο προνοίας, ὡς μηδὲ τούτου μηδὲν μηδαμῶς
αὐτοὺς ἀδικήσαντος, ἕτερα ἄττα αὐτοῖς ἐπαφίεσθαι
θηρία. τέλος δ' οὖν μετὰ τὰς δεινὰς καὶ ποικίλας 6
τούτων προσβολὰς ξίφει κατασφαγέντες οἱ πάντες
ἀντὶ γῆς καὶ τάφων τοῖς θαλαττίοις παραδίδονται
κύμασιν. VIII. καὶ τοιοῦτος μὲν ὁ ἀγὼν τῶν 1
κατὰ Τύρον τοὺς ὑπὲρ εὐσεβείας ἄθλους ἐν-
δειξαμένων Αἰγυπτίων.
272

Acts 9, 1

One might be astounded at the fearless and valiant bearing of those holy persons in the face of these trials, and the steady, inflexible endurance to be found in young bodies. For example, you might have seen a youth, not twenty years old in all, standing unbound, his hands spread in the form of a cross, and, with a mind undismayed and unmoved, most leisurely engaged in earnest prayer to the Deity ; never a whit changing his ground or retreating from the place where he had taken his stand, while bears and leopards, breathing anger and death, almost touched his very flesh. And yet, by a divine and mysterious power I cannot explain, their mouths were muzzled, so to speak, and they ran back again to the rear. Such a one was he. Again you might have seen others (for they were five in all) thrown to a maddened bull, who, when others approached from the outside, tossed them into the air with his horns and mangled them, leaving them to be taken up half-dead ; but when he rushed in threatening anger at the holy martyrs as they stood unprotected, he was unable even to approach them, though he pawed with his feet and pushed with his horns this way and that ; and though the goading irons provoked him to breathe anger and threatening he was dragged away backwards by Divine Providence ; so that other wild beasts were let loose against them, since the bull in no way did them the slightest injury. Then at last, after the terrible and varied assaults of these beasts, they were all butchered with the sword, and instead of being buried in the earth were committed to the waves of the sea. VIII. Such was the contest of the Egyptians who at Tyre displayed their conflicts on behalf of piety.

Θαυμάσειε δ' ἄν τις αὐτῶν καὶ τοὺς ἐπὶ τῆς
οἰκείας γῆς μαρτυρήσαντας, ἔνθα μυρίοι τὸν
ἀριθμόν, ἄνδρες ἅμα γυναιξὶν καὶ παισίν, ὑπὲρ τῆς
τοῦ σωτῆρος ἡμῶν διδασκαλίας, τοῦ προσκαίρου
ζῆν καταφρονήσαντες, διαφόρους ὑπέμειναν θανά-
τους, οἱ μὲν αὐτῶν μετὰ ξεσμοὺς καὶ στρεβλώσεις
μάστιγάς τε χαλεπωτάτας καὶ μυρίας ἄλλας
ποικίλας καὶ φρικτὰς ἀκοῦσαι βασάνους πυρὶ
παραδοθέντες, οἱ δὲ πελάγει καταβροχθισθέντες,
ἄλλοι δ' εὐθαρσῶς τοῖς ἀποτέμνουσιν τὰς ἑαυτῶν
προτείναντες κεφαλάς, οἱ δὲ καὶ ἐναποθανόντες
ταῖς βασάνοις, ἕτεροι δὲ λιμῷ διαφθαρέντες, καὶ
ἄλλοι πάλιν ἀνασκολοπισθέντες, οἱ μὲν κατὰ τὸ
σύνηθες τοῖς κακούργοις, οἱ δὲ καὶ χειρόνως
ἀνάπαλιν κάτω κάρα προσηλωθέντες τηρούμενοί
τε ζῶντες, εἰς ὅτε καὶ ἐπ' αὐτῶν ἰκρίων λιμῷ
διαφθαρεῖν.

IX. Πάντα δ' ὑπεραίρει λόγον καὶ ἃς ὑπέμειναν 1
αἰκίας καὶ ἀλγηδόνας οἱ κατὰ Θηβαΐδα μάρτυρες,
ὀστράκοις ἀντὶ ὀνύχων ὅλον τὸ σῶμα καὶ μέχρις
ἀπαλλαγῆς τοῦ βίου καταξαινόμενοι, γύναιά τε
τοῖν ποδοῖν ἐξ ἑνὸς ἀποδεσμούμενα μετέωρά τε
καὶ διαέρια κάτω κεφαλὴν μαγγάνοις τισὶν εἰς
ὕψος ἀνελκόμενα γυμνοῖς τε παντελῶς καὶ μηδ'
ἐπικεκαλυμμένοις τοῖς σώμασιν θέαν ταύτην αἰ-
σχίστην καὶ πάντων ὠμοτάτην καὶ ἀπανθρωποτάτην
τοῖς ὁρῶσιν ἅπασιν παρεσχημένα· ἄλλοι δ' αὖ 2
πάλιν δένδρεσιν καὶ πρέμνοις ἐναπέθνησκον δεσμού-
μενοι· τοὺς γὰρ μάλιστα στερροτάτους τῶν κλά-
δων μηχαναῖς τισιν ἐπὶ ταὐτὸ συνέλκοντες εἰς
ἑκάτερά τε τούτων τὰ τῶν μαρτύρων ἀποτείνοντες
σκέλη, εἰς τὴν ἑαυτῶν ἠφίεσαν τοὺς κλάδους

But one must admire those of them also that were martyred in their own land, where countless numbers, men, women and children, despising this passing life, endured various forms of death for the sake of our Saviour's teaching. Some of them were committed to the flames after being torn and racked and grievously scourged, and suffering other manifold torments terrible to hear, while some were engulfed in the sea ; others with a good courage stretched forth their heads to them that cut them off, or died in the midst of their tortures, or perished of hunger ; and others again were crucified, some as malefactors usually are, and some, even more brutally, were nailed in the opposite manner, head-downwards, and kept alive until they should perish of hunger on the gibbet.

IX. But it surpasses all description what the martyrs in the Thebais endured as regards both outrages and agonies. They had the entire body torn to pieces with sharp sherds instead of claws, even until life was extinct. Women were fastened by one foot and swung aloft through the air, head-downwards, to a height by certain machines, their bodies completely naked with not even a covering ; and thus they presented this most disgraceful, cruel and inhuman of all spectacles to the whole company of onlookers. Others, again, were fastened to trees and trunks, and so died. For they drew together by certain machines the very strongest of the branches, to each of which they fastened one of the martyr's legs, and then released the branches to take up their

EUSEBIUS

φέρεσθαι φύσιν, ἄθρουν τῶν μελῶν διασπασμὸν καθ' ὧν ταῦτ' ἐνεχείρουν ἐπινοοῦντες. καὶ ταῦτά 3 γε πάντα ἐνηργεῖτο οὐκ ἐπ' ὀλίγας ἡμέρας ἢ χρόνον τινὰ βραχύν, ἀλλ' ἐπὶ μακρὸν ὅλων ἐτῶν διάστημα, ὁτὲ μὲν πλειόνων ἢ δέκα, ὁτὲ δὲ ὑπὲρ τοὺς εἴκοσι τὸν ἀριθμὸν ἀναιρουμένων, ἄλλοτε δὲ οὐχ ἧττον καὶ τριάκοντα, ἤδη δ' ἐγγύς που ἑξήκοντα, καὶ πάλιν ἄλλοτε ἑκατὸν ἐν ἡμέρᾳ μιᾷ ἄνδρες ἅμα κομιδῇ νηπίοις καὶ γυναιξὶν ἐκτείνοντο, ποικίλαις καὶ ἐναλλαττούσαις τιμωρίαις καταδικαζόμενοι.

Ἱστορήσαμεν δὲ καὶ αὐτοὶ ἐπὶ τῶν τόπων γενό- 4 μενοι πλείους ἀθρόως κατὰ μίαν ἡμέραν τοὺς μὲν τῆς κεφαλῆς ἀποτομὴν ὑπομείναντας, τοὺς δὲ τὴν διὰ πυρὸς τιμωρίαν, ὡς ἀμβλύνεσθαι φονεύοντα τὸν σίδηρον ἀτονοῦντά τε διαθλᾶσθαι αὐτούς τε τοὺς ἀναιροῦντας ἀποκάμνοντας ἀμοιβαδὸν ἀλλήλους διαδέχεσθαι· ὅτε καὶ θαυμασιωτάτην ὁρμὴν 5 θείαν τε ὡς ἀληθῶς δύναμιν καὶ προθυμίαν τῶν εἰς τὸν Χριστὸν τοῦ θεοῦ πεπιστευκότων συνεωρῶμεν. ἅμα γοῦν τῇ κατὰ τῶν προτέρων ἀποφάσει ἐπεπήδων ἄλλοθεν ἄλλοι τῷ πρὸ τοῦ δικαστοῦ βήματι Χριστιανοὺς σφᾶς ὁμολογοῦντες, ἀφροντίστως μὲν πρὸς τὰ δεινὰ καὶ τοὺς τῶν πολυειδῶν βασάνων τρόπους διακείμενοι, ἀκαταπλήκτως δὲ παρρησιαζόμενοι ἐπὶ τῇ εἰς τὸν τῶν ὅλων θεὸν εὐσεβείᾳ μετά τε χαρᾶς καὶ γέλωτος καὶ εὐφροσύνης τὴν ὑστάτην ἀπόφασιν τοῦ θανάτου καταδεχόμενοι, ὥστε ψάλλειν καὶ ὕμνους καὶ εὐχαριστίας εἰς τὸν τῶν ὅλων θεὸν μέχρις αὐτῆς ἐσχάτης ἀναπέμπειν ἀναπνοῆς. θαυμάσιοι μὲν 6 οὖν καὶ οὗτοι, ἐξαιρέτως δ' ἐκεῖνοι θαυμασιώτεροι

276

natural position : thus contriving the rending asunder all at once of the limbs of those who were the objects of this device. And indeed all these things were done, not for a few days or for some brief space, but for a long period extending over whole years—sometimes more than ten, at other times above twenty persons being put to death ; and at others not less than thirty, now nearer sixty, and again at other times a hundred men would be slain in a single day, along with quite young children and women, being condemned to manifold punishments which followed one on the other.

And we ourselves also beheld, when we were at these places, many all at once in a single day, some of whom suffered decapitation, others the punishment of fire ; so that the murderous axe was dulled and, worn out, was broken in pieces, while the executioners themselves grew utterly weary and took it in turns to succeed one another. It was then that we observed a most marvellous eagerness and a truly divine power and zeal in those who had placed their faith in the Christ of God. Thus, as soon as sentence was given against the first, some from one quarter and others from another would leap up to the tribunal before the judge and confess themselves Christians ; paying no heed when faced with terrors and the varied forms of tortures, but undismayedly and boldly speaking of the piety towards the God of the universe, and with joy and laughter and gladness receiving the final sentence of death ; so that they sang and sent up hymns and thanksgivings to the God of the universe even to the very last breath. And while these indeed were marvellous, those especially were marvellous who were distinguished

οἱ πλούτῳ μὲν καὶ εὐγενείᾳ καὶ δόξῃ λόγῳ τε καὶ
φιλοσοφίᾳ διαπρέψαντες, πάντα γε μὴν δεύτερα
θέμενοι τῆς ἀληθοῦς εὐσεβείας καὶ τῆς εἰς τὸν
σωτῆρα καὶ κύριον ἡμῶν Ἰησοῦν Χριστὸν πίστεως,
οἷος Φιλόρωμος ἦν, ἀρχήν τινα οὐ τὴν τυχοῦσαν 7
τῆς κατ᾽ Ἀλεξάνδρειαν βασιλικῆς διοικήσεως ἐγ-
κεχειρισμένος, ὃς μετὰ τοῦ ἀξιώματος καὶ τῆς
Ῥωμαϊκῆς τιμῆς, ὑπὸ στρατιώταις δορυφορού-
μενος, ἑκάστης ἀνεκρίνετο ἡμέρας, Φιλέας τε τῆς
Θμουϊτῶν ἐκκλησίας ἐπίσκοπος, διαπρέψας ἀνὴρ
ταῖς κατὰ τὴν πατρίδα πολιτείαις τε καὶ λει-
τουργίαις ἔν τε τοῖς κατὰ φιλοσοφίαν λόγοις· οἳ 8
καὶ μυρίων ὅσων πρὸς αἵματός τε καὶ τῶν ἄλλων
φίλων ἀντιβολούντων, ἔτι μὴν τῶν ἐπ᾽ ἀξίας
ἀρχόντων, πρὸς δὲ καὶ αὐτοῦ τοῦ δικαστοῦ παρα-
καλοῦντος ὡς ἂν αὐτῶν οἶκτον λάβοιεν φειδώ τε
παίδων καὶ γυναικῶν ποιήσοιντο, οὐδαμῶς πρὸς
τῶν τοσούτων ἐπὶ τὸ φιλοζωῆσαι μὲν ἑλέσθαι,
Matt.10 32 f.; καταφρονῆσαι δὲ τῶν περὶ ὁμολογίας καὶ ἀρνήσεως
Lk.12,8f. τοῦ σωτῆρος ἡμῶν θεσμῶν ὑπήχθησαν, ἀνδρείῳ
δὲ λογισμῷ καὶ φιλοσόφῳ, μᾶλλον δὲ εὐσεβεῖ καὶ
φιλοθέῳ ψυχῇ πρὸς ἀπάσας τοῦ δικαστοῦ τάς τε
ἀπειλὰς καὶ τὰς ὕβρεις ἐνστάντες, ἄμφω τὰς
κεφαλὰς ἀπετμήθησαν.

Χ. Ἐπεὶ δὲ καὶ τῶν ἔξωθεν μαθημάτων ἕνεκα 1
πολλοῦ λόγου ἄξιον γενέσθαι τὸν Φιλέαν ἔφαμεν,
αὐτὸς ἑαυτοῦ παρίτω μάρτυς, ἅμα μὲν ἑαυτὸν
ὅστις ποτ᾽ ἦν, ἐπιδείξων, ἅμα δὲ καὶ τὰ κατ᾽
αὐτὸν ἐν τῇ Ἀλεξανδρείᾳ συμβεβηκότα μαρτύρια
ἀκριβέστερον μᾶλλον ἢ ἡμεῖς ἱστορήσων διὰ
τούτων τῶν λέξεων.

for wealth, birth and reputation, as also for learning and philosophy, and yet put everything second to true piety and faith in our Saviour and Lord Jesus Christ. Such was Philoromus; who had been entrusted with an office of no small importance in the imperial administration at Alexandria, and who, in connexion with the dignity and rank that he had from the Romans, used to conduct judicial inquiries every day, attended by a bodyguard of soldiers. Such also was Phileas, bishop of the church of the Thmuites,[1] a man who was distinguished for the services he rendered to his country in public positions, and also for his skill in philosophy. And though great numbers of relatives and other friends besought them, as well as many officials of high rank, and though the judge himself exhorted them to take pity on themselves and spare their children and wives, they could in no wise be induced by this strong pressure to decide in favour of love of life and despise the ordinances of our Saviour as to confessing and denying; but with a brave and philosophic resolution, nay rather, with a pious and godly soul, they stood firm against all the threats and insults of the judge, and both were beheaded.

X. But since we said[2] that Phileas deserved a high reputation for his secular learning as well, let him appear as his own witness, to show us who he was, and at the same time to relate, more accurately than we could, the martyrdoms that took place at Alexandria. Here are his words :

---

[1] Thmuis was a town in Lower Egypt.
[2] 9. 7, above.

ΑΠΟ ΤΩΝ ΦΙΛΕΟΥ ΠΡΟΣ ΘΜΟΤΙΤΑΣ ΓΡΑΜΜΑΤΩΝ

" Τούτων ἁπάντων ὑποδειγμάτων ἡμῖν καὶ 2
ὑπογραμμῶν καὶ καλῶν γνωρισμάτων ἐν ταῖς
θείαις καὶ ἱεραῖς γραφαῖς κειμένων, οὐδὲν μελ-
λήσαντες οἱ μακάριοι σὺν ἡμῖν μάρτυρες, τὸ τῆς
ψυχῆς ὄμμα πρὸς τὸν ἐπὶ πάντων θεὸν καθαρῶς
τείναντες καὶ τὸν ἐπ' εὐσεβείᾳ θάνατον ἐν νῷ
λαβόντες, ἀπρὶξ τῆς κλήσεως εἴχοντο, τὸν μὲν
κύριον ἡμῶν Ἰησοῦν Χριστὸν εὑρόντες ἐνανθρωπή-
σαντα δι' ἡμᾶς, ἵνα πᾶσαν μὲν ἁμαρτίαν ἐκκόψῃ,
ἐφόδια δὲ τῆς εἰς τὴν αἰώνιον ζωὴν εἰσόδου ἡμῖν
Phil. 2, 6-8 κατάθηται· οὐ γὰρ ἁρπαγμὸν ἡγήσατο τὸ εἶναι ἴσα
θεῷ, ἀλλ' ἑαυτὸν ἐκένωσεν μορφὴν δούλου λαβών,
καὶ σχήματι εὑρεθεὶς ὡς ἄνθρωπος ἑαυτὸν ἐταπεί-
νωσεν ἕως θανάτου, θανάτου δὲ σταυροῦ· δι' ὃ 3
1 Cor. 12, 31 καὶ ζηλώσαντες τὰ μείζονα χαρίσματα οἱ χριστο-
φόροι μάρτυρες πάντα μὲν πόνον καὶ παντοίας
ἐπινοίας αἰκισμῶν οὐκ εἰς ἅπαξ, ἀλλ' ἤδη καὶ
δεύτερόν τινες ὑπέμειναν, πάσας δὲ ἀπειλὰς οὐ
λόγοις μόνον, ἀλλὰ καὶ ἔργοις τῶν δορυφόρων κατ'
αὐτῶν φιλοτιμουμένων, οὐκ ἐνεδίδουν τὴν γνώμην
1 John 4, 18 διὰ τὸ τὴν τελείαν ἀγάπην ἔξω βάλλειν τὸν φόβον·
ὧν καταλέγειν τὴν ἀρετὴν καὶ τὴν ἐφ' ἑκάστῃ 4
βασάνῳ ἀνδρείαν τίς ἂν ἀρκέσειεν λόγος; ἀνέσεως
γὰρ οὔσης ἅπασι τοῖς βουλομένοις ἐνυβρίζειν, οἱ
μὲν ξύλοις ἔπαιον, ἕτεροι δὲ ῥάβδοις, ἄλλοι δὲ
μάστιξιν, ἕτεροι δὲ πάλιν ἱμᾶσιν, ἄλλοι δὲ σχοινίοις.
καὶ ἦν ἡ θέα τῶν αἰκισμῶν ἐνηλλαγμένη καὶ 5
πολλὴν τὴν ἐν αὐτῇ κακίαν ἔχουσα. οἱ μὲν γὰρ
ὀπίσω τὼ χεῖρε δεθέντες περὶ τὸ ξύλον ἐξηρτῶντο
280

From the Writings of Phileas to the Thmuites.

" Since all these examples and patterns and goodly tokens are placed before us in the divine and sacred Scriptures, the blessed martyrs with us did not hesitate, but directed the eye of the soul sincerely toward the God who is over all, and with a mind resolved on death for piety they clung fast to their calling, finding that our Lord Jesus Christ became man for our sakes, that He might destroy every kind of sin, and provide us with the means of entering into eternal life. For He counted it not a prize to be on an equality with God, but emptied Himself, taking the form of a servant ; and being found in fashion as a man, He humbled Himself unto death, yea, the death of the cross. Wherefore also, desiring earnestly the greater gifts, the Christ-bearing martyrs endured every kind of suffering and all manner of devices of torture, not once, but even a second time in some cases ; and though their guards vied in all kinds of threats against them, not only in word but also in deed, they refused to give up their resolution, because perfect love casteth out fear. What account would suffice to reckon up their bravery and courage under each torture ? For when all who wished were given a free hand to insult them, some smote them with cudgels, others with rods, others with scourges ; others, again, with straps, and others with ropes. And the spectacle of their tortures was a varied one with no lack of wickedness therein. Some with both hands bound behind them were suspended upon the gibbet, and with the aid of cer-

EUSEBIUS

καὶ μαγγάνοις τισὶ διετείνοντο πᾶν μέλος, εἶθ᾿
οὕτως διὰ παντὸς τοῦ σώματος ἐπῆγον ἐκ κελεύ-
σεως οἱ βασανισταί, οὐ καθάπερ τοῖς φονεῦσιν ἐπὶ
τῶν πλευρῶν μόνον, ἀλλὰ καὶ τῆς γαστρὸς καὶ
κνημῶν καὶ παρειῶν τοῖς ἀμυντηρίοις ἐκόλαζον·
ἕτεροι δὲ ἀπὸ τῆς στοᾶς μιᾶς χειρὸς ἐξηρτημένοι
αἰωροῦντο, πάσης ἀλγηδόνος δεινοτέραν τὴν ἀπὸ
τῶν ἄρθρων καὶ μελῶν τάσιν ἔχοντες· ἄλλοι δὲ
πρὸς τοῖς κίοσιν ἀντιπρόσωποι ἐδοῦντο, οὐ βε-
βηκόσιν τοῖς ποσίν, τῷ δὲ βάρει τοῦ σώματος
βιαζομένων μετὰ τάσεως ἀνελκομένων τῶν δεσμῶν.
καὶ τοῦθ᾿ ὑπέμενον, οὐκ ἐφ᾿ ὅσον προσδιελέγετο 6
οὐδ᾿ αὐτοῖς ἐσχόλαζεν ὁ ἡγεμών, ἀλλὰ μόνον οὐχὶ
δι᾿ ὅλης τῆς ἡμέρας. ὅτε γὰρ καὶ ἐφ᾿ ἑτέρους
μετέβαινεν, τοῖς προτέροις κατελίμπανεν ἐφεδρεύειν
τοὺς τῇ ἐξουσίᾳ αὐτοῦ ὑπηρετουμένους, εἴ πού
τις ἡττηθεὶς τῶν βασάνων ἐνδιδόναι ἐδόκει,
ἀφειδῶς δὲ κελεύων καὶ τοῖς δεσμοῖς προσιέναι
καὶ μετὰ ταῦτα ψυχορραγοῦντας αὐτοὺς κατα-
τιθεμένους εἰς τὴν γῆν ἕλκεσθαι· οὐ γὰρ εἶναι κἂν 7
μέρος φροντίδος αὐτοῖς περὶ ἡμῶν, ἀλλ᾿ οὕτω καὶ
διανοεῖσθαι καὶ πράττειν, ὡς μηκέτ᾿ ὄντων,
ταύτην δευτέραν βάσανον ἐπὶ ταῖς πληγαῖς τῶν
ὑπεναντίων ἐφευρόντων. ἦσαν δὲ οἱ καὶ μετὰ τοὺς 8
αἰκισμοὺς ἐπὶ τοῦ ξύλου κείμενοι, διὰ τῶν τεσ-
σάρων ὀπῶν διατεταμένοι ἄμφω τὼ πόδε, ὡς καὶ
κατὰ ἀνάγκην αὐτοὺς ἐπὶ τοῦ ξύλου ὑπτίους εἶναι,
μὴ δυναμένους διὰ τὸ ἔναυλα τὰ τραύματα ἀπὸ
τῶν πληγῶν καθ᾿ ὅλου τοῦ σώματος ἔχειν· ἕτεροι
δὲ εἰς τοὔδαφος ῥιφέντες ἔκειντο ὑπὸ τῆς τῶν

282

tain machines stretched out in every limb; then, as they lay in this plight, the torturers acting on orders began to lay on over their whole body, not only, as in the case of murderers, punishing their sides with the instruments of torture, but also their belly, legs and cheeks. Others were suspended from the porch by one hand and raised aloft; and in the tension of their joints and limbs experienced unequalled agony. Others were bound with their face towards pillars, their feet not touching the ground, and thus their bonds were drawn tight by the pressure upon them of the weight of the body. And this they would endure, not while the governor conversed or was engaged with them, but almost throughout the entire day. For when he went away to others, he would leave the agents of his authority to watch the first, if perchance anyone should be overcome by the tortures and seem to give in; and he bade them approach mercilessly with bonds also,[1] and, when they were at the last gasp after all this, take them down to the ground and drag them off. For [he said] that they were not to have the least particle of regard for us, but to be so disposed and act as if we were no longer of any account. Such was the second torture that our enemies devised in addition to the stripes. And some, even after the tortures, were placed in the stocks, and had both feet stretched out to the fourth hole, so that they were compelled to lie on their back therein, being unable [to sit upright] because of the recent wounds they had from the stripes over the whole body. Others were thrown to the ground and lay there, by reason of the whole-

[1] The text gives no good sense: perhaps we should read προστιθέναι for προσιέναι: "he bade them actually add to their bonds without mercy."

βασάνων ἀθρόας προσβολῆς, δεινοτέραν τὴν ὄψιν
τῆς ἐνεργείας τοῖς ὁρῶσιν παρέχοντες, ποικίλας
καὶ διαφόρους ἐν τοῖς σώμασιν φέροντες τῶν
βασάνων τὰς ἐπινοίας. τούτων οὕτως ἐχόντων 9
οἱ μὲν ἐναπέθνησκον ταῖς βασάνοις, τῇ καρτερίᾳ
καταισχύναντες τὸν ἀντίπαλον, οἱ δὲ ἡμιθνῆτες
ἐν τῷ δεσμωτηρίῳ συγκλειόμενοι, μετ' οὐ πολλὰς
ἡμέρας ταῖς ἀλγηδόσι συνεχόμενοι ἐτελειοῦντο,
οἱ δὲ λοιποὶ τῆς ἀπὸ τῆς θεραπείας ἀνακτήσεως
τυχόντες τῷ χρόνῳ καὶ τῇ τῆς φυλακῆς διατριβῇ
θαρσαλεώτεροι ἐγίνοντο. οὕτω γοῦν, ἡνίκα προσ- 10
ετέτακτο αἱρέσεως κειμένης ἢ ἐφαψάμενον τῆς
ἐναγοῦς θυσίας ἀνενόχλητον εἶναι, τῆς ἐπαράτου
ἐλευθερίας παρ' αὐτῶν τυχόντα, ἢ μὴ θύοντα τὴν
ἐπὶ θανάτῳ δίκην ἐκδέχεσθαι, οὐδὲν μελλήσαντες
ἀσμένως ἐπὶ τὸν θάνατον ἐχώρουν· ᾔδεσαν γὰρ τὰ
ὑπὸ τῶν ἱερῶν γραφῶν ἡμῖν προορισθέντα. 'ὁ γὰρ
Ex. 22, 20
θυσιάζων,' φησίν, 'θεοῖς ἑτέροις ἐξολοθρευθήσεται,'
Ibid. 20, 3
καὶ ὅτι 'οὐκ ἔσονταί σοι θεοὶ ἕτεροι πλὴν ἐμοῦ.'"

Τοιαῦται τοῦ ὡς ἀληθῶς φιλοσόφου τε ὁμοῦ 11
καὶ φιλοθέου μάρτυρος αἱ φωναὶ ἃς πρὸ τελευταίας
ἀποφάσεως, ὑπὸ τὴν δεσμωτικὴν ἔθ' ὑπάρχων
τάξιν, τοῖς κατὰ τὴν αὐτοῦ παροικίαν ἀδελφοῖς
ἐπεστάλκει, ἅμα μὲν τὰ ἐν οἷς ἦν, ἀνατιθέμενος,
ἅμα δὲ καὶ παρορμῶν αὐτοὺς ἐπὶ τὸ ἀπρὶξ ἔχεσθαι
καὶ μετ' αὐτὸν ὅσον οὔπω τελειωθησόμενον τῆς
ἐν Χριστῷ θεοσεβείας. ἀλλὰ τί χρὴ πολλὰ λέγειν 12
καὶ καινοτέρας ἐπὶ καινοτέραις τῶν ἀνὰ τὴν οἰκου-
μένην θεοπρεπῶν μαρτύρων ἀθλήσεις παρατίθεσθαι,
μάλιστα τῶν οὐκέτι μὲν κοινῷ νόμῳ, πολέμου δὲ
τρόπῳ πεπολιορκημένων;

sale application of the tortures ; presenting to those who saw them a sight more terrible than did the actual punishment, in that they bore on their bodies marks of the manifold and varied tortures that were devised. In this condition of affairs, some died under their tortures, having shamed the adversary by their endurance ; while others were shut up half dead in prison, and after not many days perfected by reason of their agonies ; the remainder recovered under treatment, and as the result of time and their stay in prison gained confidence. So then, when the order was given and the choice held out, either to touch the abominable sacrifice and be unmolested, receiving from them the accursed freedom ; or not to sacrifice and be punished with death : without hesitation they gladly went to their death. For they knew what had been prescribed for us by the sacred Scriptures. For he says, ' He that sacrificeth unto other gods shall be utterly destroyed '; and, ' Thou shalt have none other gods but me.'

Such are the words of the martyr, true lover both of wisdom and of God, which he sent to the brethren in his community before the final sentence, when he was still in a state of imprisonment, at one and the same time showing the conditions in which he was living, and also stirring them up to hold fast to the fear of God in Christ, even after his death who was just about to be perfected. But why need one make a long story and add fresh instance upon instance of the conflicts of the godly martyrs throughout the world, especially of those who were assailed no longer by the common law, but as if they were enemies ?

EUSEBIUS

XI. Ἤδη γοῦν ὅλην Χριστιανῶν πολίχνην 1 αὔτανδρον ἀμφὶ τὴν Φρυγίαν ἐν κύκλῳ περιβαλόντες ὁπλῖται πῦρ τε ὑφάψαντες κατέφλεξαν αὐτοῖς ἅμα νηπίοις καὶ γυναιξὶ τὸν ἐπὶ πάντων θεὸν ἐπιβοωμένοις, ὅτι δὴ πανδημεὶ πάντες οἱ τὴν πόλιν οἰκοῦντες λογιστής τε αὐτὸς καὶ στρατηγοὶ σὺν τοῖς ἐν τέλει πᾶσιν καὶ ὅλῳ δήμῳ Χριστιανοὺς σφᾶς ὁμολογοῦντες, οὐδ' ὁπωστιοῦν τοῖς προστάττουσιν εἰδωλολατρεῖν ἐπειθάρχουν.

Καί τις ἕτερος Ῥωμαϊκῆς ἀξίας ἐπειλημμένος, 2 Ἄδαυκτος τοὔνομα, γένος τῶν παρ' Ἰταλοῖς ἐπισήμων, διὰ πάσης προελθὼν ἀνὴρ τῆς παρὰ βασιλεῦσι τιμῆς, ὡς καὶ τὰς καθόλου διοικήσεις τῆς παρ' αὐτοῖς καλουμένης μαγιστρότητός τε καὶ καθολικότητος ἀμέμπτως διελθεῖν, ἐπὶ πᾶσι τούτοις διαπρέψας τοῖς ἐν θεοσεβείᾳ κατορθώμασιν καὶ ταῖς εἰς τὸν Χριστὸν τοῦ θεοῦ ὁμολογίαις, τῷ τοῦ μαρτυρίου διαδήματι κατεκοσμήθη, ἐπ' αὐτῆς τῆς τοῦ καθολικοῦ πράξεως τὸν ὑπὲρ εὐσεβείας ὑπομείνας ἀγῶνα.

XII. Τί με χρὴ νῦν ἐπ' ὀνόματος τῶν λοιπῶν 1 μνημονεύειν ἢ τὸ πλῆθος τῶν ἀνδρῶν ἀριθμεῖν ἢ τὰς πολυτρόπους αἰκίας ἀναζωγραφεῖν τῶν θαυμασίων μαρτύρων, τοτὲ μὲν πελύξιν ἀναιρουμένων, οἷα γέγονεν τοῖς ἐπ' Ἀραβίας, τοτὲ δὲ τὰ σκέλη κατεαγνυμένων, οἷα τοῖς ἐν Καππαδοκίᾳ συμβέβηκεν, καὶ ποτὲ μὲν κατὰ κεφαλῆς ἐκ τοῖν ποδοῖν εἰς ὕψος ἀναρτωμένων καὶ μαλθακοῦ πυρὸς ὑποκαιομένου τῷ παραπεμπομένῳ καπνῷ τῆς φλεγομένης ὕλης ἀποπνιγομένων, οἷα τοῖς ἐν

286

XI. For instance, at this time armed soldiers surrounded a little town in Phrygia, of which the inhabitants were all Christians, every man of them, and setting fire to it burnt them, along with young children and women as they were calling upon the God who is over all. The reason of this was, that all the inhabitants of the town to a man, the curator himself and the duumvirs with all the officials and the whole assembly, confessed themselves Christians and refused to give the least heed to those who bade them commit idolatry.

And there was a certain other person who had attained to a high position under the Romans, Adauctus by name, a man of illustrious Italian birth; who had advanced through every grade of honour under the emperors, so as to pass blamelessly through the general administration of what they call the magistracy and ministry of finance. And besides all this, having distinguished himself by his noble deeds of godliness and his confessions of the Christ of God, he was adorned with the crown of martyrdom, enduring the conflict for piety while actually engaged as finance minister.

XII. Why need I now mention the rest by name, or number the multitude of the men, or picture the varied tortures inflicted upon the wonderful martyrs? Sometimes they were slain with the axe, as was the case with those in Arabia; at other times they had their legs broken, as happened to those in Cappadocia; on some occasions they were suspended on high by the feet, head-downwards, while a slow fire was kindled beneath, so that when the wood was alight they were choked by the rising smoke—a

EUSEBIUS

Μέσῃ τῶν ποταμῶν ἐπήχθη, ποτὲ δὲ ῥῖνας καὶ
ὦτα καὶ χεῖρας ἀκρωτηριαζομένων τά τε λοιπὰ
τοῦ σώματος μέλη τε καὶ μέρη κρεουργουμένων,
οἷα τὰ ἐπ᾽ Ἀλεξανδρείας ἦν;

Τί δεῖ τῶν ἐπ᾽ Ἀντιοχείας ἀναζωπυρεῖν τὴν 2
μνήμην, ἐσχάραις πυρὸς οὐκ εἰς θάνατον, ἀλλ᾽
ἐπὶ μακρᾷ τιμωρίᾳ κατοπτωμένων, ἑτέρων τε
θᾶττον τὴν δεξιὰν αὐτῷ πυρὶ καθιέντων ἢ τῆς
ἐναγοῦς θυσίας ἐφαπτομένων; ὧν τινες τὴν πεῖραν
φεύγοντες, πρὶν ἁλῶναι καὶ εἰς χεῖρας τῶν ἐπι-
βούλων ἐλθεῖν, ἄνωθεν ἐξ ὑψηλῶν δωμάτων ἑαυ-
τοὺς κατεκρήμνισαν, τὸν θάνατον ἅρπαγμα θέμενοι
τῆς τῶν δυσσεβῶν μοχθηρίας.

Καί τις ἱερὰ καὶ θαυμασία τὴν τῆς ψυχῆς 3
ἀρετήν, τὸ δὲ σῶμα γυνὴ καὶ τὰ ἄλλα τῶν ἐπ᾽
Ἀντιοχείας πλούτῳ καὶ γένει καὶ εὐδοξίᾳ παρὰ
πᾶσι βεβοημένη, παίδων ξυνωρίδα παρθένων τῇ
τοῦ σώματος ὥρᾳ καὶ ἀκμῇ διαπρεπουσῶν θεσμοῖς
εὐσεβείας ἀναθρεψαμένη, ἐπειδὴ πολὺς ὁ περὶ
αὐτὰς κινούμενος φθόνος πάντα τρόπον ἀνιχνεύων
λανθανούσας περιειργάζετο, εἶτ᾽ ἐπ᾽ ἀλλοδαπῆς
αὐτὰς διατρίβειν μαθὼν πεφροντισμένως ἐπὶ τὴν
Ἀντιόχειαν ἐκάλει δικτύων τε ἤδη στρατιωτικῶν
εἴσω περιβέβληντο, ἐν ἀμηχάνοις ἑαυτὴν καὶ τὰς
παῖδας θεασαμένη καὶ τὰ μέλλοντα ἐξ ἀνθρώπων
δεινὰ τῷ λόγῳ παραθεῖσα τό τε πάντων δεινῶν
καὶ ἀφορητότερον, πορνείας ἀπειλήν, μηδὲ ἄκροις
ὠσὶν ὑπομεῖναι δεῖν ἀκοῦσαι ἑαυτῇ τε καὶ ταῖς
κόραις παρακελευσαμένη, ἀλλὰ καὶ τὸ προδοῦναι

---

[1] We learn from St. Chrysostom that her name was
Domnina, and that her daughters were Bernice and Prosdoce.

288

treatment meted out to those in Mesopotamia; on others, the noses, ears and hands were mutilated, and the remaining limbs and parts of the body cut up, as was done at Alexandria.

Why need one rekindle the memory of those at Antioch, who were roasted on heated gridirons, not unto death, but with a view to lengthy torture; and of others who put their right hand into the very fire sooner than touch the accursed sacrifice? Some of them, to escape such trials, before they were caught and fell into the hands of those that plotted against them, threw themselves down from the tops of lofty houses, regarding death as a prize snatched from the wickedness of evil men.

And a certain holy person,[1] admirable for strength of soul yet in body a woman, and famed as well by all that were at Antioch for wealth, birth and sound judgement, had brought up in the precepts of piety her two unmarried daughters, distinguished for the full bloom of their youthful beauty. Much envy was stirred up on their account, and busied itself in tracing in every manner possible where they lay concealed; and when it discovered that they were staying in a foreign country, of set purpose it recalled them to Antioch. Thus they fell into the soldiers' toils. When, therefore, the woman saw that herself and her daughters were in desperate straits, she placed before them in conversation the terrible things that awaited them from human hands, and the most intolerable thing of all these terrors—the threat of fornication. She exhorted both herself and her girls that they ought not to submit to listen to even the least whisper of such a thing, and said that to surrender their souls to the

EUSEBIUS

τὰς ψυχὰς τῇ τῶν δαιμόνων δουλείᾳ πάντων
ὑπάρχειν θανάτων καὶ πάσης χεῖρον ἀπωλείας
φήσασα, μίαν τούτων ἁπάντων εἶναι λύσιν ὑπ-
ετίθετο τὴν ἐπὶ τὸν κύριον καταφυγήν, κἄπειτα 4
ὁμοῦ τῇ γνώμῃ συνθέμεναι τά τε σώματα περι-
στείλασαι κοσμίως τοῖς περιβλήμασιν, ἐπ᾽ αὐτῆς
μέσης γενόμεναι τῆς ὁδοῦ, βραχύ τι τοὺς φύλακας
εἰς ἀναχώρησιν ὑποπαραιτησάμεναι, ἐπὶ παραρ-
ρέοντα ποταμὸν ἑαυτὰς ἠκόντισαν.

Αἵδε μὲν οὖν ἑαυτάς· ἄλλην δ᾽ ἐπ᾽ αὐτῆς Ἀντιο- 5
χείας ξυνωρίδα παρθένων τὰ πάντα θεοπρεπῶν
καὶ ἀληθῶς ἀδελφῶν, ἐπιδόξων μὲν τὸ γένος,
λαμπρῶν δὲ τὸν βίον, νέων τοὺς χρόνους, ὡραίων
τὸ σῶμα, σεμνῶν τὴν ψυχήν, εὐσεβῶν τὸν τρόπον,
θαυμαστῶν τὴν σπουδήν, ὡς ἂν μὴ φερούσης τῆς
γῆς τὰ τοιαῦτα βαστάζειν, θαλάττῃ ῥίπτειν ἐκέ-
λευον οἱ τῶν δαιμόνων θεραπευταί.

Ταῦτα μὲν οὖν παρὰ τοῖσδε· τὰ φρικτὰ δὲ 6
ἀκοαῖς κατὰ τὸν Πόντον ἔπασχον ἕτεροι, καλάμοις
ὀξέσιν τοῖν χεροῖν ἐξ ἄκρων ὀνύχων τοὺς δακ-
τύλους διαπειρόμενοι, καὶ ἄλλοι, πυρὶ μολίβδου
διατακέντος, βρασσούσῃ καὶ πεπυρακτωμένῃ τῇ
ὕλῃ τὰ νῶτα καταχεόμενοι καὶ τὰ μάλιστα ἀναγ-
καιότατα τοῦ σώματος κατοπτώμενοι, διά τε τῶν 7
ἀπορρήτων ἕτεροι μελῶν τε καὶ σπλάγχνων
αἰσχρὰς καὶ ἀσυμπαθεῖς καὶ οὐδὲ λόγῳ ῥητὰς
ὑπέμενον πάθας, ἃς οἱ γενναῖοι καὶ νόμιμοι
δικασταὶ τὴν σφῶν ἐπιδεικνύμενοι δεινότητα,
ὥσπερ τινὰ σοφίας ἀρετήν, φιλοτιμότερον ἐπενόουν,
αἰεὶ ταῖς καινότερον ἐφευρισκομέναις αἰκίαις,
ὥσπερ ἐν ἀγῶνος βραβείοις, ἀλλήλους ὑπερεξάγειν
ἁμιλλώμενοι.

290

slavery of demons was worse than all kinds of death
and every form of destruction. So she submitted
that to flee to the Lord was the only way of escape
from it all. And when they had both agreed to her
opinion, and had arranged their garments suitably
around them, on coming to the middle of their journey
they quietly requested the guards to allow them
a little time for retirement, and threw themselves
into the river that flowed by.

Thus were these their own executioners. But
another pair of maidens, also at Antioch, godly in
every respect and true sisters, famous by birth,
distinguished for their manner of life, young in
years, in the bloom of beauty, grave of soul, pious
in their deportment, admirable in their zeal, the
worshippers of demons commanded to be cast into
the sea, as if the earth could not endure to bear such
excellence.

Thus it happened with these martyrs. And others
in Pontus suffered things terrible to hear: sharp
reeds were driven through their fingers under the
tips of the nails; in the case of others, lead was
melted down by fire, and the boiling, burning stuff
poured down their backs, roasting the most essential
parts of their body; others endured in their privy
parts and bowels sufferings that were disgraceful,
pitiless, unmentionable, which the noble and law-
abiding judges devised with more than usual eager-
ness, displaying their cruelty as if it were some great
stroke of wisdom; striving to outdo one another by
ever inventing novel tortures, as if contending for
prizes in a contest.

EUSEBIUS

Τὰ δ' οὖν τῶν συμφορῶν ἔσχατα, ὅτε δὴ λοιπὸν 8
ἀπειρηκότες ἐπὶ τῇ τῶν κακῶν ὑπερβολῇ καὶ πρὸς
τὸ κτείνειν ἀποκαμόντες πλησμονήν τε καὶ κόρον
τῆς τῶν αἱμάτων ἐκχύσεως ἐσχηκότες, ἐπὶ τὸ
νομιζόμενον αὐτοῖς χρηστὸν καὶ φιλάνθρωπον
ἐτρέποντο, ὡς μηδὲν μὲν ἔτι δοκεῖν δεινὸν καθ'
ἡμῶν περιεργάζεσθαι· μὴ γὰρ καθήκειν φασὶν 9
αἵμασιν ἐμφυλίοις μιαίνειν τὰς πόλεις μηδ' ἐπ'
ὠμότητι τὴν ἀνωτάτω διαβάλλειν τῶν κρατούντων
ἀρχήν, εὐμενῆ τοῖς πᾶσιν ὑπάρχουσαν καὶ πραεῖαν,
δεῖν δὲ μᾶλλον τῆς φιλανθρώπου καὶ βασιλικῆς
ἐξουσίας εἰς πάντας ἐκτείνεσθαι τὴν εὐεργεσίαν,
μηκέτι θανάτῳ κολαζομένους· λελύσθαι γὰρ αὐτῶν
καθ' ἡμῶν ταύτην τὴν τιμωρίαν διὰ τὴν τῶν κρα-
τούντων φιλανθρωπίαν. τηνικαῦτα ὀφθαλμοὺς ἐξ- 10
ορύττεσθαι καὶ τοῖν σκελοῖν πηροῦσθαι θάτερον προσ-
ετάττετο. ταῦτα γὰρ ἦν αὐτοῖς τὰ φιλάνθρωπα
καὶ τῶν καθ' ἡμῶν τιμωριῶν τὰ κουφότατα, ὥστε
ἤδη ταύτης ἕνεκα τῆς τῶν ἀσεβῶν φιλανθρωπίας
οὐκέτ' εἶναι δυνατὸν ἐξειπεῖν τὸ πλῆθος τῶν
ὑπὲρ πάντα λόγον τοὺς μὲν δεξιοὺς ὀφθαλμοὺς
ξίφει πρότερον ἐκκοπτομένων κἄπειτα τούτους
πυρὶ καυτηριαζομένων, τοὺς δὲ λαιοὺς πόδας κατὰ
τῶν ἀγκυλῶν αὖθις καυτῆρσιν ἀχρειουμένων μετά
τε ταῦτα τοῖς κατ' ἐπαρχίαν χαλκοῦ μετάλλοις
οὐχ ὑπηρεσίας τοσοῦτον ὅσον κακώσεως καὶ
ταλαιπωρίας ἕνεκεν καταδικαζομένων πρὸς ἄπασί
τε τούτοις ἄλλων ἄλλοις ἀγῶσιν, οὓς μηδὲ κατα-
λέγειν δυνατόν (νικᾷ γὰρ πάντα λόγον τὰ κατ'
αὐτοὺς ἀνδραγαθήματα), περιπεπτωκότων.
Ἐν δὴ τούτοις ἐφ' ὅλης τῆς οἰκουμένης δια- 11
λάμψαντες οἱ μεγαλοπρεπεῖς τοῦ Χριστοῦ μάρτυρες
292

But the end of these calamities came when they were now worn out with their excessive wickedness, and were utterly weary of killing and surfeited and sated with shedding blood, and so turned to what they considered merciful and humane conduct; so that they no longer thought that they were doing any harm to us. For it was not fitting, they said, to pollute the cities with the blood of their own people, or to involve in a charge of cruelty the supreme government of the rulers, a government that was well-disposed and mild towards all; but rather that the beneficence of the humane and imperial authority should be extended to all, and the death penalty no longer inflicted. For [they declared] that this their punishment of us had been stopped, thanks to the humanity of the rulers. Then orders were given that their eyes should be gouged out and one of their legs maimed. For this was in their opinion humanity and the lightest of punishments inflicted upon us. Hence, because of this humanity on the part of godless men, it is now no longer possible to tell the incalculable number of those who had their right eye first cut out with a sword and then cauterized with fire, and the left foot rendered useless by the further application of branding irons to the joints, and who after this were condemned to the provincial copper mines, not so much for service as for ill-usage and hardship, and withal fell in with various other trials, which it is not possible even to recount; for their brave and good deeds surpass all reckoning.

In these conflicts verily the magnificent martyrs of Christ were conspicuous throughout all the world,

τοὺς μὲν ἁπανταχοῦ τῆς ἀνδρείας αὐτῶν ἐπόπτας
εἰκότως κατεπλήξαντο, τῆς δὲ τοῦ σωτῆρος ἡμῶν
θείας ὡς ἀληθῶς καὶ ἀπορρήτου δυνάμεως ἐμφανῆ
δι' ἑαυτῶν τὰ τεκμήρια παρεστήσαντο. ἑκάστου
μὲν οὖν ἐπ' ὀνόματος μνημονεύειν μακρὸν ἂν εἴη,
μή τί γε τῶν ἀδυνάτων.

XIII. Τῶν δὲ κατὰ τὰς ἐπισήμους πόλεις μαρ- 1
τυρησάντων ἐκκλησιαστικῶν ἀρχόντων πρῶτος
ἡμῖν ἐν εὐσεβῶν στήλαις τῆς Χριστοῦ βασιλείας
ἀνηγορεύσθω μάρτυς ἐπίσκοπος τῆς Νικομηδέων
πόλεως, τὴν κεφαλὴν ἀποτμηθείς, Ἄνθιμος, τῶν 2
δ' ἐπ' Ἀντιοχείας μαρτύρων τὸν πάντα βίον
ἄριστος πρεσβύτερος τῆς αὐτόθι παροικίας, Λου-
κιανός, ἐν τῇ Νικομηδείᾳ καὶ αὐτὸς βασιλέως
ἐπιπαρόντος τὴν οὐράνιον τοῦ Χριστοῦ βασιλείαν
λόγῳ πρότερον δι' ἀπολογίας, εἶτα δὲ καὶ ἔργοις
ἀνακηρύξας. τῶν δ' ἐπὶ Φοινίκης μαρτύρων γέ- 3
νοιντ' ἂν ἐπισημότατοι τὰ πάντα θεοφιλεῖς τῶν
λογικῶν Χριστοῦ θρεμμάτων ποιμένες, Τυραννίων
ἐπίσκοπος τῆς κατὰ Τύρον ἐκκλησίας πρεσβύτερός
τε τῆς κατὰ Σιδῶνα Ζηνόβιος καὶ ἔτι Σιλβανὸς
τῶν ἀμφὶ τὴν Ἔμισαν ἐκκλησιῶν ἐπίσκοπος. ἀλλ' 4
οὗτος μὲν θηρίων βορὰ μεθ' ἑτέρων ἐπ' αὐτῆς
Ἐμίσης γενόμενος χοροῖς ἀνελήφθη μαρτύρων,
Acts 13, 48 τὼ δ' ἐπ' Ἀντιοχείας ἄμφω τὸν τοῦ θεοῦ λόγον
διὰ τῆς εἰς θάνατον ὑπομονῆς ἐδοξασάτην, ὃ μὲν
θαλαττίοις παραδοθεὶς βυθοῖς, ὁ ἐπίσκοπος, ὁ δὲ
ἰατρῶν ἄριστος Ζηνόβιος ταῖς κατὰ τῶν πλευρῶν
ἐπιτεθείσαις αὐτῷ καρτερῶς ἐναποθανὼν βασάνοις.
τῶν δ' ἐπὶ Παλαιστίνης μαρτύρων Σιλβανός, 5
ἐπίσκοπος τῶν ἀμφὶ τὴν Γάζαν ἐκκλησιῶν, κατὰ
τὰ ἐν Φαινοῖ χαλκοῦ μέταλλα σὺν ἑτέροις ἑνὸς
294

and, as was natural, everywhere filled with amazement the eye-witnesses of their bravery ; while in their own persons they furnished a clear proof that the power of our Saviour is truly divine and inexpressible. To mention, indeed, each by name would be a long task, not to say an impossibility.

XIII. Of those rulers of the churches who were martyred in well-known cities, the first name that we must record on the monuments to holy men, as a martyr of the kingdom of Christ, is that of Anthimus, bishop of the city of the Nicomedians, who was beheaded. Of the martyrs at Antioch the best in his entire life was Lucian, a presbyter of that community ; the same who in Nicomedia, where the emperor was, proclaimed the heavenly kingdom of Christ, first by word of mouth in an Apology, and afterwards also by deeds. Of the martyrs in Phoenicia the most famous would be the pastors of the spiritual flocks of Christ, beloved of God in all things, Tyrannion, bishop of the church at Tyre, and Zenobius, presbyter of the church at Sidon, and, moreover, Silvanus, bishop of the churches about Emesa. The last-named became food for wild beasts, along with others, at Emesa itself, and so was received up into the choirs of martyrs ; the other two glorified the word of God at Antioch by their endurance unto death ; one of them, the bishop, being committed to the depths of the sea, while that best of physicians, Zenobius, died bravely under the tortures that were applied to his sides. Of the martyrs in Palestine, Silvanus, bishop of the churches about Gaza, was beheaded at the copper mines at Phaeno,

δέουσι τὸν ἀριθμὸν τεσσαράκοντα τὴν κεφαλὴν
ἀποτέμνεται, Αἰγύπτιοί τε αὐτόθι Πηλεὺς καὶ
Νεῖλος ἐπίσκοποι μεθ' ἑτέρων τὴν διὰ πυρὸς
ὑπέμειναν τελευτήν. καὶ τὸ μέγα δὲ κλέος τῆς 6
Καισαρέων παροικίας ἐν τούτοις ἡμῖν μνημο-
νευέσθω Πάμφιλος πρεσβύτερος, τῶν καθ' ἡμᾶς
θαυμασιώτατος, οὗ τῶν ἀνδραγαθημάτων τὴν
ἀρετὴν κατὰ τὸν δέοντα καιρὸν ἀναγράψομεν.
τῶν δ' ἐπ' Ἀλεξανδρείας καθ' ὅλης τε Αἰγύπτου 7
καὶ Θηβαΐδος διαπρεπῶς τελειωθέντων πρῶτος
Πέτρος, αὐτῆς Ἀλεξανδρείας ἐπίσκοπος, θεῖόν τι
χρῆμα διδασκάλων τῆς ἐν Χριστῷ θεοσεβείας,
ἀναγεγράφθω, καὶ τῶν σὺν αὐτῷ πρεσβυτέρων
Φαῦστος καὶ Δῖος καὶ Ἀμμώνιος, τέλειοι Χριστοῦ
μάρτυρες, Φιλέας τε καὶ Ἡσύχιος καὶ Παχύμιος
καὶ Θεόδωρος, τῶν ἀμφὶ τὴν Αἴγυπτον ἐκκλησιῶν
ἐπίσκοποι, μυρίοι τε ἐπὶ τούτοις ἄλλοι διαφανεῖς,
οἳ πρὸς τῶν κατὰ χώραν καὶ τόπον παροικιῶν
μνημονεύονται· ὧν ἀνὰ τὴν πᾶσαν οἰκουμένην
ὑπὲρ τῆς εἰς τὸ θεῖον εὐσεβείας ἠγωνισμένων
γραφῇ παραδιδόναι τοὺς ἄθλους ἐπ' ἀκριβές τε
ἕκαστα τῶν περὶ αὐτοὺς συμβεβηκότων ἱστορεῖν
οὐχ ἡμέτερον, τῶν δ' ὄψει τὰ πράγματα παρ-
ειληφότων ἴδιον ἂν γένοιτο· οἷς γε μὴν αὐτὸς
παρεγενόμην, τούτους καὶ τοῖς μεθ' ἡμᾶς γνωρί-
μους δι' ἑτέρας ποιήσομαι γραφῆς. κατά γε μὴν 8
τὸν παρόντα λόγον τὴν παλινῳδίαν τῶν περὶ ἡμᾶς
εἰργασμένων τοῖς εἰρημένοις ἐπισυνάψω τά τε ἐξ
ἀρχῆς τοῦ διωγμοῦ συμβεβηκότα, χρησιμώτατα
τυγχάνοντα τοῖς ἐντευξομένοις.

Τὰ μὲν οὖν πρὸ τοῦ καθ' ἡμῶν πολέμου τῆς 9
Ῥωμαίων ἡγεμονίας, ἐν ὅσοις δὴ χρόνοις τὰ τῶν

with others, in number forty save one ; and Egyptians there, Peleus and Nilus, bishops, together with others, endured death by fire. And among these we must mention the great glory of the community of Caesarea, Pamphilus, a presbyter, the most marvellous man of our day ; the merit of whose brave and good deeds we shall record at the proper time. Of those at Alexandria and throughout all Egypt and the Thebais who were perfected gloriously, the first that must be recorded is Peter, bishop of Alexandria itself, a divine example of the teachers of godliness in Christ ; and of the presbyters with him Faustus, Dius and Ammonius, perfect martyrs of Christ ; and Phileas, Hesychius, Pachymius and Theodore, bishops of the churches in Egypt ; and countless other famous persons as well, who are commemorated by the communities in their own district and locality. It is not our part to commit to writing the conflicts of those who fought throughout the world on behalf of piety toward the Deity, and to record in detail each of their happenings ; but that would be the especial task of those who witnessed the events. Yet I shall make known to posterity in another work[1] those with whom I was personally conversant. In this present book, however, I shall subjoin to what has been said the recantation[2] of the things that were wrought concerning us, and all that befell since the beginning of the persecution, most profitable as they are to my readers.

Now as concerns the state of the Roman government before the war against us, during all the periods

[1] The reference is probably to the account of Pamphilus given in the *Martyrs of Palestine*. Eusebius's *Life of Pamphilus* was, apparently, already written.
[2] See c. 17. 3-10.

ἀρχόντων φίλιά τε ἦν ἡμῖν καὶ εἰρηναῖα, ὁπόσης
ἀγαθῶν εὐφορίας καὶ εὐετηρίας ἠξίωτο, τίς ἂν
ἐξαρκέσειεν λόγος διηγήσασθαι; ὅτε καὶ οἱ μά-
λιστα τῆς καθόλου κρατοῦντες ἀρχῆς δεκαετη-
ρίδας καὶ εἰκοσαετηρίδας ἐκπλήσαντες, ἐν ἑορταῖς
καὶ πανηγύρεσιν φαιδροτάταις τε θαλίαις καὶ
εὐφροσύναις μετὰ πάσης εὐσταθοῦς διετέλουν
εἰρήνης.

Οὕτω δ' αὐτοῖς ἀπαραποδίστως αὐξούσης καὶ 10
ἐπὶ μέγα ὁσημέραι προϊούσης τῆς ἐξουσίας,
ἀθρόως τῆς πρὸς ἡμᾶς εἰρήνης μεταθέμενοι,
πόλεμον ἄσπονδον ἐγείρουσιν· οὔπω δ' αὐτοῖς τῆς
τοιᾶσδε κινήσεως δεύτερον ἔτος πεπλήρωτο, καί
τι περὶ τὴν ὅλην ἀρχὴν νεώτερον γεγονὸς τὰ
πάντα πράγματα ἀνατρέπει. νόσου γὰρ οὐκ αἰσίας 11
τῷ πρωτοστάτῃ τῶν εἰρημένων ἐπισκηψάσης,
ὑφ' ἧς ἤδη καὶ τὰ τῆς διανοίας εἰς ἔκστασιν αὐτῷ
παρήγετο, σὺν τῷ μετ' αὐτὸν δευτερείοις τετιμη-
μένῳ τὸν δημώδη καὶ ἰδιωτικὸν ἀπολαμβάνει βίον·
οὔπω δὲ ταῦθ' οὕτω πέπρακτο, καὶ διχῇ τὰ πάντα
τῆς ἀρχῆς διαιρεῖται, πρᾶγμα μηδ' ἄλλοτέ πω
πάλαι γεγονὸς μνήμῃ παραδεδομένον.

Χρόνου δ' οὐ πλείστου μεταξὺ γενομένου βασι- 12
λεὺς Κωνστάντιος τὸν πάντα βίον πραότατα καὶ
τοῖς ὑπηκόοις εὐνοϊκώτατα τῷ τε θείῳ λόγῳ
προσφιλέστατα διαθέμενος, παῖδα γνήσιον Κων-
σταντῖνον αὐτοκράτορα καὶ Σεβαστὸν ἀνθ' ἑαυτοῦ

---

[1] Festivals at the beginning of the tenth and of the twentieth year of a reign.
[2] A.D. 305.   [3] i.e. Diocletian.
[4] i.e. Maximinian.
[5] The meaning of this sentence is that the Empire was

that the rulers were friendly and peaceably disposed toward us, no words could sufficiently describe how bountiful and plenteous was its harvest of good things; when also those who held the chiefest places in a world-empire completed the decennalia and vicennalia[1] of their principate, and used to pass their days in festivals and public games, in the most joyous feasts and gaieties, possessing complete, well-established peace.

But as their authority thus increased without let or hindrance and day by day waxed greater, all at once they departed from their peaceful attitude towards us and stirred up a relentless war. And the second year[2] of this kind of movement on their part had not fully expired, when a sort of revolution affecting the entire principate took place and threw the whole of public life into confusion. For a fateful disease fell upon him who stood first among those of whom we spoke,[3] which caused his mind to become deranged; and, along with him who had been honoured with the second place after him,[4] he resumed the ordinary life of a private citizen. And this had not yet taken place, when the whole principate was rent in twain, a thing that had never even been recorded as having happened at any time in days gone by.[5]

But after no very great interval of time the Emperor Constantius, who all his life long was most mildly and favourably disposed toward his subjects, and most friendly towards the divine word, died[6] according to the common law of nature, leaving his lawful son Constantine Emperor and Augustus in his

divided *in respect of its treatment of Christians*: persecution continued in the East, while it ceased in the West.

[6] A.D. 306.

καταλιπών, κοινῷ φύσεως νόμῳ τελευτᾷ τὸν βίον,
πρῶτός τε ἐν θεοῖς ἀνηγορεύετο παρ' αὐτοῖς,
ἁπάσης μετὰ θάνατον, ὅση βασιλεῖ τις ἂν ὠφείλετο,
τιμῆς ἠξιωμένος, χρηστότατος καὶ ἠπιώτατος
βασιλέων· ὃς δὴ καὶ μόνος τῶν καθ' ἡμᾶς ἐπαξίως 13
τῆς ἡγεμονίας τὸν πάντα τῆς ἀρχῆς διατελέσας
χρόνον καὶ τἆλλα τοῖς πᾶσι δεξιώτατον καὶ
εὐεργετικώτατον παρασχὼν ἑαυτὸν τοῦ τε καθ'
ἡμῶν πολέμου μηδαμῶς ἐπικοινωνήσας, ἀλλὰ καὶ
τοὺς ὑπ' αὐτὸν θεοσεβεῖς ἀβλαβεῖς καὶ ἀνεπηρεά-
στους φυλάξας καὶ μήτε τῶν ἐκκλησιῶν τοὺς
οἴκους καθελὼν μήθ' ἕτερόν τι καθ' ἡμῶν και-
νουργήσας, τέλος εὔδαιμον καὶ τρισμακάριον
ἀπείληφεν τοῦ βίου, μόνος ἐπὶ τῆς αὐτοῦ βασιλείας
εὐμενῶς καὶ ἐπιδόξως ἐπὶ διαδόχῳ γνησίῳ παιδὶ
πάντα σωφρονεστάτῳ τε καὶ εὐσεβεστάτῳ τε-
λευτήσας.

Τούτου παῖς Κωνσταντῖνος εὐθὺς ἀρχόμενος 14
βασιλεὺς τελεώτατος καὶ Σεβαστὸς πρὸς τῶν
στρατοπέδων καὶ ἔτι πολὺ τούτων πρότερον πρὸς
αὐτοῦ τοῦ παμβασιλέως θεοῦ ἀναγορευθείς, ζηλω-
τὴν ἑαυτὸν τῆς πατρικῆς περὶ τὸν ἡμέτερον
λόγον εὐσεβείας κατεστήσατο.

Καὶ οὗτος μὲν τοιοῦτος· Λικίννιος δ' ἐπὶ τούτοις
ὑπὸ κοινῆς ψήφου τῶν κρατούντων αὐτοκράτωρ
καὶ Σεβαστὸς ἀναπέφηνεν. ταῦτα Μαξιμῖνον δει- 15
νῶς ἐλύπει, μόνον Καίσαρα παρὰ πάντας εἰς ἔτι
τότε χρηματίζοντα· ὃς δὴ οὖν τὰ μάλιστα τυραννι-
κὸς ὤν, παραρπάσας ἑαυτῷ τὴν ἀξίαν, Σεβαστὸς

---

[1] Not, of course, the first emperor to receive divine honours,
but the first of the four rulers who at that time divided the
Empire between them.

stead; and was the first [of the new tetrarchy] to be proclaimed among the gods by them,[1] being deemed worthy of every honour after death that might be due to an emperor, kindest and mildest of emperors that he was. He indeed was the only one of our contemporaries who passed the whole period of his principate in a manner worthy of his high office ; and in other respects displayed himself in a most favourable and beneficent light toward all ; and he took no part in the war against us, but even preserved the God-fearing persons among his subjects from injury and harsh treatment ; neither did he pull down the church-buildings nor employ any other new device against us. So he has had as his reward a happy and thrice-blessed issue of his life ; for he alone enjoyed a favourable and glorious end while he was still emperor, with a lawful son, in all respects most prudent and godly, to succeed him.

His son Constantine from the very first was proclaimed by the armies most perfect Emperor and Augustus, and, long before them, by God Himself, the King Supreme ; and he set himself to be an emulator of his father's piety toward our doctrine.

Such was he. And afterwards Licinius was declared Emperor and Augustus by a common vote of the rulers.[2] These things caused great vexation to Maximin, since up to that time he was still entitled only Caesar by all. Therefore, being above all things a tyrant, he fraudulently seized the honour for himself, and became Augustus, appointed such by him-

---

[2] The reference seems to be to the Congress of Carnuntum, Nov. 307, when Licinius, who appears to have been already Caesar, was given the title of Augustus.

ἦν, αὐτὸς ὑφ' ἑαυτοῦ γεγονώς. ἐν τούτῳ δὲ Κωνσταντίνῳ μηχανὴν θανάτου συρράπτων ἁλοὺς ὁ μετὰ τὴν ἀπόθεσιν ἐπανῃρῆσθαι δεδηλωμένος αἰσχίστῳ καταστρέφει θανάτῳ· πρώτου δὲ τούτου τὰς ἐπὶ τιμῇ γραφὰς ἀνδριάντας τε καὶ ὅσα τοιαῦτα ἐπ' ἀναθέσει νενόμισται, ὡς ἀνοσίου καὶ δυσσεβεστάτου καθῄρουν.

XIV. Τούτου παῖς Μαξέντιος, ὁ τὴν ἐπὶ [1] Ῥώμης τυραννίδα συστησάμενος, ἀρχόμενος μὲν τὴν καθ' ἡμᾶς πίστιν ἐπ' ἀρεσκείᾳ καὶ κολακείᾳ τοῦ δήμου Ῥωμαίων καθυπεκρίνατο ταύτῃ τε τοῖς ὑπηκόοις τὸν κατὰ Χριστιανῶν ἀνεῖναι προστάττει διωγμόν, εὐσέβειαν ἐπιμορφάζων καὶ ὡς ἂν δεξιὸς καὶ πολὺ πρᾶος παρὰ τοὺς προτέρους φανείη· οὐ [2] μὴν οἷος ἔσεσθαι ἠλπίσθη, τοιοῦτος ἔργοις ἀναπέφηνεν, εἰς πάσας δ' ἀνοσιουργίας ὀκείλας, οὐδὲν ὅ τι μιαρίας ἔργον καὶ ἀκολασίας παραλέλοιπεν, μοιχείας καὶ παντοίας ἐπιτελῶν φθοράς. διαζευγνύς γέ τοι τῶν ἀνδρῶν τὰς κατὰ νόμον γαμετάς, ταύταις ἐνυβρίζων ἀτιμότατα, τοῖς ἀνδράσιν αὖθις ἀπέπεμπεν, καὶ ταῦτ' οὐκ ἀσήμοις οὐδ' ἀφανέσιν ἐγχειρῶν ἐπετήδευεν, ἀλλ' αὐτῶν δὴ μάλιστα τῶν τὰ πρῶτα τῆς Ῥωμαίων συγκλήτου βουλῆς ἀπενηνεγμένων ἐμπαροινῶν τοῖς ἐξοχωτάτοις. οἱ πάντες δ' αὐτὸν ὑποπεπτηχότες, [3] δῆμοι καὶ ἄρχοντες, ἔνδοξοί τε καὶ ἄδοξοι, δεινῇ κατετρύχοντο τυραννίδι, καὶ οὐδ' ἠρεμούντων καὶ τὴν πικρὰν φερόντων δουλείαν ἀπαλλαγή τις ὅμως ἦν τῆς τοῦ τυράννου φονώσης ὠμότητος. ἐπὶ σμικρᾷ γοῦν ἤδη ποτὲ προφάσει τὸν δῆμον εἰς

---

self. At this time he who had resumed office again after his[1] abdication, as we have shown, was discovered devising a plot to secure the death of Constantine, and died a most shameful death. He was the first [emperor] whose honorific inscriptions and statues and all such things as it has been customary to set up publicly they threw down, as belonging to an infamous and utterly godless person.

XIV. His son Maxentius, who secured for himself the tyranny at Rome, at the beginning counterfeited our faith in order to please and fawn upon the Roman populace ; and for this reason ordered his subjects to give over the persecution against Christians ; for he was feigning piety and endeavouring to appear favourable and very mild above his predecessors. Yet his deeds have not shown him to be such as it was hoped he would be. On the contrary, he drove headlong into every form of wickedness, and there is not a single abominable and dissolute act that he has left undone, committing adulteries and all kinds of rape. In fact he used to separate from their husbands lawfully married women, insult them with the utmost dishonour, and send them back again to their husbands ; and he made it his business thus to assail persons neither undistinguished nor obscure, but the most eminent of those who had attained the highest rank in the assembly of the Roman Senate were the very and especial objects of his offensive behaviour. All cowered before him, people and rulers, famous and obscure, and were worn out by his terrible tyranny ; and even though they remained quiet and endured the bitter servitude, still there was no escape from the tyrant's murderous cruelty. Once, for example, on a small pretence he gave the people

φόνον τοῖς ἀμφ' αὐτὸν δορυφόροις ἐκδίδωσιν, καὶ
ἐκτείνετο μυρία τοῦ δήμου Ῥωμαίων πλήθη,
ἐπὶ μέσης τῆς πόλεως, οὐ Σκυθῶν οὐδὲ βαρβάρων
ἀλλ' αὐτῶν τῶν οἰκείων δόρασι καὶ πανοπλίαις·
συγκλητικῶν γε μὴν φόνος ὁπόσος δι' ἐπιβουλὴν 4
ἐνηργεῖτο τῆς οὐσίας, οὐδ' ἐξαριθμήσασθαι δυνα-
τόν, ἄλλοτε ἄλλαις πεπλασμέναις αἰτίαις μυρίων
ἀναιρουμένων. ἡ δὲ τῶν κακῶν τῷ τυράννῳ 5
κορωνὶς ἐπὶ γοητείαν ἤλαυνεν, μαγικαῖς ἐπινοίαις
τοτὲ μὲν γυναῖκας ἐγκύμονας ἀνασχίζοντος, τοτὲ
δὲ νεογνῶν σπλάγχνα βρεφῶν διερευνωμένου λέον-
τάς τε κατασφάττοντος καί τινας ἀρρητοποιίας
ἐπὶ δαιμόνων προκλήσεις καὶ ἀποτροπιασμὸν τοῦ
πολέμου συνισταμένου· διὰ τούτων γὰρ αὐτῷ τὰ
τῆς νίκης κατορθωθήσεσθαι ἡ πᾶσα ἐτύγχανεν
ἐλπίς.

Οὗτος μὲν οὖν ἐπὶ Ῥώμης τυραννῶν οὐδ' ἔστιν 6
εἰπεῖν οἷα δρῶν τοὺς ὑπηκόους κατεδουλοῦτο, ὡς
ἤδη καὶ τῶν ἀναγκαίων τροφῶν ἐν ἐσχάτῃ σπάνει
καὶ ἀπορίᾳ καταστῆναι, ὅσην ἐπὶ Ῥώμης οὐδ'
ἄλλοτε οἱ καθ' ἡμᾶς γενέσθαι μνημονεύουσιν.

Ὁ δ' ἐπ' ἀνατολῆς τύραννος Μαξιμῖνος, ὡς ἂν 7
πρὸς ἀδελφὸν τὴν κακίαν, πρὸς τὸν ἐπὶ Ῥώμης
φιλίαν κρύβδην σπενδόμενος, ἐπὶ πλεῖστον χρόνον
λανθάνειν ἐφρόντιζεν· φωραθείς γέ τοι ὕστερον
δίκην τίννυσι τὴν ἀξίαν. ἦν δὲ θαυμάσαι ὅπως 8
καὶ οὗτος τὰ συγγενῆ καὶ ἀδελφά, μᾶλλον δὲ
κακίας τὰ πρῶτα καὶ τὰ νικητήρια τῆς τοῦ κατὰ
Ῥώμην τυράννου κακοτροπίας ἀπενηνεγμένος·
γοήτων τε γὰρ καὶ μάγων οἱ πρῶτοι τῆς ἀνωτάτω

over to his bodyguard to be slaughtered, and immense numbers of the Roman people were killed, in the midst of the city, by the spears and arms, not of Scythians nor even of barbarians, but of their very fellow-citizens. Of a truth it would not even be possible to reckon how many senators were slaughtered because of designs on their wealth, for countless numbers were done away with for feigned reasons, varying according to circumstances. But the finishing touch of all the tyrant's evil deeds was when he resorted to witchcraft : bent upon magic, at one time he would rip up pregnant women, at another explore the entrails of the new-born babes, slaughter lions, and invent certain abominable actions to invoke demons, and as a sacrifice to avert war. For all his hope lay in these means of securing victory.

Indeed, one cannot even mention the kind of things that this tyrant at Rome did to enslave his subjects ; so that they were actually reduced to such extreme scarcity and lack of even necessary food, as has never been known, according to our contemporaries, either at Rome or elsewhere.

But the tyrant in the East, Maximin, secretly forming a friendly alliance with the tyrant at Rome, as with a brother in wickedness, for a very long time thought that it was unknown. As a matter of fact, afterwards he was detected[1] and paid the just penalty. It was marvellous how he acquired a family likeness and kinship with the villainy of the tyrant at Rome, nay rather, carried off the first prize for wickedness and the reward of victory over him. For it was the principal charlatans and magicians who were deemed

---

[1] When Constantine entered Rome after the battle of the Milvian Bridge (ix. 9. 2-7).

παρ' αὐτῷ τιμῆς ἠξίωντο, ψοφοδεοῦς ἐς τὰ μάλιστα
καὶ δεισιδαιμονεστάτου καθεστῶτος τήν τε περὶ
τὰ εἴδωλα καὶ τοὺς δαίμονας περὶ πολλοῦ τιθεμένου
πλάνην· μαντειῶν γοῦν δίχα καὶ χρησμῶν οὐδὲ
μέχρις ὄνυχος ὡς εἰπεῖν τολμᾶν τι κινεῖν οἷός τε
ἦν· οὗ χάριν καὶ τῷ καθ' ἡμῶν σφοδρότερον ἢ οἱ 9
πρόσθεν καὶ πυκνότερον ἐπετίθετο διωγμῷ, νεὼς
κατὰ πᾶσαν πόλιν ἐγείρειν καὶ τὰ χρόνου μήκει
καθῃρημένα τεμένη διὰ σπουδῆς ἀνανεοῦσθαι προσ-
τάττων ἱερέας τε εἰδώλων κατὰ πάντα τόπον
καὶ πόλιν καὶ ἐπὶ τούτων ἑκάστης ἐπαρχίας
ἀρχιερέα τῶν ἐν πολιτείαις ἕνα γέ τινα τῶν μά-
λιστα ἐμφανῶς διὰ πάσης ἐμπρέψαντα λειτουργίας
μετὰ στρατιωτικοῦ στίφους καὶ δορυφορίας ἐκ-
τάσσων ἀνέδην τε πᾶσιν γόησιν, ὡς ἂν εὐσεβέσιν
καὶ θεῶν προσφιλέσιν, ἡγεμονίας καὶ τὰς μεγίστας
προνομίας δωρούμενος. ἐκ δὴ τούτων ὁρμώμενος, 10
πόλιν μὲν οὐ μίαν οὐδὲ χώραν, ὅλας δὲ ἄρδην
τὰς ὑπ' αὐτὸν ἐπαρχίας χρυσοῦ καὶ ἀργύρου καὶ
χρημάτων ἀμυθήτων εἰσπράξεσιν ἐπισκήψεσίν τε
βαρυτάταις καὶ ἄλλοτε ἄλλαις καταδίκαις ἠνία
καὶ κατεπίεζεν. τῶν γε μὴν εὐπόρων τὰς ἐκ
προγόνων περιποιηθείσας οὐσίας ἀφαιρούμενος,
πλούτους ἀθρόως καὶ σωροὺς χρημάτων τοῖς ἀμφ'
αὐτὸν κόλαξιν ἐδωρεῖτο. παροινίας γε μὴν καὶ 11
μέθης ἐς τοσαύτην ἠνέχθη φοράν, ὡς ἐν τοῖς
πότοις παρακόπτειν καὶ τῶν φρενῶν παρεξίστασθαι
τοιαῦτά τε μεθύοντα προστάττειν, οἷα ἀνανήψαντα
αὐτὸν τῇ ὑστεραίᾳ εἰς μετάμελον ἄγειν· κραιπάλης
δὲ καὶ ἀσωτίας μηδενὶ καταλιπὼν ὑπερβολήν,
κακίας διδάσκαλον τοῖς ἀμφ' αὐτὸν ἄρχουσί τε καὶ
ἀρχομένοις ἑαυτὸν καθίστη, θρύπτεσθαι μὲν τὸ

worthy by him of the highest honour; he became exceedingly frightened at every noise and superstitious, and attached great importance to error with regard to idols and demons. For instance, without divinations and oracles he could not dare to move even a nail's breadth, if I may say so. Accordingly, he applied himself to the persecution against us with more energy and persistence than those before him, ordering temples to be erected in every city and the sacred groves that had been destroyed through long lapse of time to be restored with all diligence; and he appointed idol priests in every locality and city, and over them as high priest of each province one of those engaged in statecraft, who was the most manifestly distinguished in every branch of the public service, with an escort and bodyguard soldiers; and he recklessly bestowed governments and the greatest privileges on all charlatans, as if they were pious and dear to the gods. Henceforward he vexed and oppressed, not a single city nor even district, but the provinces under him completely and as a whole, by exactions of gold and silver and unspeakably large amounts of goods, and by the heaviest assessments and varied fines. Taking away from the wealthy the possessions they had gotten from their ancestors, he bestowed upon his train of flatterers riches and heaps of goods in a single gift. In truth he carried his drunken excesses to such a point that he became mad and deranged in his cups, and when drunk would give such orders as he would repent of next day when he was sober. In debauchery and riotous living he suffered none to surpass him, but appointed himself instructor in villainy to those around him, rulers and ruled alike. He induced the

στρατιωτικὸν διὰ πάσης τρυφῆς τε καὶ ἀκολασίας
ἐνάγων, ἡγεμόνας δὲ καὶ στρατοπεδάρχας δι'
ἁρπαγῶν καὶ πλεονεξίας χωρεῖν κατὰ τῶν ὑπηκόων
μόνον οὐχὶ συντυραννοῦντας αὐτῷ προκαλούμενος.
τί δεῖ τὰς ἐμπαθεῖς τἀνδρὸς αἰσχρουργίας μνη- 12
μονεύειν ἢ τῶν πρὸς αὐτοῦ μεμοιχευμένων ἀπ-
αριθμεῖσθαι τὴν πληθύν; οὐκ ἦν γέ τοι πόλιν αὐτὸν
παρελθεῖν μὴ οὐχὶ ἐκ παντὸς φθορὰς γυναικῶν
παρθένων τε ἁρπαγὰς εἰργασμένον. κατὰ πάντων 13
γέ τοι αὐτῷ ταῦτα προυχώρει, μὴ ὅτι μόνων
Χριστιανῶν· οἳ θανάτου καταφρονήσαντες παρ'
οὐθὲν αὐτοῦ τὴν τοσαύτην ἔθεντο τυραννίδα. οἱ
μὲν γὰρ ἄνδρες ἀνατλάντες πῦρ καὶ σίδηρον καὶ
προσηλώσεις θῆράς τε ἀγρίους καὶ θαλάττης
βυθοὺς ἀποτομάς τε μελῶν καὶ καυτῆρας καὶ
ὀφθαλμῶν κεντήσεις τε καὶ ἐξορύξεις καὶ τοῦ
παντὸς σώματος ἀκρωτηριασμοὺς λιμόν τε ἐπὶ
τούτοις καὶ μέταλλα καὶ δεσμά, ἐπὶ πάντων
μᾶλλον ὑπομονὴν τὴν ὑπὲρ εὐσεβείας ἐνεδείξαντο
ἢ τὸ σέβας τὸ εἰς θεὸν εἰδώλοις ἀντικατηλλάξαντο·
αἱ δ' αὖ γυναῖκες οὐχ ἧττον τῶν ἀνδρῶν ὑπὸ τῆς 14
τοῦ θείου λόγου διδασκαλίας ἠρρενωμέναι, αἱ μὲν
τοὺς αὐτοὺς τοῖς ἀνδράσιν ἀγῶνας ὑποστᾶσαι ἴσα
τῆς ἀρετῆς ἀπηνέγκαντο βραβεῖα, αἱ δὲ ἐπὶ φθορὰν
ἑλκόμεναι θᾶττον τὴν ψυχὴν θανάτῳ ἢ τὸ σῶμα τῇ
φθορᾷ παραδεδώκασιν. μόνη γοῦν τῶν ὑπὸ τοῦ 15
τυράννου μεμοιχευμένων Χριστιανὴ τῶν ἐπ' Ἀλε-
ξανδρείας ἐπισημοτάτη τε καὶ λαμπροτάτη τὴν
ἐμπαθῆ καὶ ἀκόλαστον Μαξιμίνου ψυχὴν δι'
ἀνδρειοτάτου παραστήματος ἐξενίκησεν, ἔνδοξος
μὲν τὰ ἄλλα πλούτῳ τε καὶ γένει καὶ παιδείᾳ,
πάντα γε μὴν δεύτερα σωφροσύνης τεθειμένη· ἦν

army to become enervated as a result of every kind of wanton excess; encouraging governors and commanders to proceed against their subjects with rapacity and extortion, almost as if they were his fellow-tyrants. Why need one recall the man's disgraceful deeds of passion or reckon up the multitude of those whom he debauched? In fact, he could not pass by a city without continually ravishing women and abducting virgins. And in this he was successful with all, save only with Christians. Despising death they set at naught this his fierce tyranny. For the men endured fire and sword and nailings; wild beasts and engulfing in the sea: cutting off and burning of limbs, stabbing and digging out of eyes, and mutilation of the whole body; and, in addition to these, hunger and mines and bonds: thus showing on all occasions that they preferred to endure for the sake of piety rather than transfer to idols the honour due to God. And the women, on the other hand, showed themselves no less manly than the men, inspired by the teaching of the divine Word: some, undergoing the same contests as the men, won equal rewards for their valour; and others, when they were being dragged away to dishonour, yielded up their souls to death rather than their bodies to seduction. A certain Christian lady,[1] for example, most famous and distinguished among those at Alexandria, alone of those whom the tyrant ravished conquered the lustful and licentious soul of Maximin by her brave spirit. Renowned though she was for wealth, birth and education, she had put everything second to modest behaviour. Many a time he im-

---

[1] Rufinus informs us that her name was Dorothea.

EUSEBIUS

καὶ πολλὰ λιπαρήσας, κτεῖναι μὲν ἑτοίμως θνήσκειν
ἔχουσαν οὐχ οἷός τε ἦν, τῆς ἐπιθυμίας μᾶλλον τοῦ
θυμοῦ κατακρατούσης αὐτοῦ, φυγῇ δὲ ζημιώσας
πάσης ἀφείλετο τῆς οὐσίας. μυρίαι δὲ ἄλλαι πρὸς 16
τῶν κατ᾽ ἔθνος ἀρχόντων, πορνείας ἀπειλὴν μηδ᾽
ἀκοῦσαι δεδυνημέναι, πᾶν εἶδος βασάνων καὶ στρε-
βλώσεων καὶ θανατηφόρου κολάσεως ὑπέστησαν.

Θαυμασταὶ μὲν οὖν καὶ αὗται, ὑπερφυῶς γε
μὴν θαυμασιωτάτη ἡ ἐπὶ Ῥώμης εὐγενεστάτη τῷ
ὄντι καὶ σωφρονεστάτη γυνὴ πασῶν αἷς ἐμπαροινεῖν
ὁ ἐκεῖσε τύραννος Μαξέντιος, τὰ ὅμοια Μαξιμίνῳ
δρῶν, ἐπειρᾶτο. ὡς γὰρ ἐπιστάντας τῷ οἴκῳ τοὺς 17
τὰ τοιαῦτα τῷ τυράννῳ διακονουμένους ἐπύθετο
(Χριστιανὴ δὲ καὶ αὕτη ἦν), τόν τε ἄνδρα τὸν
αὐτῆς, καὶ ταῦτα Ῥωμαίων ὄντα ἔπαρχον, τοῦ
δέους ἕνεκα λαβόντας ἄγειν αὐτὴν ἐπιτρέψαντα, ἐς
βραχὺ ὑποπαραιτησαμένη, ὡς ἂν δὴ κατακοσμηθείη
τὸ σῶμα, εἴσεισιν ἐπὶ τοῦ ταμιείου καὶ μονω-
θεῖσα ξίφος καθ᾽ ἑαυτῆς πήγνυσιν, θανοῦσά τε
παραχρῆμα, τὸν μὲν νεκρὸν τοῖς προαγωγοῖς
καταλιμπάνει, ἔργοις δ᾽ αὐτοῖς ἁπάσης φωνῆς
γεγωνοτέροις, ὅτι μόνον χρημάτων ἀήττητόν τε
καὶ ἀνώλεθρον ἡ παρὰ Χριστιανοῖς ἀρετὴ πέφυκεν,
εἰς πάντας ἀνθρώπους τούς τε νῦν ὄντας καὶ τοὺς
μετὰ ταῦτα γενησομένους ἐξέφηνεν. τοσαύτη δῆτα 18
κακίας φορὰ ὑφ᾽ ἕνα καὶ τὸν αὐτὸν συνηνέχθη
καιρὸν πρὸς τῶν δύο τυράννων ἀνατολὴν καὶ δύσιν
διειληφότων κατεργασθεῖσα· τίς δ᾽ ἂν τὴν τῶν
τοσούτων διερευνώμενος αἰτίαν διστάξαι μὴ οὐχὶ
τὸν καθ᾽ ἡμῶν διωγμὸν ἀποφήνασθαι; ὅτε γε
μάλιστα οὐ πρότερον τὰ τῆς τοσῆσδε πέπαυτο

portuned her, yet was unable to put her to death though willing to die, for his lust overmastered his anger ; but punishing her with exile he possessed himself of all her property. A great number of others, unable even to listen to a threat of fornication, underwent every form of torture and racking and mortal punishment at the hands of the provincial governors.

These indeed were wonderful, yet most surpassingly wonderful was that woman at Rome,[1] truly the most noble and chaste of all those towards whom the tyrant there, Maxentius, in conduct like Maximin, attempted to act offensively. For when she learnt that at her house were those who ministered to the tyrant in such deeds (and she also was a Christian), and that her husband, and he too a prefect of the Romans, through fear had permitted them to take and lead her off, she begged to be excused for a brief space, as if forsooth to adorn her person, entered her chamber, and when alone transfixed herself with a sword. And straightway dying she left her corpse to her procurers ; but by deeds that themselves were more eloquent than any words she made it known to all men, both those present and those to come hereafter, that a Christian's virtue is the only possession that cannot be conquered or destroyed. To such an extent, in truth, did the two tyrants, who had divided among them East and West, carry the wickedness that they wrought at one and the same time. But who is there, in search for the reason of such evils, who would be at a loss to find it in the persecution against us ? Especially as there was no cessation of this

_____
[1] Sophronia, according to Rufinus.

EUSEBIUS

συγχύσεως ἢ Χριστιανοὺς τὰ τῆς παρρησίας
ἀπολαβεῖν.

XV. Διὰ παντός γέ τοι τοῦ κατὰ τὸν διωγμὸν 1
δεκαέτους χρόνου τῶν εἰς ἐπιβουλὴν καὶ πόλεμον
τὸν κατ' ἀλλήλων οὐδὲν αὐτοὺς διαλέλοιπεν.
ἄπλωτα μὲν τὰ κατὰ θάλατταν ἦν οὐδ' ἐξῆν ποθεν
καταπλεύσαντας μὴ οὐχὶ πάσαις αἰκίαις ὑπάγεσθαι
στρεβλουμένους καὶ τὰς πλευρὰς καταξαινομένους
βασάνοις τε παντοίαις, μὴ ἄρα παρὰ τῶν δι'
ἐναντίας ἐχθρῶν ἥκοιεν, ἀνακρινομένους καὶ τέλος
σταυροῖς ἢ τῇ διὰ πυρὸς ὑπαγομένους κολάσει·
ἀσπίδων ἐπὶ τούτοις καὶ θωρήκων παρασκευαὶ 2
βελῶν τε καὶ δοράτων καὶ τῆς ἄλλης πολεμικῆς
παρατάξεως ἑτοιμασίαι τριήρων τε καὶ τῶν κατὰ
ναυμαχίαν ὅπλων κατὰ πάντα συνεκροτοῦντο
τόπον οὐδ' ἦν ἄλλο τι παντί τῳ προσδοκᾶν ἢ
πολέμων κατὰ πᾶσαν ἔφοδον ἡμέραν. τούτοις
καὶ ὁ μετὰ ταῦτα λιμός τε καὶ λοιμὸς ἐγκατα-
σκήπτει, περὶ ὧν κατὰ καιρὸν ἱστορήσομεν τὰ
δέοντα.

XVI. Τοιαῦτ' ἦν τὰ διὰ παντὸς τοῦ διωγμοῦ 1
παρατετακότα, δεκάτῳ μὲν ἔτει σὺν θεοῦ χάριτι
παντελῶς πεπαυμένου, λωφᾶν γε μὴν μετ' ὄγδοον
ἔτος ἐναρξαμένου. ὡς γὰρ τὴν εἰς ἡμᾶς ἐπισκοπὴν
εὐμενῆ καὶ ἵλεω ἡ θεία καὶ οὐράνιος χάρις ἐν-
εδείκνυτο, τότε δῆτα καὶ οἱ καθ' ἡμᾶς ἄρχοντες,
αὐτοὶ δὴ ἐκεῖνοι δι' ὧν πάλαι τὰ τῶν καθ' ἡμᾶς
ἐνηργεῖτο πολέμων, παραδοξότατα μεταθέμενοι τὴν
γνώμην, παλινῳδίαν ᾖδον χρηστοῖς περὶ ἡμῶν
προγράμμασιν καὶ διατάγμασιν ἡμερωτάτοις τὴν
ἐπὶ μέγα ἀφθεῖσαν τοῦ διωγμοῦ πυρκαϊὰν σβεν-
νύντες. οὐκ ἀνθρώπινον δέ τι τούτου κατέστη 2

great state of confusion until Christians recovered their rights of freedom.

XV. In fact, during the whole period of ten years of persecution there was no respite in their plotting and warfare against each other. The seas were unnavigable, and none, no matter whence they sailed, could escape being subjected to all kinds of torments : stretched on the rack and having their sides torn, and being examined under all sorts of tortures in case they should possibly be coming from the enemy of the contrary part, and in the end subjected to crucifixion or punishment by fire. Moreover, every place was busy with the preparation of shields and armour, the getting ready of darts and spears and other warlike accoutrements, and of triremes and naval gear ; and no one expected anything but an enemy attack all day long. And subsequently the famine and pestilence broke out among them, about which we shall recount what is necessary at the proper time.

XVI. Such was the state of affairs that continued throughout the whole persecution ; which came completely to an end, by the grace of God, in the tenth year,[1] though indeed it began to abate after the eighth year. For when the divine and heavenly grace showed that it watched over us with kindly and propitious regard, then indeed our rulers also, those very persons who had long time committed acts of war against us, changed their mind in the most marvellous manner, and gave utterance to a recantation, quenching the fire of persecution that had blazed so furiously, by means of merciful edicts and the most humane ordinances. But this was not due to any human agency nor to the pity, as one

[1] A.D. 313.

EUSEBIUS

αἴτιον οὐδ᾽ οἶκτος, ὡς ἂν φαίη τις, ἢ φιλανθρωπία
τῶν ἀρχόντων· πολλοῦ δεῖ· πλείω γὰρ ὁσημέραι
καὶ χαλεπώτερα ἀρχῆθεν καὶ εἰς ἐκεῖνο τοῦ καιροῦ
τὰ καθ᾽ ἡμῶν αὐτοῖς ἐπενοεῖτο, ποικιλωτέραις
μηχαναῖς ἄλλοτε ἄλλως τὰς καθ᾽ ἡμῶν αἰκίας
ἐπικαινουργούντων· ἀλλ᾽ αὐτῆς γε τῆς θείας
προνοίας ἐμφανὴς ἐπίσκεψις, τῷ μὲν αὐτῆς κατ-
αλλαττομένης λαῷ, τῷ δ᾽ αὐθέντῃ τῶν κακῶν
ἐπεξιούσης καὶ πρωτοστάτῃ τῆς τοῦ παντὸς δι-
ωγμοῦ κακίας ἐπιχολουμένης. καὶ γὰρ εἴ τι 3
ταῦτ᾽ ἐχρῆν κατὰ θείαν γενέσθαι κρίσιν, ἀλλά
"οὐαί," φησὶν ὁ λόγος, "δι᾽ οὗ δ᾽ ἂν τὸ σκάνδαλον
ἔρχεται." μέτεισιν δ᾽ οὖν αὐτὸν θεήλατος κόλα-
σις, ἐξ αὐτῆς αὐτοῦ καταρξαμένη σαρκὸς καὶ
μέχρι τῆς ψυχῆς προελθοῦσα. ἀθρόα μὲν γὰρ 4
περὶ τὰ μέσα τῶν ἀπορρήτων τοῦ σώματος ἀπό-
στασις αὐτῷ γίνεται, εἶθ᾽ ἕλκος ἐν βάθει συριγ-
γῶδες καὶ τούτων ἀνίατος νομὴ κατὰ τῶν ἐν-
δοτάτω σπλάγχνων· ἀφ᾽ ὧν ἄλεκτόν τι πλῆθος
σκωλήκων βρύειν θανατώδη τε ὀδμὴν ἀποπνεῖν,
τοῦ παντὸς ὄγκου τῶν σωμάτων ἐκ πολυτροφίας
αὐτῷ καὶ πρὸ τῆς νόσου εἰς ὑπερβολὴν πλήθους
πιμελῆς μεταβεβληκότος, ἣν τότε κατασαπεῖσαν
ἀφόρητον καὶ φρικτοτάτην τοῖς πλησιάζουσιν
παρέχειν τὴν θέαν. ἰατρῶν δ᾽ οὖν οἱ μὲν οὐδ᾽ 5
ὅλως ὑπομεῖναι τὴν τοῦ δυσώδους ὑπερβάλλουσαν
ἀτοπίαν οἷοί τε, κατεσφάττοντο, οἱ δὲ διῳδηκότος
τοῦ παντὸς ὄγκου καὶ εἰς ἀνέλπιστον σωτηρίας
ἀποπεπτωκότος μηδὲν ἐπικουρεῖν δυνάμενοι, ἀ-
νηλεῶς ἐκτείνοντο.

---

[1] Galerius.

might say, or humanity of the rulers. Far from it.
For from the beginning up to that time they were
daily plotting further and severer measures against
us; from time to time they were inventing fresh
assaults upon us by means of still more varied devices.
But it was due to the manifestation of the Divine
Providence itself, which, while it became reconciled
to the people, attacked the perpetrator of these evils,[1]
and was wroth with him as the chief author of the
wickedness of the persecution as a whole. For
verily, though it was destined that these things
should come to pass as a divine judgement, yet the
Scripture says, "Woe, through whomsoever the
offence cometh."[2] A divinely-sent punishment, I say,
executed vengeance upon him, beginning at his very
flesh and proceeding to the soul. For all at once an
abscess appeared in the midst of his privy parts, then
a deeply-seated fistular ulcer; which could not be
cured and ate their way into the very midst of his
entrails. Hence there sprang an innumerable multi-
tude of worms, and a deadly stench was given off,
since the entire bulk of his members had, through
gluttony, even before the disease, been changed into
an excessive quantity of soft fat, which then became
putrid and presented an intolerable and most fearful
sight to those that came near it. As for the phys-
icians, some of them were wholly unable to endure
the exceeding and unearthly stench, and were
butchered; others, who could not be of any assistance
since the whole mass had swollen and reached a
point where there was no hope of recovery, were put
to death without mercy.

[2] Luke xvii. 1 (inexact quotation). The words, "and was
wroth . . . cometh" are omitted in several important mss.

XVII. Καὶ δὴ τοσούτοις παλαίων κακοῖς συν- 1
αίσθησιν τῶν κατὰ τῶν θεοσεβῶν αὐτῷ τετολ-
μημένων ἴσχει, συναγαγὼν δ' οὖν εἰς ἑαυτὸν τὴν
διάνοιαν, πρῶτα μὲν ἀνθομολογεῖται τῷ τῶν ὅλων
θεῷ, εἶτα τοὺς ἀμφ' αὐτὸν ἀνακαλέσας, μηδὲν
ὑπερθεμένους τὸν κατὰ Χριστιανῶν ἀποπαῦσαι
διωγμὸν νόμῳ τε καὶ δόγματι βασιλικῷ τὰς
ἐκκλησίας αὐτῶν οἰκοδομεῖν ἐπισπέρχειν καὶ τὰ
συνήθη διαπράττεσθαι, εὐχὰς ὑπὲρ τοῦ βασιλείου
ποιουμένους, προστάττει. αὐτίκα γοῦν ἔργου τῷ 2
λόγῳ παρηκολουθηκότος, ἥπλωτο κατὰ πόλεις
βασιλικὰ διατάγματα, τὴν παλινῳδίαν τῶν καθ'
ἡμᾶς τοῦτον περιέχοντα τὸν τρόπον·

" Αὐτοκράτωρ Καῖσαρ Γαλέριος Οὐαλέριος 3
Μαξιμιανὸς ἀνίκητος Σεβαστός, ἀρχιερεὺς μέ-
γιστος, Γερμανικὸς μέγιστος, Αἰγυπτιακὸς μέγι-
στος, Θηβαϊκὸς μέγιστος, Σαρματικὸς μέγιστος
πεντάκις, Περσῶν μέγιστος δίς, Κάρπων μέγιστος
ἑξάκις, Ἀρμενίων μέγιστος, Μήδων μέγιστος,
Ἀδιαβηνῶν μέγιστος, δημαρχικῆς ἐξουσίας τὸ
εἰκοστόν, αὐτοκράτωρ τὸ ἐννεακαιδέκατον, ὕπατος
τὸ ὄγδοον, πατὴρ πατρίδος, ἀνθύπατος· καὶ 4
Αὐτοκράτωρ Καῖσαρ Φλάυιος Οὐαλέριος Κων-
σταντῖνος εὐσεβὴς εὐτυχὴς ἀνίκητος Σεβαστός,
ἀρχιερεὺς μέγιστος, δημαρχικῆς ἐξουσίας, αὐτο-
κράτωρ τὸ πέμπτον, ὕπατος, πατὴρ πατρίδος,
ἀνθύπατος. [καὶ Αὐτοκράτωρ Καῖσαρ Οὐαλέριος 5
Λικιννιανὸς Λικίννιος εὐσεβὴς εὐτυχὴς ἀνίκητος
Σεβαστός, ἀρχιερεὺς μέγιστος, δημαρχικῆς ἐξ-

---

[1] *i.e.* hailed as *Imperator* by the army after some notable victory.

[2] Lactantius states that the edict was issued in the name of all four emperors (*cf.* also 16. 1), so that Maximin's

316

XVII. And wrestling with such terrible misfortunes he was conscience-stricken for the cruel deeds he had perpetrated against the godly. Collecting, therefore, his thoughts, he first openly confessed to the God of the universe ; then he called those around him, and commanded them without delay to cause the persecution against Christians to cease, and by an imperial law and decree to urge them to build their churches and to perform their accustomed rites, offering prayers on the Emperor's behalf. Action immediately followed his word, and imperial ordinances were promulgated in each city, containing the recantation of the [persecution edicts] of our time, after this manner : " The Emperor Caesar Galerius Valerius Maximianus Invictus Augustus, Pontifex Maximus, Germanicus Maximus, Aegyptiacus Maximus, Thebaicus Maximus, Sarmaticus Maximus five times, Persicus Maximus twice, Carpicus Maximus six times, Armeniacus Maximus, Medicus Maximus, Adiabenicus Maximus, holding the Tribunician Power for the twentieth time, Emperor for the nineteenth time,[1] Consul for the eighth, Father of his country, Proconsul :[2] . . . And the Emperor Caesar Flavius Valerius Constantinus Pius Felix Invictus Augustus, Pontifex Maximus, holding the Tribunician Power, Emperor for the fifth time, Consul, Father of his country, Proconsul : [And the Emperor Caesar Valerius Licinianus Licinius Pius Felix Invictus Augustus, Pontifex Maximus, holding the Tribunician

names and titles, here omitted, must have appeared in the original where the lacuna is indicated. Similarly, some MSS. omit the reference to Licinius, which is here placed in brackets. Both Maximin and Licinius persecuted the Christians subsequently, and this fact may have led to the omission of their names.

317

ουσίας τὸ τέταρτον, αὐτοκράτωρ τὸ τρίτον, ὕπατος,
πατὴρ πατρίδος, ἀνθύπατος, ἐπαρχιώταις ἰδίοις
χαίρειν.]

" Μεταξὺ τῶν λοιπῶν, ἅπερ ὑπὲρ τοῦ χρησίμου 6
καὶ λυσιτελοῦς τοῖς δημοσίοις διατυπούμεθα,
ἡμεῖς μὲν βεβουλήμεθα πρότερον κατὰ τοὺς
ἀρχαίους νόμους καὶ τὴν δημοσίαν ἐπιστήμην τὴν
τῶν Ῥωμαίων ἅπαντα ἐπανορθώσασθαι καὶ τούτου
πρόνοιαν ποιήσασθαι ἵνα καὶ οἱ Χριστιανοί,
οἵτινες τῶν γονέων τῶν ἑαυτῶν καταλελοίπασιν
τὴν αἵρεσιν, εἰς ἀγαθὴν πρόθεσιν ἐπανέλθοιεν·
ἐπείπερ τινὶ λογισμῷ τοσαύτη αὐτοὺς πλεονεξία 7
κατεσχήκει καὶ ἄνοια κατειλήφει ὡς μὴ ἔπεσθαι
τοῖς ὑπὸ τῶν πάλαι καταδειχθεῖσιν, ἅπερ ἴσως
πρότερον καὶ οἱ γονεῖς αὐτῶν ἦσαν καταστήσαντες,
ἀλλὰ κατὰ τὴν αὐτῶν πρόθεσιν καὶ ὡς ἕκαστος
ἐβούλετο, οὕτως ἑαυτοῖς καὶ νόμους ποιῆσαι καὶ
τούτους παραφυλάσσειν καὶ ἐν διαφόροις διάφορα
πλήθη συνάγειν. τοιγαροῦν τοιούτου ὑφ' ἡμῶν 8
προστάγματος παρακολουθήσαντος ὥστε ἐπὶ τὰ
ὑπὸ τῶν ἀρχαίων κατασταθέντα ἑαυτοὺς μετα-
στήσαιεν, πλεῖστοι μὲν κινδύνῳ ὑποβληθέντες,
πλεῖστοι δὲ ταραχθέντες παντοίους θανάτους ὑπ-
έφερον· καὶ ἐπειδὴ τῶν πολλῶν τῇ αὐτῇ ἀπονοίᾳ 9
διαμενόντων ἑωρῶμεν μήτε τοῖς θεοῖς τοῖς ἐπ-
ουρανίοις τὴν ὀφειλομένην θρησκείαν προσάγειν
αὐτοὺς μήτε τῷ τῶν Χριστιανῶν προσέχειν,
ἀφορῶντες εἰς τὴν ἡμετέραν φιλανθρωπίαν καὶ
τὴν διηνεκῆ συνήθειαν δι' ἧς εἰώθαμεν ἅπασιν
ἀνθρώποις συγγνώμην ἀπονέμειν, προθυμότατα

Power for the fourth time, Emperor for the third time, Consul, Father of his country, Proconsul: to the people of their provinces, greeting.]

" Among the other measures that we frame for the use and profit of the state, it had been our own wish formerly that all things should be set to rights in accordance with the ancient laws and public order [1] of the Romans; and to make provision for this, namely, that the Christians also, such as had abandoned the persuasion of their own ancestors, should return to a sound mind; seeing that through some reasoning they had been possessed of such self-will and seized with such folly [2] that, instead of following the institutions of the ancients, which perchance their own forefathers had formerly established, they made for themselves, and were observing, laws merely in accordance with their own disposition and as each one wished, and were assembling various multitudes in divers places : Therefore when a command of ours soon followed to the intent that they should betake themselves to the institutions of the ancients, very many indeed were subjected to peril, while very many were harassed and endured all kinds of death; And since the majority held to the same folly, and we perceived that they were neither paying the worship due to the gods of heaven nor honouring the god of the Christians; having regard to our clemency and the invariable custom by which we are wont to accord pardon to all men, we thought it right in this

---

[1] ἐπιστήμη is the usual translation of *disciplina* (the word in the original in this place) in documents of this kind. The same word and translation occur again in § 9.

[2] The words, " and . . . folly " are omitted in some important mss. of Eusebius, but are in the original Latin, as given by Lactantius.

καὶ ἐν τούτῳ τὴν συγχώρησιν τὴν ἡμετέραν
ἐπεκτεῖναι δεῖν ἐνομίσαμεν, ἵνα αὖθις ὦσιν Χρι-
στιανοὶ καὶ τοὺς οἴκους ἐν οἷς συνήγοντο, συνθῶσιν
οὕτως ὥστε μηδὲν ὑπεναντίον τῆς ἐπιστήμης
αὐτοὺς πράττειν. δι᾽ ἑτέρας δὲ ἐπιστολῆς τοῖς
δικασταῖς δηλώσομεν τί αὐτοὺς παραφυλάξασθαι
δεήσει· ὅθεν κατὰ ταύτην τὴν συγχώρησιν τὴν 10
ἡμετέραν ὀφείλουσιν τὸν ἑαυτῶν θεὸν ἱκετεύειν
περὶ τῆς σωτηρίας τῆς ἡμετέρας καὶ τῶν δημοσίων
καὶ τῆς ἑαυτῶν, ἵνα κατὰ πάντα τρόπον καὶ τὰ
δημόσια παρασχεθῇ ὑγιῆ καὶ ἀμέριμνοι ζῆν ἐν
τῇ ἑαυτῶν ἑστίᾳ δυνηθῶσι."

Ταῦτα κατὰ τὴν Ῥωμαίων φωνήν, ἐπὶ τὴν 11
Ἑλλάδα γλῶτταν κατὰ τὸ δυνατὸν μεταληφθέντα,
τοῦτον εἶχεν τὸν τρόπον. τί δὴ οὖν ἐπὶ τούτοις
γίνεται, ἐπιθεωρῆσαι καιρός.

case also to extend most willingly our indulgence : That Christians may exist again and build the houses in which they used to assemble, always provided that they do nothing contrary to order. In another letter we shall indicate to the judges how they should proceed. Wherefore, in accordance with this our indulgence, they will be bound to beseech their own god for our welfare, and that of the state, and their own ; that in every way both the well being of the state may be secured, and they may be enabled to live free from care in their own homes."

Such is the character of this edict in the Latin tongue, translated into Greek as well as may be. Now it is time to consider carefully what happened subsequently.

Ἀλλ' ὁ μὲν τῆς γραφῆς αἴτιος μετὰ τὴν τοιάνδε 1
ὁμολογίαν αὐτίκα καὶ οὐκ εἰς μακρὸν τῶν ἀλγη-
δόνων ἀπαλλαγεὶς μεταλλάττει τὸν βίον. τοῦτον
δὴ λόγος ἔχει πρῶτον αἴτιον τῆς τοῦ διωγμοῦ
καταστῆναι συμφορᾶς, ἔτι πάλαι πρὸ τῆς τῶν
λοιπῶν βασιλέων κινήσεως τοὺς ἐν στρατείαις
Χριστιανοὺς καὶ πρώτους γε ἁπάντων τοὺς ἐπὶ
τοῦ ἰδίου οἴκου παρατρέπειν ἐκβεβιασμένον καὶ
τοὺς μὲν ἐκ τῆς στρατιωτικῆς ἀξίας ἀποκινοῦντα,
τοὺς δὲ ἀτιμότατα καθυβρίζοντα, ἤδη δὲ καὶ
θάνατον ἑτέροις ἐπαρτῶντα καὶ τοὔσχατόν γε τοὺς
τῆς βασιλείας κοινωνοὺς ἐπὶ τὸν κατὰ πάντων
ἀνακεκινηκότα διωγμόν· ὧν καὶ αὐτῶν οὐκ ἄξιον
τὸ τοῦ βίου τέλος παραδοῦναι σιωπῇ. τεττάρων 2
οὖν τὴν κατὰ πάντων διειληχότων ἀρχήν, οἱ μὲν
χρόνῳ καὶ τιμῇ προηγούμενοι οὐδ' ὅλοις δυεῖν
ἔτεσιν ἐπιγενόμενοι τῷ διωγμῷ μεθίστανται τῆς
βασιλείας, ᾗ καὶ πρόσθεν ἡμῖν δεδήλωται, καὶ δὴ
τὸν ἐπίλοιπον τοῦ βίου χρόνον δημώδει καὶ
ἰδιωτικῷ τρόπῳ διαγενόμενοι τέλος τοιόνδε τῆς
ζωῆς εἰλήχασιν, ὁ μὲν τιμῇ τε καὶ χρόνῳ τῶν 3
πρωτείων ἠξιωμένος μακρᾷ καὶ ἐπιλυποτάτῃ τῇ
τοῦ σώματος ἀσθενείᾳ διεργασθείς, ὁ δὲ τὰ δεύτερα
αὐτοῦ φέρων ἀγχόνῃ τὴν ζωὴν ἀπορρήξας, κατὰ

<hr />

[1] For an account of the mss. of the *Ecclesiastical History*
see Vol. I. pp. xxvii-xxix.

THE APPENDIX TO BOOK VIII

(*found in codd. AER*).[1]

But the author of the edict, after such a confession, was immediately, though not for long, released from his pains, and so departed this life. It is recorded that this same person was the prime author of the calamity of the persecution; since long before the movement of the other emperors he had used force to turn aside [from the faith] the Christians in the army—and, first of all, those in his own house—degrading some from their military rank, and heaping the most shameful insults on others; and since he was already threatening others even with death, and, finally, had stirred up his partners in the principate to the general persecution. It is not possible to pass over the ends of these same emperors in silence. Four, then, had divided the supreme power between them. Those who were the more advanced in age and honour[2] retired from the principate not two whole years after the persecution began, as we have already stated, and passed the remainder of their existence like ordinary, private citizens. The end of their lives fell out thus. The one who had attained the chief place in honour and age[3] fell a victim to a prolonged and most painful infirmity of the body; while he who held the second place to him[4] ended his life by

---

[2] Diocletian and Maximinian (viii. 13. 10, 11).
[3] Diocletian.　　　　　　[4] Maximinian.

τινα δαιμονίαν προσημείωσιν τοῦτο παθὼν διὰ
πλείστας αὐτῷ τετολμημένας ῥᾳδιουργίας. τῶν 4
δὲ μετὰ τούτους ὁ μὲν ὕστατος, ὃν δὴ καὶ ἀρχηγὸν
τοῦ παντὸς ἔφαμεν γεγονέναι διωγμοῦ, τοιαῦτα
οἷα καὶ προδεδηλώκαμεν πέπονθεν, ὁ δὲ τοῦτον
προάγων χρηστότατος καὶ ἠπιώτατος βασιλεὺς
Κωνστάντιος, ἐπαξίως τῆς ἡγεμονίας τὸν ἅπαντα
τῆς ἀρχῆς διατελέσας χρόνον [ἀλλὰ] καὶ τἆλλα
τοῖς πᾶσι δεξιώτατον καὶ εὐεργετικώτατον παρα-
σχὼν ἑαυτόν, ἀτὰρ καὶ τοῦ καθ' ἡμῶν πολέμου
ἔξω γενόμενος καὶ τοὺς ὑπ' αὐτὸν θεοσεβεῖς
ἀβλαβεῖς καὶ ἀνεπηρεάστους διαφυλάξας καὶ μήτε
τοὺς οἴκους τῶν ἐκκλησιῶν καθελὼν μήθ' ἕτερόν
τι μηδ' ὅλως καθ' ἡμῶν ἐπικαινουργήσας, τέλος
εὔδαιμον καὶ τρισμακάριον ὄντως ἀπείληφεν τοῦ
βίου, μόνος ἐπὶ τῆς αὐτοῦ βασιλείας εὐμενῶς καὶ
ἐπιδόξως ἐπὶ διαδόχῳ τῆς βασιλείας γνησίῳ παιδὶ
τὰ πάντα σωφρονεστάτῳ καὶ εὐσεβεστάτῳ τελευ-
τήσας· ὃς εὐθὺς ἀρχόμενος βασιλεὺς τελεώτατος 5
καὶ Σεβαστὸς πρὸς τῶν στρατοπέδων ἀναγορευθείς,
ζηλωτὴν ἑαυτὸν τῆς πατρικῆς περὶ τὸν ἡμέτερον
λόγον εὐσεβείας κατεστήσατο. τοιαύτη τῶν προ-
αναγεγραμμένων τεττάρων ἡ τοῦ βίου ἔκβασις,
κατὰ παρηλλαγμένους χρόνους γεγενημένη. τού- 6
των δὴ μόνος ἔτι λιπὼν ὁ μικρῷ πρόσθεν ἡμῖν
εἰρημένος σὺν τοῖς μετὰ ταῦτα εἰς τὴν ἀρχὴν
εἰσποιηθεῖσι τὴν προδεδηλωμένην ἐξομολόγησιν διὰ
τοῦ προεκτεθέντος ἐγγράφου λόγου τοῖς πᾶσι φανε-
ρὰν κατεστήσαντο.

---

[1] Galerius.   [2] § 1.

strangling : suffering this fate, in accordance with a certain demoniacal prediction, for the numerous crimes he had perpetrated. Of those after them, he [1] who held the last place—the same who was the originator, as we stated,[2] of the whole persecution—suffered the fate which we have mentioned above [2] ; but he who ranked next before him, that kindest and mildest of emperors, Constantius, passed the whole period of his principate in a manner worthy of his high office, and in other respects displayed himself in a most beneficent and favourable light to all ; yea, and he held himself aloof from the war against us, and carefully preserved his God-fearing subjects from injury and harsh treatment ; neither did he pull down the church-buildings nor employ any other additional new device against us at all. So he has had as his reward a truly happy and thrice-blessed issue of his life ; for he alone met with a favourable and glorious end while he was still emperor, with a lawful son, in all respects most prudent and godly, to succeed him in the office. He from the very first was proclaimed by the armies most perfect Emperor and Augustus ; and he set himself to be an emulator of his father's piety towards our doctrine. Such was the issue which befell, at different times, the lives of the four men of whom we have written above. Of these same persons, he of whom we spoke a little while ago alone still remained,[3] and, in conjunction with those who subsequently were admitted to the principate,[4] openly placed before all the aforesaid confession in the document which was set out above.

[3] ἐπὶ λιπών : but we should require λειπόμενος to give the above sense.

[4] Constantine, Licinius, and Maximin.

Θ

Τάδε καὶ ἡ ἐνάτη περιέχει βίβλος τῆς
Ἐκκλησιαστικῆς ἱστορίας

CONTENTS OF BOOK IX

The Ninth Book of the Ecclesiastical History contains the following :

Θ

I. Τὰ μὲν δὴ τῆς παλινῳδίας τοῦ προτεθέντος 1
βασιλικοῦ νεύματος ἥπλωτο τῆς Ἀσίας πάντῃ
καὶ πανταχοῦ κατά τε τὰς ἀμφὶ ταύτην ἐπαρχίας·
ὧν τούτων ἐπιτελεσθέντων τὸν τρόπον Μαξιμῖνος,
ὁ ἐπ' ἀνατολῆς τύραννος, δυσσεβέστατος εἰ καί
τις ἄλλος, καὶ τῆς εἰς τὸν τῶν ὅλων θεὸν εὐσεβείας
πολεμιώτατος γεγονώς, οὐδαμῶς τοῖς γραφεῖσιν
ἀρεσθείς, ἀντὶ τοῦ προτεθέντος γράμματος λόγῳ
προστάττει τοῖς ὑπ' αὐτὸν ἄρχουσιν τὸν καθ'
ἡμῶν ἀνεῖναι πόλεμον. ἐπεὶ γὰρ αὐτῷ μὴ ἐξῆν
ἄλλως τῇ τῶν κρειττόνων ἀντιλέγειν κρίσει, τὸν
προεκτεθέντα νόμον ἐν παραβύστῳ θεὶς καὶ ὅπως
ἐν τοῖς ὑπ' αὐτὸν μέρεσιν μὴ εἰς προῦπτον ἀχθείη,
φροντίσας, ἀγράφῳ προστάγματι τοῖς ὑπ' αὐτὸν
ἄρχουσιν τὸν καθ' ἡμῶν διωγμὸν ἀνεῖναι προσ-
τάττει· οἱ δὲ τὰ τῆς παρακελεύσεως ἀλλήλοις
διὰ γραφῆς ὑποσημαίνουσιν. ὁ γοῦν παρ' αὐτοῖς 2
τῷ τῶν ἐξοχωτάτων ἐπάρχων ἀξιώματι τετι-
μημένος Σαβῖνος πρὸς τοὺς κατ' ἔθνος ἡγουμένους
τὴν βασιλέως ἐμφαίνει γνώμην διὰ Ῥωμαϊκῆς
ἐπιστολῆς· ἧς καὶ αὐτῆς ἡ ἑρμηνεία τοῦτον
περιέχει τὸν τρόπον·

"Λιπαρωτάτῃ καὶ καθωσιωμένῃ σπουδῇ ἡ 3
θειότης τῶν δεσποτῶν ἡμῶν θειοτάτων αὐτο-
κρατόρων πάντων τῶν ἀνθρώπων τὰς διανοίας
328

BOOK IX

I. THE recantation of the imperial will set forth above [1] was promulgated broadcast throughout Asia and in the neighbouring provinces. After this had thus been done, Maximin, the tyrant of the East, a monster of impiety if ever there was one, who had been the bitterest enemy of piety toward the God of the universe, was by no means pleased with what was written, and instead of making known the letter set forth above gave verbal commands to the rulers under him to relax the war against us. For since he might not otherwise gainsay the judgement of his superiors, he put in a corner the law set forth above ; and, taking measures how it might never see the light of day in the districts under him, by an oral direction he commanded the rulers under him to relax the persecution against us. And they intimated to each other in writing the terms of the order. Sabinus, for instance, whom they had honoured with the rank of most excellent prefect, made known the Emperor's decision to the provincial governors in a Latin epistle. The translation of the same runs as follows :

" With a most earnest and devoted zeal the Divinity of our most divine masters, the Emperors, has for a long time determined to lead all men's

---

[1] viii. 17.

πρὸς τὴν ὁσίαν καὶ ὀρθὴν τοῦ ζῆν ὁδὸν περι-
αγαγεῖν ἔτι πάλαι ὥρισεν, ὅπως καὶ οἱ ἀλλοτρίᾳ
Ῥωμαίων συνηθείᾳ ἀκολουθεῖν δοκοῦντες τὰς
ὀφειλομένας θρησκείας τοῖς ἀθανάτοις θεοῖς ἐπι-
τελοῖεν· ἀλλ' ἡ τινῶν ἔνστασις καὶ τραχυτάτη 4
βουλὴ εἰς τοσοῦτον περιέστη ὡς μήτε λογισμῷ
δικαίῳ τῆς κελεύσεως δύνασθαι ἐκ τῆς ἰδίας
προθέσεως ἀναχωρεῖν μήτε τὴν ἐπικειμένην τιμω-
ρίαν αὐτοὺς ἐκφοβεῖν. ἐπειδὴ τοίνυν συνέβαινεν 5
ἐκ τοῦ τοιούτου τρόπου πολλοὺς εἰς κίνδυνον
ἑαυτοὺς περιβάλλειν, κατὰ τὴν προσοῦσαν εὐγένειαν
τῆς εὐσεβείας ἡ θειότης τῶν δεσποτῶν ἡμῶν τῶν
δυνατωτάτων αὐτοκρατόρων ἀλλότριον εἶναι τῆς
προθέσεως τῆς θειοτάτης τῆς ἰδίας δοκιμάζουσα
τὸ ἐκ τῆς τοιαύτης αἰτίας εἰς τοσοῦτον κίνδυνον
τοὺς ἀνθρώπους περιβάλλειν, ἐκέλευσεν διὰ τῆς
ἐμῆς καθοσιώσεως τῇ σῇ ἀγχινοίᾳ διαχαράξαι ἵν'
εἴ τις τῶν Χριστιανῶν τοῦ ἰδίου ἔθνους τὴν
θρησκείαν μετιὼν εὑρεθείη, τῆς κατ' αὐτοῦ ἐν-
οχλήσεως καὶ τοῦ κινδύνου αὐτὸν ἀποστήσειας καὶ
μή τινα ἐκ ταύτης τῆς προφάσεως τιμωρίᾳ
κολαστέον νομίσειας, ὁπότε τῇ τοῦ τοσούτου
χρόνου συνελεύσει συνέστη αὐτοὺς μηδενὶ τρόπῳ
πεπεῖσθαι δεδυνῆσθαι ὅπως ἀπὸ τῶν τοιούτων
ἐνστάσεων ἀναχωρήσαιεν. γράψαι τοιγαροῦν πρὸς 6
τοὺς λογιστὰς καὶ τοὺς στρατηγοὺς καὶ τοὺς
πραιποσίτους τοῦ πάγου ἑκάστης πόλεως ἡ σὴ
ἐπιστρέφεια ὀφείλει ἵνα γνοῖεν περαιτέρω αὐτοῖς
τούτου τοῦ γράμματος φροντίδα ποιεῖσθαι μὴ
προσήκειν."

Ἐπὶ τούτοις οἱ κατ' ἐπαρχίαν τὴν τῶν 7
γραφέντων αὐτοῖς ἐπαληθεύειν προαίρεσιν νενο-

thoughts into the holy and right path of life, so that those also who seemed to follow customs foreign to the Romans should perform the acts of worship due to the immortal gods. But the obstinacy and most unyielding determination of some was carried to such a length, that neither could they be turned back from their own purpose by just reasoning embodied in the order, nor did they fear the punishment that threatened. Since therefore it has come about that many by such conduct endanger themselves, in accordance with the noble piety that is theirs, the Divinity of our masters, the most mighty Emperors, deeming it foreign to their divine purpose that for such a reason they should so greatly endanger these men, gave commandment through my Devotedness to write to thy Intelligence, that if any of the Christians be found following the religion of his nation, thou shouldest set him free from molestation directed against him and from danger, nor shouldest thou deem anyone punishable on this charge, since so long a passage of time has proved that they can in no wise be persuaded to abandon such obstinate conduct. Let it be thy Solicitude's duty, therefore, to write to the curators and the duumvirs and the magistrates of the district of every city, that they may know that it is not beseeming for them to take any further notice of that letter."[1]

Whereupon the rulers of the provinces, having concluded that the purport of what had been written

---

[1] If the Greek here is a correct translation of the Latin original, the words " that letter " must refer to some previous document ordering the persecution of Christians.

μικότες, λογισταῖς καὶ στρατηγοῖς καὶ τοῖς κατ᾽
ἀγροὺς ἐπιτεταγμένοις τὴν βασιλικὴν διὰ γραμ-
μάτων ἐμφανῆ καθιστῶσι γνώμην· οὐ μόνον δ᾽
αὐτοῖς διὰ γραφῆς ταῦτα προυχώρει, καὶ ἔργοις
δὲ πολὺ πρότερον, ὡς ἂν νεῦμα βασιλικὸν εἰς
πέρας ἄγοντες, ὅσους εἶχον δεσμωτηρίοις καθειργ-
μένους διὰ τὴν εἰς τὸ θεῖον ὁμολογίαν, εἰς φανερὸν
προάγοντες ἠλευθέρουν, ἀνιέντες τούτων δὴ αὐτῶν
τοὺς ἐν μετάλλοις ἐπὶ τιμωρίᾳ δεδομένους· τοῦτο
γὰρ ἐπ᾽ ἀληθείας βασιλεῖ δοκεῖν ὑπειλήφασιν
ἠπατημένοι. καὶ δὴ τούτων οὕτως ἐπιτελεσθέν- 8
2 Cor. 4, 6 των, ἀθρόως οἷόν τι φῶς ἐκ ζοφερᾶς νυκτὸς
ἐκλάμψαν, κατὰ πᾶσαν πόλιν συγκροτουμένας
παρῆν ὁρᾶν ἐκκλησίας συνόδους τε παμπληθεῖς καὶ
τὰς ἐπὶ τούτων ἐξ ἔθους ἐπιτελουμένας ἀγωγάς·
καταπέπληκτο δ᾽ οὐ σμικρῶς ἐπὶ τούτοις πᾶς
τις τῶν ἀπίστων ἐθνῶν, τῆς τοσαύτης μεταβολῆς
τὸ παράδοξον ἀποθαυμάζων μέγαν τε καὶ μόνον
ἀληθῆ τὸν Χριστιανῶν θεὸν ἐπιβοώμενος. τῶν 9
δ᾽ ἡμετέρων οἱ μὲν τὸν τῶν διωγμῶν ἀγῶνα πιστῶς
καὶ ἀνδρικῶς διηθληκότες τὴν πρὸς ἅπαντας αὖθις
ἀπελάμβανον παρρησίαν, ὅσοι δὲ τὰ τῆς πίστεως
νενοσηκότες τὰς ψυχὰς ἐτύγχανον κεχειμασμένοι,
ἀσμένως περὶ τὴν σφῶν θεραπείαν ἔσπευδον,
ἀντιβολοῦντες καὶ σωτηρίας δεξιὰν τοὺς ἐρρωμένους
αἰτούμενοι τόν τε θεὸν ἵλεων αὐτοῖς γενέσθαι
καθικετεύοντες· εἶτα δὲ καὶ οἱ γενναῖοι τῆς θεο- 10
σεβείας ἀθληταὶ τῆς εἰς τὰ μέταλλα κακοπαθείας
ἐλευθερούμενοι ἐπὶ τὰς αὐτῶν ἐστέλλοντο, γαῦροι
καὶ φαιδροὶ διὰ πάσης ἰόντες πόλεως εὐφροσύνης
τε ἀλέκτου καὶ ἣν οὐδὲ λόγῳ δυνατὸν ἑρμηνεῦσαι
παρρησίας ἔμπλεοι. στίφη δ᾽ οὖν πολυάνθρωπα 11

to them was a genuine expression, made known by means of letters the imperial resolve to curators, duumvirs and rural magistrates. And not only did they further these measures by writing, but also much more so by action. With a view to carrying out the imperial will, as many as they kept shut up in prisons for their confession of the Deity they brought into the light of day and set free, releasing such of these same persons as were consigned to the mines for punishment. For this, in truth, they mistakenly conceived to be the Emperor's wish. And when these things had thus been carried into effect, as though some light shined forth all at once out of a gloomy night, one might see churches thronged in every city, and crowded assemblies, and the rites performed thereat in the customary manner. And every single one of the unbelieving heathen was in no small degree amazed at these happenings, marvelling at the miracle of so great a change, and extolling the Christians' God as alone great and true. Of our own people, those who had faithfully and bravely contended throughout the conflict of persecutions once more resumed their confident bearing in the sight of all ; but those whose faith had been diseased and souls storm-tost eagerly strove for their own healing, beseeching and begging the strong for the right hand of safety, and supplicating God to be merciful to them. And then also the noble champions of godliness, freed from their evil plight in the mines, returned to their own homes. Proudly and joyously they went through every city, full of unspeakable mirth and a boldness that cannot even be expressed in words. Yea, thronging crowds of men

κατὰ μέσας λεωφόρους καὶ ἀγορὰς ᾠδαῖς καὶ
ψαλμοῖς τὸν θεὸν ἀνυμνοῦντα τὰ τῆς πορείας
ἤνυεν, καὶ τοὺς μετὰ τιμωρίας ἀπηνεστάτης
μικρῷ πρόσθεν δεσμίους τῶν πατρίδων ἀπεληλα-
μένους εἶδες ἂν ἱλαροῖς καὶ γεγηθόσι προσώποις
τὰς αὐτῶν ἑστίας ἀπολαμβάνοντας, ὡς καὶ τοὺς
πρότερον καθ᾽ ἡμῶν φονῶντας τὸ θαῦμα παρὰ
πᾶσαν ὁρῶντας ἐλπίδα, συγχαίρειν τοῖς γεγενη-
μένοις.

II. Ταῦτα δ᾽ οὐκέθ᾽ οἷός τε φέρειν ὁ τύραννος 1
μισόκαλος καὶ πάντων ἀγαθῶν ἐπίβουλος ὑπάρχων,
ὃν ἔφαμεν τῶν ἐπ᾽ ἀνατολῆς ἄρχειν μερῶν, οὐδ᾽
ὅλους ἐπὶ μῆνας ἓξ τοῦτον ἐπιτελεῖσθαι τὸν τρόπον
ἠνέσχετο. ὅσα δ᾽ οὖν πρὸς ἀνατροπὴν τῆς εἰρήνης
μηχανώμενος πρῶτον μὲν εἴργειν ἡμᾶς τῆς ἐν τοῖς
κοιμητηρίοις συνόδου διὰ προφάσεως πειρᾶται,
εἶτα διά τινων πονηρῶν ἀνδρῶν αὐτὸς ἑαυτῷ καθ᾽
ἡμῶν πρεσβεύεται, τοὺς Ἀντιοχέων πολίτας παρ-
ορμήσας ἐπὶ τὸ μηδαμῶς τινα Χριστιανῶν τὴν
αὐτῶν οἰκεῖν ἐπιτρέπεσθαι πατρίδα ὡς ἐν μεγίστῃ
δωρεᾷ παρ᾽ αὐτοῦ τυχεῖν ἀξιῶσαι, καὶ ἑτέρους δὲ
ταὐτὸν ὑποβαλεῖν διαπράξασθαι· ὧν πάντων ἀρχη-
γὸς ἐπ᾽ αὐτῆς Ἀντιοχείας ἐπιφύεται Θεότεκνος,
δεινὸς καὶ γόης καὶ πονηρὸς ἀνὴρ καὶ τῆς προσ-
ωνυμίας ἀλλότριος· ἐδόκει δὲ λογιστεύειν τὰ κατὰ
τὴν πόλιν.

III. Πλεῖστα δ᾽ οὖν οὗτος καθ᾽ ἡμῶν στρα- 1
τευσάμενος καὶ πάντα τρόπον τοὺς ἡμετέρους
ὥσπερ τινὰς φῶρας ἀνοσίους ἐκ μυχῶν θηρεῦσαι
διὰ σπουδῆς πεποιημένος πάντα τε ἐπὶ διαβολῇ

went on their journey, praising God in the midst of thoroughfares and market-places with songs and psalms; and you might see those who shortly before had been prisoners undergoing the harshest punishment and driven from their native lands, now regaining with gay and joyful countenances their own hearths so that even those who formerly were thirsting for our blood, seeing the wondrous thing contrary to all expectation, rejoiced with us at what had happened.

II. This the tyrant could no longer endure, hater as he was of that which is good, and plotter against every virtuous man (he was the ruler, as we said,[1] of the eastern parts); nor did he suffer matters thus to be carried on for six entire months. Numerous, therefore, were his devices to overturn the peace: at first he attempted on some pretext to shut us out from assembling in the cemeteries,[2] then through the medium of certain evil men he sent embassies to himself against us, having urged the citizens of Antioch to ask that they might obtain from him, as a very great boon, that he should in no wise permit any of the Christians to inhabit their land, and to contrive that others should make the same suggestion. The originator of all this sprang up at Antioch itself in the person of Theotecnus, a clever cheat and an evil man, and quite unlike his name.[3] He was accounted to hold the post of curator[4] in the city.

III. This man, then, many times took the field against us; and, having been at pains by every method to hunt our people out of hiding-places as if they were unholy thieves, having employed every

---

[1] I. 1. [2] *Cf.* vii. 11. 10, note.
[3] Theotecnus means Child of God.
[4] The chief finance officer of a municipality.

καὶ κατηγορίᾳ τῇ καθ' ἡμῶν μεμηχανημένος, καὶ
θανάτου δὲ αἴτιος μυρίοις ὅσοις γεγονώς, τελευτῶν
εἴδωλόν τι Διὸς Φιλίου μαγγανείαις τισὶν καὶ
γοητείαις ἱδρύεται, τελετάς τε ἀνάγνους αὐτῷ
καὶ μνήσεις ἀκαλλιερήτους ἐξαγίστους τε καθαρ-
μοὺς ἐπινοήσας, μέχρι καὶ βασιλέως τὴν τερα-
τείαν δι' ὧν ἐδόκει χρησμῶν ἐπεδείκνυτο. καὶ
δὴ καὶ οὗτος κολακείᾳ τῇ καθ' ἡδονὴν τοῦ κρα-
τοῦντος ἐπεγείρει κατὰ Χριστιανῶν τὸν δαίμονα
καὶ τὸν θεὸν δὴ κελεῦσαί φησιν ὑπερορίους τῆς
πόλεως καὶ τῶν ἀμφὶ τὴν πόλιν ἀγρῶν ὡς ἂν
ἐχθροὺς αὐτῷ Χριστιανοὺς ἀπελάσαι.

IV. Τούτῳ δὲ πρώτῳ κατὰ γνώμην πράξαντι 1
πάντες οἱ λοιποὶ τῶν ἐν τέλει τὰς ὑπὸ τὴν αὐτὴν
ἀρχὴν πόλεις οἰκοῦντες τὴν ὁμοίαν ὁρμῶνται
ψῆφον ποιήσασθαι, προσφιλὲς εἶναι τοῦτο βασιλεῖ
τῶν κατ' ἐπαρχίαν ἡγεμόνων συνεωρακότων καὶ
τοῦτ' αὐτὸ διαπράξασθαι τοῖς ὑπηκόοις ὑπο-
βεβληκότων· ὧν δὴ καὶ αὐτῶν τοῖς ψηφίσμασιν 2
δι' ἀντιγραφῆς ἀσμενέστατα ἐπινεύσαντος τοῦ
τυράννου, αὖθις ἐξ ὑπαρχῆς ὁ καθ' ἡμῶν ἀν-
εφλέγετο διωγμός.

Ἱερεῖς δῆτα κατὰ πόλιν τῶν ξοάνων καὶ ἐπὶ
τούτοις ἀρχιερεῖς πρὸς αὐτοῦ Μαξιμίνου οἱ μάλιστα
ταῖς πολιτείαις διαπρέψαντες καὶ διὰ πασῶν
ἔνδοξοι γενόμενοι καθίσταντο, οἷς καὶ πολλή τις
εἰσήγετο σπουδὴ περὶ τὴν τῶν θεραπευομένων
πρὸς αὐτῶν θρησκείαν. ἡ γοῦν ἔκτοπος τοῦ 3
κρατοῦντος δεισιδαιμονία, συνελόντι φάναι, πάντας
τοὺς ὑπ' αὐτὸν ἄρχοντάς τε καὶ ἀρχομένους εἰς

device to slander and accuse us, having been the cause even of death to countless numbers, he ended by erecting a statue of Zeus the Befriender with certain juggleries and sorceries, and having devised unhallowed rites for it and ill-omened initiations and abominable purifications,[1] he exhibited his wonder-working by what oracles he pleased, even in the Emperor's presence. And moreover this fellow, in order to flatter and please him who was ruling, stirred up the demon against the Christians, and said that the god, forsooth, had given orders that the Christians should be driven away beyond the borders of the city and country round about, since they were his enemies.

IV. This man was the first to act thus of set purpose, and all the other officials who lived in the cities under the same rule hastened to make a like decision, the provincial governors having seen at a glance that it was pleasing to the Emperor, and having suggested to their subjects to do the very same thing. And when the tyrant had given a most willing assent to their petitions [2] by a rescript, once more the persecution against us was rekindled.

Maximin himself appointed as priests of the images in each city and, moreover, as high priests, those who were especially distinguished in the public services and had made their mark in the entire course thereof. These persons brought great zeal to bear on the worship of the gods whom they served. Certainly, the outlandish superstition of the ruler was inducing, in a word, all under him, both governors and governed,

[1] Eusebius here borrows some phrases from Dion. Alex. (vii. 10. 4 above).

[2] We have thus translated ψηφίσματα (" decisions ") here and wherever it occurs in this book, inasmuch as these " decisions " were " petitions " against Christians.

τὴν αὐτοῦ χάριν πάντα πράττειν καθ' ἡμῶν
ἐνῆγεν, ταύτην αὐτῷ χάριν μεγίστην ἀνθ' ὧν
ἐνόμιζον πρὸς αὐτοῦ τεύξεσθαι εὐεργεσιῶν, ἀντι-
δωρουμένων, τὸ καθ' ἡμῶν φονᾶν καί τινας εἰς
ἡμᾶς καινοτέρας κακοηθείας ἐνδείκνυσθαι.

V. Πλασάμενοι δῆτα Πιλάτου καὶ τοῦ σωτῆρος 1
ἡμῶν ὑπομνήματα πάσης ἔμπλεα κατὰ τοῦ
Χριστοῦ βλασφημίας, γνώμῃ τοῦ μείζονος ἐπὶ
πᾶσαν ἀναπέμπονται τὴν ὑπ' αὐτὸν ἀρχὴν διὰ
προγραμμάτων παρακελευόμενοι κατὰ πάντα τόπον,
ἀγρούς τε καὶ πόλεις, ἐν ἐκφανεῖ ταῦτα τοῖς πᾶσιν
ἐκθεῖναι τοῖς τε παισὶ τοὺς γραμματοδιδασκάλους
ἀντὶ μαθημάτων ταῦτα μελετᾶν καὶ διὰ μνήμης
κατέχειν παραδιδόναι.

Ὧν τούτων ἐπιτελουμένων τὸν τρόπον, ἕτερος 2
στρατοπεδάρχης, ὃν δοῦκα Ῥωμαῖοι προσαγορεύου-
σιν, ἀνὰ τὴν Δαμασκὸν τῆς Φοινίκης ἐπίρρητά τινα
γυναικάρια ἐξ ἀγορᾶς ἀνάρπαστα ποιήσας, βασά-
νους αὐταῖς ἐπιθήσειν ἠπείλει, λέγειν ἐγγράφως
ἐπαναγκάζων, ὡς δὴ εἴησάν ποτε Χριστιαναὶ
συνειδεῖέν τε αὐτοῖς ἀθεμιτουργίας ἐν αὐτοῖς τε
τοῖς κυριακοῖς πράττειν αὐτοὺς τὰ ἀκόλαστα καὶ
ὅσα ἄλλα λέγειν αὐτὰς ἐπὶ διαβολῇ τοῦ δόγματος
ἤθελεν· ὧν καὶ οὗτος ἐν ὑπομνήμασιν τὰς φωνὰς
ἐντεθείσας βασιλεῖ κοινοῦται, καὶ δὴ προσ-
τάξαντος εἰς πάντα τόπον καὶ πόλιν καὶ ταῦτα
δημοσιοῦται τὰ γράμματα. VI. ἀλλ' ὃ μὲν οὐκ 1
εἰς μακρὸν αὐτόχειρ ἑαυτοῦ γεγονὼς ὁ στρατάρχης
δίκην τίννυσιν τῆς κακοτροπίας.

Ἡμῶν δ' αὖ φυγαὶ πάλιν ἀνεκινοῦντο καὶ
διωγμοὶ χαλεποὶ τῶν τε κατὰ πάσας ἐπαρχίας

---

[1] *i.e.* the commander of the frontier troops.

to do everything against us in order to secure his favour ; in return for the benefits which they thought to secure from him, they bestowed upon him this greatest of boons, namely, to thirst for our blood and to display some more novel tokens of malice toward us.

V. Having forged, to be sure, Memoirs of Pilate and our Saviour, full of every kind of blasphemy against Christ, with the approval of their chief they sent them round to every part of his dominions, with edicts that they should be exhibited openly for everyone to see in every place, both town and country, and that the primary teachers should give them to the children, instead of lessons, for study and committal to memory.

While this was thus being carried out, another person, a commander, whom the Romans style *dux*,[1] caused certain infamous women to be abducted from the market-place at Damascus in Phoenicia, and, by continually threatening them with the infliction of tortures, compelled them to state in writing that they were once actually Christians, and privy to their unhallowed deeds, and that the Christians practised in the very churches lewdness and everything else that he wished these women to say in defamation of our faith. He also made a memorandum of their words and communicated it to the Emperor, and moreover at his command published this document also in every place and city. VI. But not long afterwards he, that is to say, the commander, died by his own hand, and thus paid the penalty for his wickedness.

But as for us, banishments and severe persecutions were again renewed, and the rulers in every province

ἡγουμένων αὖθις δειναὶ καθ' ἡμῶν ἐπαναστάσεις, ὡς καί τινας ἁλόντας τῶν περὶ τὸν θεῖον λόγον ἐπιφανῶν ἀπαραίτητον τὴν ἐπὶ θανάτῳ ψῆφον καταδέξασθαι.

Ὧν τρεῖς ἐν Ἐμίσῃ πόλει τῆς Φοινίκης Χριστιανοὺς σφᾶς ὁμολογήσαντες, θηρίων βορᾷ παραδίδονται· ἐπίσκοπος ἦν ἐν τούτοις Σιλβανός, τὴν ἡλικίαν ὑπέργηρως, ἐν ὅλοις ἔτεσιν τεσσαράκοντα τὴν λειτουργίαν διηνυκώς.

Κατὰ δὲ τὸν αὐτὸν χρόνον καὶ Πέτρος τῶν κατ' 2 Ἀλεξάνδρειαν παροικιῶν προστὰς ἐπιφανέστατα, θεῖον ἐπισκόπων χρῆμα βίου τε ἀρετῆς ἕνεκα καὶ τῆς τῶν ἱερῶν λόγων συνασκήσεως, ἐξ οὐδεμιᾶς ἀνάρπαστος γεγονὼς αἰτίας, μηδεμιᾶς προλαβούσης προσδοκίας, ἀθρόως οὕτως καὶ ἀλόγως, ὡς ἂν Μαξιμίνου προστάξαντος, τὴν κεφαλὴν ἀποτέμνεται, σὺν αὐτῷ δὲ καὶ τῶν κατ' Αἴγυπτον ἐπισκόπων ἄλλοι πλείους ταὐτὸν ὑπομένουσιν.

Λουκιανός τε, ἀνὴρ τὰ πάντα ἄριστος βίῳ τε 3 ἐγκρατεῖ καὶ τοῖς ἱεροῖς μαθήμασιν συγκεκροτημένος, τῆς κατὰ Ἀντιόχειαν παροικίας πρεσβύτερος, ἀχθεὶς ἐπὶ τῆς Νικομηδέων πόλεως, ἔνθα τηνικαῦτα βασιλεὺς διατρίβων ἐτύγχανεν, παρασχών τε ἐπὶ τοῦ ἄρχοντος τὴν ὑπὲρ ἧς προΐστατο διδασκαλίας ἀπολογίαν, δεσμωτηρίῳ παραδοθεὶς κτίννυται.

Τοσαῦτα δῆτα ἐν βραχεῖ τῷ μισοκάλῳ Μαξιμίνῳ 4 καθ' ἡμῶν συνεσκεύαστο, ὡς τοῦ προτέρου δοκεῖν πολλῷ χαλεπώτερον τοῦτον ἡμῖν ἐπεγηγέρθαι διωγμόν. VII. Ἀνὰ μέσας γέ τοι τὰς πόλεις, ὃ μηδὲ ἄλλοτέ ποτε, ψηφίσματα πόλεων καθ' ἡμῶν καὶ βασιλικῶν πρὸς ταῦτα διατάξεων ἀντιγραφαὶ

once more rose up cruelly against us, with the result
that some of those eminent in the divine Word were
taken, and received the sentence of death without
mercy.

Of these, three in Emesa, a city of Phoenicia, were
consigned to wild beasts as food, having declared
themselves Christians. Among them was a bishop,
Silvanus, exceedingly advanced in age, who had
exercised his ministry for forty entire years.

At the same time Peter also, who presided with the
greatest distinction over the communities at Alex-
andria—a truly divine example of a bishop on account
of his virtuous life and his earnest study of the holy
Scriptures—was seized for no reason at all and
quite unexpectedly ; and then immediately and un-
accountably beheaded, as if by the command of
Maximin. And along with him many others of the
Egyptian bishops endured the same penalty.

Lucian, a most excellent man in every respect, of
temperate life and well versed in sacred learning, a
presbyter of the community at Antioch, was brought
to the city of Nicomedia, where the Emperor was
then staying ; and, having made his defence before
the ruler on behalf of the doctrine which he professed,
he was committed to prison and put to death.

So mightily, indeed, did that hater of the good,
Maximin, contrive against us in a short space, that
this persecution which he had stirred up seemed to
us much more severe than the former one. VII.
In fact, in the midst of the cities—a thing that had
never happened before—petitions presented against
us by cities, and rescripts containing imperial ordin-

στήλαις ἐντετυπωμένα χαλκαῖς ἀνωρθοῦντο, οἵ τε
παῖδες ἀνὰ τὰ διδασκαλεῖα Ἰησοῦν καὶ Πιλᾶτον
καὶ τὰ ἐφ' ὕβρει πλασθέντα ὑπομνήματα διὰ
στόματος κατὰ πᾶσαν ἔφερον ἡμέραν.

Ἐνταῦθά μοι ἀναγκαῖον εἶναι φαίνεται αὐτὴν δὴ 2
ταύτην τὴν ἐν στήλαις ἀνατεθεῖσαν τοῦ Μαξι-
μίνου γραφὴν ἐντάξαι, ἵν' ὁμοῦ τῆς τε τοῦ ἀνδρὸς
θεομισείας ἡ ἀλαζὼν καὶ ὑπερήφανος αὐθάδεια
φανερὰ κατασταίη καὶ τῆς παρὰ πόδας αὐτὸν
μετελθούσης ἱερᾶς δίκης ἡ ἄϋπνος κατὰ τῶν
ἀσεβῶν μισοπονηρία, πρὸς ἧς ἐλαθεὶς οὐκ εἰς
μακρὸν τἀναντία περὶ ἡμῶν ἐβουλεύσατό τε καὶ
δι' ἐγγράφων νόμων ἐδογμάτισεν.

ΑΝΤΙΓΡΑΦΟΝ ΕΡΜΗΝΕΙΑΣ ΤΗΣ ΜΑΞΙΜΙΝΟΥ ΠΡΟΣ ΤΑ
ΚΑΘ' ΗΜΩΝ ΨΗΦΙΣΜΑΤΑ ΑΝΤΙΓΡΑΦΗΣ ΑΠΟ ΤΗΣ
ΕΝ ΤΥΡΩΙ ΣΤΗΛΗΣ ΜΕΤΑΛΗΦΘΕΙΣΗΣ

"Ἤδη ποτὲ ἡ ἀσθενὴς θρασύτης τῆς ἀνθρω- 3
πίνης διανοίας ἴσχυσεν πᾶσαν πλάνης ἀμαυρότητα
καὶ ὁμίχλην ἀποσεισαμένη καὶ ἀνασκεδάσασα,
ἥτις πρὸ τούτου οὐ τοσοῦτον τῶν ἀσεβῶν ὅσον
τῶν ἀθλίων ἀνθρώπων τὰς αἰσθήσεις ὀλεθρίῳ
ἀγνοίας σκότῳ ἐνειληθείσας ἐπολιόρκει, ἐπιγνῶναι
ὡς τῇ τῶν ἀθανάτων θεῶν φιλαγάθῳ προνοίᾳ
διοικεῖται καὶ σταθεροποιεῖται· ὅπερ πρᾶγμα 4
ἄπιστόν ἐστιν εἰπεῖν ὅπως κεχαρισμένον ὅπως τε
ἥδιστον καὶ προσφιλὲς ἡμῖν γέγονεν ὡς μέγιστον
δεῖγμα τῆς θεοφιλοῦς ὑμῶν προαιρέσεως δεδωκέναι,
ὁπότε καὶ πρὸ τούτου οὐδενὶ ἄγνωστον ἦν ὁποίας
παρατηρήσεως καὶ θεοσεβείας πρὸς τοὺς ἀθα-
νάτους θεοὺς ἐτυγχάνετε ὄντες, οἷς οὐ ψιλῶν καὶ

ances in reply, were set up, engraved on brazen tablets ; while the children in the schools had every day on their lips the names of Jesus and Pilate and the Memoirs forged to insult us.

At this point I think it necessary to insert this same document of Maximin that was set up on tablets, so as to make manifest at once the boastful, overweening arrogance of this hater of God, and the divine Justice that followed close upon his heels with its sleepless hatred of the evil in wicked men. It was this which smote him ; and not long afterwards he reversed his policy with regard to us, and made a decree by laws in writing.

Copy of a Translation of the Rescript of Maximin in answer to the Petitions against us, taken from the Tablet at Tyre.

" Now at length, the feeble boldness of the human mind has shaken off and dispersed all blinding mists of error, that error which hitherto was attacking the senses of men not so much wicked as wretched, and was wrapping them in the baneful darkness of ignorance ; and it has been enabled to recognize that it is governed and established by the benevolent providence of the immortal gods. It passes belief to say how grateful, how exceeding pleasant and agreeable, it has proved to us that you have given a very great proof of your godly disposition ; since even before this none could be ignorant what regard and piety you were displaying towards the immortal gods, in

343

ὑποκένων ῥημάτων πίστις, ἀλλὰ συνεχὴς[1] καὶ παρά-
δοξος[2] ἔργων ἐπισήμων γνωρίζεται. διόπερ ἐπαξίως 5
ἡ ὑμετέρα πόλις θεῶν ἀθανάτων [φόβον][3] ἵδρυμά τε
καὶ οἰκητήριον ἐπικαλοῖτο· πολλοῖς γοῦν παραδείγ-
μασιν καταφαίνεται τῇ τῶν οὐρανίων θεῶν αὐτὴν
ἐπιδημίᾳ ἀνθεῖν. ἰδοὺ τοίνυν ἡ ὑμετέρα πόλις 6
πάντων τῶν ἰδίᾳ διαφερόντων αὐτῆς ἀμελήσασα
καὶ τὰς πρότερον τῶν ὑπὲρ αὐτῆς πραγμάτων
δεήσεις παριδοῦσα, ὅτε πάλιν ᾔσθετο τοὺς τῆς
ἐπαράτου ματαιότητος γεγονότας ἔρπειν ἄρχεσθαι
καὶ ὥσπερ ἀμεληθεῖσαν καὶ κεκοιμημένην πυρὰν
ἀναζωπυρουμένων τῶν πυρσῶν μεγίστας πυρκαϊὰς
ἀναπληροῦσαν, εὐθέως πρὸς τὴν ἡμετέραν εὐσέ-
βειαν, ὥσπερ πρὸς μητρόπολιν πασῶν θεοσεβειῶν,
χωρίς τινος μελλήσεως κατέφυγεν, ἰασίν τινα καὶ
βοήθειαν ἀπαιτοῦσα· ἥντινα διάνοιαν σωτηριώδη 7
διὰ τὴν πίστιν τῆς ὑμετέρας θεοσεβείας τοὺς
θεοὺς ὑμῖν ἐμβεβληκέναι δῆλόν ἐστιν. ἐκεῖνος
τοιγαροῦν, ἐκεῖνος ὁ ὕψιστος καὶ μέγιστος Ζεύς,
ὁ προκαθήμενος τῆς λαμπροτάτης ὑμῶν πόλεως,
ὁ τοὺς πατρῴους ὑμῶν θεοὺς καὶ γυναῖκας καὶ
τέκνα καὶ ἑστίαν καὶ οἴκους ἀπὸ πάσης ὀλεθρίου
φθορᾶς ῥυόμενος, ταῖς ὑμετέραις ψυχαῖς τὸ σω-
τήριον ἐνέπνευσεν βούλημα, ἐπιδεικνὺς καὶ ἐμ-
φαίνων ὅπως ἐξαίρετόν ἐστιν καὶ λαμπρὸν καὶ
σωτηριῶδες μετὰ τοῦ ὀφειλομένου σεβάσματος
τῇ θρησκείᾳ καὶ ταῖς ἱεροθρησκείαις τῶν ἀθανάτων
θεῶν προσιέναι. τίς γὰρ οὕτως ἀνόητος ἢ νοῦ 8
παντὸς ἀλλότριος εὑρεθῆναι δύναται, ὃς οὐκ
αἴσθεται τῇ φιλαγάθῳ τῶν θεῶν σπουδῇ συμβαί-
νειν μήτε τὴν γῆν τὰ παραδιδόμενα αὐτῇ σπέρματα

[1] MSS. συνεχῆ.   [2] MSS. παράδοξα.

whom is manifested a faith, not of bare and empty words, but constant and admirable in its noble deeds. Wherefore your city might worthily be called a temple and dwelling-place of the immortal gods. Certainly, by many signs it appears that it flourishes because there the immortal gods sojourn. Behold therefore, your city put away all thought for its own private advantage and neglected former requests for its own affairs, when once again it perceived that the followers of that accursed folly were beginning to spread, as a neglected and smouldering pyre which, when its fires are rekindled into flame, forms once more a mighty conflagration. Then immediately and without any delay it had recourse to our piety, as to a metropolis of all religious feeling, requesting some healing and help. It is evident that the gods have placed in your heart this saving thought on account of your faith and godly fear. Accordingly it was he, the most exalted and mighty, even Zeus, he who presides over your far-famed city, he who protects your ancestral gods and women and children and hearth and home from all destruction, who inspired your hearts with this saving purpose ; it was he who plainly showed how excellent and splendid and saving a thing it is to draw nigh to the worship and sacred rites of the immortal gods with due reverence. For who can be found so senseless or bereft of all intelligence as not to perceive that it is by the benevolent care of the gods that the earth does not refuse the seeds committed to it, and thus disappoint the hus-

---

³ This word is evidently corrupt. Schwartz suggests ἄφθορον.

ἀρνεῖσθαι τὴν τῶν γεωργῶν ἐλπίδα κενῇ προσδοκίᾳ
σφάλλουσαν, μηδ' αὖ ἀσεβοῦς πολέμου πρόσοψιν
ἀνεπικωλύτως ἐπὶ γῆς στηρίζεσθαι καὶ φθαρείσης
τῆς τοῦ οὐρανοῦ εὐκρασίας αὐχμῶντα τὰ σώματα
πρὸς θάνατον κατασύρεσθαι, μηδὲ μὴν ἀμέτρων
ἀνέμων πνεύμασι τὴν θάλασσαν κυμαίνουσαν κορυ-
φοῦσθαι, μηδέ γε καταιγίδας ἀπροσδοκήτους
καταρρηγνυμένας ὀλέθριον χειμῶνα ἐπεγείρειν,
ἔτι τοίνυν μηδὲ τὴν τροφὸν ἁπάντων καὶ μητέρα
γῆν ἀπὸ τῶν κατωτάτω λαγόνων ἑαυτῆς ἐν φοβερῷ
τρόμῳ καταδυομένην μηδέ γε τὰ ἐπικείμενα ὄρη
χασμάτων γινομένων καταλύεσθαι, ἅπερ πάντα
καὶ τούτων ἔτι πολλῷ χαλεπώτερα κατὰ πρὸ τού-
του πολλάκις γεγονέναι οὐδεὶς ἀγνοεῖ. καὶ ταῦτα 9
σύμπαντα διὰ τὴν ὀλέθριον πλάνην τῆς ὑποκένου
ματαιότητος τῶν ἀθεμίτων ἐκείνων ἀνθρώπων
ἐγίνετο, ἡνίκα κατὰ τὰς ψυχὰς αὐτῶν ἐπεπόλαζεν
καὶ σχεδὸν εἰπεῖν τὰ πανταχοῦ τῆς οἰκουμένης
αἰσχύναις ἐπίεζεν.''

Τούτοις μεθ' ἕτερα ἐπιλέγει· '' ἐφοράτωσαν ἐν 10
τοῖς πλατέσιν ἤδη πεδίοις ἀνθοῦντα τὰ λήϊα καὶ
τοῖς ἀστάχυσιν ἐπικυμαίνοντα καὶ τοὺς λειμῶνας
δι' εὐομβρίαν φυαῖς καὶ ἄνθεσιν λαμπομένους καὶ
τὴν τοῦ ἀέρος κατάστασιν εὔκρατόν τε καὶ πραο-
τάτην ἀποδοθεῖσαν, χαιρέτωσαν λοιπὸν ἅπαντες 11
διὰ τῆς ἡμετέρας εὐσεβείας ἱερουργίας τε καὶ
τιμῆς τῆς τοῦ δυνατωτάτου καὶ στερροτάτου
ἀέρος ἐξευμενισθείσης[1] καὶ διὰ τοῦτο τῆς εὐδινο-
τάτης εἰρήνης βεβαίως μεθ' ἡσυχίας ἀπολαύοντες
ἡδυνέσθωσαν. καὶ ὅσοι τῆς τυφλῆς ἐκείνης πλάνης
καὶ περιόδου παντάπασιν ὠφεληθέντες εἰς ὀρθὴν
καὶ καλλίστην διάνοιαν ἐπανῆλθον, μειζόνως μὲν

bandmen of their hope with vain expectation ? Or, again, that the spectre of unholy war does not plant itself without opposition upon the earth, so that squalid bodies are dragged off to death, while the wholesome air of heaven is polluted ? Or, indeed, that the sea does not toss and swell under the blasts of immoderate winds ? Or that hurricanes do not burst without warning and stir up a death-dealing tempest ? Or, still further, that the earth, the nurse and mother of all, does not sink from its deepest hollows with fearful tremor, and the mountains that lie upon it crash into the resulting chasms ? For all these evils, and evils even more terrible, have happened many a time before this, as everyone knows. And all these things happened at once because of the baneful error and vain folly of those unhallowed men, when that error took possession of their souls, and, one might almost say, oppressed the whole world everywhere with its deeds of shame."

After other remarks he adds : " Let them behold in the broad plains the crops already ripe with waving ears of corn, the meadows, thanks to opportune rains, brilliant with plants and flowers, and the weather that has been granted us temperate and very mild ; further, let all rejoice since through our piety, through the sacrifices and veneration we have rendered, the most powerful and intractable air has been propitiated, and let them take pleasure in that they therefore enjoy the most serene peace securely and in quiet. And let as many as have been wholly rescued from that blind folly and error and returned to a right and goodly frame of mind rejoice indeed the

---

[1] The text of this clause is hopelessly corrupt.

οὖν χαιρέτωσαν ὡς ἂν ἐκ χειμῶνος ἀπροσδοκήτου
ἢ νόσου βαρείας ἀποσπασθέντες καὶ ἡδεῖαν εἰς
τοὐπιὸν ζωῆς ἀπόλαυσιν καρπωσάμενοι· εἰ δὲ τῇ 12
ἐπαράτῳ αὐτῶν ματαιότητι ἐπιμένοιεν, πολλῷ
πόρρωθεν τῆς ὑμετέρας πόλεως καὶ περιχώρου,
καθὼς ἠξιώσατε, ἀποχωρισθέντες ἐξελαθήτωσαν,
ἵν' οὕτως κατ' ἀκολουθίαν τῆς ἀξιεπαίνου ὑμῶν
περὶ τοῦτο σπουδῆς παντὸς μιάσματος καὶ ἀ-
σεβείας ἀποχωρισθεῖσα ἡ ὑμετέρα πόλις καὶ τὴν
ἔμφυτον αὐτῇ πρόθεσιν μετὰ τοῦ ὀφειλομένου
σεβάσματος ταῖς τῶν ἀθανάτων θεῶν ἱερουργίαις
ὑπακούοι.

"'Ίνα δὲ εἰδῆτε ὅσῳ προσφιλὴς ἡμῖν γέγονεν ἡ 13
περὶ τούτου ἀξίωσις ὑμῶν, καὶ χωρὶς ψηφισμάτων
καὶ χωρὶς δεήσεως αὐθαιρέτῳ βουλήσει ἡ ἡμετέρα
προθυμοτάτη φιλαγαθίας ψυχή, ἐπιτρέπομεν τῇ
ὑμετέρᾳ καθοσιώσει ὁποίαν δ' ἂν βουληθῆτε μεγαλο-
δωρεὰν ἀντὶ ταύτης ὑμῶν τῆς φιλοθέου προθέσεως
αἰτῆσαι. καὶ ἤδη μὲν τοῦτο ποιεῖν καὶ λαβεῖν 14
ἀξιώσατε· τεύξεσθε γὰρ αὐτῆς χωρίς τινος ὑπερ-
θέσεως· ἥτις παρασχεθεῖσα τῇ ὑμετέρᾳ πόλει εἰς
ἅπαντα τὸν αἰῶνα τῆς περὶ τοὺς ἀθανάτους θεοὺς
φιλοθέου εὐσεβείας παρέξει μαρτυρίαν, τοῦ δὲ
ὑμᾶς ἀξίων ἐπάθλων τετυχηκέναι παρὰ τῆς
ἡμετέρας φιλαγαθίας ταύτης ὑμῶν ἕνεκεν τῆς τοῦ
βίου προαιρέσεως υἱοῖς τε καὶ ἐκγόνοις ὑμετέροις
ἐπιδειχθήσεται.''

Ταῦτα δὴ καθ' ἡμῶν κατὰ πᾶσαν ἐπαρχίαν 15
ἀνεστηλίτευτο, πάσης ἐλπίδος, τὸ γοῦν ἐπ' ἀνθρώ-
ποις, ἀγαθῆς τὰ καθ' ἡμᾶς ἀποκλείοντα· ὡς κατ'
αὐτὸ δὴ τὸ θεῖον ἐκεῖνο λόγιον, εἰ δυνατόν, ἐπὶ

more, as if they were delivered from an unexpected hurricane or severe illness and were reaping life's sweet enjoyment for the future. But if they persist in their accursed folly, let them be separated and driven far away from your city and neighbourhood, even as you requested; that so, in accordance with your praiseworthy zeal in this respect, your city may be separated from all pollution and impiety, and, following its natural desire, may respond with due reverence to the worship of the immortal gods.

" And that you may know how pleasing this your request has been to us, and how fully disposed to benevolence our soul is, of its own accord apart from petitions and entreaties : we permit your Devotedness to ask whatsoever bounty you wish, in return for this your godly intent. And now let it be your resolve so to do and receive. For you will obtain your bounty without delay, the granting of which to your city will furnish a testimony for evermore of our godly piety towards the immortal gods, and a proof to your sons and descendants that you have met with the due meed of reward from our benevolence on account of these your principles of conduct."

This was emblazoned against us in every province, excluding every ray of hope from our condition, at least as far as human help is concerned ; so that, in accordance with the divine oracle itself, if possible

EUSEBIUS

τούτοις καὶ τοὺς ἐκλεκτοὺς αὐτοὺς σκανδαλίζεσθαι.
ἤδη γέ τοι σχεδὸν τῆς παρὰ τοῖς πλείστοις ἀπο- 16
ψυχούσης προσδοκίας, ἀθρόως, καθ᾽ ὁδὸν ἔτι τὴν
πορείαν ἔν τισιν χώραις διανυόντων τῶν τὴν προ-
κειμένην καθ᾽ ἡμῶν γραφὴν διακονουμένων, ὁ τῆς
ἰδίας ἐκκλησίας ὑπέρμαχος θεὸς μόνον οὐχὶ τὴν
τοῦ τυράννου καθ᾽ ἡμῶν ἐπιστομίζων μεγαλαυχίαν,
τὴν ὑπὲρ ἡμῶν οὐράνιον συμμαχίαν ἐπεδείκνυτο.

VIII. Οἱ μὲν οὖν ἐξ ἔθους ὄμβροι τε καὶ ὑετοὶ 1
χειμαδίου τῆς ὥρας ὑπαρχούσης τὴν ἐπὶ γῆς
ἀνεῖχον συνήθη φοράν, λιμὸς δ᾽ ἀδόκητος ἐπι-
σκήπτει καὶ λοιμὸς ἐπὶ τούτῳ καί τινος ἑτέρου
νοσήματος—ἕλκος δὲ ἦν φερωνύμως τοῦ πυρώδους
ἕνεκεν ἄνθραξ προσαγορευόμενον—ἐπιφορά, ὃ καὶ
καθ᾽ ὅλων μὲν ἕρπον τῶν σωμάτων σφαλεροὺς
ἐνεποίει τοῖς πεπονθόσι κινδύνους, οὐ μὴν ἀλλὰ
καὶ κατὰ τῶν ὀφθαλμῶν διαφερόντως ἐπὶ πλεῖστον
γινόμενον μυρίους ὅσους ἄνδρας ἅμα γυναιξὶν καὶ
παισὶν πηροὺς ἀπειργάζετο.

Τούτοις προσεπανίσταται τῷ τυράννῳ ὁ πρὸς 2
Ἀρμενίους πόλεμος, ἄνδρας ἐξ ἀρχαίου φίλους τε
καὶ συμμάχους Ῥωμαίων, οὓς καὶ αὐτοὺς Χρι-
στιανοὺς ὄντας καὶ τὴν εἰς τὸ θεῖον εὐσέβειαν διὰ
σπουδῆς ποιουμένους ὁ θεομισὴς εἰδώλοις θύειν
καὶ δαίμοσιν ἐπαναγκάσαι πεπειραμένος, ἐχθροὺς
ἀντὶ φίλων καὶ πολεμίους ἀντὶ συμμάχων κατ-
εστήσατο.

Ἀθρόως δὴ ταῦτα πάντα ὑφ᾽ ἕνα καὶ τὸν αὐτὸν 3
συρρεύσαντα καιρόν, τῆς τοῦ τυράννου θρασύτητος
τὴν κατὰ τοῦ θείου μεγαλαυχίαν διήλεγξεν, ὅτι

---

[1] Lit. "gagging."

[2] ἄνθραξ, like the English word "carbuncle," means a

350

even the elect themselves should be caused to stumble at these things. In truth, expectation was already almost failing in very many souls, when all at once, while those serving the writ set forth against us were on their way and had not yet finished their journey in some districts, the Champion of His own Church, even God, stopping,[1] as it were, the proud boasting of the tyrant against us, displayed His heavenly aid on our behalf.

VIII. The customary rains, indeed, and showers of the then prevailing winter season were withholding their usual downpour upon the earth, and we were visited with an unexpected famine, and on top of this a plague and an outbreak of another kind of disease. This latter was an ulcer, which on account of its fiery character was called an anthrax.[2] Spreading as it did over the entire body it used to endanger greatly its victims; but it was the eyes that it marked out for special attack, and so it was the means of blinding numbers of men as well as women and children.

In addition to this, the tyrant had the further trouble of the war against the Armenians, men who from ancient times had been friends and allies of the Romans; but as they were Christians and exceedingly earnest in their piety towards the Deity, this hater of God, by attempting to compel them to sacrifice to idols and demons, made of them foes instead of friends, and enemies instead of allies.

The fact that all these things came together all at once, at one and the same time, served to refute utterly the tyrant's insolent boasting against the Deity; for he used to affirm insolently that, on

precious stone of a dark red colour, and hence is also used of a malignant ulcer of similar appearance.

δὴ τῆς περὶ τὰ εἴδωλα αὐτοῦ σπουδῆς καὶ τῆς καθ'
ἡμῶν ἕνεκα πολιορκίας μὴ λιμὸν μηδὲ λοιμὸν μηδὲ
μὴν πόλεμον ἐπὶ τῶν αὐτοῦ συμβῆναι καιρῶν
ἐθρασύνετο. ταῦτα δ' οὖν ὁμοῦ καὶ κατὰ τὸ αὐτὸ
ἐπελθόντα, καὶ τῆς αὐτοῦ καταστροφῆς περιειλήφει
τὰ προοίμια. αὐτὸς μὲν οὖν περὶ τὸν πρὸς Ἀρ- 4
μενίους πόλεμον ἅμα τοῖς αὐτοῦ στρατοπέδοις
κατεπονεῖτο, τοὺς δὲ λοιποὺς τῶν τὰς ὑπ' αὐτὸν
πόλεις οἰκούντων δεινῶς ὁ λιμός τε ἅμα καὶ ὁ
λοιμὸς κατετρυχέτην, ὡς ἑνὸς μέτρου πυρῶν
δισχιλίας καὶ πεντακοσίας Ἀττικὰς ἀντικατ-
αλλάττεσθαι. μύριοι μὲν οὖν ἐτύγχανον οἱ κατὰ 5
πόλεις θνήσκοντες, πλείους δὲ τούτων οἱ κατ'
ἀγρούς τε καὶ κώμας, ὡς ἤδη καὶ τὰς πάλαι τῶν
ἀγροίκων πολυάνδρους ἀπογραφὰς μικροῦ δεῖν παν-
τελῆ παθεῖν ἐξάλειψιν, ἀθρόως σχεδὸν ἁπάντων
ἐνδείᾳ τροφῆς καὶ λοιμώδει νόσῳ διεφθαρμένων.
τινὲς μὲν οὖν τὰ ἑαυτῶν φίλτατα βραχυτάτης 6
τροφῆς τοῖς εὐπορωτέροις ἀπεμπολᾶν ἠξίουν,
ἄλλοι δὲ τὰς κτήσεις κατὰ βραχὺ διαπιπράσκοντες
εἰς ἐσχάτην ἐνδείας ἀπορίαν ἤλαυνον, ἤδη δέ τινες
σμικρὰ χόρτου διαμασώμενοι σπαράγματα καί
τινας ἀνέδην φθοροποιοὺς ἐσθίοντες πόας, τὴν τῶν
σωμάτων ἕξιν λυμαινόμενοι διώλλυντο. καὶ γυ- 7
ναίων δὲ τῶν κατὰ πόλεις εὐγενίδων τινὲς εἰς
ἀναίσχυντον ἀνάγκην πρὸς τῆς ἀπορίας ἐλαθεῖσαι,
μεταιτεῖν ἐπὶ τῶν ἀγορῶν προεληλύθεσαν, τῆς
πάλαι ἐλευθερίου τροφῆς ὑπόδειγμα διὰ τῆς περὶ
τὸ πρόσωπον αἰδοῦς καὶ τῆς ἀμφὶ τὴν περιβολὴν
κοσμιότητος ὑποφαίνουσαι. καὶ οἱ μὲν ἀπεσκλη- 8
κότες ὥσπερ εἴδωλα νεκρὰ ὧδε κἀκεῖσε ψυχορ-
ραγοῦντες ἐνσειόμενοί τε καὶ περιολισθαίνοντες ὑπ'

account of his zeal for the idols and his attack upon us, neither famine nor pestilence nor even war took place in his time. These things, then, coming upon him together and at the same time had constituted the prelude of his overthrow. He himself, therefore, was worn out along with his commanders in the Armenian war; while the rest of the inhabitants of the cities under his rule were so terribly wasted by both the famine and the pestilence, that two thousand five hundred Attic drachmas were given for a single measure of wheat. Countless was the number of those who were dying in the cities, and still larger of those in the country parts and villages, with the result that the registers, which formerly contained the names of a numerous rural population, were now all but entirely wiped out; for one might almost say that the entire population perished all at once through lack of food and through plague. Some, indeed, did not hesitate to barter their dearest possessions for the scantiest supply of food with those better provided; others sold off their goods little by little and were driven to the last extremity of want; and others again injured their bodily health, and died from chewing small wisps of hay and recklessly eating certain pernicious herbs. And as for the women, some well-born ladies in cities were driven by their want to shameless necessity, and went forth to beg in the market-places, displaying a proof of their noble upbringing in their shamefacedness and the decency of their apparel. And some, wasted away like ghosts of the departed, and at the last gasp, stumbled and tottered here and there from inability

ἀδυναμίας τοῦ στῆναι κατέπιπτον ἐν μέσαις τε
πλατείαις πρηνεῖς ἡπλωμένοι ὀρέξαι σφίσιν μικρὸν
τρύφος ἄρτου κατηντιβόλουν καὶ τὴν ψυχὴν πρὸς
ἐσχάταις ἔχοντες ἀναπνοαῖς πεινῆν ἐπεβόων, πρὸς
μόνην ταύτην τὴν ὀδυνηροτάτην φωνὴν εὐσθενεῖς
καθιστάμενοι· οἱ δὲ τὴν πληθὺν τῶν αἰτούντων 9
καταπληττόμενοι, ὅσοι τῶν εὐπορωτέρων ἐδόκουν
εἶναι, μετὰ τὸ μυρία παρασχεῖν εἰς ἀπηνῆ λοιπὸν
καὶ ἄτεγκτον ἐχώρουν διάθεσιν, τὰ αὐτὰ τοῖς αἰτοῦ-
σιν ὅσον οὔπω καὶ αὐτοὶ πείσεσθαι προσδοκῶντες,
ὥστ᾽ ἤδη κατὰ μέσας ἀγορὰς καὶ στενωποὺς
νεκρὰ καὶ γυμνὰ σώματα ἐφ᾽ ἡμέραις πλείοσιν
ἄταφα διερριμμένα θέαν τοῖς ὁρῶσιν οἰκτροτάτην
παρέχειν. ἤδη γέ τοι καὶ κυνῶν τινες ἐγίνοντο 10
βορά, δι᾽ ἣν μάλιστα αἰτίαν οἱ ζῶντες ἐπὶ τὴν
κυνοκτονίαν ἐτράποντο δέει τοῦ μὴ λυσσήσαντας
ἀνθρωποφαγίαν ἐργάσασθαι. οὐχ ἥκιστα δὲ καὶ 11
ὁ λοιμὸς πάντας οἴκους ἐπεβόσκετο, μάλιστα δ᾽
οὓς ὁ λιμὸς διὰ τὸ εὐπορεῖν τροφῶν οὐχ οἷός τε
ἦν ἐκτρῖψαι· οἱ γοῦν ἐν περιουσίαις, ἄρχοντες καὶ
ἡγεμόνες καὶ μυρίοι τῶν ἐν τέλει, ὥσπερ ἐπίτηδες
τῇ λοιμώδει νόσῳ πρὸς τοῦ λιμοῦ καταλελειμ-
μένοι, ὀξεῖαν καὶ ὠκυτάτην ὑπέμενον τελευτήν.
πάντα δ᾽ οὖν οἰμωγῶν ἦν ἀνάπλεα, κατὰ πάντας
τε στενωποὺς ἀγοράς τε καὶ πλατείας οὐδ᾽ ἦν
ἄλλο τι θεωρεῖν ἢ θρήνους μετὰ τῶν συνήθων
αὐτοῖς αὐλῶν τε καὶ κτύπων. τοῦτον δὴ τὸν 12
τρόπον δυσὶν ὅπλοις τοῖς προδεδηλωμένοις λοιμοῦ
τε ὁμοῦ καὶ λιμοῦ στρατεύσας, ὅλας ὁ θάνατος ἐν
ὀλίγῳ γενεὰς ἐνεμήθη, ὡς ὁρᾶν ἤδη δυεῖν καὶ

to stand, and fell down ; then, stretched out prone in the midst of the streets they would beg for a small morsel of bread to be handed them, and with the last breath in their body cry out that they were hungry, finding strength for this most anguished of cries alone. Others, such as were regarded as belonging to the wealthier classes, amazed at the multitude of beggars, after giving countless doles, henceforth adopted a hard and pitiless frame of mind, since they expected that before very long they would be suffering the same misery as the beggars ; so that in the midst of market-places and alleys dead and naked bodies lay scattered here and there unburied for many days, presenting a most piteous spectacle to those who saw them. Some actually became food even for dogs ; and chiefly for this reason those who were alive turned to killing dogs, for fear lest they might become mad and turn to devouring men. But worst of all, the pestilence also battened upon every house, especially those whom the famine could not completely destroy because they were well provided with food. Men, for example, in affluent circumstances, rulers and governors and numbers of officials, who had been left, as it were, of set purpose by the famine for the benefit of the plague, endured a sharp and very speedy death. So every place was full of lamentations ; in every alley and market-place and street there was nothing to be seen but funeral dirges, together with the flutes and noises [1] that accompany them. Thus waging war with the aforesaid two weapons, pestilence and famine, death devoured whole familes in a short time, so that one might actually see the bodies of two or three dead

---

[1] Or " beating (of breasts)."

EUSEBIUS

τριῶν σώματα νεκρῶν ὑπὸ μίαν ἐκφορὰν προ-
κομιζόμενα.

Τοιαῦτα τῆς Μαξιμίνου μεγαλαυχίας καὶ τῶν 13
κατὰ πόλεις καθ᾽ ἡμῶν ψηφισμάτων τὰ ἐπίχειρα
ἦν, ὅτε καὶ τῆς Χριστιανῶν περὶ πάντα σπουδῆς
τε καὶ εὐσεβείας πᾶσιν ἔθνεσιν διάδηλα κατέστη
τὰ τεκμήρια. μόνοι γοῦν ἐν τηλικαύτῃ κακῶν 14
περιστάσει τὸ συμπαθὲς καὶ φιλάνθρωπον ἔργοις
αὐτοῖς ἐπιδεικνύμενοι, διὰ πάσης ἡμέρας οἱ μὲν
τῇ τῶν θνησκόντων (μυριάδες δ᾽ ἦσαν οἷς οὔτις
ἦν ὁ ἐπιμελησόμενος) κηδείᾳ τε καὶ ταφῇ προσ-
εκαρτέρουν, οἱ δὲ τῶν ἀνὰ πᾶσαν τὴν πόλιν πρὸς
τοῦ λιμοῦ κατατρυχομένων τὴν πληθὺν ὑπὸ μίαν
σύναξιν ἀθροίζοντες ἄρτους διένεμον τοῖς πᾶσιν,
ὡς περιβόητον εἰς πάντας ἀνθρώπους καταστῆναι
τὸ πρᾶγμα θεόν τε τῶν Χριστιανῶν δοξάζειν
εὐσεβεῖς τε καὶ μόνους θεοσεβεῖς τούτους ἀληθῶς
πρὸς αὐτῶν ἐλεγχθέντας τῶν πραγμάτων ὁμο-
λογεῖν.

Ἐφ᾽ οἷς τοῦτον ἐπιτελουμένοις τὸν τρόπον ὁ 15
μέγας καὶ οὐράνιος Χριστιανῶν ὑπέρμαχος θεὸς
τὴν κατὰ πάντων ἀνθρώπων διὰ τῶν δεδηλωμένων
ἐπιδειξάμενος ἀπειλὴν καὶ ἀγανάκτησιν ἀνθ᾽ ὧν
εἰς ἡμᾶς ὑπερβαλλόντως ἐνεδείξαντο, τὴν εὐμενῆ
καὶ φαιδρὰν τῆς αὐτοῦ περὶ ἡμᾶς προνοίας αὖθις
ἡμῖν αὐγὴν ἀπεδίδου, ὡς ἐν βαθεῖ σκότῳ παρα-
δοξότατα φῶς ἡμῖν ἐξ αὐτοῦ καταλάμπων εἰρήνης
ἐκφανές τε τοῖς πᾶσιν καθιστὰς θεὸν αὐτὸν τῶν
καθ᾽ ἡμᾶς ἐπίσκοπον διὰ παντὸς γεγονέναι πραγ-
μάτων, μαστίζοντα μὲν καὶ διὰ τῶν περιστάσεων
κατὰ καιρὸν ἐπιστρέφοντα τὸν αὐτοῦ λαὸν πάλιν
τ᾽ αὖ μετὰ τὴν αὐτάρκη παιδείαν ἵλεω καὶ εὐμενῆ
356

persons carried out for burial in a single funeral train.

Such were the wages received for the proud boasting of Maximin and for the petitions presented by the cities against us; while the proofs of the Christians' zeal and piety in every respect were manifest to all the heathen. For example, they alone in such an evil state of affairs gave practical evidence of their sympathy and humanity: all day long some of them would diligently persevere in performing the last offices for the dying and burying them (for there were countless numbers, and no one to look after them); while others would gather together in a single assemblage the multitude of those who all throughout the city were wasted with the famine, and distribute bread to them all, so that their action was on all men's lips, and they glorified the God of the Christians, and, convinced by the deeds themselves, acknowledged that they alone were truly pious and God-fearing.

After these things were thus accomplished, God, the great and heavenly Champion of the Christians, when He had displayed His threatening and wrath against all men by the aforesaid means, in return for their exceeding great attacks against us, once again restored to us the bright and kindly radiance of His providential care for us. Most marvellously, as in a thick darkness, He caused the light of peace to shine upon us from Himself, and made it manifest to all that God Himself had been watching over our affairs continually, at times scourging and in due season correcting His people by means of misfortunes, and again on the other hand after sufficient chastise-

τοῖς εἰς αὐτὸν τὰς ἐλπίδας ἔχουσιν ἀναφαινό-
μενον.

IX. Οὕτω δῆτα Κωνσταντίνου, ὃν βασιλέα ἐκ 1
βασιλέως εὐσεβῆ τε ἐξ εὐσεβεστάτου καὶ πάντα
σωφρονεστάτου γεγονέναι προειρήκαμεν, Λικιννίου
τε τοῦ μετ' αὐτόν, συνέσει καὶ εὐσεβείᾳ τετι-
μημένων, πρὸς τοῦ παμβασιλέως θεοῦ τε τῶν
ὅλων καὶ σωτῆρος κατὰ τῶν δυσσεβεστάτων
τυράννων ἀνεγηγερμένου πολέμου τε νόμῳ παρα-
ταξαμένου, θεοῦ συμμαχοῦντος σωτῆρος δύο θεο-
φιλῶν κατὰ τῶν δύο δυσσεβεστάτων τυράννων
ἀνεγηγερμένων πολέμου τε νόμῳ παραταξαμένων,
θεοῦ συμμαχοῦντος αὐτοῖς παραδοξότατα, πίπτει
μὲν ἐπὶ Ῥώμης ὑπὸ Κωνσταντῖνον Μαξέντιος,
ὁ δ' ἐπ' ἀνατολῆς οὐ πολὺν ἐπιζήσας ἐκείνῳ χρόνον,
αἰσχίστῳ καὶ αὐτὸς ὑπὸ Λικίννιον οὔπω μανέντα
τότε καταστρέφει θανάτῳ.

Πρότερός γε μὴν ὁ καὶ τιμῇ καὶ τάξει τῆς 2
βασιλείας πρῶτος Κωνσταντῖνος τῶν ἐπὶ Ῥώμης
κατατυραννουμένων φειδὼ λαβών, θεὸν τὸν οὐρά-
νιον τόν τε τούτου λόγον, αὐτὸν δὴ τὸν πάντων
σωτῆρα Ἰησοῦν Χριστόν, σύμμαχον δι' εὐχῶν
ἐπικαλεσάμενος, πρόεισιν πανστρατιᾷ, Ῥωμαίοις
τὰ τῆς ἐκ προγόνων ἐλευθερίας προμνώμενος.
Μαξεντίου δῆτα μᾶλλον ταῖς κατὰ γοητείαν 3
μηχαναῖς ἢ τῇ τῶν ὑπηκόων ἐπιθαρσοῦντος εὐνοίᾳ,
προελθεῖν γε μὴν οὐδ' ὅσον πυλῶν τοῦ ἄστεος
ἐπιτολμῶντος, ὁπλιτῶν δ' ἀνηρίθμῳ πλήθει καὶ
στρατοπέδων λόχοις μυρίοις πάντα τόπον καὶ
χώραν καὶ πόλιν, ὅση τις ἐν κύκλῳ τῆς Ῥωμαίων

---

[1] viii. 13. 12 f.
[2] This is a translation of the text given in ATER.   The

ment showing mercy and goodwill to those who fix their hopes on Him.

IX. Thus in truth Constantine, who, as aforesaid,[1] was Emperor and sprung from an Emperor, pious and sprung from a most pious and in every respect most prudent father, and Licinius, who ranked next to him—both honoured for their understanding and piety—were stirred up by the King of kings, God of the universe and Saviour, two men beloved of God, against the two most impious tyrants; and when war was formally engaged, God proved their ally[2] in the most wonderful manner, and Maxentius fell at Rome at the hands of Constantine; while he[3] of the East did not long survive him, for he too perished by a most disgraceful death at the hands of Licinius, [4]who had not yet become mad.[4]

But to resume. Constantine, the superior of the Emperors in rank and dignity, was the first to take pity on those subjected to tyranny at Rome; and, calling in prayer upon God who is in heaven, and His Word, even Jesus Christ the Saviour of all, as his ally, he advanced in full force, seeking to secure for the Romans their ancestral liberty. Maxentius, to be sure, put his trust rather in devices of magic than in the goodwill of his subjects, and in truth did not dare to advance even beyond the city's gates, but with an innumerable multitude of heavy-armed soldiers and countless bodies of legionaries secured every place and district and city that had been reduced to slavery by him in the environs of Rome and in all

shorter text of Eusebius (BDMΣ) runs as follows: " Thus in truth Constantine . . . most prudent father, was stirred up by the . . . Saviour, against those most impious tyrants . . . God proved his ally. . . ."

[3] Maximin.   [4] This clause is a later addition.

καὶ Ἰταλίας ἁπάσης ὑπ' αὐτῷ δεδούλωτο, φραξα-
μένου, ὁ τῆς ἐκ θεοῦ συμμαχίας ἀνημμένος βασιλεὺς
ἐπιὼν πρώτῃ καὶ δευτέρᾳ καὶ τρίτῃ τοῦ τυράννου
παρατάξει εὖ μάλα τε πάσας ἑλών, πρόεισιν ἐπὶ
πλεῖστον ὅσον τῆς Ἰταλίας ἤδη τε αὐτῆς Ῥώμης
ἄγχιστα ἦν· εἶθ' ὡς μὴ τοῦ τυράννου χάριν Ῥω- 4
μαίοις πολεμεῖν ἀναγκάζοιτο, θεὸς αὐτὸς δεσμοῖς
τισιν ὥσπερ τὸν τύραννον πορρωτάτω πυλῶν
ἐξέλκει καὶ τὰ πάλαι δὴ κατὰ ἀσεβῶν ὡς ἐν
μύθου λόγῳ παρὰ τοῖς πλείστοις ἀπιστούμενα,
πιστά γε μὴν πιστοῖς ἐν ἱεραῖς βίβλοις ἐστηλι-
τευμένα, αὐτῇ ἐναργείᾳ πᾶσιν ἁπλῶς εἰπεῖν,
πιστοῖς καὶ ἀπίστοις, ὀφθαλμοῖς τὰ παράδοξα
παρειληφόσιν, ἐπιστώσατο. ὥσπερ γοῦν ἐπ' αὐτοῦ 5
Μωυσέως καὶ τοῦ πάλαι θεοσεβοῦς Ἑβραίων

Ex. 15, 4. 5 γένους " ἅρματα Φαραὼ καὶ τὴν δύναμιν αὐτοῦ
ἔρριψεν εἰς θάλασσαν, ἐπιλέκτους ἀναβάτας τρι-
στάτας· κατεπόθησαν ἐν θαλάσσῃ ἐρυθρᾷ, πόντος
ἐκάλυψεν αὐτούς," κατὰ τὰ αὐτὰ δὴ καὶ Μαξέντιος
οἵ τε ἀμφ' αὐτὸν ὁπλῖται καὶ δορυφόροι " ἔδυσαν εἰς
βυθὸν ὡς εἰ λίθος," ὁπηνίκα νῶτα δοὺς τῇ ἐκ θεοῦ
μετὰ Κωνσταντίνου δυνάμει, τὸν πρὸ τῆς πορείας
διῄει ποταμόν, ὃν αὐτὸς σκάφεσιν ζεύξας καὶ εὖ
μάλα γεφυρώσας μηχανὴν ὀλέθρου καθ' ἑαυτοῦ
Ps. 7, 15. 16 συνεστήσατο· ἐφ' ᾧ ἦν εἰπεῖν " λάκκον ὤρυξεν καὶ 6
ἀνέσκαψεν αὐτόν, καὶ ἐμπεσεῖται εἰς βόθρον ὃν
εἰργάσατο. ἐπιστρέψει ὁ πόνος αὐτοῦ εἰς κεφαλὴν
αὐτοῦ, καὶ ἐπὶ κορυφὴν αὐτοῦ ἡ ἀδικία αὐτοῦ
καταβήσεται."

Ταύτῃ δῆτα τοῦ ἐπὶ τοῦ ποταμοῦ ζεύγματος 7
διαλυθέντος, ὑφιζάνει μὲν ἡ διάβασις, χωρεῖ δ'
ἀθρόως αὔτανδρα κατὰ τοῦ βυθοῦ τὰ σκάφη, καὶ

Italy. The Emperor, closely relying on the help that comes from God, attacked the first, second and third of the tyrant's armies, and capturing them all with ease advanced over a large part of Italy, actually coming very near to Rome itself. Then, that he might not be compelled because of the tyrant to fight against Romans, God Himself as if with chains dragged the tyrant far away from the gates ; and those things which were inscribed long ago in the sacred books against wicked men—to which as a myth very many gave no faith, yet were they worthy of faith to the faithful—now by their very clearness found faith, in a word, with all, faithful and faithless, who had the miracle before their eyes. As, for example, in the days of Moses himself and the ancient and godly race of the Hebrews, " Pharaoh's chariots and his host hath he cast into the sea, his chosen horsemen, even captains, they were sunk in the Red Sea, the deep covered them " ; in the same way also Maxentius and the armed soldiers and guards around him " went down into the depths like a stone," when he turned his back before the God-sent power that was with Constantine, and was crossing the river that lay in his path, which he himself had bridged right well by joining of boats, and so formed into an engine of destruction against himself. Wherefore one might say : " He hath made a pit, and digged it, and shall fall into the ditch which he made. His work shall return upon his own head, and his wickedness shall come down upon his own pate."

Thus verily, through the breaking of the bridge over the river, the passage across collapsed, and down went the boats all at once, men and all, into the deep ;

αὐτός γε πρῶτος ὁ δυσσεβέστατος, εἶτα δὲ καὶ οἱ
ἀμφ' αὐτὸν ὑπασπισταί, ᾗ τὰ θεῖα προαναφωνεῖ
λόγια, ἔδυσαν ὡς εἰ μόλιβδος ἐν ὕδατι σφοδρῷ·
ὥστε εἰκότως εἰ μὴ λόγοις ἔργοις δ' οὖν ὁμοίως 8
τοῖς ἀμφὶ τὸν μέγαν θεράποντα Μωυσέα τοὺς παρὰ
θεοῦ τὴν νίκην ἀραμένους αὐτὰ δὴ τὰ κατὰ τοῦ
πάλαι δυσσεβοῦς τυράννου ὧδέ πως ἂν ὑμνεῖν καὶ
λέγειν " ᾄσωμεν τῷ κυρίῳ, ἐνδόξως γὰρ δεδόξασται.
ἵππον καὶ ἀναβάτην ἔρριψεν εἰς θάλασσαν· βοηθὸς
καὶ σκεπαστής μου κύριος, ἐγένετό μοι εἰς σω-
τηρίαν " καὶ " τίς ὅμοιός σοι ἐν θεοῖς, κύριε, τίς
ὅμοιός σοι; δεδοξασμένος ἐν ἁγίοις, θαυμαστὸς
ἐν δόξαις, ποιῶν τέρατα."

Ταῦτα καὶ ὅσα τούτοις ἀδελφά τε καὶ ἐμφερῆ 9
Κωνσταντῖνος τῷ πανηγεμόνι καὶ τῆς νίκης αἰτίῳ
θεῷ αὐτοῖς ἔργοις ἀνυμνήσας, ἐπὶ Ῥώμης μετ'
ἐπινικίων εἰσήλαυνεν, πάντων ἀθρόως αὐτὸν ἅμα
κομιδῇ νηπίοις καὶ γυναιξὶν τῶν τε ἀπὸ τῆς
συγκλήτου βουλῆς καὶ τῶν ἄλλως διασημοτάτων
σὺν παντὶ δήμῳ Ῥωμαίων φαιδροῖς ὄμμασιν αὐταῖς
ψυχαῖς οἷα λυτρωτὴν σωτῆρά τε καὶ εὐεργέτην
μετ' εὐφημιῶν καὶ ἀπλήστου χαρᾶς ὑποδεχομένων·
ὁ δ' ὥσπερ ἔμφυτον τὴν εἰς θεὸν εὐσέβειαν κεκτη- 10
μένος, μηδ' ὅλως ἐπὶ ταῖς βοαῖς ὑποσαλευόμενος
μηδ' ἐπαιρόμενος τοῖς ἐπαίνοις, εὖ μάλα τῆς ἐκ
θεοῦ συνῃσθημένος βοηθείας, αὐτίκα τοῦ σωτηρίου
τρόπαιον πάθους ὑπὸ χεῖρα ἰδίας εἰκόνος ἀνατεθῆναι
προστάττει, καὶ δὴ τὸ σωτήριον σημεῖον ἐπὶ τῇ
δεξιᾷ κατέχοντα αὐτὸν ἐν τῷ μάλιστα τῶν ἐπὶ
Ῥώμης δεδημοσιευμένῳ τόπῳ στήσαντας αὐτὴν
δὴ ταύτην προγραφὴν ἐντάξαι ῥήμασιν αὐτοῖς τῇ
Ῥωμαίων ἐγκελεύεται φωνῇ· " τούτῳ τῷ σω- 11

Ex. 15, 10

Ex. 14, 31

Ex. 15, 1. 2.
11

and first of all he himself, that most wicked of men, and then also the shield-bearers around him, as the divine oracles foretell, sank as lead in the mighty waters. So that suitably, if not in words, at least in deeds, like the followers of the great servant Moses, those who had won the victory by the help of God might in some sort hymn the very same words which were uttered against the wicked tyrant of old, and say : " Let us sing unto the Lord, for gloriously hath he been glorified : the horse and his rider hath he thrown into the sea. The Lord is my strength and protector, he is become my salvation " ; and " Who is like unto thee, O Lord, among the gods ? who is like thee, glorified in saints, marvellous in praises, doing wonders ? " These things, and such as are akin and similar to them, Constantine by his very deeds sang to God the Ruler of all and Author of the victory ; then he entered Rome with hymns of triumph, and all the senators and other persons of great note, together with women and quite young children and all the Roman people, received him in a body with beaming countenances to their very heart as a ransomer, saviour and benefactor, with praises and insatiable joy. But he, as one possessed of natural piety towards God, was by no means stirred by their shouts nor uplifted by their praises, for well he knew that his help was from God ; and straightway he gave orders that a memorial of the Saviour's Passion should be set up in the hand of his own statue ; and indeed when they set him in the most public place in Rome holding the Saviour's sign in his right hand, he bade them engrave this very inscription in these words in the Latin tongue : " By this salutary sign,

EUSEBIUS

τηριώδει σημείῳ, τῷ ἀληθεῖ ἐλέγχῳ τῆς ἀνδρείας
τὴν πόλιν ὑμῶν ἀπὸ ζυγοῦ τοῦ τυράννου δια-
σωθεῖσαν ἠλευθέρωσα, ἔτι μὴν καὶ τὴν σύγκλητον
καὶ τὸν δῆμον Ῥωμαίων τῇ ἀρχαίᾳ ἐπιφανείᾳ καὶ
λαμπρότητι ἐλευθερώσας ἀποκατέστησα."

Καὶ δὴ ἐπὶ τούτοις αὐτός τε Κωνσταντῖνος καὶ 12
σὺν αὐτῷ βασιλεὺς Λικίννιος, οὔπω τότε ἐφ' ἣν
ὕστερον ἐκπέπτωκεν μανίαν τὴν διάνοιαν ἐκτραπείς,
θεὸν τὸν τῶν ἀγαθῶν ἁπάντων αὐτοῖς αἴτιον
εὐμενίσαντες, ἄμφω μιᾷ βουλῇ καὶ γνώμῃ νόμον
ὑπὲρ Χριστιανῶν τελεώτατον πληρέστατα δια-
τυποῦνται, καὶ τῶν πεπραγμένων εἰς αὐτοὺς ἐκ
θεοῦ τὰ παράδοξα τά τε τῆς κατὰ τοῦ τυράννου
νίκης καὶ τὸν νόμον αὐτὸν Μαξιμίνῳ, τῶν ἐπ'
ἀνατολῆς ἐθνῶν ἔτι δυναστεύοντι φιλίαν τε πρὸς
αὐτοὺς ὑποκοριζομένῳ, διαπέμπονται. ὃ δ' οἷα 13
τύραννος περιαλγὴς ἐφ' οἷς ἔγνω, γεγενημένος,
εἶτα μὴ δοκεῖν ἑτέροις εἶξαι βουλόμενος μηδ' αὖ
παρεκθέσθαι τὸ κελευσθὲν δέει τῶν προστεταχότων
ὡς ἂν ἐξ ἰδίας αὐθεντίας τοῖς ὑπ' αὐτὸν ἡγεμόσιν
τοῦτο πρῶτον ὑπὲρ Χριστιανῶν ἐπάναγκες δια-
χαράττει τὸ γράμμα, τὰ μηδέπω ποτὲ πρὸς αὐτοῦ
πεπραγμένα ἐπιπλάστως αὐτὸς καθ' ἑαυτοῦ ψευδό-
μενος.

ΑΝΤΙΓΡΑΦΟΝ ΕΡΜΗΝΕΙΑΣ ΕΠΙΣΤΟΛΗΣ ΤΟΥ
ΤΥΡΑΝΝΟΥ

IXΑ. "Ἰόβιος Μαξιμῖνος Σεβαστὸς Σαβίνῳ. 1
καὶ παρὰ τῇ σῇ στιβαρότητι καὶ παρὰ πᾶσιν
ἀνθρώποις φανερὸν εἶναι πέποιθα τοὺς δεσπότας
ἡμῶν Διοκλητιανὸν καὶ Μαξιμιανόν, τοὺς ἡμε-
τέρους πατέρας, ἡνίκα συνεῖδον σχεδὸν ἅπαντας
364

the true proof of bravery, I saved and delivered your city from the yoke of the tyrant; and moreover I freed and restored to their ancient fame and splendour both the senate and the people of the Romans."

And after this Constantine himself, and with him the emperor Licinius, [1]whose mind was not yet deranged by the madness into which he afterwards fell,[1] having propitiated God as the Author of all their good fortune, both with one will and purpose drew up a most perfect law [2] in the fullest terms on behalf of the Christians [3]; and to Maximin, who was still ruler of the provinces of the East and playing at being their friend, they sent on an account of the marvellous things that God had done for them, as well as of their victory over the tyrant, and the law itself. And he, tyrant that he was, was greatly troubled at the intelligence; but, not wishing to seem to yield to others, nor yet to suppress the command through fear of those who had enjoined it, as if of his own motion he penned perforce this first letter on behalf of the Christians to the governors under him; in which he belies himself, and feigns that he had done things he never had.

Copy of a Translation of the Epistle of the Tyrant

" Jovius Maximinus Augustus to Sabinus. I am persuaded that it is manifest both to thy Firmness and to all men that our masters Diocletian and Maximian, our fathers, when they perceived that

---

[1] This clause is a later addition.
[2] The so-called Edict of Milan: see x. 5. 1-14.
[3] January 313.

ἀνθρώπους καταλειφθείσης τῆς τῶν θεῶν θρη-
σκείας τῷ ἔθνει τῶν Χριστιανῶν ἑαυτοὺς συμ-
μεμιχότας, ὀρθῶς διατετάχεναι πάντας ἀνθρώπους
τοὺς ἀπὸ τῆς τῶν αὐτῶν θεῶν τῶν ἀθανάτων
θρησκείας ἀναχωρήσαντας προδήλῳ κολάσει καὶ
τιμωρίᾳ εἰς τὴν θρησκείαν τῶν θεῶν ἀνακληθῆναι.
ἀλλ' ὅτε ἐγὼ εὐτυχῶς τὸ πρῶτον εἰς τὴν ἀνατολὴν 2
παρεγενόμην καὶ ἔγνων εἴς τινας τόπους πλείστους
τῶν ἀνθρώπων τὰ δημόσια ὠφελεῖν δυναμένους
ὑπὸ τῶν δικαστῶν διὰ τὴν προειρημένην αἰτίαν
ἐξορίζεσθαι, ἑκάστῳ τῶν δικαστῶν ἐντολὰς δέδωκα
ὥστε μηδένα τούτων τοῦ λοιποῦ προσφέρεσθαι τοῖς
ἐπαρχιώταις ἀπηνῶς, ἀλλὰ μᾶλλον κολακείᾳ καὶ
προτροπαῖς πρὸς τὴν τῶν θεῶν θρησκείαν αὐτοὺς
ἀνακαλεῖν. τηνικαῦτα οὖν, ὅτε ἀκολούθως τῇ κε- 3
λεύσει τῇ ἐμῇ ὑπὸ τῶν δικαστῶν ἐφυλάττετο τὰ
προστεταγμένα, συνέβαινεν μηδένα ἐκ τῶν τῆς
ἀνατολῆς μερῶν μήτε ἐξόριστον μήτε ἐνύβριστον
γίνεσθαι, ἀλλὰ μᾶλλον ἐκ τοῦ μὴ βαρέως κατ'
αὐτῶν τι γίνεσθαι εἰς τὴν τῶν θεῶν θρησκείαν
ἀνακεκλῆσθαι· μετὰ δὲ ταῦτα, ὅτε τῷ παρελθόντι 4
ἐνιαυτῷ εὐτυχῶς ἐπέβην εἰς τὴν Νικομήδειαν
κἀκεῖ διετέλουν, παρεγένοντο πολῖται τῆς αὐτῆς
πόλεως πρός με ἅμα μετὰ τῶν ξοάνων τῶν θεῶν
μειζόνως δεόμενοι ἵνα παντὶ τρόπῳ τὸ τοιοῦτον
ἔθνος μηδαμῶς ἐπιτρέποιτο ἐν τῇ αὐτῶν πατρίδι
οἰκεῖν. ἀλλ' ὅτε ἔγνων πλείστους τῆς αὐτῆς 5
θρησκείας ἄνδρας ἐν αὐτοῖς τοῖς μέρεσιν οἰκεῖν,
οὕτως αὐτοῖς τὰς ἀποκρίσεις ἀπένεμον ὅτι τῇ μὲν
αἰτήσει αὐτῶν ἀσμένως χάριν ἔσχηκα, ἀλλ' οὐ
παρὰ πάντων τοῦτο αἰτηθὲν κατεῖδον· εἰ μὲν οὖν
τινες εἶεν τῇ αὐτῇ δεισιδαιμονίᾳ διαμένοντες,
366

almost all men had abandoned the worship of the gods and associated themselves with the nation of the Christians, rightly gave orders that all men who deserted the worship of their gods, the immortal gods, should be recalled to the worship of the gods by open correction and punishment. But when under happy auspices I came for the first time to the East, and learnt that in certain places very many persons who were able to serve the public good were being banished by the judges for the aforesaid reason, I gave orders to each of the judges that none of them in future was to deal harshly with the provincials, but rather by persuasive words and exhortations to recall them to the worship of the gods. It came to pass at that time, therefore, when in accordance with my injunction the judges observed what was commanded, that no one in the eastern provinces was either banished or suffered insult, but rather was recalled to the worship of the gods, because no severe measures were employed against them. But afterwards, when last year under happy auspices I had gone to Nicomedia and was staying there, there came to me citizens of the same city with images of the gods, earnestly requesting that on no account should such a nation be permitted to dwell in their city. But when I learnt that very many of the same religion dwelt in those very parts, I thus made them reply : That I was gratified, and thanked them for their request, but I perceived that this request did not come from all. If, then, there were some that persevered in the same superstition, let each one

EUSEBIUS

οὕτως ἕνα ἕκαστον ἐν τῇ ἰδίᾳ προαιρέσει τὴν
βούλησιν ἔχειν καὶ εἰ βούλοιντο, τὴν τῶν θεῶν
θρησκείαν ἐπιγινώσκειν. ὅμως καὶ τοῖς τῆς αὐτῆς 6
πόλεως Νικομηδεῦσιν καὶ ταῖς λοιπαῖς πόλεσιν,
αἳ καὶ αὐταὶ εἰς τοσοῦτον τὴν ὁμοίαν αἴτησιν
περισπουδάστως πρός με πεποιήκασιν, δηλονότι
ἵνα μηδεὶς τῶν Χριστιανῶν ταῖς πόλεσιν ἐνοικοίη,
ἀνάγκην ἔσχον προσφιλῶς ἀποκρίνασθαι, ὅτι δὴ
αὐτὸ τοῦτο καὶ οἱ ἀρχαῖοι αὐτοκράτορες πάντες
διεφύλαξαν καὶ αὐτοῖς τοῖς θεοῖς, δι’ οὓς πάντες
ἄνθρωποι καὶ αὐτὴ ἡ τῶν δημοσίων διοίκησις
συνίσταται, ἤρεσεν [οὖν] ὥστε τὴν τοσαύτην
αἴτησιν, ἣν ὑπὲρ τῆς θρησκείας τοῦ θείου αὐτῶν
ἀναφέρουσιν, βεβαιώσαιμι.

“Τοιγαροῦν εἰ καὶ τὰ μάλιστα καὶ τῇ σῇ 7
καθοσιώσει πρὸ τούτου τοῦ χρόνου διὰ γραμ-
μάτων ἐπέσταλται καὶ δι’ ἐντολῶν ὁμοίως κεκέ-
λευσται ἵνα μὴ κατὰ τῶν ἐπαρχιωτῶν τὸ τοιοῦτον
ἔθος διαφυλάξαι ἐπιμεληθέντων μηδὲν τραχέως,
ἀλλὰ ἀνεξικάκως καὶ συμμέτρως συμπεριφέροιντο
αὐτοῖς, ὅμως ἵνα μήτε ὑπὸ τῶν βενεφικιαρίων
μήτε ὑπ’ ἄλλων τῶν τυχόντων ὕβρεις μήτε
σεισμοὺς ὑπομένοιεν, ἀκόλουθον ἐνόμισα καὶ τού-
τοις τοῖς γράμμασιν τὴν σὴν στιβαρότητα ὑπο-
μνῆσαι ὅπως ταῖς κολακείαις καὶ ταῖς προτροπαῖς
μᾶλλον τὴν τῶν θεῶν ἐπιμέλειαν τοὺς ἡμετέρους
ἐπαρχιώτας ποιήσειας ἐπιγινώσκειν· ὅθεν εἴ τις 8
τῇ αὐτοῦ προαιρέσει τὴν θρησκείαν τῶν θεῶν
ἐπιγνωστέον προσλάβοι, τούτους ὑποδέχεσθαι προσ-
ήκει· εἰ δέ τινες τῇ ἰδίᾳ θρησκείᾳ ἀκολουθεῖν
βούλοιντο, ἐν τῇ αὐτῶν ἐξουσίᾳ καταλείποις.

keep thus his resolve according as he personally wished ; and if they so desired it, let them acknowledge the worship of the gods. Nevertheless to these same Nicomedians and the rest of the cities, who themselves have so very earnestly addressed me a similar request, namely, that no Christian should inhabit their cities, I was compelled to reply in a friendly manner, because the Emperors of old time had carefully observed this very thing, and it was pleasing to the gods themselves, by whom [1] all men and the government itself of the state subsist, that [2] I should confirm such a request as they were making on behalf of the worship of their Deity.

" Therefore, although special letters have been written to thy Devotedness before this time, and likewise it has been laid down by ordinances that no harsh measures should be adopted against provincials who have a mind to persevere in such a custom, but that men should deal with them in a long-suffering and adaptable spirit : nevertheless that they may not suffer insults or extortions at the hands of the *beneficiarii* [3] or any others whatsoever, I think it right by this letter also to put thy Firmness in mind that thou shouldest cause our provincials to recognize the attention they owe to the gods rather by persuasive words and exhortations. Wherefore if any should make it his resolve that the worship of the gods should be recognized, it is fitting to welcome such persons ; but if some desire to follow their own worship, thou shouldest leave it in their own power.

---

[1] δι' οὕς : probably representing *per quos* in the original.
[2] Omitting οὖν, as suggested by Schwartz.
[3] This title was given to military officers of a high rank. In this passage it seems to mean officers in the entourage of a provincial governor.

διόπερ ἡ σὴ καθοσίωσις τὸ ἐπιτραπέν σοι διαφυλάτ- 9
τειν ὀφείλει, καὶ μηδενὶ ἐξουσία δοθῇ ὥστε τοὺς
ἡμετέρους ἐπαρχιώτας ὕβρεσι καὶ σεισμοῖς ἐπι-
τρῖψαι, ὁπότε, ὥσπερ προγέγραπται, ταῖς προ-
τροπαῖς μᾶλλον καὶ ταῖς κολακείαις πρὸς τὴν τῶν
θεῶν θρησκείαν τοὺς ἡμετέρους ἐπαρχιώτας προσ-
ήκει ἀνακαλεῖν. ἵνα δὲ αὕτη ἡμῶν ἡ κέλευσις
εἰς γνῶσιν πάντων τῶν ἐπαρχιωτῶν τῶν ἡμετέρων
ἔλθῃ, διατάγματι ὑπὸ σοῦ προτεθέντι τὸ κεκελευ-
σμένον ὀφείλεις δηλῶσαι.''

Ταῦθ' ὑπὸ τῆς ἀνάγκης ἐκβεβιασμένος, ἀλλ' οὐ 10
κατὰ γνώμην τὴν αὐτοῦ διακελευσάμενος, οὐκέτ'·
ἀληθὴς οὐδ' ἀξιόπιστος παρὰ τοῖς πᾶσιν ἦν τῆς
πρόσθεν ἤδη μετὰ τὴν ὁμοίαν συγχώρησιν παλιμ-
βόλου καὶ διεψευσμένης αὐτοῦ γνώμης ἕνεκα.
οὔκουν ἐτόλμα τις τῶν ἡμετέρων σύνοδον συγ- 11
κροτεῖν οὐδ' ἑαυτὸν ἐν φανερῷ καταστήσασθαι,
ὅτι μηδὲ τοῦτ' ἤθελεν αὐτῷ τὸ γράμμα, αὐτὸ
μόνον τὸ ἀνεπηρέαστον ἡμῖν ἐπιτρέπον φυλάτ-
τεσθαι, οὐ μὴν συνόδους ἐπικελεῦον ποιεῖσθαι οὐδ'
οἴκους ἐκκλησιῶν οἰκοδομεῖν οὐδ' ἄλλο τι τῶν
ἡμῖν συνήθων διαπράττεσθαι. καίτοι γε ταῦθ' οἱ 12
τῆς εἰρήνης καὶ εὐσεβείας προήγοροι αὐτῷ τε
ἐπιτρέπειν ἐπεστάλκεσαν καὶ τοῖς ὑπ' αὐτοὺς
ἅπασιν διὰ προγραμμάτων καὶ νόμων συγκεχωρή-
κεσαν· οὐ μὴν ὁ δυσσεβέστατός γε ταύτῃ ἐνδοῦναι
προῄρητο, εἰ μὴ ὅτε πρὸς τῆς θείας συνελαθεὶς
δίκης ὕστατόν γε ἄκων ἐπὶ τοῦτ' ἤχθη.

X. Ἐκπεριῆλθεν δ' αὐτὸν τοιαύτη τις αἰτία. 1
τὸ μέγεθος τῆς οὐ κατ' ἀξίαν ἐπιτραπείσης
ἡγεμονίας αὐτῷ μὴ οἷός τε φέρειν, ἀλλὰ δι'
ἀπειρίαν σώφρονος καὶ βασιλικοῦ λογισμοῦ ἀπειρο-
370

For this reason it behoves thy Devotedness to observe carefully that which is commanded thee, and that authority be given to none to afflict our provincials with insults and extortions, since, as we wrote above, it is fitting to recall our provincials to the worship of the gods rather by exhortations and persuasive words. And that this our injunction may come to the knowledge of all our provincials, it behoves thee to make known that which has been enjoined in an ordinance put forth by thyself."

Since he issued these commands under the compulsion of necessity and not of his own free will, no one any longer regarded him as truthful or even trustworthy, because after a similar concession he had already on a former occasion showed himself to be changeable and false of disposition. None of our people therefore dared to convene an assembly or to present himself in public, because the letter did not allow him even this. This alone it laid down, that we should be kept from harsh treatment, but it gave no orders about holding meetings or erecting church-buildings or practising any of our customary acts. And yet the advocates of peace and piety, [Constantine and Licinius], had written to him to allow this, and had conceded it to all their subjects by means of edicts and laws. In truth, this monster of iniquity had resolved not to give in as regards this matter; until he was smitten by the divine Justice, and at the last against his will forced to do so.

X. The following were the circumstances that hemmed him in. He was unable to carry on the vast government with which he had been undeservedly entrusted; but, lacking a prudent and

κάλως τοῖς πράγμασιν ἐγχειρῶν ἐπὶ πᾶσίν τε
ὑπερηφανίας μεγαλαυχίᾳ τὴν ψυχὴν ἀλόγως ἀρθείς,
ἤδη καὶ κατὰ τῶν τῆς βασιλείας κοινωνῶν, τὰ
πάντα αὐτοῦ προφερόντων γένει καὶ τροφῇ καὶ
παιδείᾳ ἀξιώματί τε καὶ συνέσει καὶ τῷ γε πάν-
των κορυφαιοτάτῳ, σωφροσύνῃ καὶ τῇ περὶ τὸν
ἀληθῆ θεὸν εὐσεβείᾳ, τολμᾶν ὥρμητο θρασύνεσθαι
καὶ πρῶτον ἑαυτὸν ταῖς τιμαῖς ἀναγορεύειν.
ἐπιτείνας δ' εἰς ἀπόνοιαν τὰ τῆς μανίας, συνθήκας 2
ἃς πρὸς Λικίννιον πεποίητο, παρασπονδήσας,
πόλεμον ἄσπονδον αἴρεται· εἶτ' ἐν βραχεῖ τὰ
πάντα κυκήσας πᾶσάν τε πόλιν ἐκταράξας καὶ
πᾶν στρατόπεδον, μυριάδων τὸ πλῆθος ἀνηρίθμων,
συναγαγών, ἔξεισιν εἰς μάχην αὐτῷ παραταξά-
μενος, δαιμόνων ἐλπίσιν, ὧν δὴ ᾤετο θεῶν, καὶ
ταῖς τῶν ὁπλιτῶν μυριάσιν τὴν ψυχὴν ἐπηρμένος.

Καὶ δὴ συμβαλὼν εἰς χεῖρας, ἔρημος τῆς ἐκ 3
θεοῦ καθίσταται ἐπισκοπῆς, τῆς νίκης ἐξ αὐτοῦ
τοῦ πάντων ἑνὸς καὶ μόνου θεοῦ τῷ τότε κρατοῦντι
πρυτανευθείσης. ἀπόλλυσι δὴ πρῶτον τὸ ἐφ' ᾧ 4
πεποίθει ὁπλιτικόν, τῶν τε ἀμφ' αὐτὸν δορυφόρων
γυμνὸν καὶ πάντων ἔρημον αὐτὸν καταλελοιπότων
τῷ τε κρατοῦντι προσπεφευγότων, ὑπεκδὺς ὁ
δείλαιος ὡς τάχιστα τὸν οὐ πρέποντα αὐτῷ βασιλι-
κὸν κόσμον, δειλῶς καὶ δυσγενῶς καὶ ἀνάνδρως
ὑποδύνει τὸ πλῆθος κἄπειτα διαδιδράσκει κρυπ-
ταζόμενός τε ἀνὰ τοὺς ἀγροὺς καὶ τὰς κώμας μόλις
τῶν πολεμίων τὰς χεῖρας, τὰ τῆς σωτηρίας αὐτῷ
προμνώμενος, διέξεισιν, ἔργοις αὐτοῖς εὖ μάλα
πιστοὺς καὶ ἀληθεῖς τοὺς θείους ἀποφήνας χρη-
Ps. 88, 16-19 σμούς, ἐν οἷς εἴρηται " οὐ σῴζεται βασιλεὺς διὰ 5

---

[1] Licinius.   This clause is probably a later insertion.

imperial mind, he managed his affairs tactlessly; and, above all, his soul was uplifted in an absurd manner by an overweening arrogance, actually against his colleagues in the Empire, men who were in every way his superiors in birth and upbringing and education, in worth and intelligence, and—what is most important of all—in sobriety and piety towards the true God. So he began to venture to act with insolence, and publicly to style himself first in rank. Then he pushed his madness to the length of insanity, and, breaking the treaty he had made with Licinius, raised an internecine war. Next, in a short time he threw everything into confusion, greatly disturbed every city, and, gathering together all the army, an innumerable multitude of men, went forth to fight him in battle-array, his soul uplifted by the hopes he placed in demons, whom, forsooth, he regarded as gods, and in his myriads of armed soldiers.

But when he joined battle, he found himself bereft of divine Providence, for, by the direction of Him who is the one and only God of all, the victory was given to Licinius who was then ruling. First of all, the armed soldiers in whom he had trusted were destroyed; and when his bodyguard had left him defenceless and wholly deserted, and had gone over to him who was ruling,[1] the wretched man divested himself with all speed of the imperial insignia that ill became him, and in a cowardly, base and unmanly way quietly slipt into the crowd. Then he ran about here and there, hiding himself in the fields and villages; and for all his courting of safety he escaped with difficulty the hands of his enemies, his deeds themselves proclaiming how very trustworthy and true are the divine oracles, in which it has been said:

πολλὴν δύναμιν, καὶ γίγας οὐ σωθήσεται ἐν πλήθει ἰσχύος αὐτοῦ· ψευδὴς ἵππος εἰς σωτηρίαν, ἐν δὲ πλήθει δυνάμεως αὐτοῦ οὐ σωθήσεται. ἰδοὺ οἱ ὀφθαλμοὶ κυρίου ἐπὶ τοὺς φοβουμένους αὐτόν, τοὺς ἐλπίζοντας ἐπὶ τὸ ἔλεος αὐτοῦ, ῥύσασθαι ἐκ θανάτου τὰς ψυχὰς αὐτῶν.'' οὕτω δῆτα αἰσχύνης ἔμπλεως 6 ὁ τύραννος ἐπὶ τὰ καθ' ἑαυτὸν ἐλθὼν μέρη, πρῶτα μὲν ἐμμανεῖ θυμῷ πολλοὺς ἱερεῖς καὶ προφήτας τῶν πάλαι θαυμαζομένων αὐτῷ θεῶν, ὧν δὴ τοῖς χρησμοῖς ἀναρριπισθεὶς τὸν πόλεμον ἤρατο, ὡς ἂν γόητας καὶ ἀπατεῶνας καὶ ἐπὶ πᾶσιν προδότας τῆς αὐτοῦ γενομένους σωτηρίας ἀναιρεῖ· εἶτα δὲ δοὺς δόξαν τῷ Χριστιανῶν θεῷ νόμον τε τὸν ὑπὲρ ἐλευθερίας αὐτῶν τελεώτατα καὶ πληρέστατα διαταξάμενος, δυσθανατήσας αὐτίκα μηδεμιᾶς αὐτῷ χρόνου δοθείσης προθεσμίας τελευτᾷ τὸν βίον.

Ὁ δὲ καταπεμφθεὶς ὑπ' αὐτοῦ νόμος τοιοῦτος ἦν·

ΑΝΤΙΓΡΑΦΟΝ ΕΡΜΗΝΕΙΑΣ ΤΗΣ ΤΟΥ ΤΥΡΑΝΝΟΥ ΥΠΕΡ ΧΡΙΣΤΙΑΝΩΝ ΔΙΑΤΑΞΕΩΣ ΕΚ ΡΩΜΑΪΚΗΣ ΓΛΩΤΤΗΣ ΕΙΣ ΤΗΝ ΕΛΛΑΔΑ ΜΕΤΑΛΗΦΘΕΙΣΗΣ

'' Αὐτοκράτωρ Καῖσαρ Γάϊος Οὐαλέριος Μαξι- 7 μῖνος, Γερμανικός, Σαρματικός, εὐσεβὴς εὐτυχὴς ἀνίκητος Σεβαστός. κατὰ πάντα τρόπον ἡμᾶς διηνεκῶς τῶν ἐπαρχιωτῶν τῶν ἡμετέρων τοῦ χρησίμου προνοεῖσθαι καὶ ταῦτα αὐτοῖς βούλεσθαι παρέχειν, οἷς τὰ λυσιτελῆ πάντων μάλιστα κατορθοῦται καὶ ὅσα τῆς λυσιτελείας καὶ τῆς χρησιμότητός ἐστιν τῆς κοινῆς αὐτῶν καὶ ὁποῖα πρὸς τὴν δημοσίαν λυσιτέλειαν ἁρμόζει καὶ ταῖς ἑκάστων

" There is no king saved by much power, and a giant will not be saved by his great strength. A horse is a vain thing for safety, and will not be saved by his great power. Behold, the eyes of the Lord are upon them that fear him, upon them that hope in his mercy ; to deliver their souls from death." Thus, then, did the tyrant, filled with shame, come to his own territory. And first in his mad fury he put to death many priests and prophets of those gods who had formerly been his admiration, and whose oracles had incited him to begin the war, on the ground that they were charlatans and deceivers and, above all, betrayers of his safety. Next, he gave glory to the Christians' God, and drew up a law on behalf of their liberty in the most complete and fullest manner. Then straightway, no respite being granted him, he ended his life by a miserable death.

Now the law issued by him was as follows :

Copy of a Translation of the Ordinance of the Tyrant on behalf of the Christians, made from the Latin tongue into the Greek.

" The Emperor Caesar Gaius Valerius Maximinus Germanicus, Sarmaticus, Pius Felix Invictus Augustus. We believe that no one is ignorant, nay that every man who has recourse to the facts knows and is conscious that it is manifest, that in every way we take unceasing thought for the good of our provincials, and desire to grant them such things as are best calculated to secure the advantage of all, and

διανοίαις προσφιλῆ τυγχάνει, οὐδένα ἀγνοεῖν,
ἀλλ’ ἕκαστον ἀνατρέχειν ἐπ’ αὐτὸ τὸ γινόμενον
γινώσκειν τε ἕκαστον τῶν ἀνθρώπων καὶ ἔχειν ἐν
ἑαυτῷ δῆλον εἶναι πιστεύομεν. ὁπότε τοίνυν πρὸ 8
τούτου δῆλον γέγονεν τῇ γνώσει τῇ ἡμετέρᾳ ἐκ
ταύτης τῆς προφάσεως ἐξ ἧς κεκελευσμένον ἦν
ὑπὸ τῶν θειοτάτων Διοκλητιανοῦ καὶ Μαξιμιανοῦ,
τῶν γονέων τῶν ἡμετέρων, τὰς συνόδους τῶν
Χριστιανῶν ἐξῃρῆσθαι, πολλοὺς σεισμοὺς καὶ
ἀποστερήσεις ὑπὸ τῶν ὀφφικιαλίων γεγενῆσθαι,
καὶ εἰς τοὐπιὸν δὲ τοῦτο προχωρεῖν κατὰ τῶν
ἐπαρχιωτῶν τῶν ἡμετέρων, ὧν μάλιστα πρόνοιαν
τὴν προσήκουσαν γίνεσθαι σπουδάζομεν, τῶν
οὐσιῶν τῶν ἰδίων αὐτῶν κατατριβομένων, δοθέν-
των γραμμάτων πρὸς τοὺς ἡγεμόνας ἑκάστης
ἐπαρχίας τῷ παρελθόντι ἐνιαυτῷ ἐνομοθετήσαμεν
ἵν’ εἴ τις βούλοιτο τῷ τοιούτῳ ἔθει ἢ τῇ αὐτῇ
φυλακῇ τῆς θρησκείας ἕπεσθαι, τοῦτον ἀνεμ-
ποδίστως ἔχεσθαι τῆς προθέσεως τῆς ἑαυτοῦ καὶ
ὑπὸ μηδενὸς ἐμποδίζεσθαι μηδὲ κωλύεσθαι καὶ
εἶναι αὐτοῖς εὐχέρειαν δίχα τινὸς φόβου καὶ
ὑποψίας τοῦθ’ ὅπερ ἑκάστῳ ἀρέσκει, ποιεῖν.
πλὴν οὐδὲ νῦν λαθεῖν ἡμᾶς ἐδυνήθη ὅτι τινὲς τῶν 9
δικαστῶν παρενεθυμοῦντο τὰς ἡμετέρας κελεύσεις
καὶ διστάζειν τοὺς ἡμετέρους ἀνθρώπους περὶ τὰ
προστάγματα τὰ ἡμέτερα παρεσκεύασαν καὶ ὀκ-
νηρότερον προσιέναι ταύταις ταῖς θρησκείαις αἷς
ἦν ἀρεστὸν αὐτοῖς, ἐποίησαν.
    “Ἵνα τοίνυν εἰς τὸ ἑξῆς πᾶσα ὑποψία ἢ ἀμφιβολία 10
τοῦ φόβου περιαιρεθῇ, τοῦτο τὸ διάταγμα προ-
τεθῆναι ἐνομοθετήσαμεν, ἵνα πᾶσιν δῆλον γένηται
ἐξεῖναι τούτοις οἵτινες ταύτην τὴν αἵρεσιν καὶ τὴν

whatsoever things are advantageous and useful to
their common weal, and such as are suitable to the
public advantage and agreeable to every mind.
Since, therefore, before this it has been evident to our
knowledge that, on the plea that the most divine
Diocletian and Maximian, our fathers, had given
orders for the abolishment of the Christian assemblies,
many extortions and robberies have been practised
by the officials, and that this increased as time went
on to the detriment of our provincials (for whose
good it is our especial desire that there should be due
thought), and that their own personal possessions
were being destroyed : we addressed a letter to the
governors in each province last year, laying it down
that if any should wish to follow such a custom or
the same religious observances, such a one should
adhere to his purpose without hindrance, and be
hindered or prevented by no one ; and that they
should have a free hand, without fear and suspicion,
to do whatsoever each one pleases. But it cannot
escape our notice even now that some of the judges
misinterpreted our injunctions, and caused our people
to have doubts with regard to our commands, and
made them somewhat backward in joining in those
religious observances that were pleasing to them.

"That, therefore, for the future all suspicion or
doubt arising from fear may be removed, we have
decreed that this ordinance be published, so that it
may be plain to all that those who desire to follow

θρησκείαν μετιέναι βούλονται, ἐκ ταύτης τῆς
δωρεᾶς τῆς ἡμετέρας, καθὼς ἕκαστος βούλεται ἢ
ἡδέα αὐτῷ ἐστιν, οὕτως προσιέναι τῇ θρησκείᾳ
ταύτῃ ἣν ἐξ ἔθους θρησκεύειν εἵλετο. καὶ τὰ
κυριακὰ δὲ τὰ οἰκεῖα ὅπως κατασκευάζοιεν, συγ-
κεχώρηται. ἵνα μέντοι καὶ μείζων γένηται ἡ 11
ἡμετέρα δωρεά, καὶ τοῦτο νομοθετῆσαι κατηξιώ-
σαμεν ἵνα εἴ τινες οἰκίαι καὶ χωρία <ἃ> τοῦ
δικαίου τοῦ τῶν Χριστιανῶν πρὸ τούτου ἐτύγχανον
ὄντα, ἐκ τῆς κελεύσεως τῶν γονέων τῶν ἡμετέρων
εἰς τὸ δίκαιον μετέπεσεν τοῦ φίσκου ἢ ὑπό τινος
κατελήφθη πόλεως, εἴτε διάπρασις τούτων γε-
γένηται εἴτε εἰς χάρισμα δέδοταί τινι, ταῦτα
πάντα εἰς τὸ ἀρχαῖον δίκαιον τῶν Χριστιανῶν
ἀνακληθῆναι ἐκελεύσαμεν, ἵνα καὶ ἐν τούτῳ τῆς
ἡμετέρας εὐσεβείας καὶ τῆς προνοίας αἴσθησιν
πάντες λάβωσιν."

Αὗται τοῦ τυράννου φωναί, οὐδ' ὅλον ἐνιαυτὸν 12
τῶν κατὰ Χριστιανῶν ἐν στήλαις ἀνατεθειμένων
αὐτῷ διαταγμάτων ὑστερήσασαι, καὶ παρ' ᾧ γε
μικρῷ πρόσθεν δυσσεβεῖς ἐδοκοῦμεν καὶ ἄθεοι
καὶ παντὸς ὄλεθροι τοῦ βίου, ὡς μὴ ὅτι γε πόλιν,
ἀλλ' οὐδὲ χώραν οὐδ' ἐρημίαν οἰκεῖν ἐπιτρέπεσθαι,
παρὰ τούτῳ διατάξεις ὑπὲρ Χριστιανῶν καὶ νομο-
θεσίαι συνετάττοντο, καὶ οἱ πρὸ βραχέος πυρὶ καὶ
σιδήρῳ θηρίων τε καὶ οἰωνῶν βορᾷ πρὸ ὀφθαλμῶν
αὐτοῦ διαφθειρόμενοι καὶ πᾶν εἶδος κολάσεως καὶ
τιμωρίας ἀπαλλαγῆς τε βίου οἰκτρότατα ὡς ἂν
ἄθεοι καὶ δυσσεβεῖς ὑπομένοντες, οὗτοι νῦν πρὸς τοῦ
αὐτοῦ καὶ θρησκεύειν ὁμολογοῦνται θρησκείαν καὶ
ἐπισκευάζειν κυριακὰ ἐπιτρέπονται, καὶ δικαίων
τινῶν αὐτοῖς μετεῖναι αὐτὸς ὁ τύραννος ὁμολογεῖ.
378

this sect and religious observance are permitted, in accordance with this our bounty, as each one wishes or finds it pleasing, to join in that religious observance which from choice he was wont to practise. And permission has also been granted them to build the Lord's houses. Nevertheless, that our bounty may be even greater, we have decided to decree this also : that if any houses or lands, which used formerly to belong by right to the Christians, have by the injunction of our parents passed into the right of the public treasury or have been seized by any city— whether a sale of these has taken place, or they have been handed over to anyone as a gift—we have given orders that all these be restored to the Christians as their original right, so that in this also all may perceive our piety and solicitude.''

These are the words of the tyrant that came less than a whole year after the ordinances against the Christians, set up by him on tablets ; and he who a short while previously looked upon us as impious and godless and the pests of society, so that we were not permitted to dwell in, I will not say, a city, but even a spot in the country or a desert—this same person drew up ordinances and legislation on behalf of the Christians ; and those who shortly before were being destroyed by fire and sword and given to wild beasts and birds for food before his eyes, and were enduring every kind of chastisement and punishment and loss of life in the most pitiable manner, as if they were godless and wicked, these he now allows both to observe their form of worship and to build churches ; and the tyrant himself confesses that they possess certain rights !

EUSEBIUS

Καὶ δὴ τοιαῦτα ἐξομολογησάμενος, ὥσπερ τινὸς 13
τυχὼν εὐεργεσίας τούτων δὴ αὐτῶν ἕνεκα, ἧττον
ἢ παθεῖν αὐτὸν χρῆν δήπου παθών, ἀθρόα θεοῦ
πληγεὶς μάστιγι ἐν δευτέρᾳ τοῦ πολέμου συμβολῇ
καταστρέφει· γίνεται δ᾽ αὐτῷ τὰ τῆς καταστροφῆς 14
οὐχ οἷα στρατηγοῖς πολεμάρχαις ὑπὲρ ἀρετῆς καὶ
γνωρίμων πολλάκις ἀνδριζομένοις ἐν πολέμῳ τὴν
εὐκλεῆ τελευτὴν εὐθαρσῶς ὑπομεῖναι συνέβη, ἀλλὰ
γὰρ ἅτε τις δυσσεβὴς καὶ θεομάχος, τῆς παρα-
τάξεως ἔτ᾽ αὐτῷ πρὸ τοῦ πεδίου συνεστώσης οἴκοι
μένων αὐτὸς καὶ κρυπταζόμενος, τὴν προσήκουσαν
τιμωρίαν ὑπέχει, ἀθρόᾳ θεοῦ πληγεὶς καθ᾽ ὅλου
τοῦ σώματος μάστιγι, ὡς ἀλγηδόσιν δειναῖς καὶ
περιωδυνίαις ἐλαυνόμενον πρηνῆ καταπεσεῖν, λιμῷ
φθειρόμενον τάς τε σάρκας ὅλας ἀοράτῳ καὶ
θεηλάτῳ πυρὶ τηκόμενον, ὡς διαρρεύσαντα τὸ μὲν
πᾶν εἶδος τῆς παλαιᾶς μορφῆς ἀφανισθῆναι,
ξηρῶν δ᾽ αὐτὸ μόνον ὀστέων οἷόν τι μακρῷ χρόνῳ
κατεσκελετευμένον εἴδωλον ὑπολειφθῆναι, ὡς μηδ᾽
ἄλλο τι νομίζειν τοὺς παρόντας ἢ τάφον αὐτῷ τῆς
ψυχῆς γεγονέναι τὸ σῶμα, ἐν ἤδη νεκρῷ καὶ
παντελῶς ἀπορρεύσαντι κατορωρυγμένης. σφοδρό- 15
τερον δ᾽ ἔτι μᾶλλον τῆς θέρμης αὐτὸν ἐκ βάθους
μυελῶν καταφλεγούσης, προπηδῶσιν μὲν αὐτῷ
τὰ ὄμματα καὶ τῆς ἰδίας λήξεως ἀποπεσόντα πηρὸν
αὐτὸν ἀφίησιν, ὁ δ᾽ ἐπὶ τούτοις ἔτ᾽ ἐμπνέων
ἀνθομολογούμενος τῷ κυρίῳ θάνατον ἐπεκαλεῖτο,
καὶ τὸ πανύστατον ἐνδίκως ταῦτα τῆς κατὰ τοῦ
Χριστοῦ παροινίας χάριν ὁμολογήσας παθεῖν, τὴν
ψυχὴν ἀφίησιν.

And when he had made these confessions, as if meeting with some kind of reward on this very account—that is, suffering less, to be sure, than it behoved him to suffer—he was smitten all at once by a stroke of God, and perished in the second encounter of the war. But the circumstances of his death were not such as fall to the lot of generals on a campaign, who time after time contend bravely on behalf of virtue and friends, and with a good courage meet a glorious end in battle; but he suffered his due punishment like an impious enemy of God, skulking at home while his army was still stationed in battle-array on the field. All at once he was smitten by a stroke of God over his whole body, with the result that he fell prone under the onslaught of terrible pains and agonies; he was wasted by hunger, and his flesh entirely consumed by an invisible, divinely-sent fire; the form which his body once possessed wasted away and vanished, and there remained only a form of dry bones, like some phantom shape long since reduced to a skeleton, so that those present could not but think that his body had become the tomb of his soul, which had been buried in what was now a corpse and completely wasted away. And as the heat consumed him still more fiercely in the very depths of his marrow, his eyes projected, and falling from their sockets [1] left him blind. Yet he still breathed in this condition, and making confession to the Lord invoked death. So with his last breath he acknowledged that he suffered thus justly because of his violence against Christ; and then gave up the ghost.

[1] In later Greek λῆξις sometimes means 'place,' 'position'; Chrysostom (Hom. lvi. *in Job*. § 2) uses the word, as Eusebius does here, of the place occupied by the eye.

EUSEBIUS

XI. Οὕτω δῆτα Μαξιμίνου ἐκποδὼν γενομένου, 1
ὃς μόνος ἔτι λείπων τῶν τῆς θεοσεβείας ἐχθρῶν,
ἁπάντων χείριστος ἀναπέφηνεν, τὰ μὲν τῆς τῶν
ἐκκλησιῶν ἀνανεώσεως ἐκ θεμελίων χάριτι θεοῦ
τοῦ παντοκράτορος ἠγείρετο ὅ τε τοῦ Χριστοῦ
λόγος, εἰς δόξαν τοῦ τῶν ὅλων θεοῦ διαλάμπων,
μείζονα τῆς πρόσθεν ἀπελάμβανεν παρρησίαν, τὰ
δὲ τῆς δυσσεβείας τῶν τῆς θεοσεβείας ἐχθρῶν
αἰσχύνης ἐσχάτης καὶ ἀτιμίας ἐνεπίμπλατο. πρῶ-
τός τε γὰρ Μαξιμῖνος αὐτὸς κοινὸς ἁπάντων πολέ- 2
μιος ὑπὸ τῶν κρατούντων ἀναγορευθείς, δυσ-
σεβέστατος καὶ δυσωνυμώτατος καὶ θεομισέστατος
τύραννος διὰ προγραμμάτων δημοσίων ἀνεστη-
λίτευτο, γραφαί τε ὅσαι εἰς τιμὴν αὐτοῦ τε καὶ
τῶν αὐτοῦ παίδων κατὰ πᾶσαν ἀνέκειντο πόλιν,
αἱ μὲν ἐξ ὕψους εἰς ἔδαφος ῥιπτούμεναι συνετρί-
βοντο, αἱ δὲ τὰς προσόψεις ἠχρειοῦντο σκοτεινῷ
χρώματι καταμελανούμεναι, ἀνδριάντων τε ὁμοίως
ὁπόσοι εἰς αὐτοῦ τιμὴν διανεστήκεσαν, ὡσαύτως
ῥιπτούμενοι συνετρίβοντο, γέλως καὶ παιδιὰ τοῖς
ἐνυβρίζειν καὶ ἐμπαροινεῖν ἐθέλουσιν ἐκκείμενοι.

Εἶτα δὲ καὶ τῶν ἄλλων τῆς θεοσεβείας ἐχθρῶν 3
πᾶσαι τιμαὶ περιῃροῦντο, ἐκτείνοντο δὲ καὶ πάντες
οἱ τὰ Μαξιμίνου φρονοῦντες, ὅσοι μάλιστα τῶν
ἐν ἀρχικοῖς ἀξιώμασιν ὑπ’ αὐτοῦ τετιμημένοι τῇ
πρὸς αὐτὸν κολακείᾳ σοβαρῶς ἐνεπαρῴνησαν τῷ
καθ’ ἡμᾶς λόγῳ· οἷος ἦν ὁ παρὰ πάντας αὐτῷ 4
τιμιώτατος καὶ αἰδεσιμώτατος ἑταίρων τε γνησιώ-
τατος Πευκέτιος, δὶς ὕπατος καὶ τρὶς ὕπατος καὶ
τῶν καθόλου λόγων ἔπαρχος πρὸς αὐτοῦ καθεστα-
μένος, Κουλκιανός τε ὡσαύτως διὰ πάσης ἀρχικῆς
προελθὼν ἐξουσίας, ὁ καὶ αὐτὸς μυρίοις τοῖς κατ’
382

XI. When Maximin was thus removed—he who was the only one left of the enemies of godliness, and showed himself the worst of all—by the grace of Almighty God the renewal of the churches from the foundation was set on foot, and the word of Christ received a due increase upon its former freedom, and was clearly heard to the glory of the God of the universe ; while the impiety of the enemies of godliness was covered with the most abject shame and dishonour. For Maximin himself was the first to be proclaimed by the rulers as a common enemy of all, and posted in public edicts on tablets as a most impious, most hateful and God-hating tyrant. As to the portraits which were set up in every city to his honour and that of his children, some were hurled from a height to the ground and smashed to pieces, others had their faces blackened over with dark-coloured paint and so rendered useless ; the statues likewise, as many as had been set up in his honour, were cast down and broken in the same manner, and lay as an object of merriment and sport to those who wished to insult or abuse them.

Next, all the honours of the other enemies of godliness also were taken away, and all who were of the party of Maximin were slain, especially those in high government positions who had been honoured by him, and who indulged in violent abuse against our doctrine in order to fawn upon him. Such was Peucetius, a man whom he honoured and respected above all, the truest of his friends, consul a second and a third time, and appointed by him general finance minister ; such likewise was Culcianus, who had gone through every grade of office in the government, the same person who gloried in the murder

Αἴγυπτον Χριστιανῶν ἐλλαμπρυνάμενος αἵμασιν, ἄλλοι τε ἐπὶ τούτοις οὐκ ὀλίγοι, δι᾿ ὧν μάλιστα τὰ τῆς Μαξιμίνου τυραννίδος ἐκραταιοῦτό τε καὶ ηὔξετο.

Ἐκάλει δὲ ἄρα καὶ Θεότεκνον ἡ δίκη, οὐδαμῶς 5 τὰ κατὰ Χριστιανῶν αὐτῷ πεπραγμένα λήθῃ παραδιδοῦσα. ἐπὶ μὲν γὰρ τῷ κατ᾿ Ἀντιόχειαν ἱδρυθέντι πρὸς αὐτοῦ ξοάνῳ δόξας εὐημερεῖν, ἤδη καὶ ἡγεμονίας ἠξίωτο παρὰ Μαξιμίνου, Λικίννιος δ᾿ 6 ἐπιβὰς τῆς Ἀντιοχέων πόλεως φώραν τε γοήτων ποιησάμενος, τοὺς τοῦ νεοπαγοῦς ξοάνου προφήτας καὶ ἱερεῖς βασάνοις ᾐκίζετο, τίνι λόγῳ τὴν ἀπάτην καθυποκρίνοιντο, πυνθανόμενος· ὡς δ᾿ ἐπικρύπτεσθαι αὐτοῖς πρὸς τῶν βασάνων συνελαυνομένοις ἀδύνατον ἦν, ἐδήλουν δὲ τὸ πᾶν μυστήριον ἀπάτην τυγχάνειν τέχνῃ τῇ Θεοτέκνου μεμηχανημένην, τοῖς πᾶσιν τὴν ἀξίαν ἐπιθεὶς δίκην, πρῶτον αὐτὸν Θεότεκνον, εἶτα δὲ καὶ τοὺς τῆς γοητείας κοινωνοὺς μετὰ πλείστας ὅσας αἰκίας θανάτῳ παραδίδωσιν.

Τούτοις ἅπασιν προσετίθεντο καὶ οἱ Μαξιμίνου 7 παῖδες, οὓς ἤδη καὶ τῆς βασιλικῆς τιμῆς τῆς τε ἐν πίναξιν καὶ γραφαῖς ἀναθέσεως πεποίητο κοινωνούς· καὶ οἱ συγγένειαν δὲ τοῦ τυράννου τὸ πρὶν αὐχοῦντες καὶ πάντας ἀνθρώπους καταδυναστεύειν ἐπηρμένοι τὰ αὐτὰ τοῖς προδεδηλωμένοις μετὰ τῆς Zeph. 3, 2 ἐσχάτης ἀτιμίας ἔπασχον, ἐπεὶ μὴ ἐδέξαντο παιδείαν μηδὲ ἔγνωσαν μηδὲ συνῆκαν τὴν φάσκου- Ps. 146, 3. 4 σαν ἐν ἱεροῖς λόγοις παρακέλευσιν '' μὴ πεποίθετε 8 ἐπ᾿ ἄρχοντας, ἐπὶ υἱοὺς ἀνθρώπων, οἷς οὐκ ἔστιν σωτηρία· ἐξελεύσεται τὸ πνεῦμα αὐτοῦ καὶ ἀποστρέψει εἰς τὴν γῆν αὐτοῦ· ἐν ἐκείνῃ τῇ ἡμέρᾳ

of countless Christians in Egypt; and in addition to these not a few others, who were the chief means of confirming and increasing Maximin's tyranny.

So it was that Theotecnus also was summoned by Justice, who in no wise consigned to oblivion what he did against the Christians. For after he had set up the idol[1] at Antioch, he seemed to be prospering, and had actually been deemed worthy of a governorship by Maximin; but when Licinius came to the city of the Antiochenes, he made a search for charlatans, and plied with tortures the prophets and priests of the new-made idol, to find out by what contrivance they were practising this deceit. And when the infliction of the tortures made concealment impossible for them, and they revealed that the whole mystery was a deceit manufactured by the art of Theotecnus, he inflicted a just punishment upon them all, putting to death, after a long series of tortures, first Theotecnus himself, and then also the partners in his charlatanry.

To all these were added the sons of Maximin, whom he had already caused to share the imperial dignity and to be set up in paintings and pictures.[2] And those who formerly boasted kinship with the tyrant and were moved by pride to lord it over all men underwent the same sufferings, accompanied by the most abject disgrace, as those mentioned above; for they received not correction, nor did they know or understand the exhortation in the sacred books which says: "Put not your trust in princes, in the sons of men, in whom there is no help. His breath shall go forth and he shall return to his

---

[1] See c. 3.
[2] *Cf.* § 2, above.

ἀπολοῦνται πάντες οἱ διαλογισμοὶ αὐτῶν." οὕτω
δῆτα τῶν δυσσεβῶν ἐκκαθαρθέντων, μόνοις ἐφυλάτ-
τετο τὰ τῆς προσηκούσης βασιλείας βέβαιά τε καὶ
ἀνεπίφθονα Κωνσταντίνῳ καὶ Λικιννίῳ· οἳ τῶν
πρόσθεν ἁπάντων ἐκκαθάραντες τοῦ βίου τὴν
θεοεχθρίαν, τῶν ἐκ θεοῦ πρυτανευθέντων ἀγαθῶν
αὐτοῖς ᾐσθημένως τὸ φιλάρετον καὶ θεοφιλὲς τό
τε πρὸς τὸ θεῖον εὐσεβὲς καὶ εὐχάριστον διὰ τῆς
ὑπὲρ Χριστιανῶν ἐνεδείξαντο νομοθεσίας.[1]

[1] For οὕτω δῆτα . . . νομοθεσίας ΑΤΕRΜΣ have θεῷ δὴ χάρις
ἐπὶ πᾶσιν τῷ παντοκράτορι καὶ βασιλεῖ τῶν ὅλων, πλείστη δὲ καὶ
τῷ σωτῆρι καὶ λυτρωτῇ τῶν ψυχῶν ἡμῶν Ἰησοῦ Χριστῷ, δι' οὗ
τὰ τῆς εἰρήνης ἔκ τε τῶν ἔξωθεν ὀχληρῶν καὶ τῶν κατὰ διάνοιαν
βέβαια καὶ ἀσάλευτα φυλάττεσθαι ἡμῖν διὰ παντὸς εὐχόμεθα.

[1] The following conclusion is found in BDΣ in place of the
above : " Thanks be to God, the Almighty and King of the
universe, for all things ; and abundant thanks be also to

earth. In that day all his thoughts shall perish."
¹ Thus verily when the impious ones had been purged
away, the kingdom that belonged to them was
preserved stedfast and undisputed for Constantine
and Licinius alone ; who, when they had made it
their very first action to purge the world of enmity
against God, conscious of the good things that He
had bestowed upon them, displayed their love of
virtue and of God, their piety and gratitude towards
the Deity, by their enactment on behalf of the
Christians.

the Saviour and Redeemer of our souls, Jesus Christ, through
whom we pray continually that peace from troubles without
and troubles in the heart may be preserved for us stedfast
and undisturbed." In ATERMΣ this sentence also begins
Book X. (In Σ it is found in both places.) The text as
printed is probably that of the earlier editions of Eusebius
(see vol. i. pp. xix ff.), and was naturally omitted in the last
recension, after the *Damnatio memoriae* of Licinius.

I

Τάδε καὶ ἡ δεκάτη περιέχει βίβλος τῆς
Ἐκκλησιαστικῆς ἱστορίας

Ā Περὶ τῆς ἐκ θεοῦ πρυτανευθείσης ἡμῖν εἰρήνης.

B̄ Περὶ τῆς τῶν ἐκκλησιῶν ἀνανεώσεως.

Γ̄ Περὶ τῶν κατὰ πάντα τόπον ἐγκαινίων.

Δ̄ Πανηγυρικὸς ἐπὶ τῇ τῶν πραγμάτων φαιδρό-
τητι.

[Ē Ἀντίγραφα βασιλικῶν νόμων περὶ τῶν Χρι-
στιανῶν προσηκόντων.

ϛ̄ Περὶ τῆς τῶν κληρικῶν ἀλειτουργησίας.]

Z̄ Περὶ τῆς Λικιννίου εἰς ὕστερον κακοτροπίας
καὶ τῆς καταστροφῆς αὐτοῦ.

H̄ Περὶ τῆς νίκης Κωνσταντίνου καὶ τῶν ὑπ'
αὐτοῦ τοῖς ὑπὸ τὴν Ῥωμαίων ἐξουσίαν
ὑπαρξάντων.

CONTENTS OF BOOK X

The Tenth Book of the Ecclesiastical History contains the following :

I

I. Θεῷ δὴ χάρις ἐπὶ πᾶσιν τῷ παντοκράτορι 1
καὶ βασιλεῖ τῶν ὅλων, πλείστη δὲ καὶ τῷ σωτῆρι
καὶ λυτρωτῇ τῶν ψυχῶν ἡμῶν Ἰησοῦ Χριστῷ,
δι' οὗ τὰ τῆς εἰρήνης ἔκ τε τῶν ἔξωθεν ὀχληρῶν
καὶ τῶν κατὰ διάνοιαν βέβαια καὶ ἀσάλευτα φυλάτ-
τεσθαι ἡμῖν διὰ παντὸς εὐχόμεθα.

Ἅμα δὲ εὐχαῖς καὶ τὸν δέκατον ἐν τούτῳ τοῖς 2
προδιεξοδευθεῖσιν τῆς Ἐκκλησιαστικῆς ἱστορίας ἐπι-
θέντες τόμον, σοὶ τοῦτον ἐπιγράψωμεν, ἱερώτατέ
μοι Παυλῖνε, ὥσπερ ἐπισφράγισμά σε τῆς ὅλης ὑπο-
θέσεως ἀναβοώμενοι, εἰκότως δ' ἐν ἀριθμῷ τελείῳ 3
τὸν τέλειον ἐνταῦθα καὶ πανηγυρικὸν τῆς τῶν ἐκ-
κλησιῶν ἀνανεώσεως λόγον κατατάξομεν, θείῳ πνεύ-
ματι πειθαρχοῦντες ὧδέ πως ἐγκελευομένῳ " ᾄ-
Ps. 98, 1. 2   σατε τῷ κυρίῳ ᾆσμα καινόν, ὅτι θαυμαστὰ ἐποίη-
σεν· ἔσωσεν αὐτῷ ἡ δεξιὰ αὐτοῦ καὶ ὁ βραχίων
ὁ ἅγιος αὐτοῦ· ἐγνώρισεν κύριος τὸ σωτήριον αὐτοῦ,
ἐναντίον τῶν ἐθνῶν ἀπεκάλυψεν τὴν δικαιοσύνην
αὐτοῦ."

Καὶ δὴ τῷ λογίῳ προστάττοντι τὸ καινὸν ᾆσμα 4
διὰ τοῦδε νῦν ἀκολούθως ἐπιφωνῶμεν ὅτι δὴ μετὰ
τὰς δεινὰς καὶ σκοτεινὰς ἐκείνας ὄψεις τε καὶ
διηγήσεις τοιαῦτα νῦν ὁρᾶν καὶ τοιαῦτα πανηγυρί-

BOOK X

I. THANKS be to God, the Almighty and King of the universe, for all things; and abundant thanks be also to the Saviour and Redeemer of our souls, Jesus Christ, through whom we pray continually that peace from troubles without and troubles in the heart may be preserved for us stedfast and undisturbed.

And having now added, while we pray, the tenth tome also of the Ecclesiastical History to those which preceded it, we shall dedicate this tome to thee, my most holy Paulinus,[1] invoking thee as the seal of the whole work; and fitly in a perfect number we shall here place the perfect and panegyrical discourse on the restoration of the churches, in obedience to the divine Spirit who thus exhorts us: " O sing unto the Lord a new song; for he hath done marvellous things: His right hand, and His holy arm, hath wrought salvation for him. The Lord hath made known his salvation: His righteousness hath He revealed in the sight of the heathen."

And verily, in accordance with the oracle, which thus bids us, let us now cry aloud the new song, since, after those terrible and gloomy spectacles and narratives, we were accounted worthy now to behold

---

[1] Bishop of Tyre, and subsequently of his native city, Antioch. Eusebius had a great admiration for him, and dedicated to him not only this book but also his *Onomasticon*.

ζειν ἠξιώθημεν, οἷα τῶν πρὸ ἡμῶν πολλοὶ τῷ ὄντι δίκαιοι καὶ θεοῦ μάρτυρες ἐπεθύμησαν ἐπὶ γῆς ἰδεῖν, καὶ οὐκ εἶδον, καὶ ἀκοῦσαι, καὶ οὐκ ἤκουσαν. ἀλλ' οἱ μὲν ᾗ τάχος σπεύσαντες τῶν πολὺ κρειτ- 5 τόνων ἔτυχον ἐν αὐτοῖς οὐρανοῖς καὶ παραδείσῳ τῆς ἐνθέου τρυφῆς ἀναρπασθέντες, ἡμεῖς δὲ καὶ τάδε μείζονα ἢ καθ' ἡμᾶς ὑπάρχειν ὁμολογοῦντες, ὑπερεκπεπλήγμεθα μὲν τῆς τοῦ αἰτίου μεγαλο- δωρεᾶς τὴν χάριν, θαυμάζομεν δὲ εἰκότως ὅλης ψυχῆς δυνάμει σέβοντες καὶ ταῖς ἀναγράπτοις προρρήσεσιν ἀλήθειαν ἐπιμαρτυροῦντες, δι' ὧν εἴρηται· "δεῦτε καὶ ἴδετε τὰ ἔργα κυρίου, ἃ ἔθετο 6 τέρατα ἐπὶ τῆς γῆς, ἀνταναιρῶν πολέμους μέχρι τῶν περάτων τῆς γῆς· τόξον συντρίψει καὶ συγ- κλάσει ὅπλον, καὶ θυρεοὺς κατακαύσει ἐν πυρί"· ἐφ' οἷς ἐναργῶς εἰς ἡμᾶς πεπληρωμένοις χαίροντες, τὸν ἐφεξῆς συνείρωμεν λόγον.

'Ηφάνιστο μὲν δὴ καθ' ὃν δεδήλωται τρόπον 7 πᾶν τὸ τῶν θεομισῶν γένος καὶ τῆς ἀνθρώπων ἀθρόως ὄψεως οὕτως ἐξαλήλειπτο, ὡς πάλιν ῥῆμα θεῖον τέλος ἔχειν τὸ λέγον· "εἶδον ἀσεβῆ ὑπερ- υψούμενον καὶ ὑπεραιρόμενον ὡς τὰς κέδρους τοῦ Λιβάνου· καὶ παρῆλθον, καὶ ἰδοὺ οὐκ ἦν, καὶ ἐζήτησα τὸν τόπον αὐτοῦ, καὶ οὐχ εὑρέθη"· ἡμέρα 8 δὲ λοιπὸν ἤδη φαιδρὰ καὶ διαυγής, μηδενὸς νέφους αὐτὴν ἐπισκιάζοντος, φωτὸς οὐρανίου βολαῖς ἀνὰ τὴν οἰκουμένην ἅπασαν ταῖς ἐκκλησίαις τοῦ Χριστοῦ κατηύγαζεν, οὐδέ τις ἦν καὶ τοῖς ἔξωθεν τοῦ καθ' ἡμᾶς θιάσου φθόνος συναπολαύειν εἰ μὴ

---

[1] ix. 11.

[2] θίασος, which originally meant a Bacchic revel or rout, came to signify a religious guild, or confraternity, in which

Margin references:
Matt. 18, 17
Cf. Phil. 1, 23; Heb. 10, 34
2 Cor. 12, 4
Ps. 46, 8. 9
Luke 22, 37
Ps. 37, 35. 36

and to celebrate in panegyric such things as of a truth many righteous men and martyrs of God before us desired to see upon earth and saw them not, and to hear, and heard them not. But they indeed, hasting with all speed, obtained far better things in the heavens themselves and were caught up into a paradise of divine pleasure ; while we, acknowledging that even these present things are beyond our deserts, have been utterly astounded at the munificence of the bounty of which He is the Author, and with our whole soul's might fittingly render Him our awe and worship, attesting the truth of the written predictions, wherein it is said : " Come and behold the works of the Lord, what wonders He hath made in the earth, making wars to cease unto the ends of the earth. He will break the bow and shatter the armour, and the shields he will burn with fire." Rejoicing that these things have been clearly fulfilled to us-ward, let us proceed to take up our narrative.

The whole race of God's enemies had verily been removed even as we have stated,[1] and in a moment blotted out of men's sight ; so that once more a divine saying hath fulfilment, that which says : " I have seen the wicked in great power, and lifted up like the cedars of Lebanon. And I passed by, and, lo, he was not : and I sought his place, and it was not found." And now henceforth a day bright and radiant with rays of heavenly light, overshadowed by never a cloud, shone down upon the churches of Christ throughout the whole world ; nor were even those outside our society [2] grudged, if not the equal enjoy-

sense it is used here. But its application to the Christian society is remarkable.

τῶν ἴσων, ἀπορροῆς δ' οὖν ὅμως καὶ μετουσίας τῶν θεόθεν ἡμῖν πρυτανευθέντων.

II. Πᾶσι μὲν οὖν ἀνθρώποις τὰ ἐκ τῆς τῶν 1 τυράννων καταδυναστείας ἐλεύθερα ἦν, καὶ τῶν προτέρων ἀπηλλαγμένοι κακῶν, ἄλλος ἄλλως μόνον ἀληθῆ θεὸν τὸν τῶν εὐσεβῶν ὑπέρμαχον ὡμολόγει· μάλιστα δ' ἡμῖν τοῖς ἐπὶ τὸν Χριστὸν τοῦ θεοῦ τὰς ἐλπίδας ἀνηρτημένοις ἄλεκτος παρῆν εὐφροσύνη καί τις ἔνθεος ἅπασιν ἐπήνθει χαρὰ πάντα τόπον τὸν πρὸ μικροῦ ταῖς τῶν τυράννων δυσσεβείαις ἠριπωμένον ὥσπερ ἐκ μακρᾶς καὶ θανατηφόρου λύμης ἀναβιώσκοντα θεωμένοις νεώς τε αὖθις ἐκ βάθρων εἰς ὕψος ἄπειρον ἐγειρομένους καὶ πολὺ κρείττονα τὴν ἀγλαΐαν τῶν πάλαι πεπολιορκημένων ἀπολαμβάνοντας.

Ἀλλὰ καὶ βασιλεῖς οἱ ἀνωτάτω συνεχέσι ταῖς 2 ὑπὲρ Χριστιανῶν νομοθεσίαις τὰ τῆς ἐκ θεοῦ μεγαλοδωρεᾶς ἡμῖν εἰς μακρὸν ἔτι καὶ μεῖζον ἐκράτυνον, ἐφοίτα δὲ καὶ εἰς πρόσωπον ἐπισκόποις βασιλέως γράμματα καὶ τιμαὶ καὶ χρημάτων δόσεις· ὧν οὐκ ἀπὸ τρόπου γένοιτ' ἂν κατὰ τὸν προσήκοντα καιρὸν τοῦ λόγου, ὥσπερ ἐν ἱερᾷ στήλῃ, τῇδε τῇ βίβλῳ τὰς φωνὰς ἐκ τῆς Ῥωμαίων ἐπὶ τὴν Ἑλλάδα γλῶσσαν μεταληφθείσας ἐγχαράξαι, ὡς ἂν καὶ τοῖς μεθ' ἡμᾶς ἅπασιν φέροιντο διὰ μνήμης.

III. Ἐπὶ δὴ τούτοις τὸ πᾶσιν εὐκταῖον ἡμῖν καὶ 1 ποθούμενον συνεκροτεῖτο θέαμα, ἐγκαινίων ἑορταὶ κατὰ πόλεις καὶ τῶν ἄρτι νεοπαγῶν προσευκτηρίων ἀφιερώσεις, ἐπισκόπων ἐπὶ ταὐτὸν συνηλύσεις, τῶν πόρρωθεν ἐξ ἀλλοδαπῆς συνδρομαί, λαῶν εἰς λαοὺς φιλοφρονήσεις, τῶν Χριστοῦ σώματος μελῶν

ment of our divinely-sent blessings, at any rate a share in their effluence and a participation thereof.

II. So the whole human race was freed from the oppression of the tyrants. And, delivered from his former ills, each one after his own fashion acknowledged as the only true God Him who was the Champion of the pious. But we especially, who had fixed our hopes upon the Christ of God, had gladness unspeakable, and a divine joy blossomed in the hearts of us all as we beheld every place, which a short time before had been laid in ruins by the tyrants' evil deeds, now reviving as if after a long and deadly destruction, and temples rising once more from their foundations to a boundless height, and receiving in far greater measure the magnificence of those that formerly had been destroyed.

Yea, and Emperors, the most exalted, by successive enactments on behalf of the Christians, confirmed still further and more widely God's bounty towards us ; and bishops constantly received even personal letters from the Emperor, and honours and gifts of money. It may not be unfitting at the proper place in this work, as on a sacred monument, to insert in this book the text of these documents, translated from Latin into Greek, so that they may also be preserved in remembrance by all those who come after us.

III. After this there was brought about that spectacle for which we all prayed and longed : festivals of dedication in the cities and consecrations of the newly-built houses of prayer, assemblages of bishops, comings together of those from far off foreign lands, kindly acts on the part of laity towards laity, union between the members of Christ's body

εἰς μίαν συνιόντων ἁρμονίαν ἔνωσις. συνήγετο 2
γοῦν ἀκολούθως προρρήσει προφητικῇ μυστικῶς
τὸ μέλλον προσημαινούσῃ ὀστέον πρὸς ὀστέον
καὶ ἁρμονία πρὸς ἁρμονίαν καὶ ὅσα θεσπίζων ὁ
λόγος δι' αἰνιγμάτων ἀψευδῶς προανετείνατο, μία 3
Acts 4, 32 τε ἦν θείου πνεύματος διὰ πάντων τῶν μελῶν
χωροῦσα δύναμις καὶ ψυχὴ τῶν πάντων μία καὶ
προθυμία πίστεως ἡ αὐτὴ καὶ εἷς ἐξ ἁπάντων
θεολογίας ὕμνος, ναὶ μὴν καὶ τῶν ἡγουμένων
ἐντελεῖς θρησκεῖαι ἱερουργίαι τε τῶν ἱερωμένων
καὶ θεοπρεπεῖς ἐκκλησίας θεσμοί, ὧδε μὲν ψαλμῳ-
δίαις καὶ ταῖς λοιπαῖς τῶν θεόθεν ἡμῖν παρα-
δοθεισῶν φωνῶν ἀκροάσεσιν, ὧδε δὲ θείαις καὶ
μυστικαῖς ἐπιτελουμέναις διακονίαις, σωτηρίου τε
ἦν πάθους ἀπόρρητα σύμβολα. ὁμοῦ δὲ πᾶν γένος 4
ἡλικίας ἄρρενός τε καὶ θήλεος φύσεως ὅλῃ διανοίας
ἰσχύϊ δι' εὐχῶν καὶ εὐχαριστίας γεγηθότι νῷ καὶ
ψυχῇ τὸν τῶν ἀγαθῶν παραίτιον θεὸν ἐγέραιρον.
Ἐκίνει δὲ καὶ λόγους ἅπας τῶν παρόντων
ἀρχόντων πανηγυρικούς, ὡς ἑκάστῳ παρῆν δυνά-
μεως, θειάζων τὴν πανήγυριν, IV. καί τις ἐν 1
μέσῳ παρελθὼν τῶν μετρίως ἐπιεικῶν, λόγου
σύνταξιν πεποιημένος, ὡς ἐν ἐκκλησίας ἀθροί-
σματι, πλείστων ἐπιπαρόντων ποιμένων ἐν ἡσυχίᾳ
καὶ κόσμῳ τὴν ἀκρόασιν παρεχομένων, ἑνὸς εἰς
πρόσωπον τὰ πάντα ἀρίστου καὶ θεοφιλοῦς ἐπι-
σκόπου, οὗ διὰ σπουδῆς ὁ μάλιστα τῶν ἀμφὶ τὸ
Φοινίκων ἔθνος διαπρέπων ἐν Τύρῳ νεὼς φιλοτίμως
ἐπεσκεύαστο, τοιόνδε παρέσχε λόγον.

as they met together in complete harmony. Certainly, in accordance with a prophetic prediction that mystically signified beforehand what was for to come, there came together bone to bone and joint to joint, and all that the oracular utterance in dark speech truly foretold. One was the power of the divine Spirit that spread through all the members; all were of one soul, and displayed the same zeal for the faith; one hymn of praise to God came from the lips of all. Yea verily, our leaders conducted perfect ceremonies, and the consecrated priests performed the sacred rites and stately ordinances of the Church, here with psalmody and recitation of such other words as have been given us from God, there with the ministering of divine and mystic services; and the ineffable symbols of the Saviour's Passion were present. And all together, of every age, male and female, with the whole power of their mind gave honour to God the Author of their good fortune, in prayer and thanksgiving with joyful heart and soul.

Moreover every one of the Church's rulers that were present, according to his ability, delivered panegyrical orations, inspiring the assembly. IV. And a certain one of moderate parts [1] advanced into the midst, having composed a discourse; and, in the presence of very many pastors who gave it a quiet and orderly hearing as in a church assembly, he delivered the following oration, addressed personally to a single bishop who was in every respect most excellent and beloved of God, by whose zeal and enthusiasm the temple in Tyre, surpassing in splendour all others in Phoenicia, had been erected:

[1] Eusebius himself.

EUSEBIUS

ΠΑΝΗΓΥΡΙΚΟΣ ΕΠΙ ΤΗΙ ΤΩΝ ΕΚΚΛΗΣΙΩΝ ΟΙΚΟΔΟΜΗΙ
ΠΑΥΛΙΝΩΙ ΤΥΡΙΩΝ ΕΠΙΣΚΟΠΩΙ ΠΡΟΣΠΕΦΩΝΗΜΕΝΟΣ

" Ὦ φίλοι θεοῦ καὶ ἱερεῖς οἱ τὸν ἅγιον ποδήρη καὶ 2
τὸν οὐράνιον τῆς δόξης στέφανον τό τε χρῖσμα τὸ
ἔνθεον καὶ τὴν ἱερατικὴν τοῦ ἁγίου πνεύματος
στολὴν περιβεβλημένοι, σύ τε, ὦ νέον ἁγίου νεὼ
θεοῦ σεμνολόγημα, γεραιρᾷ μὲν φρονήσει παρὰ
θεοῦ τετιμημένε, νέας δὲ καὶ ἀκμαζούσης ἀρετῆς
ἔργα πολυτελῆ καὶ πράξεις ἐπιδεδειγμένε, ᾧ τὸν
ἐπὶ γῆς οἶκον αὐτὸς ὁ τὸν σύμπαντα κόσμον
περιέχων θεὸς δείμασθαι καὶ ἀνανεοῦν Χριστῷ
τῷ μονογενεῖ καὶ πρωτογενεῖ δὲ αὐτοῦ λόγῳ τῇ τε
ἁγίᾳ τούτου καὶ θεοπρεπεῖ νύμφῃ γέρας ἐξαίρετον

Ex. 35, 30 ff. δεδώρηται, εἴτε τις νέον σε Βεσελεὴλ θείας ἀρχι- 3
1 Kings 7 f.;
2 Chr. 3 ff.;
Rev. 21, 2 τέκτονα σκηνῆς ἐθέλοι καλεῖν εἴτε Σολομῶνα
καινῆς καὶ πολὺ κρείττονος Ἱερουσαλὴμ βασιλέα
εἴτε καὶ νέον Ζοροβαβὲλ τὴν πολὺ κρείττονα δόξαν

Hag. 2, 4. 9 τῆς προτέρας τῷ νεῷ τοῦ θεοῦ περιτιθέντα, ἀλλὰ 4
καὶ ὑμεῖς, ὦ τῆς ἱερᾶς ἀγέλης Χριστοῦ θρέμματα,
λόγων ἀγαθῶν ἑστία, σωφροσύνης παιδευτήριον
καὶ θεοσεβείας σεμνὸν καὶ θεοφιλὲς ἀκροατήριον·
πάλαι μὲν ἡμῖν τὰς παραδόξους θεοσημίας καὶ 5
τῶν τοῦ κυρίου θαυμάτων τὰς εἰς ἀνθρώπους
εὐεργεσίας διὰ θείων ἀναγνωσμάτων ἀκοῇ παρα-
δεχομένοις ὕμνους εἰς θεὸν καὶ ᾠδὰς ἀναπέμπειν

Ps. 44, 1 ἐξῆν λέγειν παιδευομένοις ' ὁ θεός, ἐν τοῖς ὠσὶν
ἡμῶν ἠκούσαμεν, οἱ πατέρες ἡμῶν ἀνήγγειλαν
ἡμῖν ἔργον ὃ εἰργάσω ἐν ταῖς ἡμέραις αὐτῶν, ἐν
ἡμέραις ἀρχαίαις ' ἀλλὰ νῦν γε οὐκέτ' ἀκοαῖς οὐδὲ 6

Ps. 136. 12 λόγων φήμαις τὸν βραχίονα τὸν ὑψηλὸν τήν τε

---

¹ The word is used in the LXX in connexion with the

Panegyric on the building of the churches, addressed to Paulinus, bishop of the Tyrians :

" O friends of God and priests who are clothed with the holy robe[1] and the celestial crown of glory, the divine unction and the priestly garb of the Holy Spirit ; and thou, O youthful pride of God's holy temple, honoured indeed by God with revered wisdom, yet noted for the choice deeds and acts of a youthful virtue that cometh to its prime, upon whom He who compasseth the whole world hath bestowed the especial honour of building His house upon earth, and restoring it for Christ His only-begotten and firstborn Word and for Christ's holy and reverend Bride—whether one should call thee a new Bezalel the architect of a divine tabernacle, or Solomon the king of a new and far goodlier Jerusalem, or even a new Zerubbabel who bestowed upon the temple of God that glory which greatly exceeded the former ; and you also, ye nurslings of the sacred flock of Christ, dwelling-place of goodly words, school of sobriety, auditory of godliness grave and dear to God : Long ago, as we listened to the reading aloud of those passages of Holy Writ which told of the miraculous signs that God gave and the wondrous deeds that the Lord wrought for the service of men, we could raise hymns and songs to God and say, even as we were taught : ' We have heard with our ears, O God, our fathers have told us, what work thou didst in their days, in the days of old.' But now indeed no longer by hearing or by report do we learn of the stretched out arm and the heavenly right hand of

priestly attire: *cf.* Exod. xxix. 5 τὸν χιτῶνα τὸν ποδήρη, lit. " the garment reaching to the feet."

EUSEBIUS

οὐράνιον δεξιὰν τοῦ παναγάθου καὶ παμβασιλέως ἡμῶν θεοῦ παραλαμβάνουσιν, ἔργοις δ᾽ ὡς ἔπος εἰπεῖν καὶ αὐτοῖς ὀφθαλμοῖς τὰ πάλαι μνήμῃ παραδεδομένα πιστὰ καὶ ἀληθῆ καθορωμένοις, δεύτερον ὕμνον ἐπινίκιον πάρεστιν ἀναμέλπειν ἐναρ-

Ps. 48, 8 γῶς τε ἀναφωνεῖν καὶ λέγειν ' καθάπερ ἠκούσαμεν, οὕτως καὶ εἴδομεν ἐν πόλει κυρίου τῶν δυνάμεων, ἐν πόλει τοῦ θεοῦ ἡμῶν.' ποίᾳ δὲ πόλει ἢ τῇδε 7

1 Tim. 3, 15 τῇ νεοπαγεῖ καὶ θεοτεύκτῳ; ἥτις ἐστὶν ἐκκλησία θεοῦ ζῶντος, στῦλος καὶ ἑδραίωμα τῆς ἀληθείας, περὶ ἧς καὶ ἄλλο τι θεῖον λόγιον ὧδέ πως εὐ-

Ps. 87, 8 αγγελίζεται ' δεδοξασμένα ἐλαλήθη περὶ σοῦ, ἡ πόλις τοῦ θεοῦ '· ἐφ᾽ ἣν τοῦ παναγάθου συγκροτήσαντος ἡμᾶς θεοῦ διὰ τῆς τοῦ μονογενοῦς αὐτοῦ χάριτος, τῶν ἀνακεκλημένων ἕκαστος ὑμνείτω μόνον οὐχὶ

Ps. 122, 1 βοῶν καὶ λέγων ' εὐφράνθην ἐπὶ τοῖς εἰρηκόσιν

Ps. 26, 8 μοι Εἰς οἶκον κυρίου πορευσόμεθα ' καὶ ' κύριε, ἠγάπησα εὐπρέπειαν οἴκου σου καὶ τόπον σκηνώματος δόξης σου,' καὶ μὴ μόνον γε ὁ καθεὶς, ἀλλὰ 8 καὶ οἱ πάντες ἀθρόως ἑνὶ πνεύματι καὶ μιᾷ ψυχῇ

Ps. 48, 1 γεραίροντες ἀνευφημῶμεν, ' μέγας κύριος ' ἐπιλέγοντες ' καὶ αἰνετὸς σφόδρα ἐν πόλει τοῦ θεοῦ ἡμῶν, ἐν ὄρει ἁγίῳ αὐτοῦ.' καὶ γὰρ οὖν μέγας

Baruch 3, 24 ὡς ἀληθῶς, καὶ μέγας ὁ οἶκος αὐτοῦ, ὑψηλὸς καὶ
25
Ps. 45, 2 ἐπιμήκης καὶ ὡραῖος κάλλει παρὰ τοὺς υἱοὺς τῶν
Ps. 72, 18 ἀνθρώπων· μέγας κύριος ὁ ποιῶν θαυμάσια μόνος·
Job 9, 10 μέγας ὁ ποιῶν μεγάλα καὶ ἀνεξιχνίαστα ἔνδοξά τε καὶ ἐξαίσια, ὧν οὐκ ἔστιν ἀριθμός· μέγας ὁ
Dan. 2, 21 ἀλλοιῶν καιροὺς καὶ χρόνους, μεθιστῶν βασιλεῖς
Ps. 113, 7 καὶ καθιστῶν, ἐγείρων ἀπὸ γῆς πτωχὸν καὶ ἀπὸ
Luke 1, 52. κοπρίας ἀνιστῶν πένητα. καθεῖλεν δυνάστας ἀπὸ
53
θρόνων, καὶ ὕψωσεν ταπεινοὺς ἀπὸ γῆς· πεινῶντας

our all-gracious God and universal King ; nay, by deeds, as one might say, and with our very eyes do we behold that those things committed to memory long ago are faithful and true ; and so we can sing a second hymn of victory, and raise our voices aloud and say : ' As we have heard, so have we seen in the city of the Lord of hosts, in the city of our God.' And in what city, if it be not the new-made city that God hath builded, which is the church of the living God, the pillar and ground of the truth ; of which also another divine oracle speaketh good tidings, somewhat on this manner : ' Glorious things are spoken of thee, O city of God ' ? To which city since the all-gracious God hath gathered us, through the grace of His Only-begotten, let each of the guests sing, yea all but shout, and say ' I was glad when they said unto me, we will go unto the house of the Lord ' ; and ' Lord, I have loved the beauty of thy house, and the place where thy glory dwelleth.' And let not only each one by himself, but also all together with one spirit and one soul, give honour and praise, saying : ' Great is the Lord, and highly to be praised, in the city of our God, in his holy mountain.' Yea verily, He is truly great, and great is His house, lofty and large ; and more lovely in beauty than the sons of men. Great is the Lord who only doeth wondrous things. Great is He who doeth great things and past finding out ; yea, glorious and marvellous things of which there is no number. Great is He who changeth the times and the seasons, removing kings and setting them up, raising up the poor from the ground, and from the dunghill setting up the needy. He hath put down princes from their thrones, and hath exalted them of low degree from the

Job 38, 15 ἐνέπλησεν ἀγαθῶν, καὶ βραχίονας ὑπερηφάνων
συνέτριψεν, οὐ πιστοῖς μόνον, ἀλλὰ καὶ ἀπίστοις 9
τῶν παλαιῶν διηγημάτων τὴν μνήμην πιστωσά-
μενος, ὁ θαυματουργός, ὁ μεγαλουργός, ὁ τῶν
ὅλων δεσπότης, ὁ τοῦ σύμπαντος κόσμου δημιουρ-
γός, ὁ παντοκράτωρ, ὁ πανάγαθος, ὁ εἷς καὶ μόνος
Ps. 98, 1 θεός, ᾧ τὸ καινὸν ᾆσμα μέλπωμεν προσυπακούοντες
Ps. 136, 4. 17.
18. 28. 24 ' τῷ ποιοῦντι θαυμάσια μόνῳ, ὅτι εἰς τὸν αἰῶνα τὸ
ἔλεος αὐτοῦ· τῷ πατάξαντι βασιλεῖς μεγάλους καὶ
ἀποκτείναντι βασιλεῖς κραταιούς, ὅτι εἰς τὸν
αἰῶνα τὸ ἔλεος αὐτοῦ· ὅτι ἐν τῇ ταπεινώσει ἡμῶν
ἐμνήσθη ἡμῶν καὶ ἐλυτρώσατο ἡμᾶς ἐκ τῶν
ἐχθρῶν ἡμῶν.'

"Καὶ τὸν μὲν τῶν ὅλων πατέρα τούτοις ἀνευφη- 10
μοῦντες μή ποτε διαλείποιμεν· τὸν δὲ τῶν ἀγαθῶν
ἡμῖν δεύτερον αἴτιον, τὸν τῆς θεογνωσίας εἰσ-
ηγητήν, τὸν τῆς ἀληθοῦς εὐσεβείας διδάσκαλον,
τὸν τῶν ἀσεβῶν ὀλετῆρα, τὸν τυραννοκτόνον, τὸν
τοῦ βίου διορθωτήν, τὸν ἡμῶν τῶν ἀπεγνωσμένων
σωτῆρα Ἰησοῦν ἀνὰ στόμα φέροντες γεραίρωμεν,
ὅτι δὴ μόνος, οἷα παναγάθου πατρὸς μονώτατος 11
ὑπάρχων πανάγαθος παῖς, γνώμῃ τῆς πατρικῆς
φιλανθρωπίας τῶν ἐν φθορᾷ κάτω που κειμένων
ἡμῶν εὖ μάλα προθύμως ὑποδὺς τὴν φύσιν, οἷά
τις ἰατρῶν ἄριστος τῆς τῶν καμνόντων ἕνεκεν
σωτηρίας ' ὁρῇ μὲν δεινά, θιγγάνει δ' ἀηδέων
ἐπ' ἀλλοτρίῃσί τε ξυμφορῇσιν ἰδίας καρποῦται
λύπας,' οὐ νοσοῦντας αὐτὸ μόνον οὐδ' ἕλκεσι
δεινοῖς καὶ σεσηπόσιν ἤδη τραύμασιν πιεζομένους,
ἀλλὰ καὶ ἐν νεκροῖς κειμένους ἡμᾶς ἐξ αὐτῶν
μυχῶν τοῦ θανάτου αὐτὸς ἑαυτῷ διεσώσατο, ὅτι

ground. The hungry he hath filled with good things, and he hath broken the arms of the proud. Since, therefore, He hath confirmed not only for the faithful but also for the faithless the record of the ancient narratives, even He, the Doer of wonders, the Doer of great things, the Lord of the universe, the Maker of the whole world, the Almighty, the All-gracious, the one and only God—let us sing to Him the new song, supplying in thought this also : ' To him who alone doeth great wonders : for his mercy endureth for ever . . . to him which smote great kings, . . . and slew mighty kings ; for his mercy endureth for ever . . . for he remembered us in our low estate, . . . and hath delivered us from our adversaries.'

" And may we never cease to praise aloud in these words the Father of the universe. But as for Him who is the second cause of our good things, who brought men to the knowledge of God, the Teacher of true piety, the Destroyer of the wicked, the Slayer of tyrants, the Emender of human life, our Saviour when we were in despair, even Jesus, let us honour His name upon our lips ; for He alone, as being the one only, all-gracious Son of an all-gracious Father, since the Father in His love for man so ordained it, right willingly put on the nature of us, even of those who anywhere lay low in corruption. And like some excellent physician, who, to save those who are sick, ' though he sees the ills yet touches the foul spots, and for another's misfortunes reaps suffering for himself,' [1] so He by Himself saved from the very abyss of death us, who were not merely sick or oppressed by grievous sores and wounds already putrifying, but even lying among the dead ; for none

---

[1] Hippocrates, Περὶ φυσῶν 1.

EUSEBIUS

μηδ' ἄλλῳ τῳ τῶν κατ' οὐρανὸν τοσοῦτον παρῆν
ἰσχύος, ὡς τῇ τῶν τοσούτων ἀβλαβῶς διακονή-
σασθαι σωτηρίᾳ. μόνος δ' οὖν καὶ τῆς ἡμῶν 12
αὐτῶν βαρυπαθοῦς φθορᾶς ἐφαψάμενος, μόνος τοὺς
ἡμετέρους ἀνατλὰς πόνους, μόνος τὰ πρόστιμα

Cf. Is. 53, 4. 5 τῶν ἡμετέρων ἀσεβημάτων περιθέμενος, οὐχ
ἡμιθνῆτας, ἀλλὰ καὶ πάμπαν ἐν μνήμασι καὶ

John 11, 39 τάφοις μυσαροὺς ἤδη καὶ ὀδωδότας ἀναλαβὼν
πάλαι τε καὶ νῦν σπουδῇ τῇ φιλανθρώπῳ παρὰ
πᾶσαν τὴν οὕτινος οὖν ἡμῶν τε αὐτῶν ἐλπίδα
σῴζει τε καὶ τῶν τοῦ πατρὸς ἀγαθῶν ἀφθονίαν
μεταδίδωσιν, ὁ ζωοποιός, ὁ φωταγωγός, ὁ μέγας
ἡμῶν ἰατρὸς καὶ βασιλεὺς καὶ κύριος, ὁ Χριστὸς
τοῦ θεοῦ. ἀλλὰ τότε μὲν ἅπαξ ἐν νυκτὶ ζοφερᾷ 13
καὶ σκότῳ βαθεῖ δαιμόνων ἀλιτηρίων πλάνῃ καὶ
θεομισῶν πνευμάτων ἐνεργείαις πᾶν τὸ τῶν ἀν-
θρώπων γένος κατορωρυγμένον ⟨ὁρῶν⟩ αὐτὸ μόνον

Cf. Ps. 58, 8
(LXX) ἐπιφανείς, ὡς ἂν κηροῦ διατακέντος ταῖς αὐτοῦ
βολαῖς τοῦ φωτός, τὰς πολυδέτους τῶν ἀσεβη-
μάτων ἡμῶν σειρὰς διελύσατο.

"Νῦν δ' ἐπὶ τῇ τοσαύτῃ χάριτι καὶ εὐεργεσίᾳ τοῦ 14
μισοκάλου φθόνου καὶ φιλοπονήρου δαίμονος μόνον
οὐχὶ διαρρηγνυμένου καὶ πάσας αὐτοῦ τὰς θανατο-
ποιοὺς καθ' ἡμῶν ἐπιστρατεύοντος δυνάμεις καὶ τὰ
μὲν πρῶτα κυνὸς δίκην λυττῶντος τοὺς ὀδόντας
ἐπὶ τοὺς ἀφιεμένους κατ' αὐτοῦ λίθους προσ-
αράττοντος καὶ τὸν κατὰ τῶν ἀμυνομένων θυμὸν
ἐπὶ τὰ ἄψυχα βλήματα καθιέντος, τοῖς τῶν προσ-
ευκτηρίων λίθοις καὶ ταῖς τῶν οἴκων ἀψύχοις
ὕλαις τὴν θηριώδη μανίαν ἐπερείσαντος ἐρημίαν
τε, ὥς γε δὴ αὐτὸς ἑαυτῷ ᾤετο, τῶν ἐκκλησιῶν
ἀπεργασαμένου, εἶτα δὲ δεινὰ συρίγματα καὶ τὰς
404

other in heaven possessed such strength as to minister unscathed for the salvation of so many. He, then, it was who alone laid hold upon the grievous suffering of our corruption, alone endured our sorrows, alone took upon Himself the penalty for our wickednesses; and when we were, I will not say, half dead, but even by this time altogether foul and stinking in tombs and graves, He raised us up, and saveth us now as in the days of old, in His earnest love for man, beyond the hope of anyone, even of ourselves, and of the good things of His Father imparteth to us freely a share—He who is the Giver of life, the Enlightener, our great Physician and King and Lord, the Christ of God. Yea at that time, when He beheld [1] the whole human race lying sunk in gloomy night and darkness profound through the deceit of baneful demons and the operations of God-hating spirits, by naught save His appearing He broke asunder once for all the many-fettered chains of our wickednesses, as wax is melted by the rays of His light.

"And when at this great grace and benefaction the envy that hateth the good, even the demon that loveth the evil, was torn asunder with wrath, so to speak, and was marshalling all his death-dealing forces against us, at first raging like a dog which gnaweth with his teeth at the stones hurled at him and venteth on the lifeless missiles his fury against those who would drive him away, he directed his ferocious madness against the stones of the houses of prayer and the lifeless materials of which the buildings were composed, to work (as at least he thought within himself) the ruin of the churches; then he emitted his dread hissings and serpent-like sounds, at

[1] Supplying ὁρῶν, as Schwartz suggests.

ὀφιώδεις αὐτοῦ φωνὰς τοτὲ μὲν ἀσεβῶν τυράννων
ἀπειλαῖς, τοτὲ δὲ βλασφήμοις δυσσεβῶν ἀρχόντων
διατάξεσιν ἀφιέντος καὶ προσέτι τὸν αὐτοῦ θάνατον
ἐξερευγομένου καὶ τοῖς ἰώδεσι καὶ ψυχοφθόροις
δηλητηρίοις τὰς ἁλισκομένας πρὸς αὐτοῦ ψυχὰς
φαρμάττοντος καὶ μόνον οὐχὶ νεκροῦντος ταῖς τῶν
νεκρῶν εἰδώλων νεκροποιοῖς θυσίαις πάντα τε
ἀνθρωπόμορφον θῆρα καὶ πάντα τρόπον ἄγριον
καθ᾽ ἡμῶν ὑποσαλεύοντος, αὖθις ἐξ ὑπαρχῆς ὁ τῆς 15
μεγάλης βουλῆς ἄγγελος, ὁ μέγας ἀρχιστράτηγος
τοῦ θεοῦ, μετὰ τὴν αὐτάρκη διαγυμνασίαν ἣν οἱ
μέγιστοι τῆς αὐτοῦ βασιλείας στρατιῶται διὰ τῆς
πρὸς ἅπαντα ὑπομονῆς καὶ καρτερίας ἐνεδείξαντο,
ἀθρόως οὕτως φανείς, τὰ μὲν ἐχθρὰ καὶ πολέμια
εἰς ἀφανὲς καὶ τὸ μηθὲν κατεστήσατο, ὡς μηδὲ
πώποτε ὠνομάσθαι δοκεῖν, τὰ δ᾽ αὐτῷ φίλα καὶ
οἰκεῖα δόξης ἐπέκεινα παρὰ πᾶσιν, οὐκ ἀνθρώποις
μόνον, ἀλλ᾽ ἤδη καὶ δυνάμεσιν οὐρανίοις ἡλίῳ τε
καὶ σελήνῃ καὶ ἄστροις καὶ τῷ σύμπαντι οὐρανῷ
τε καὶ κόσμῳ προήγαγεν, ὥστε ἤδη, ὃ μηδὲ 16
ἄλλοτέ πω, τοὺς πάντων ἀνωτάτω βασιλέας ἧς
λελόγχασι παρ᾽ αὐτοῦ τιμῆς συνῃσθημένως νεκρῶν
μὲν εἰδώλων καταπτύειν προσώποις, πατεῖν δ᾽
ἄθεσμα δαιμόνων θέσμια καὶ παλαιᾶς ἀπάτης
πατροπαραδότου καταγελᾶν, ἕνα δὲ αὐτὸν μόνον
θεὸν τὸν κοινὸν ἁπάντων καὶ ἑαυτῶν εὐεργέτην
γνωρίζειν Χριστόν τε τοῦ θεοῦ παῖδα παμβασιλέα
τῶν ὅλων ὁμολογεῖν σωτῆρά τε αὐτὸν ἐν στήλαις ἀν-
αγορεύειν, ἀνεξαλείπτῳ μνήμῃ τὰ κατορθώματα καὶ
τὰς κατὰ τῶν ἀσεβῶν αὐτοῦ νίκας μέσῃ τῇ βασι-
λευούσῃ τῶν ἐπὶ γῆς πόλει βασιλικοῖς χαρακτῆρσι
προσεγγράφοντας, ὥστε μόνον τῶν ἐξ αἰῶνος Ἰησοῦν

one time by the threats of wicked tyrants, at another
by blasphemous ordinances of impious rulers; yea
further, he vomited forth the death that was his, and
bewitched the souls he captured by his baneful and
soul-destroying poisons, all but causing their death
by his death-fraught sacrifices to dead idols, and
secretly stirring up every wild beast in shape of man,
and every kind of savage thing, against us. But now,
now again once more the Angel of mighty counsel,
the great Captain of the host of God, after that the
greatest soldiers in His kingdom had given sufficient
proof of their full training by their endurance and
stedfastness in all things, by naught save His sudden
appearing caused to vanish into nothingness whatso-
ever was adverse and hostile, so that it seemed never
to have had even a name; howbeit, whatsoever was
friendly and dear to Him, that He advanced beyond
all glory in the sight of all, not only of men, but even
also of the powers of heaven, the sun and moon and
stars, and of the whole heaven and earth; so that
now—a thing unknown heretofore—the most exalted
Emperors of all, conscious of the honour which they
have received from Him, spit upon the faces of dead
idols, trample upon the unhallowed rites of demons,
and laugh at the old deceits they inherited from their
fathers: but Him who is the common Benefactor of
all and of themselves they recognize as the one and
only God, and confess that Christ the Son of God is
sovereign King of the universe, and style Him as
Saviour on monuments, inscribing in an imperishable
record His righteous acts and His victories over the
impious ones, in imperial characters in the midst of
the city that is Empress among the cities of the world.

EUSEBIUS

Χριστὸν τὸν ἡμῶν σωτῆρα καὶ πρὸς αὐτῶν τῶν ἐπὶ
γῆς ἀνωτάτω οὐχ οἷα κοινὸν ἐξ ἀνθρώπων βασιλέα
γενόμενον ὁμολογεῖσθαι, ἀλλ' οἷα τοῦ καθ' ὅλων
θεοῦ παῖδα γνήσιον καὶ αὐτὸν θεὸν προσκυνεῖσθαι.

"Καὶ εἰκότως· τίς γὰρ τῶν πώποτε βασιλέων 17
τοσοῦτον ἀρετῆς ἠνέγκατο, ὡς πάντων τῶν ἐπὶ
γῆς ἀνθρώπων ἀκοὴν καὶ γλῶτταν ἐμπλῆσαι τῆς
αὐτοῦ προσηγορίας; τίς βασιλεὺς νόμους εὐσεβεῖς
οὕτω καὶ σώφρονας διαταξάμενος ἀπὸ περάτων
γῆς καὶ εἰς ἄκρα τῆς ὅλης οἰκουμένης εἰς ἐπήκοον
ἅπασιν ἀνθρώποις ἀναγινώσκεσθαι διαρκῶς ἐκρά-
τυνεν; τίς ἀνημέρων ἐθνῶν ἔθη βάρβαρα καὶ 18
ἀνήμερα τοῖς ἡμέροις αὐτοῦ καὶ φιλανθρωποτάτοις
παρέλυσε νόμοις; τίς αἰῶσιν ὅλοις ὑπὸ πάντων
πολεμούμενος τὴν ὑπὲρ ἄνθρωπον ἀρετὴν ἐπεδεί-
ξατο, ὡς ἀνθεῖν ὁσημέραι καὶ νεάζειν διὰ παντὸς
τοῦ βίου; τίς ἔθνος τὸ μηδὲ ἀκουσθὲν ἐξ αἰῶνος 19
οὐκ ἐν γωνίᾳ ποι γῆς λεληθός, ἀλλὰ καθ' ὅλης
τῆς ὑφ' ἥλιον ἱδρύσατο; τίς εὐσεβείας ὅπλοις
οὕτως ἐφράξατο τοὺς στρατιώτας, ὡς ἀδάμαντος
τὰς ψυχὰς κραταιοτέρους ἐν τοῖς πρὸς τοὺς ἀντι-
πάλους ἀγῶσιν διαφαίνεσθαι; τίς βασιλέων ἐς 20
τοσοῦτον κρατεῖ καὶ στρατηγεῖ μετὰ θάνατον καὶ
τρόπαια κατ' ἐχθρῶν ἵστησιν καὶ πάντα τόπον καὶ
χώραν καὶ πόλιν, Ἑλλάδα τε καὶ βάρβαρον,
βασιλικῶν οἴκων αὐτοῦ πληροῖ καὶ θείων ναῶν
ἀφιερώμασιν, οἷα τάδε τὰ τοῦδε τοῦ νεὼ περι-
καλλῆ κοσμήματά τε καὶ ἀναθήματα; ἃ καὶ αὐτὰ
σεμνὰ μὲν ὡς ἀληθῶς καὶ μεγάλα ἐκπλήξεώς τε
καὶ θαύματος ἄξια καὶ οἷα τῆς τοῦ σωτῆρος ἡμῶν
βασιλείας ἐναργῆ δείγματα, ὅτι καὶ νῦν αὐτὸς
Ps. 33, 9 =
148, 5 (LXX) εἶπεν καὶ ἐγενήθησαν, αὐτὸς ἐνετείλατο καὶ ἐκ-

Thus Jesus Christ our Saviour, alone of those who have ever been, is acknowledged, even by the most exalted on the earth, not as an ordinary king taken from among men, but is worshipped as the very Son of the God of the universe, and as Himself God.

" And rightly so. For what king ever attained to so much virtue as to fill the ears and tongues of all mankind upon earth with his name? What king, when he had laid down laws so good and wise, was powerful enough to cause them to be published from the ends of the earth and to the bounds of the whole world in the hearing of all mankind? Who abolished the barbarous and uncivilized customs of uncivilized nations by his civilized and most humane laws? Who, when warred on by all men for whole ages, gave such proof of superhuman might as to flourish daily and remain young throughout his entire life? Who established a nation never even heard of since time began, which now lieth not hidden in some obscure corner of the earth but extendeth wherever the sun shineth? Who so defended his soldiers with the weapons of piety that their souls proved harder than adamant when they contended with their adversaries? Which of the kings exerciseth so great a sway, taketh the field after death, triumpheth over enemies, and filleth every place and district and city, both Greek and barbarian, with votive offerings of his royal houses and divine temples, such as the fair ornaments and offerings that we see in this temple? Truly venerable and great are these same things, worthy of amazement and wonder, and in themselves clear proofs of the sovereignty of our Saviour: for even now He spake, and they were made; He

409

EUSEBIUS

τίσθησαν (τί γὰρ καὶ ἔμελλεν τοῦ παμβασιλέως καὶ
πανηγεμόνος καὶ αὐτοῦ θεοῦ λόγου ἐνστήσεσθαι
τῷ νεύματι;), σχολῆς τε λόγων οἰκείας εἰς ἀκριβῆ
θεωρίαν τε καὶ ἑρμηνείαν τυγχάνει δεόμενα· οὐ 21
μὴν ὅσα καὶ οἷα τὰ τῆς τῶν πεπονηκότων προ-
θυμίας κέκριται παρ' αὐτῷ τῷ θεολογουμένῳ τὸν
ἔμψυχον πάντων ὑμῶν καθορῶντι ναὸν καὶ τὸν ἐκ
1 Pet. 2, 5. 7 ζώντων λίθων καὶ βεβηκότων οἶκον ἐποπτεύοντι
Eph. 2, 20. εὖ καὶ ἀσφαλῶς ἱδρυμένον ἐπὶ τῷ θεμελίῳ τῶν
21 ἀποστόλων καὶ προφητῶν, ὄντος ἀκρογωνιαίου
1 Pet. 2, 5. 7 λίθου αὐτοῦ Ἰησοῦ Χριστοῦ, ὃν ἀπεδοκίμασαν μὲν
οὐχ οἱ τῆς παλαιᾶς καὶ μηκέτ' οὔσης ἐκείνης
μόνον, ἀλλὰ καὶ τῆς εἰς ἔτι νῦν τῶν πολλῶν ἀνθρώ-
πων οἰκοδομῆς κακοὶ κακῶν ὄντες ἀρχιτέκτονες,
δοκιμάσας δ' ὁ πατὴρ καὶ τότε καὶ νῦν εἰς κεφαλὴν
γωνίας τῆσδε τῆς κοινῆς ἡμῶν ἐκκλησίας ἱδρύσατο.
τοῦτον δὴ οὖν τὸν ἐξ ὑμῶν αὐτῶν ἐπεσκευασμένον 22
Cf. 1 Cor. ζῶντος θεοῦ ζῶντα ναόν, τὸ μέγιστον καὶ ἀληθεῖ
3, 16 λόγῳ θεοπρεπὲς ἱερεῖόν φημι, οὗ τὰ ἐνδοτάτω
ἄδυτα τοῖς πολλοῖς ἀθεώρητα καὶ ὄντως ἅγια καὶ
τῶν ἁγίων ἅγια, τίς ἂν ἐποπτεύσας ἐξειπεῖν
τολμήσειεν; τίς δὲ κἂν εἰσκύψαι περιβόλων ἱερῶν
Heb. 4, 14 εἴσω δυνατός, ὅτι μὴ μόνος ὁ μέγας τῶν ὅλων
ἀρχιερεύς, ᾧ μόνῳ θέμις πάσης λογικῆς ψυχῆς τὰ
ἀπόρρητα διερευνᾶσθαι; τάχα δὲ καὶ ἄλλῳ δευ- 23
τερεύειν μετὰ τοῦτον ἑνὶ μόνῳ τῶν ἴσων ἐφικτόν,
τῷδε τῷ προκαθημένῳ τῆσδε τῆς στρατιᾶς ἡγεμόνι,
Ibid. ὃν αὐτὸς ὁ πρῶτος καὶ μέγας ἀρχιερεὺς δευτερείοις
τῶν τῆδε ἱερείων τιμήσας, ποιμένα τῆς ὑμετέρας
410

commanded, and they were created: for what
could resist the will of the universal King and Ruler
and the Word of God Himself? Such things would
require a discourse of their own, were one carefully
to examine and expound them at leisure. Yet
indeed the zeal of those who have laboured is not so
great or so noble in the judgement of Him whom we
address as God, when He looketh into the lively
temple which we all compose, and vieweth the house
formed of living and firmly set stones, well and
securely grounded upon the foundation of the apostles
and prophets, Jesus Christ himself being the chief
corner - stone; which stone the master - builders
rejected, not only of that old building which is no
more, but also of that building which compriseth
the more part of mankind to the present day, evil
workmen as they were of evil things; but the
Father approved it, and then and now builded it into
the head of the corner of this our common Church.
This living temple, then, of a living God formed out
of ourselves, I mean the greatest sanctuary and truly
reverend, whose innermost shrine may not be seen
by the common eye, for verily holy it is and a holy of
holies—who that viewed it would dare to describe?
Who is able even to peer into the temple buildings
that surround it, save only the great High Priest
of the universe, to whom alone it is permitted to
search the hidden mysteries of every rational soul?
But perchance it is possible for another also, and for
one alone among equals, to take the second place
after Him, namely, for the commander who presideth
over this army, whom the first and great High Priest
Himself hath honoured with the second place in the
priestly ministries of this place. the pastor of your

ἐνθέου ποίμνης κλήρῳ καὶ κρίσει τοῦ πατρὸς τὸν
ὑμέτερον λαχόντα λαόν, ὡς ἂν θεραπευτὴν καὶ
ὑποφήτην αὐτὸς ἑαυτοῦ κατετάξατο, τὸν νέον
Ἀαρὼν ἢ Μελχισεδεκ ἀφωμοιωμένον τῷ υἱῷ τοῦ
θεοῦ μένοντά τε καὶ πρὸς αὐτοῦ τηρούμενον εἰς τὸ
διηνεκὲς ταῖς κοιναῖς ἁπάντων ἡμῶν εὐχαῖς.
τούτῳ δὴ οὖν ἐξέστω μόνῳ μετὰ τὸν πρῶτον καὶ 24
μέγιστον ἀρχιερέα, εἰ μὴ τὰ πρῶτα, τὰ δεύτερα
γοῦν ὅμως ὁρᾶν τε καὶ ἐπισκοπεῖν τῆς ἐνδοτάτω
τῶν ὑμετέρων ψυχῶν θεωρίας, πείρᾳ μὲν καὶ
χρόνου μήκει ἕκαστον ἀκριβῶς ἐξητακότι σπουδῇ
τε τῇ αὐτοῦ καὶ ἐπιμελείᾳ τοὺς πάντας ὑμᾶς ἐν
κόσμῳ καὶ λόγῳ τῷ κατ᾽ εὐσέβειαν διατεθειμένῳ
δυνατῷ τε ὄντι μᾶλλον ἁπάντων, ὧν αὐτὸς σὺν
θείᾳ δυνάμει κατηρτίσατο, τούτων τοῖς ἔργοις
ἐφαμίλλως ἀποδοῦναι τοὺς λόγους.

"Ὁ μὲν οὖν πρῶτος καὶ μέγας ἡμῶν ἀρχιερεὺς 25
ὅσα βλέπει τὸν πατέρα ποιοῦντα, ταῦτα, φησίν,
ὁμοίως καὶ ὁ υἱὸς ποιεῖ· ὃ δὲ καὶ αὐτὸς ὡς ἂν ἐπὶ
διδάσκαλον τὸν πρῶτον καθαροῖς νοὸς ὄμμασιν
ἀφορῶν, ὅσα βλέπει ποιοῦντα, ὡς ἂν ἀρχετύποις
χρώμενος παραδείγμασιν, τούτων τὰς εἰκόνας, ὡς
ἔνι μάλιστα δυνατόν, εἰς τὸ ὁμοιότατον δημιουργῶν
ἀπειργάσατο, οὐδὲν ἐκείνῳ καταλιπὼν τῷ Βεσε-
λεήλ, ὃν αὐτὸς ὁ θεὸς πνεύματος ἐμπλήσας σοφίας
καὶ συνέσεως καὶ τῆς ἄλλης ἐντέχνου καὶ ἐπι-
στημονικῆς γνώσεως, τῆς τῶν οὐρανίων τύπων
διὰ συμβόλων ναοῦ κατασκευῆς δημιουργὸν ἀνα-
κέκληται. ταύτῃ δ᾽ οὖν καὶ ὅδε Χριστὸν ὅλον, 26
τὸν λόγον, τὴν σοφίαν, τὸ φῶς ἐν τῇ αὐτὸς αὐτοῦ
ἀγαλματοφορῶν ψυχῇ, οὐδ᾽ ἔστιν εἰπεῖν οἵᾳ σὺν

Heb. 7, 3

Heb. 13, 17
(inexact
quotation)
Heb. 4, 14
John 5, 19

Heb. 12, 2

Ex. 31, 2. 3
= 35, 30. 31

Cf. Heb. 8, 5

412

divine flock who was allotted and adjudged your
people by the Father, as if He Himself had appointed
him His attendant and interpreter, the new Aaron
or Melchizedek, made like unto the Son of God,
abiding and kept by Him continually by the
common prayers of you all. To him, therefore, let
it be permitted alone, after the first and greatest
High Priest, if not in the first at any rate in the second
place, to behold and inspect the inmost recesses of
your souls ; since through experience and length of
time [1] he hath proved each one accurately, and by his
zealous care he hath disposed you all in a godly order
and doctrine ; and he best of all is able to give such
an account as will match his deeds, of those things
that he himself hath wrought by the power of God.

"Now our first and great High Priest saith that
whatsoever things he seeth the Father doing, these
the Son also doeth in like manner. And this one
also, looking unto the first as unto a master with
the pure eyes of the mind, whatsoever he seeth Him
doing, these he useth as patterns and archetypes,
and by his workmanship hath wrought their images,
as far as in him lieth, into the closest likeness ; thus
in no wise doth he come behind that Bezalel, whom
God Himself filled with the spirit of wisdom and
understanding and with the knowledge as well of
crafts and sciences, and called him to be the work-
man that should construct the temple of heavenly
types in symbolic fashion. After this manner, then,
this man also, bearing in his own soul the image
of Christ entire, the Word, the Wisdom, the Light,

[1] These words seem to imply that Paulinus, though young,
had been bishop for some time.

μεγαλοφροσύνῃ πλουσίᾳ τε καὶ ἀπλήστῳ διανοίας
χειρὶ καὶ σὺν οἵᾳ πάντων ὑμῶν φιλοτιμίᾳ, τῇ τῶν
εἰσφορῶν μεγαλοψυχίᾳ τῆς αὐτῆς αὐτῷ προθέσεως
κατὰ μηδένα τρόπον ἀπολειφθῆναι φιλονεικότερον
μεγαλοφρονουμένων, τὸν μεγαλοπρεπῆ τόνδε θεοῦ
τοῦ ὑψίστου νεὼν τῷ τοῦ κρείττονος παραδείγματι,
ὡς ἂν ὁρώμενον μὴ ὁρωμένου, τὴν φύσιν ἐμφερῆ
συνεστήσατο, χῶρον μὲν τόνδε, ὅ τι καὶ ἄξιον
εἰπεῖν πρῶτον ἁπάντων, πάσης οὐ καθαρᾶς ὕλης
ἐχθρῶν ἐπιβουλαῖς κατακεχωσμένον οὐ παριδὼν
οὐδὲ τῇ τῶν αἰτίων παραχωρήσας κακίᾳ, ἐξὸν ἐφ'
ἕτερον ἐλθόντα, μυρίων ἄλλων εὐπορουμένων τῇ
πόλει, ῥᾳστώνην εὕρασθαι τοῦ πόνου καὶ πραγ-
μάτων ἀπηλλάχθαι. ὃ δὲ πρῶτον αὐτὸν ἐπὶ τὸ 27
ἔργον ἐγείρας, εἶτα δὲ τὸν σύμπαντα λαὸν προ-
θυμίᾳ ῥώσας καὶ μίαν ἐξ ἁπάντων μεγάλην χεῖρα
συναγαγών, πρῶτον ἆθλον ἠγωνίζετο, αὐτὴν δὴ
μάλιστα τὴν ὑπὸ τῶν ἐχθρῶν πεπολιορκημένην,
αὐτὴν τὴν προπονήσασαν καὶ τοὺς αὐτοὺς ἡμῖν
καὶ πρὸ ἡμῶν διωγμοὺς ὑπομείνασαν, τὴν μητρὸς
δίκην τῶν τέκνων ἐρημωθεῖσαν ἐκκλησίαν συναπο-
λαῦσαι δεῖν οἰόμενος τῆς τοῦ παναγάθου μεγαλο-
Heb. 13, 20 δωρεᾶς. ἐπειδὴ γὰρ τοὺς παῖδας αὖθις ὁ μέγας 28
ποιμήν, τοὺς θῆρας καὶ τοὺς λύκους καὶ πᾶν
Ps. 58, 6 ἀπηνὲς καὶ ἄγριον γένος ἀποσοβήσας καὶ τὰς
μύλας τῶν λεόντων, ᾗ φησιν τὰ θεῖα λόγια,
συντρίψας, ἐπὶ ταὐτὸν αὖθις συνελθεῖν ἠξίωσεν,
δικαιότατα καὶ τῆς ποίμνης τὴν μάνδραν ἀνίστη
Ps. 8, 2 τοῦ καταισχῦναι ἐχθρὸν καὶ ἐκδικητὴν καὶ ὡς
414

hath formed this magnificent temple of God most
high, answering in its nature to the pattern of that
which is better, even as the visible answereth to the
invisible ; nor could one describe with what noble-
mindedness, with what a liberal hand—whose will to
give was insatiable—and with what emulation on the
part of you all, ye nobly vied with one another by the
large-heartedness of your contributions in no respect
to come behind him in this selfsame purpose. And
this place—which thing also is worthy to be men-
tioned first of all—which by the evil designs of our
enemies had been covered with all kinds of vile
rubbish, he did not overlook nor surrender to the
malice of those who did this, though he might have
lighted upon another spot (for the city supplied
countless other sites), and thus found relief from toil
and freedom from trouble. Nay, he first of all
aroused himself to the work ; then by his zeal he
strengthened the whole people, and gathering to-
gether all into one great body, entered upon the
first contest ; for he deemed that she especially
who had been destroyed by the enemy, she who had
been aforetime afflicted and had endured the same
persecutions as we and before us, even the church who
like a mother had been bereft of her children, should
have her share in the enjoyment of the bounty of the
all-gracious God. For since once more the great
shepherd, having driven away the wild beasts and
the wolves and every kind of cruel and savage
creature, and having broken the great teeth of the
lions, as the divine oracles say, once more had vouch-
safed to bring His sons together, it was most meet
that he should also set up the fold of the flock, that
he might put to shame the enemy and the avenger,

ἂν ἔλεγχον ταῖς θεομάχοις τῶν ἀσεβῶν προαγάγοι
τόλμαις. καὶ νῦν οἱ μὲν οὐκ εἰσὶν οἱ θεομισεῖς, 29
ὅτι μηδὲ ἦσαν, ἐς βραχὺ δὲ ταράξαντες καὶ ταρα-
χθέντες, εἶθ᾽ ὑποσχόντες τιμωρίαν οὐ μεμπτὴν τῇ
δίκῃ, ἑαυτοὺς καὶ φίλους καὶ οἴκους ἄρδην ἀνα-
στάτους κατέστησαν, ὡς τὰς πάλαι στήλαις ἱεραῖς
καταγραφείσας προρρήσεις ἔργοις πιστὰς ὁμο-
λογεῖσθαι, δι᾽ ὧν τά τε ἄλλα ὁ θεῖος ἐπαληθεύει
λόγος, ἀτὰρ καὶ τάδε περὶ αὐτῶν ἀποφαινόμενος
Ps. 37, 14.15 ‘ ῥομφαίαν ἐσπάσαντο οἱ ἁμαρτωλοί, ἐνέτειναν τόξον 30
αὐτῶν τοῦ καταβαλεῖν πτωχὸν καὶ πένητα, τοῦ
σφάξαι τοὺς εὐθεῖς τῇ καρδίᾳ· ἡ ῥομφαία αὐτῶν εἰσ-
έλθοι εἰς τὰς καρδίας αὐτῶν καὶ τὰ τόξα αὐτῶν συν-
Ps. 9, 6. 5 τριβείη ᾽ καὶ πάλιν ᾽ ἀπώλετο τὸ μνημόσυνον αὐτῶν
(LXX) μετ᾽ ἤχου,᾽ καὶ ‘ τὸ ὄνομα αὐτῶν ἐξήλειπται εἰς τὸν
αἰῶνα καὶ εἰς τὸν αἰῶνα τοῦ αἰῶνος,᾽ ὅτι δὴ καὶ ἐν
Ps. 18. 41 κακοῖς γενόμενοι ‘ ἐκέκραξαν, καὶ οὐκ ἦν ὁ σῴζων·
πρὸς κύριον, καὶ οὐκ εἰσήκουσεν αὐτῶν, ἀλλ᾽ οἱ μὲν
Ps. 20, 8 ‘ συνεποδίσθησαν καὶ ἔπεσαν, ἡμεῖς δὲ ἀνέστημεν καὶ
(LXX) ἀνωρθώθημεν᾽· καὶ τό γ᾽ ἐν τούτοις προαναφωνοῦν
Ps. 73, 20 ‘ κύριε, ἐν τῇ πόλει σου τὴν εἰκόνα αὐτῶν ἐξουδενώ-
σεις᾽ ἀληθὲς ὑπ᾽ ὀφθαλμοῖς πάντων ἀναπέφανται.

‘“᾽Αλλ᾽ οἱ μὲν γιγάντων τρόπον θεομαχίαν ἐνστη- 31
σάμενοι τοιαύτην εἰλήχασιν τὴν τοῦ βίου κατα-
στροφήν· τῆς δ᾽ ἐρήμου καὶ παρ᾽ ἀνθρώποις ἀπ-
εγνωσμένης τοιαῦτα οἷα τὰ ὁρώμενα τῆς κατὰ θεὸν
ὑπομονῆς τὰ τέλη, ὡς ἀναφωνεῖν αὐτῇ τὴν προ-
Is. 35, 1-4. φητείαν ῾Ησαΐου ταῦτα ᾽ εὐφράνθητι, ἔρημος διψῶσα, 32
6. 7 (LXX) ἀγαλλιάσθω ἔρημος καὶ ἀνθείτω ὡς κρίνον· καὶ
ἐξανθήσει καὶ ἀγαλλιάσεται τὰ ἔρημα. ἰσχύσατε,

and openly rebuke the evil deeds of impious men fighting against God. And now these men, the haters of God, are no more, for they never were; but after troubling and being troubled for a little while, then they paid to Justice no contemptible penalty, accomplishing the utter overthrow of themselves, their friends and houses; so that the predictions which long ago had been inscribed on sacred records are confessedly proved trustworthy by the facts, in which, among other true things that the divine word speaketh, this also it declareth concerning them: 'The wicked have drawn out the sword, and have bent their bow; to cast down the poor and needy, to slay the upright in heart: may their sword enter into their own hearts, and may their bows be broken'; and again: 'Their memorial is perished with a sound,' and 'Their name hath been blotted out for ever and for ever and ever'; for verily when they also were in trouble 'They cried, and there was none to save: unto the Lord, and he did not hear them'; yea, they indeed 'had their feet bound together and fell, but we rose and stood upright'; and that which was predicted in these words, 'Lord, in thy city thou shalt set at naught their image,' hath been shown to be true before the eyes of all.

"But they verily, engaging like giants in battle against God, have thus brought their lives to a miserable end; while the issue of that godly endurance on the part of her who was deserted and rejected by men was such as we have seen; so that the prophecy of Isaiah calleth aloud unto her in these words: 'Be glad, O thirsty desert; let the desert rejoice and blossom as a lily; and the desert places shall blossom forth and rejoice. . . . Be strong, ye hands that

417

χεῖρες ἀνειμέναι καὶ γόνατα παραλελυμένα· παρα-
καλέσατε, ὀλιγόψυχοι τῇ διανοίᾳ, ἰσχύσατε, μὴ
φοβεῖσθε. ἰδοὺ ὁ θεὸς ἡμῶν κρίσιν ἀνταποδίδωσιν
καὶ ἀνταποδώσει, αὐτὸς ἥξει καὶ σώσει ἡμᾶς·
ὅτι, φησίν, ἐρράγη ἐν τῇ ἐρήμῳ ὕδωρ, καὶ φάραγξ
ἐν γῇ διψώσῃ, καὶ ἡ ἄνυδρος ἔσται εἰς ἕλη, καὶ
εἰς τὴν διψῶσαν γῆν πηγὴ ὕδατος ἔσται.'

"Καὶ τάδε μὲν λόγοις πάλαι προθεσπισθέντα 33
βίβλοις ἱεραῖς καταβέβλητο, τά γε μὴν ἔργα οὐκέτ'
ἀκοαῖς, ἀλλ' ἔργοις ἡμῖν παραδέδοται. ἡ ἔρημος
ἥδε, ἡ ἄνυδρος, ἡ χήρα καὶ ἀπερίστατος, ἧς ὡς
Ps. 74, 5-7 ἐν δρυμῷ ξύλων ἀξίναις ἐξέκοψαν τὰς πύλας, ἐπὶ
τὸ αὐτὸ ἐν πελύκει καὶ λαξευτηρίῳ συνέτριψαν
αὐτήν, ἧς καὶ τὰς βίβλους διαφθείραντες ἐν-
επύρισαν ἐν πυρὶ τὸ ἁγιαστήριον τοῦ θεοῦ, εἰς τὴν
γῆν ἐβεβήλωσαν τὸ σκήνωμα τοῦ ὀνόματος αὐτοῦ,
Ps. 80, 12. 13 ἣν ἐτρύγησαν πάντες οἱ παραπορευόμενοι τὴν ὁδὸν
προκαθελόντες αὐτῆς τοὺς φραγμούς, ἣν ἐλυμήνατο
ὗς ἐκ δρυμοῦ καὶ μονιὸς ἄγριος κατενεμήσατο,
Χριστοῦ δυνάμει παραδόξῳ νῦν, ὅτε θέλει αὐτός,
Is. 35 (see
above) γέγονεν ὡς κρίνον· ἐπεὶ καὶ τότε αὐτοῦ νεύματι,
Heb. 12, 6 ὡς ἂν προκηδομένου πατρός, ἐπαιδεύετο· ὃν γὰρ
ἀγαπᾷ κύριος, παιδεύει, μαστιγοῖ δὲ πάντα υἱὸν
ὃν παραδέχεται. μέτρῳ δῆτα κατὰ τὸ δέον ἐπι- 34
στραφεῖσα, αὖθις ἄνωθεν ἐξ ὑπαρχῆς ἀγαλλιᾶν
Is. 35 (see
above) προστάττεται ἐξανθεῖ τε ὡς κρίνον καὶ τῆς ἐνθέου
εὐωδίας εἰς πάντας ἀποπνεῖ ἀνθρώπους, ὅτι, φησίν,
ἐρράγη ἐν τῇ ἐρήμῳ ὕδωρ τὸ νᾶμα τῆς θείας τοῦ
Tit. 3, 5 σωτηρίου λουτροῦ παλιγγενεσίας, καὶ νῦν γέγονεν
Is. 35 (see
above) ἡ πρὸ μικροῦ ἔρημος εἰς ἕλη, καὶ εἰς τὴν διψῶσαν
γῆν ἔβρυσεν πηγὴ ὕδατος ζῶντος, ἰσχυσάν τε ὡς

418

hang down, and ye palsied knees. Be of good courage,
ye feeble-hearted, be strong, fear not; behold, our
God recompenseth judgement, and will recompense;
he will come and save you. . . . For,' saith he, ' water
broke out in the desert, and a stream in thirsty ground.
And the waterless place shall become marsh-meadows,
and upon the thirsty ground shall be a fountain of water.'

" Now these things, foretold long ago, had been
recorded in the sacred books in words; howbeit the
deeds have come down to us no longer by hearsay,
but in actual fact. This desert, this waterless place,
this widowed and defenceless one, whose gates they
cut down with axes as in a thicket of trees; whom
together with hatchet and hammer they brake down;
whose books also they destroyed and set on fire the
sanctuary of God; they profaned the dwelling-place
of His name to the ground; whom all they which
pass by the way did pluck, having before broken down
her fences, whom the boar out of the wood did ravage
and on whom the solitary wild beast did feed:
now by the miraculous power of Christ, when He
willeth it, hath become as a lily. For at that time
also by His command, as of a careful father, she was
chastened. For whom the Lord loveth He chasteneth,
and scourgeth every son whom He receiveth. So
then, after being corrected in due measure, once
more again she is bidden anew to rejoice, and she
blossoms forth as a lily and breathes upon all men of
her divine, sweet odour; for, saith he, water broke
out in the desert, the streams of the divine regenera-
tion that the washing of salvation bestoweth; and
that which a short time before was desert hath now
become marsh-meadows, and a fountain of living
water hath burst forth upon the thirsty ground; and

419

ἀληθῶς χεῖρες αἱ τὸ πρὶν ἀνειμέναι, καὶ τῆς τῶν
χειρῶν ἰσχύος ἔργα τάδε τὰ μεγάλα καὶ ἐναργῆ
δείγματα· ἀλλὰ καὶ τὰ πάλαι σεσαθρωμένα καὶ
παρειμένα γόνατα τὰς οἰκείας ἀπολαβόντα βάσεις,
τὴν ὁδὸν τῆς θεογνωσίας εὐθυποροῦντα βαδίζει,
John 10, 16 ἐπὶ τὴν οἰκείαν ποίμνην τοῦ παναγάθου ποιμένος
σπεύδοντα. εἰ δὲ καὶ ταῖς τῶν τυράννων ἀπειλαῖς 35
τὰς ψυχάς τινες ἀπενάρκησαν, οὐδὲ τούτους ὁ
σωτήριος ἀθεραπεύτους παρορᾷ λόγος, εὖ μάλα δὲ
καὶ αὐτοὺς ἰώμενος ἐπὶ τὴν τοῦ θείου παράκλησιν 36
παρορμᾷ λέγων· 'παρακαλέσατε, οἱ ὀλιγόψυχοι τῇ
Isai. 35 (see διανοίᾳ, ἰσχύσατε, μὴ φοβεῖσθε.'
above)

   "Τούτων δεῖν ἀπολαῦσαι τὴν διὰ θεὸν γενομένην
ἔρημον τοῦ λόγου προαγορεύοντος, ἐπακούσας
ὀξείᾳ διανοίας ἀκοῇ οὗτος ὁ νέος ἡμῶν καὶ καλὸς
Ζοροβαβὲλ μετὰ τὴν πικρὰν ἐκείνην αἰχμαλωσίαν
Matt. 24, 15 καὶ τὸ βδέλυγμα τῆς ἐρημώσεως, οὐ παριδὼν τὸ
πτῶμα νεκρόν, πρώτιστα πάντων παρακλήσεσιν
καὶ λιταῖς ἵλεω τὸν πατέρα μετὰ τῆς κοινῆς ὑμῶν
ἁπάντων ὁμοφροσύνης καταστησάμενος καὶ τὸν
Cf. Rom. 4, μόνον νεκρῶν ζωοποιὸν σύμμαχον παραλαβὼν καὶ
17 συνεργόν, τὴν πεσοῦσαν ἐξήγειρεν προαποκαθάρας
καὶ προθεραπεύσας τῶν κακῶν, καὶ στολὴν οὐ
τὴν ἐξ ἀρχαίου παλαιὰν αὐτῇ περιτέθεικεν, ἀλλ'
ὁποίαν αὖθις παρὰ τῶν θείων χρησμῶν ἐξεπαι-
Hag. 2, 9 δεύετο, σαφῶς ὧδε λεγόντων 'καὶ ἔσται ἡ δόξα
τοῦ οἴκου τούτου ἡ ἐσχάτη ὑπὲρ τὴν προτέραν.'

   "Ταύτῃ δ' οὖν πολὺ μείζονα τὸν χῶρον ἅπαντα 37
περιλαβών, τὸν μὲν ἔξωθεν ὠχυροῦτο περίβολον

---

¹ Hag. 2. 2 ff.

in very truth hands that before hung down have become strong, of the strength of which hands these great and manifest works are tokens. Yea, and the knees that long ago were diseased and relaxed have recovered their natural movement, and go straight forward upon the way of the knowledge of God, hasting to the flock of the all-gracious Shepherd, their true home. But if through the threats of the tyrants the souls of some have waxed numb, not even these doth the saving Word pass by as incurable, but right well He healeth them also and urgeth them on towards the divine encouragement, saying : ' Be of good courage, ye feeble-hearted, be strong, fear not.'

" The word which prophesied that she whom God had made desert was to enjoy these blessings, this our new and goodly Zerubbabel[1] heard with the sharp hearing of his mind, after that bitter captivity and the abomination of desolation ; nor did he pass by the corpse as dead, but first of all with entreaties and prayer he propitiated the Father with the common consent of you all ; and taking as his Ally and Fellow-worker Him who alone can quicken the dead, he raised up her that had fallen, having first cleansed and healed her of her ills ; and he clothed her with a garment, not the old one that she had from the beginning, but with such a one as he was once more instructed by the divine oracles, which thus clearly say : ' And the latter glory of this house shall be greater than the former.'

" Thus, then, the whole area that he enclosed was much larger.[2] The outer enclosure he made strong

[2] *i.e.* than that occupied by the previous church. The description here given (§§ 37-45) is the earliest account that we possess of the structure and furniture of a Christian church.

τῷ τοῦ παντὸς περιτειχίσματι, ὡς ἂν ἀσφαλέστατον εἴη τοῦ παντὸς ἕρκος· πρόπυλον δὲ μέγα 38 καὶ εἰς ὕψος ἐπηρμένον πρὸς αὐτὰς ἀνίσχοντος ἡλίου ἀκτῖνας ἀναπετάσας, ἤδη καὶ τοῖς μακρὰν περιβόλων ἔξω ἱερῶν ἑστῶσιν τῆς τῶν ἔνδον παρέσχεν ἀφθονίαν θέας, μόνον οὐχὶ καὶ τῶν ἀλλοτρίων τῆς πίστεως ἐπὶ τὰς πρώτας εἰσόδους ἐπιστρέφων τὰς ὄψεις, ὡς ἂν μὴ παρατρέχοι τις ὅτι μὴ τὴν ψυχὴν κατανυγεὶς πρότερον μνήμῃ τῆς τε πρὶν ἐρημίας καὶ τῆς νῦν παραδόξου θαυματουργίας, ὑφ᾿ ἧς τάχα καὶ ἑλκυσθήσεσθαι κατανυγέντα καὶ πρὸς αὐτῆς τῆς ὄψεως ἐπὶ τὴν εἴσοδον προτραπήσεσθαι ἤλπισεν. εἴσω δὲ παρ- 39 ελθόντι πυλῶν οὐκ εὐθὺς ἐφῆκεν ἀνάγνοις καὶ ἀνίπτοις ποσὶν τῶν ἔνδον ἐπιβαίνειν ἁγίων, διαλαβὼν δὲ πλεῖστον ὅσον τὸ μεταξὺ τοῦ τε νεὼ καὶ τῶν πρώτων εἰσόδων, τέτταρσι μὲν πέριξ ἐγκαρσίοις κατεκόσμησεν στοαῖς, εἰς τετράγωνόν τι σχῆμα περιφράξας τὸν τόπον, κίοσι πανταχόθεν ἐπαιρομέναις· ὧν τὰ μέσα διαφράγμασι τοῖς ἀπὸ ξύλου δικτυωτοῖς ἐς τὸ σύμμετρον ἥκουσι μήκους περικλείσας, μέσον αἴθριον ἠφίει εἰς τὴν τοῦ οὐρανοῦ κάτοψιν, λαμπρὸν καὶ ταῖς τοῦ φωτὸς ἀκτῖσιν ἀνειμένον ἀέρα παρέχων. ἱερῶν δ᾿ ἐνταῦθα 40 καθαρσίων ἐτίθει σύμβολα, κρήνας ἄντικρυς εἰς πρόσωπον ἐπισκευάζων τοῦ νεὼ πολλῷ τῷ χεύματι τοῦ νάματος τοῖς περιβόλων ἱερῶν ἐπὶ τὰ ἔσω προϊοῦσιν τὴν ἀπόρυψιν παρεχομένας. καὶ πρώτη μὲν εἰσιόντων αὕτη διατριβή, κόσμον ὁμοῦ καὶ ἀγλαΐαν τῷ παντὶ τοῖς τε τῶν πρώτων εἰσαγωγῶν ἔτι δεομένοις κατάλληλον τὴν μονὴν παρεχομένη.

with the wall surrounding the whole, so that it might
be a most secure defence thereof; while he spread
out a porch, great and raised aloft, towards the rays
of the rising sun, and even to those standing far out-
side the sacred precincts supplied no scanty view of
that which is within; thus, one might say, turning
the gaze, even of strangers to the faith, towards the
first entrances, so that none might hastily pass by
without first having his soul mightily struck by the
memory of the former desolation and the wondrous
miracle of to-day; struck by which he hoped that
perchance such a one would also be impelled, and
have his steps turned forwards by the bare sight,
towards the entrance. Now he hath not permitted
him that passeth inside the gates to tread forthwith
with unhallowed and unwashen feet upon the holy
places within; but hath left a space exceeding large
between the temple and the first entrances, and
adorned it all around with four transverse colonnades,
fencing the place into a kind of quadrangular figure,
with pillars raised on every side, and filling the spaces
between them with wooden barriers of lattice-work
rising to a convenient height; and in the midst
thereof he hath left an open space where men can
see the sky, thus providing it with air bright and
open to the rays of light. And here he hath placed
symbols of sacred purifications, by erecting fountains
right opposite the temple, whose copious streams of
flowing water supply cleansing to those who are
advancing within the sacred precincts. And this is
the first stopping-place for those that enter; supply-
ing at once adornment and splendour to the whole,
and a place of sojourn suited to such as are still in
need of their first instructions.

EUSEBIUS

"'Αλλὰ γὰρ καὶ τὴν τούτων θέαν παραμειψά- 41
μενος, πλείοσιν ἔτι μᾶλλον τοῖς ἐνδοτάτω προ-
πύλοις τὰς ἐπὶ τὸν νεὼν παρόδους ἀναπεπταμένας
ἐποίει, ὑπὸ μὲν ταῖς ἡλίου βολαῖς αὖθις τρεῖς
πύλας ὑφ' ἓν καταθεὶς πλευρόν, ὧν πολὺ τὰς παρ'
ἑκάτερα μεγέθει τε καὶ πλάτει πλεονεκτεῖν τῇ
μέσῃ χαρισάμενος παραπήγμασί τε χαλκοῦ σιδηρο-
δέτοις καὶ ποικίλμασιν ἀναγλύφοις διαφερόντως
αὐτὴν φαιδρύνας, ὡς ἂν βασιλίδι ταύτῃ τοὺς
δορυφόρους ὑπέζευξεν· τὸν αὐτὸν δὲ τρόπον καὶ 42
ταῖς παρ' ἑκάτερα τοῦ παντὸς νεὼ στοαῖς τὸν τῶν
προπύλων ἀριθμὸν διατάξας, ἄνωθεν ἐπὶ ταύταις
ἄλλῳ πλείονι φωτὶ διαφόρους τὰς ἐπὶ τὸν οἶκον
εἰσβολὰς ἐπενόει, ταῖς ἀπὸ ξύλου λεπτουργίαις
καὶ τὸν περὶ αὐτὰς κόσμον καταποικίλλων.

"Τὸν δὲ βασίλειον οἶκον πλουσιωτέραις ἤδη καὶ
δαψιλέσι ταῖς ὕλαις ὠχύρου, ἀφθόνῳ φιλοτιμίᾳ
τῶν ἀναλωμάτων χρώμενος· ἔνθα μοι δοκῶ περιτ- 43
τὸν εἶναι τοῦ δομήματος μήκη τε καὶ πλάτη κατα-
γράφειν, τὰ φαιδρὰ ταῦτα κάλλη καὶ τὰ λόγου
κρείττονα μεγέθη τήν τε τῶν ἔργων ἀποστίλ-
βουσαν ὄψιν τῷ λόγῳ διεξιόντι ὕψη τε τὰ οὐρανο-
μήκη καὶ τὰς τούτων ὑπερκειμένας πολυτελεῖς
τοῦ Λιβάνου κέδρους, ὧν οὐδὲ τὸ θεῖον λόγιον τὴν
μνήμην ἀπεσιώπησεν 'εὐφρανθήσεται' φάσκον 'τὰ
ξύλα τοῦ κυρίου, καὶ αἱ κέδροι τοῦ Λιβάνου ἃς
ἐφύτευσεν.'

"Τί με δεῖ νῦν τῆς πανσόφου καὶ ἀρχιτεκτονικῆς 44
διατάξεως καὶ τοῦ κάλλους τῆς ἐφ' ἑκάστου μέρους
ὑπερβολῆς ἀκριβολογεῖσθαι τὴν ὑφήγησιν, ὅτε τῆς
ὄψεως τὴν διὰ τῶν ὤτων ἀποκλείει μάθησιν ἡ

" But verily, passing by this spectacle, he hath thrown open passages to the temple by means of innermost porches in still greater numbers, once again under the rays of the sun placing three gates on one side, upon the middle one of which he hath bestowed a height and size that far surpasseth the two on either side, and hath singled it out for special adornment with bronze fastenings bound with iron and varied embossed work, making the others a bodyguard, as it were, beneath it as their queen. And after the same manner he hath also ordered the number of the porches for the colonnades on either side of the entire temple ; and above them hath devised as well separate openings into the building to give still further light ; and for these also he hath wrought a varied adornment with delicately-carved wood.

" Now as to the royal house,[1] he hath builded it of abundant and still richer materials, eagerly desiring to spare no expenses. I deem it superfluous for me to describe here the length and breadth of the edifice, to recount in full the brilliant beauty, the magnitude no words can express, and the dazzling appearance of the workmanship, yea, and the loftiness that reacheth heaven, and the costly cedars of Lebanon that are placed above ; the mention of which even the divine oracle doth not pass over in silence, saying : ' The trees of the Lord shall be glad, even the cedars of Lebanon which he hath planted.'

" Why need I now speak more particularly of the perfect wisdom and art with which the building hath been ordered, and the surpassing beauty of every part, when the witness of the eyes leaveth no place for the instruction that cometh through the ears ?

---

[1] Or, as we should say, " basilica."

μαρτυρία; ἀλλὰ γὰρ ὧδε καὶ τὸν νεὼν ἐπιτελέσας
θρόνοις τε τοῖς ἀνωτάτω εἰς τὴν τῶν προέδρων
τιμὴν καὶ προσέτι βάθροις ἐν τάξει τοῖς καθ᾿ ὅλου
κατὰ τὸ πρέπον κοσμήσας ἐφ᾿ ἅπασίν τε τὸ τῶν
ἁγίων ἅγιον θυσιαστήριον ἐν μέσῳ θείς, αὖθις καὶ
τάδε, ὡς ἂν εἴη τοῖς πολλοῖς ἄβατα, τοῖς ἀπὸ
ξύλου περιέφραττε δικτύοις εἰς ἄκρον ἐντέχνου
λεπτουργίας ἐξησκημένοις, ὡς θαυμάσιον τοῖς
ὁρῶσιν παρέχειν τὴν θέαν.

"᾿Αλλ᾿ οὐδὲ τοὔδαφος ἄρα εἰς ἀμελὲς ἔκειτο 45
αὐτῷ· καὶ τόδε γοῦν λίθῳ μαρμάρῳ εὖ μάλα κόσμῳ
παντὶ λαμπρύνας, ἤδη λοιπὸν καὶ ἐπὶ τὰ ἐκτὸς τοῦ
νεὼ μετῄει, ἐξέδρας καὶ οἴκους τοὺς παρ᾿ ἑκάτερα
μεγίστους ἐπισκευάζων ἐντέχνως ἐπὶ ταὐτὸν εἰς
πλευρὰ τῷ βασιλείῳ συνεζευγμένους καὶ ταῖς ἐπὶ
τὸν μέσον οἶκον εἰσβολαῖς ἡνωμένους· ἃ καὶ αὐτὰ
τοῖς ἔτι καθάρσεως καὶ περιρραντηρίων τῶν διὰ
John 8, 5 ὕδατος καὶ ἁγίου πνεύματος ἐγχρῄζουσιν ὁ εἰρηνικώ-
τατος ἡμῶν Σολομὼν ὁ τὸν νεὼν τοῦ θεοῦ δειμά-
μενος ἀπειργάζετο, ὡς μηκέτι λόγον, ἀλλ᾿ ἔργον
γεγονέναι τὴν ἄνω λεχθεῖσαν προφητείαν· γέγονεν 46
Hag. 2, 9 γὰρ καὶ νῦν ὡς ἀληθῶς ἐστιν ἡ δόξα τοῦ οἴκου
τούτου ἡ ἐσχάτη ὑπὲρ τὴν προτέραν.

"῎Εδει γὰρ καὶ ἀκόλουθον ἦν τοῦ ποιμένος αὐτῆς
καὶ δεσπότου ἅπαξ τὸν ὑπὲρ αὐτῆς θάνατον κατα-
δεξαμένου καὶ μετὰ τὸ πάθος, ὃ χάριν αὐτῆς
Cf. Phil. 3, 21; Heb. 2, 9 ῥυπῶν ἐνεδύσατο σῶμα ἐπὶ τὸ λαμπρὸν καὶ ἔν-
δοξον μεταβεβληκότος αὐτήν τε σάρκα τὴν λυθεῖ-
Cf. 1 Cor. 15, 42 σαν ἐκ φθορᾶς εἰς ἀφθαρσίαν ἀγαγόντος, καὶ τήνδε

¹ *i.e.* the basilica was provided with additional rooms, for
various ecclesiastical purposes, which adjoined the main
building, or, as we should say, the church proper.

Nevertheless, having thus completed the temple he adorned it with thrones, very lofty, to do honour unto the presidents, and likewise with benches arranged in order throughout in a convenient manner; and after all these he hath placed in the midst the holy of holies even the altar, and again surrounded this part also, that the multitude might not tread thereon, with a fence of wooden lattice-work, delicately wrought with the craftsman's utmost skill, so as to present a marvellous spectacle to those that see it.

" Nor did even the pavement, as one might suppose, escape his care. This also, for example, he hath made exceeding brilliant with every kind of fair marble; and then, finally, passing on outside the temple as well, he hath constructed chambers and buildings on either side, very large, the which he hath skilfully joined together to the sides of the royal house,[1] and united with the openings into the central building. These also were wrought by our most peaceful Solomon, who built the temple of God, for those who still have need of cleansing and sprinkling with water and the Holy Spirit, insomuch that the aforesaid prophecy [2] is no longer a word only, but is become a fact. For the latter glory of this house hath become, and in truth even now is, greater than the former.

" For it was meet and right that, as her Shepherd and Lord had suffered once for all death on her behalf, and after the Passion had changed the foul body with which He had clothed Himself for her sake into His splendid and glorious body, and brought the very flesh that was dissolved from corruption into incor-

[2] § 36.

ὁμοίως τῶν τοῦ σωτῆρος οἰκονομιῶν ἐπαύρα-
σθαι, ὅτι δὴ καὶ τούτων πολὺ κρείττονα λαβοῦσα
παρ' αὐτοῦ τὴν ἐπαγγελίαν, τὴν πολὺ μείζονα
δόξαν τῆς παλιγγενεσίας ἐν ἀφθάρτου σώματος
ἀναστάσει μετὰ φωτὸς ἀγγέλων χορείας ἐν τοῖς
οὐρανῶν ἐπέκεινα τοῦ θεοῦ βασιλείοις σὺν αὐτῷ
Χριστῷ Ἰησοῦ τῷ πανευεργέτῃ καὶ σωτῆρι διαρ-
κῶς ἐπὶ τοὺς ἑξῆς αἰῶνας ἀπολαβεῖν ποθεῖ. ἀλλὰ 47
γὰρ τέως ἐπὶ τοῦ παρόντος τούτοις ἡ πάλαι χήρα
καὶ ἔρημος θεοῦ χάριτι περιβληθεῖσα τοῖς ἄνθεσιν
γέγονεν ἀληθῶς ὡς κρίνον, ᾗ φησιν ἡ προφητεία,
καὶ τὴν νυμφικὴν ἀναλαβοῦσα στολὴν τόν τε τῆς
εὐπρεπείας περιθεμένη στέφανον οἷα χορεύειν διὰ
Ἡσαΐου παιδεύεται τὰ χαριστήρια τῷ βασιλεῖ
θεῷ φωναῖς εὐφήμοις γεραίρουσα, αὐτῆς λεγούσης 48
ἐπακούομεν ' ἀγαλλιάσθω ἡ ψυχή μου ἐπὶ τῷ
κυρίῳ· ἐνέδυσεν γάρ με ἱμάτιον σωτηρίου καὶ
χιτῶνα εὐφροσύνης· περιέθηκέν μοι ὡς νυμφίῳ
μίτραν, καὶ ὡς νύμφην κατεκόσμησέν με κόσμῳ·
καὶ ὡς γῆν αὔξουσαν τὸ ἄνθος αὐτῆς, καὶ ὡς
κῆπος τὰ σπέρματα αὐτοῦ ἀνατελεῖ, οὕτως κύριος
κύριος ἀνέτειλεν δικαιοσύνην καὶ ἀγαλλίαμα ἐνώ-
πιον πάντων τῶν ἐθνῶν.'

"Τούτοις μὲν οὖν αὕτη χορεύει· οἵοις δὲ καὶ ὁ 49
νυμφίος, λόγος ὁ οὐράνιος, αὐτὸς Ἰησοῦς Χριστὸς
αὐτὴν ἀμείβεται, ἄκουε λέγοντος κυρίου ' μὴ φοβοῦ
ὅτι κατῃσχύνθης μηδὲ ἐντραπῇς ὅτι ὠνειδίσθης·
ὅτι αἰσχύνην αἰώνιον ἐπιλήσῃ καὶ ὄνειδος τῆς

428

Marginal references:
Cf. Heb. 11, 39. 40
Is. 35, 1
Is. 61, 10-11
Is. 54, 4. 6-8

ruption, she also likewise should enjoy the fruits of the dispensations of the Saviour. For verily having received from Him a promise of much better things than even these, she longeth to receive as her due, lastingly and for the ages that are to come, the much greater glory of the new birth in the resurrection of an incorruptible body, in the company of the choir of the angels of light in the kingdoms of God beyond the heavens, with Christ Jesus Himself her supreme Benefactor and Saviour. But meanwhile in the present time she who hath long been a widow and deserted hath been robed by the grace of God with these blossoms, and is become in truth as a lily, as saith the prophecy ; and having received again the garb of a bride and put on the garland of beauty, she is taught by Isaiah to dance, as it were, presenting her thank-offering to the glory of God the King in words of praise. Let us listen to her as she saith : ' Let my soul rejoice in the Lord ; for he hath clothed me with the garment of salvation and the cloke of gladness, he hath put a chaplet upon me as a bride-groom, and hath adorned me with adornment as a bride. And as the earth that maketh her flower to grow, and as the garden causeth the things that are sown in it to spring forth ; so the Lord, the Lord, will cause righteousness and rejoicing to spring forth before all the nations.'

" With these words, then, she danceth. But with what words the Bridegroom also, even the heavenly Word, Jesus Christ Himself, answereth her, hear the Lord as He saith : ' Fear not for that thou hast been put to shame ; neither dread for that thou hast been put to reproach : for thou shalt forget thy ever-lasting shame, and the reproach of thy widowhood

χηρείας σου οὐ μὴ μνησθήσῃ, οὐχ ὡς γυναῖκα
ἐγκαταλελειμμένην καὶ ὀλιγόψυχον κέκληκέν σε
κύριος οὐδ᾽ ὡς γυναῖκα ἐκ νεότητος μεμισημένην.
εἶπεν ὁ θεός σου· χρόνον μικρὸν ἐγκατέλιπόν σε,
καὶ ἐν ἐλέῳ μεγάλῳ ἐλεήσω σε· ἐν θυμῷ μικρῷ
ἀπέστρεψα τὸ πρόσωπόν μου ἀπὸ σοῦ, καὶ ἐν ἐλέῳ
αἰωνίῳ ἐλεήσω σε· εἶπεν ὁ ῥυσάμενός σε κύριος.

Is. 51, 17. 18.
22. 23 ; 52, 1.
2

ἐξεγείρου, ἐξεγείρου, ἡ πιοῦσα ἐκ χειρὸς κυρίου 50
τὸ ποτήριον τοῦ θυμοῦ αὐτοῦ· τὸ ποτήριον γὰρ τῆς
πτώσεως, τὸ κόνδυ τοῦ θυμοῦ μου, ἐξέπιες καὶ
ἐξεκένωσας. καὶ οὐκ ἦν ὁ παρακαλῶν σε ἀπὸ
πάντων τῶν τέκνων σου ὧν ἔτεκες, καὶ οὐκ ἦν ὁ
ἀντιλαμβανόμενος τῆς χειρός σου. ἰδοὺ εἴληφα ἐκ
τῆς χειρός σου τὸ ποτήριον τῆς πτώσεως, τὸ
κόνδυ τοῦ θυμοῦ μου, καὶ οὐ προσθήσεις ἔτι πιεῖν
αὐτό· καὶ δώσω αὐτὸ εἰς τὰς χεῖρας τῶν ἀδικη-
σάντων σε καὶ τῶν ταπεινωσάντων σε. ἐξεγείρου, 51
ἐξεγείρου, ἔνδυσαι τὴν ἰσχύν, ἔνδυσαι τὴν δόξαν
σου· ἐκτίναξαι τὸν χοῦν καὶ ἀνάστηθι. κάθισον,

Is. 49, 18-21

ἔκλυσαι τὸν δεσμὸν τοῦ τραχήλου σου. ἆρον
κύκλῳ τοὺς ὀφθαλμούς σου καὶ ἴδε συνηγμένα τὰ
τέκνα σου· ἰδοὺ συνήχθησαν καὶ ἦλθον πρός σε·
ζῶ ἐγώ, λέγει κύριος, ὅτι πάντας αὐτοὺς ὡς
κόσμον ἐνδύσῃ καὶ περιθήσῃ αὐτοὺς ὡς κόσμον
νύμφης· ὅτι τὰ ἔρημά σου καὶ τὰ διεφθαρμένα καὶ 52
τὰ καταπεπτωκότα νῦν στενοχωρήσει ἀπὸ τῶν
κατοικούντων σε, καὶ μακρυνθήσονται ἀπὸ σοῦ οἱ
καταπίνοντές σε. ἐροῦσιν γὰρ εἰς τὰ ὦτά σου οἱ
υἱοί σου οὓς ἀπολώλεκας ᾽στενός μοι ὁ τόπος,
ποίησόν μοι τόπον ἵνα κατοικήσω,᾽ καὶ ἐρεῖς ἐν
τῇ καρδίᾳ σου ᾽τίς ἐγέννησέν μοι τούτους; ἐγὼ
δὲ ἄτεκνος καὶ χήρα τούτους δὲ τίς ἐξέθρεψέν

shalt thou remember no more. . . . Not as a wife
forsaken and faint-hearted hath the Lord called thee,
nor as a wife hated from her youth, saith thy God.
For a little time I forsook thee ; and with great mercy
I will have mercy on thee. In a little wrath I hid
my face from thee, and with everlasting mercy I will
have mercy on thee, saith the Lord who delivered
thee. Awake, awake, . . . thou who hast drunk at
the hand of the Lord the cup of his fury ; for the cup
of staggering, the bowl of fury, thou hast drunk and
drained it. And there was none to comfort thee
among all thy sons whom thou hast brought forth ;
and there was none to take thee by the hand. . . .
Behold I have taken out of thine hand the cup of
staggering, the bowl of my fury ; and thou shalt no
more drink it again : and I will put it into the hands
of them that did thee wrong and of them that
humbled thee. . . . Awake, awake, put on strength,
. . . put on thy glory. . . . Shake off the dust and
arise. Sit thee down . . . loose the band from thy
neck. Lift up thine eyes round about, and behold
thy children gathered together. Behold they were
gathered together and came to thee. As I live,
saith the Lord, thou shalt clothe thee with them all
as with an ornament, and gird thyself with them as
with the ornament of a bride. For thy desolate and
destroyed and ruined places shall now be too strait
by reason of them that inhabit thee, and they that
swallow thee up shall be far away from thee. For
thy sons whom thou hast lost shall say in thy ears,
' the place is too strait for me : give place to me that I
may dwell.' And thou shalt say in thine heart, ' who
hath begotten me these ? I am childless and a
widow, but as for these, who hath brought me them

μοι; ἐγὼ δὲ κατελείφθην μόνη, οὗτοι δέ μοι ποῦ ἦσαν; '

"Ταῦτα Ἡσαΐας προεθέσπισεν, ταῦτα πρόπαλαι 53 περὶ ἡμῶν ἐν ἱεραῖς βίβλοις καταβέβλητο, χρῆν δέ που τούτων τὴν ἀψεύδειαν ἤδη ποτὲ ἔργοις παραλαβεῖν. ἀλλὰ γὰρ τοιαῦτα τοῦ νυμφίου λόγου 54 πρὸς τὴν ἑαυτοῦ νύμφην τὴν ἱερὰν καὶ ἁγίαν ἐκ-κλησίαν ἐπιφωνοῦντος, εἰκότως ὁ νυμφοστόλος ὅδε

Is. 35, 1
αὐτήν, τὴν ἔρημον, τὴν πτῶμα κειμένην, τὴν παρὰ ἀνθρώποις ἀνέλπιδα, ταῖς κοιναῖς ἁπάντων ἡμῶν εὐχαῖς χεῖρας τὰς ὑμῶν αὐτῶν ὀρέξας ἐξήγειρεν

Is. 52, 1
καὶ ἐξανέστησεν θεοῦ τοῦ παμβασιλέως νεύματι καὶ τῆς Ἰησοῦ Χριστοῦ δυνάμεως ἐπιφανείᾳ τοι-αύτην τε ἀναστήσας κατεστήσατο, οἵαν ἐκ τῆς τῶν ἱερῶν χρησμῶν καταγραφῆς ἐδιδάσκετο.

"Θαῦμα μὲν οὖν μέγιστον τοῦτο καὶ πέρα πάσης 55 ἐκπλήξεως, μάλιστα τοῖς ἐπὶ μόνῃ τῇ τῶν ἔξωθεν φαντασίᾳ τὸν νοῦν προσανέχουσιν· θαυμάτων δὲ θαυμασιώτερα τά τε ἀρχέτυπα καὶ τούτων τὰ πρωτό-τυπα νοητὰ καὶ θεοπρεπῆ παραδείγματα, τὰ τῆς ἐνθέου φημὶ καὶ λογικῆς ἐν ψυχαῖς οἰκοδομῆς ἀνα-

Gen. 1, 26
νεώματα· ἣν αὐτὸς ὁ θεόπαις κατ' εἰκόνα τὴν 56 αὐτὸς αὐτοῦ δημιουργήσας πάντῃ τε καὶ κατὰ πάντα τὸ θεοείκελον δεδωρημένος, ἄφθαρτον φύσιν, ἀσώματον, λογικήν, πάσης γεώδους ὕλης ἀλλο-τρίαν, αὐτονοερὰν οὐσίαν, ἅπαξ τὸ πρῶτον ἐκ τοῦ μὴ ὄντος εἰς τὸ εἶναι συστησάμενος, νύμφην ἁγίαν καὶ νεὼν πανίερον ἑαυτῷ τε καὶ τῷ πατρὶ κατ-

---

¹ Paulinus is here described as the friend of the Bridegroom (Christ) who assists the Bride (the Church).
² Eusebius means that wonderful as the restoration of the

up? I was left alone, but these, where had I them?'

" These things Isaiah prophesied, these things had of old been recorded concerning us in sacred books; but it was necessary that somehow we should come to learn their truthfulness at some time by facts. Moreover, since the Bridegroom, even the Word, thus addresseth His Bride, the sacred and Holy Church, fittingly did this paranymph [1] stretch out your hands in the common prayers of you all, and awake and raise up her who was desolate, who lay like a corpse, of whom men despaired, by the will of God the universal King and the manifestation of the power of Jesus Christ; and having raised he restored her to be such as he learnt from the record of the sacred oracles.

" A mighty wonder truly is this, and surpassing all amazement, especially in the eyes of such as take heed only to the appearance of outward things. But more wonderful than wonders are the archetypes, the rational prototypes of these things, and their divine models,[2] I mean the renewal of the God-given, spiritual edifice in our souls. This edifice the Son of God Himself created in His own image, and everywhere and in all things hath bestowed upon it the divine likeness, an incorruptible nature, an essence incorporeal, spiritual, a stranger to all earthly matter and endowed with intelligence of its own; once for all at the first He formed it into being from that which was not, and hath made it a holy bride and an all-sacred temple for Himself and the Father. And this

church is, more wonderful is the restoration of the soul, inasmuch as the spiritual is the archetype or prototype of the material.

εἰργάσατο· ὃ καὶ σαφῶς αὐτὸς ὁμολογῶν ἐκφαίνει,

2 Cor. 6, 16 λέγων ʽ ἐνοικήσω ἐν αὐτοῖς καὶ ἐμπεριπατήσω, καὶ
ἔσομαι αὐτῶν θεὸς καὶ αὐτοὶ ἔσονταί μοι λαός.᾽
καὶ τοιαύτη μὲν ἡ τελεία καὶ κεκαθαρμένη ψυχή,
ἀρχῆθεν οὕτω γεγενημένη, οἵα τὸν οὐράνιον λόγον
ἀγαλματοφορεῖν.

" ʼΑλλὰ γὰρ φθόνῳ καὶ ζήλῳ τοῦ φιλοπονήρου 57
δαίμονος φιλοπαθὴς καὶ φιλοπόνηρος ἐξ αὐτ-
εξουσίου αἱρέσεως γενομένη, ὑπαναχωρήσαντος
αὐτῆς τοῦ θείου ὡς ἂν ἔρημος προστάτου, εὐάλωτος
καὶ εἰς ἐπιβουλὴν εὐχερὴς τοῖς ἐκ μακροῦ δια-
φθονουμένοις ἀπελήλεγκται, ταῖς τε τῶν ἀορά-
των ἐχθρῶν καὶ νοητῶν πολεμίων ἑλεπόλεσι καὶ
μηχαναῖς καταβληθεῖσα, πτῶμα ἐξαίσιον κατα-

Luke 21, 6 πέπτωκεν, ὡς ὅσον οὐδ᾽ ἐπὶ λίθῳ λίθον τῆς ἀρετῆς
ἑστῶτα ἐν αὐτῇ διαμεῖναι, ὅλην δὲ δι᾽ ὅλου χαμαὶ
κεῖσθαι νεκράν, τῶν περὶ θεοῦ φυσικῶν ἐννοιῶν
πάμπαν ἀπεστερημένην. πεπτωκυῖαν δῆτα αὐτὴν 58

Gen. 1, 27 ἐκείνην τὴν κατ᾽ εἰκόνα θεοῦ κατασκευασθεῖσαν
Ps. 80, 13 ἐλυμήνατο οὐχ ὗς οὗτος ὁ ἐκ δρυμοῦ τοῦ παρ᾽
ἡμῖν ὁρατοῦ, ἀλλά τις φθοροποιὸς δαίμων καὶ θῆρες
ἄγριοι νοητοί, οἳ καὶ τοῖς πάθεσιν οἷα πεπυρακτω-

Eph. 6, 16 μένοις τῆς σφῶν κακίας βέλεσιν αὐτὴν ἐξυφάψαντες,
(inexact
quotation) ἐνεπύρισαν ἐν πυρὶ τὸ θεῖον ὄντως ἁγιαστήριον
Ps. 74, 7 τοῦ θεοῦ εἰς τὴν γῆν τε ἐβεβήλωσαν τὸ σκήνωμα
τοῦ ὀνόματος αὐτοῦ, εἶτα πολλῷ τῷ προσχώματι
τὴν ἀθλίαν κατορύξαντες, εἰς ἀνέλπιστον πάσης
περιέτρεψαν σωτηρίας.

" ʼΑλλ᾽ ὅ γε κηδεμὼν αὐτῆς λόγος ὁ θεοφεγγὴς 59
καὶ σωτήριος τὴν κατ᾽ ἀξίαν δίκην τῶν ἁμαρτη-
μάτων ὑποσχοῦσαν αὖθις ἐξ ὑπαρχῆς ἀνελάμβανεν,
πατρὸς παναγάθου φιλανθρωπίᾳ πειθόμενος. αὐτὰς 60

434

also He Himself clearly showeth, when He thus confesseth : ' I will dwell in them, and walk in them ; and I will be their God, and they shall be my people.' Such then, is the perfect and purified soul, thus begotten from the beginning so as to bear the image of the heavenly Word.

" But when through the envy and jealousy of the demon which loveth evil she became of her own free choice a lover of that which is sensual and evil, and the Deity departed from her, leaving her bereft of a protector, she fell an easy capture and prey to the snares of those who long had envied her ; and, laid low by the engines and machines of her invisible enemies and spiritual foes, she fell a tremendous fall, so that not even one stone upon another of her virtue remained standing in her ; nay, she lay her full length upon the ground, absolutely dead, altogether deprived of her inborn thoughts concerning God. Yea, verily, as she lay fallen there, she who was made in the image of God, it was not that boar out of the wood which we can see that ravaged her, but some death-dealing demon and spiritual wild beasts, who also have inflamed her with their passions as with fiery darts of their own wickedness, and have set the truly divine sanctuary of God on fire, and have profaned the dwelling-place of His name to the ground ; then they buried the hapless one in a great heap of earth, and brought her to a state bereft of all hope of salvation.

" But her Guardian, the Word, the divinely-bright and saving One, when she had paid the just penalty for her sins, once more again restored her, hearkening to the loving-kindness of an all-gracious Father.

δὴ οὖν πρώτας τὰς τῶν ἀνωτάτω βασιλευόντων
ψυχὰς προελόμενος, τῶν μὲν δυσσεβῶν καὶ
ὀλεθρίων πάντων αὐτῶν τε τῶν δεινῶν καὶ θεο-
μισῶν τυράννων τὴν οἰκουμένην ἅπασαν δι᾽ αὐτῶν
τῶν θεοφιλεστάτων ἐκαθήρατο· εἶτα δὲ τοὺς αὐτῷ
γνωρίμους ἄνδρας, τοὺς πάλαι διὰ βίου ἱερω-
μένους αὐτῷ, κρύβδην γε μὴν ὡς ἐν κακῶν χει-
μῶνι πρὸς τῆς αὐτοῦ σκέπης καλυπτομένους, εἰς
φανερὸν ἀγαγὼν καὶ ταῖς τοῦ πατρὸς μεγαλο-
δωρεαῖς ἐπαξίως τιμήσας, αὖθις καὶ διὰ τούτων
τὰς μικρῷ πρόσθεν ἐρρυπωμένας ψυχὰς ὕλης τε
παντοίας καὶ χώματος ἀσεβῶν ἐπιταγμάτων συμ-
πεφορημένας ὄρυξι καὶ δικέλλαις ταῖς πληκτικαῖς
τῶν μαθημάτων διδασκαλίαις ἐξεκάθηρέν τε καὶ
ἀπέσμηξεν, λαμπρόν τε καὶ διαυγῆ τῆς πάντων 61
ὑμῶν διανοίας τὸν χῶρον ἀπειργασμένος, ἐνταῦθα
λοιπὸν τῷ πανσόφῳ καὶ θεοφιλεῖ τῷδε παραδέδωκεν
ἡγεμόνι· ὃς τά τε ἄλλα κριτικὸς καὶ ἐπιλογιστι-
κὸς τυγχάνων τήν ⟨τε⟩ τῶν αὐτῷ κεκληρωμένων
ψυχῶν εὖ διαγινώσκων καὶ φιλοκρινῶν διάνοιαν,
Cf. 1 Cor. 3, 12 ἐκ πρώτης ὡς εἰπεῖν ἡμέρας οἰκοδομῶν οὔπω καὶ
εἰς δεῦρο πέπαυται, τοτὲ μὲν διαυγῆ τὸν χρυσόν,
τοτὲ δὲ δόκιμον καὶ καθαρὸν τὸ ἀργύριον καὶ τοὺς
τιμίους καὶ πολυτελεῖς λίθους ἐν πᾶσιν ὑμῖν
ἁρμόττων, ὡς ἱερὰν αὖθις καὶ μυστικὴν ἔργοις τοῖς
εἰς ὑμᾶς ἀποπληροῦν προφητείαν, δι᾽ ἧς εἴρηται 62
Is. 54, 11-14 ᾿ἰδοὺ ἐγὼ ἑτοιμάζω σοι ἄνθρακα τὸν λίθον σου καὶ
τὰ θεμέλιά σου σάπφειρον καὶ τὰς ἐπάλξεις σου
ἴασπιν καὶ τὰς πύλας σου λίθους κρυστάλλου καὶ
τὸν περίβολόν σου λίθους ἐκλεκτοὺς καὶ πάντας
τοὺς υἱούς σου διδακτοὺς θεοῦ καὶ ἐν πολλῇ εἰρήνῃ
τὰ τέκνα σου· καὶ ἐν δικαιοσύνῃ οἰκοδομηθήσῃ.᾿

First, then, choosing unto Himself the souls of the
supreme Emperors, by means of these men most
dearly beloved of God He cleansed the whole world
of all the wicked and baneful persons and of the cruel
God-hating tyrants themselves. And then those
men that were His disciples, who all their life long
had been consecrated to Him, yet secretly concealed,
as in a storm of evils, by His sheltering care, these
He brought out openly and honoured worthily with
the great gifts of His Father's bounty. And by their
means He once more purified and cleansed with
pickaxes and mattocks, namely, the penetrating
teachings of His instruction, those souls which a short
time before had been befouled and overlaid with
every sort of matter and rubbish contained in im-
pious decrees; and when He had made bright and
clear the place of the understanding of all of you,
He then for the future consigned it to this all-wise
and God-beloved ruler. He, discerning and prudent
as he is in all else, distinguisheth also and discerneth
the understanding of the souls committed to his
charge; and from the first day, so to speak, even
unto now he hath never ceased to build, and among
you all to fit into its place, at one time the radiant
gold, at another the approved and purified silver and
the precious and costly stones; so as once more to
fulfil in his deeds to you-ward the sacred and mystic
prophecy, in which it hath been said : ' Behold I
prepare for thee thy stone of carbuncle, and thy
foundations of sapphire, and thy battlements of
jasper, and thy gates of crystals, and thy wall of
choice stones, and all thy sons taught of God, and in
great peace thy children : and in righteousness shalt
thou be built.'

" Δικαιοσύνη δῆτα οἰκοδομῶν, κατ' ἀξίαν τοῦ 63
παντὸς λαοῦ διήρει τὰς δυνάμεις, οἷς μὲν τὸν
ἔξωθεν αὐτὸ μόνον περιφράττων περίβολον, τὴν
ἀπλανῆ πίστιν περιτειχίσας (πολὺς δὲ ὁ τοιοῦτος
καὶ μέγας λεώς, οὐδὲν κρεῖττον φέρειν οἰκοδόμημα
διαρκῶν), οἷς δὲ τὰς ἐπὶ τὸν οἶκον ἐπιτρέπων εἰσ-
όδους, θυραυλεῖν καὶ ποδηγεῖν τοὺς εἰσιόντας κατα-
τάττων, οὐκ ἀπεικότως τοῦ νεὼ πρόπυλα νε-
νομισμένους, ἄλλους δὲ πρώτοις τοῖς ἔξωθεν
ἀμφὶ τὴν αὐλὴν ἐκ τετραγώνου κίοσιν ὑπεστήριξεν,
ταῖς πρώταις τῶν τεττάρων εὐαγγελίων τοῦ
γράμματος προσβολαῖς ἐμβιβάζων· τοὺς δ' ἤδη
ἀμφὶ τὸν βασίλειον οἶκον ἑκατέρωσε παραζεύγνυσιν,
ἔτι μὲν κατηχουμένους καὶ ἐν αὔξῃ καὶ προκοπῇ
καθεστῶτας, οὐ μὴν πόρρω που καὶ μακρὰν τῆς
τῶν ἐνδοτάτω θεοπτίας τῶν πιστῶν διεζευγ-
μένους. ἐκ δὴ τούτων τὰς ἀκηράτους ψυχὰς θείῳ 64
λουτρῷ χρυσοῦ δίκην ἀποσμηχθείσας παραλαβών,
κἀνταῦθα τοὺς μὲν κίοσιν τῶν ἐξωτάτω πολὺ
κρείττοσιν ἐκ τῶν ἐνδοτάτω μυστικῶν τῆς γραφῆς
δογμάτων ὑποστηρίζει, τοῖς δὲ πρὸς τὸ φῶς
ἀνοίγμασιν καταυγάζει, προπύλῳ μὲν ἑνὶ μεγίστῳ 65
τῆς τοῦ παμβασιλέως ἑνὸς καὶ μόνου θεοῦ δοξο-
λογίας τὸν πάντα νεών κατακοσμῶν, Χριστοῦ
δὲ καὶ ἁγίου πνεύματος παρ' ἑκάτερα τῆς τοῦ
πατρὸς αὐθεντίας τὰς δευτέρας αὐγὰς τοῦ φωτὸς
παρασχόμενος· τῶν τε λοιπῶν διὰ τοῦ παντὸς
οἴκου ἄφθονον καὶ πολὺ διάφορον τῆς καθ' ἕκαστον
ἀληθείας τὸ σαφὲς καὶ φωτεινὸν ἐνδεικνύμενος,
1 Pet. 2, 5   πάντῃ δὲ καὶ πανταχόθεν τοὺς ζῶντας καὶ βε-

---

[1] §§ 63-68 contain a comparison of the material church
with the spiritual temple (those who worship in it).

" Building verily in righteousness,[1] he duly divided the whole people according to their several abilities; with some he fenced the outer enclosure and this alone, surrounding it with a wall of unerring faith (and this was the great multitude of the people who were unable to support a mightier structure); to others he entrusted the entrances to the house, setting them to haunt the doors and guide the steps of those entering, wherefore they have not unnaturally been reckoned as gateways of the temple; others he supported with the first outer pillars that are about the quadrangular courtyard, bringing them to their first acquaintance with the letter of the four Gospels. Others he joineth closely to the royal house on either side, still indeed under instruction and in the stage of progressing and advancing, yet not far off nor greatly separated from the faithful who possess the divine vision of that which is innermost. Taking from the number of these last the pure souls that have been cleansed like gold by the divine washing, he then supporteth some of them with pillars much greater than the outermost, from the innermost mystic teachings of the Scriptures, while others he illumineth with apertures towards the light. The whole temple he adorneth with a single, mighty gateway, even the praise of the one and only God, the universal King; and on either side of the Father's sovereign power he provideth the secondary beams of the light of Christ and the Holy Spirit. As to the rest, throughout the whole house he showeth in an abundant and much varied manner the clearness and splendour of the truth that is in each one, in that everywhere and from every source he hath included the living and firmly set and

439

EUSEBIUS

βηκότας καὶ εὐπαγεῖς τῶν ψυχῶν λίθους ἐγκρίνας,
τὸν μέγαν καὶ βασιλικὸν ἐξ ἁπάντων οἶκον ἐπι-
σκευάζεται λαμπρὸν καὶ φωτὸς ἔμπλεω τά τε
ἔνδοθεν καὶ τὰ ἐκτός, ὅτι μὴ ψυχὴ μόνον καὶ
διάνοια, καὶ τὸ σῶμα δὲ αὐτοῖς ἁγνείας καὶ
σωφροσύνης πολυανθεῖ κόσμῳ κατηγλάϊστο.

"Ἔνεισιν δ' ἐν τῷδε τῷ ἱερῷ καὶ θρόνοι βάθρα 66
τε μυρία καὶ καθιστήρια, ἐν ὅσαις ψυχαῖς τὰ τοῦ
θείου πνεύματος ἐφιζάνει δωρήματα, οἷα καὶ πάλαι
ὤφθη τοῖς ἀμφὶ τοὺς ἱεροὺς ἀποστόλους, οἷς
Acts 2, 3 ἐφάνησαν διαμεριζόμεναι γλῶσσαι ὡς εἰ πυρὸς
ἐκάθισέν τε ἐφ' ἕνα ἕκαστον αὐτῶν. ἀλλ' ἐν μὲν 67
τῷ πάντων ἄρχοντι ἴσως αὐτὸς ὅλος ἐγκάθηται
Χριστός, ἐν δὲ τοῖς μετ' αὐτὸν δευτερεύουσιν
ἀναλόγως, καθ' ὅσον ἕκαστος χωρεῖ, Χριστοῦ
Heb. 2, 4 δυνάμεως καὶ πνεύματος ἁγίου μερισμοῖς. βάθρα
δ' ἂν εἶεν καὶ ἀγγέλων αἱ τινῶν ψυχαὶ τῶν εἰς
παιδαγωγίαν καὶ φρουρὰν ἑκάστῳ παραδεδομένων,
σεμνὸν δὲ καὶ μέγα καὶ μονογενὲς θυσιαστήριον 68
ποῖον ἂν εἴη ἢ τῆς τοῦ κοινοῦ πάντων ἱερέως [τῆς
ψυχῆς] τὸ εἰλικρινὲς καὶ ἁγίων ἅγιον; ᾧ παρεστὼς
Heb. 4, 14 ἐπὶ δεξιᾷ ὁ μέγας τῶν ὅλων ἀρχιερεὺς αὐτὸς
Ἰησοῦς, ὁ μονογενὴς τοῦ θεοῦ, τὸ παρὰ πάντων
εὐῶδες θυμίαμα καὶ τὰς δι' εὐχῶν ἀναίμους καὶ
ἀΰλους θυσίας φαιδρῷ τῷ βλέμματι καὶ ὑπτίαις
ὑποδεχόμενος χερσὶν τῷ κατ' οὐρανὸν πατρὶ καὶ
θεῷ τῶν ὅλων παραπέμπεται, πρῶτος αὐτὸς προσ-
κυνῶν καὶ μόνος τῷ πατρὶ τὸ κατ' ἀξίαν ἀπονέμων

---

[1] Omitting τῆς ψυχῆς, with Schwartz, as being a gloss:
the meaning is that the sacred altar in the material church

well-wrought stones of men's souls. Thus he hath builded the great and royal house composed of all, bright and full of light both within and without; for not alone soul and mind, but even their body had been made glorious with the many-blossomed adornment of chastity and sobriety.

" Now there are also in this fane thrones and countless benches and seats, as many as are the souls on which the gifts of the divine Spirit find their resting-place ; such as long ago appeared to the sacred Apostles and those that were with them, to whom there were manifested tongues parting asunder, like as of fire ; and it sat upon each one of them. But while in the ruler of all, as is right, the entire Christ hath taken His seat, in those who have the second place after him [this bounty] is proportioned to each one's capacity, by gifts of the power of Christ and of the Holy Ghost. And the souls of some might be the seats even of angels, of those to whom the instruction and guarding of each several person hath been committed. But as to the reverend, mighty and unique altar, what might it be save the spotless holy of holies of the common priest of all?[1] Standing beside it on the right hand the great High Priest of the universe, even Jesus, the only-begotten of God, receiveth with joyful countenance and upturned hands the sweet-smelling incense from all, and the bloodless and immaterial sacrifices offered in prayer, and sendeth them on their way to the heavenly Father and God of the universe; whom He Himself first adoreth and alone rendereth to His Father the honour that is due ; after which He also beseecheth

typifies the spiritual sanctuary (*i.e.* the soul) of Jesus Christ.

σέβας, εἶτα δὲ καὶ πᾶσιν ἡμῖν εὐμενῆ διαμένειν
καὶ δεξιὸν εἰς ἀεὶ παραιτούμενος.

"Τοιοῦτος ὁ μέγας νεὼς ὃν καθ' ὅλης τῆς ὑφ' 69
ἥλιον οἰκουμένης ὁ μέγας τῶν ὅλων δημιουργὸς
λόγος συνεστήσατο, τῶν ἐπέκεινα οὐρανίων ἁψίδων
πάλιν καὶ αὐτὸς νοερὰν ταύτην ἐπὶ γῆς εἰκόνα
κατεργασάμενος, ὡς ἂν διὰ πάσης τῆς κτίσεως
τῶν τε ἐπὶ γῆς λογικῶν ζώων ὁ πατὴρ αὐτῷ
τιμῷτό τε καὶ σέβοιτο. τὸν δὲ ὑπερουράνιον 70
χῶρον καὶ τὰ ἐκεῖσε τῶν τῇδε παραδείγματα τήν

Gal. 4, 26
Heb. 12, 22.
23

τε ἄνω λεγομένην Ἱερουσαλὴμ καὶ τὸ Σιὼν ὅρος
τὸ ἐπουράνιον καὶ τὴν ὑπερκόσμιον πόλιν τοῦ
ζῶντος θεοῦ, ἐν ᾗ μυριάδες ἀγγέλων πανηγύρεις
καὶ ἐκκλησία πρωτοτόκων ἀπογεγραμμένων ἐν
οὐρανοῖς ταῖς ἀρρήτοις καὶ ἀνεπιλογίστοις ἡμῖν
θεολογίαις τὸν σφῶν ποιητὴν καὶ πανηγεμόνα
τῶν ὅλων γεραίρουσιν, οὔτις θνητὸς οἷός τε κατ'

1 Cor. 2, 9

ἀξίαν ὑμνῆσαι, ὅτι δὴ ὀφθαλμὸς οὐκ εἶδεν καὶ
οὖς οὐκ ἤκουσεν καὶ ἐπὶ καρδίαν ἀνθρώπου οὐκ
ἀνέβη αὐτὰ δὴ ταῦτα ἃ ἡτοίμασεν ὁ θεὸς τοῖς
ἀγαπῶσιν αὐτόν· ὧν ἤδη ἐν μέρει καταξιωθέντες, 71
ἄνδρες ἅμα παισὶν καὶ γυναιξίν, σμικροὶ καὶ
μεγάλοι, πάντες ἀθρόως ἐν ἑνὶ πνεύματι καὶ μιᾷ
ψυχῇ μὴ διαλίπωμεν ἐξομολογούμενοι καὶ τὸν
τοσούτων ἡμῖν ἀγαθῶν παραίτιον ἀνευφημοῦντες,

Ps. 103, 3-5.
10. 12. 13

τὸν εὐιλατεύοντα πάσαις ταῖς ἀνομίαις ἡμῶν, τὸν
ἰώμενον πάσας τὰς νόσους ἡμῶν, τὸν λυτρούμενον
ἐκ φθορᾶς τὴν ζωὴν ἡμῶν, τὸν στεφανοῦντα ἡμᾶς
ἐν ἐλέει καὶ οἰκτιρμοῖς, τὸν ἐμπιμπλῶντα ἐν ἀγα-
θοῖς τὴν ἐπιθυμίαν ἡμῶν, ὅτι οὐ κατὰ τὰς ἁμαρ-
τίας ἡμῶν ἐποίησεν ἡμῖν οὐδὲ κατὰ τὰς ἀνομίας
ἡμῶν ἀνταπέδωκεν ἡμῖν, ὅτι καθ' ὅσον ἀπέχουσιν

Him to remain favourable and propitious toward us all for ever.

"Such is the great temple which the Word, the great Creator of the universe, hath builded throughout the whole world beneath the sun, forming again this spiritual image upon earth of those vaults beyond the vaults of heaven; so that by the whole creation and by the rational, living creatures upon earth His Father might be honoured and revered. But as for the region above the heavens and the models there of things on this earth, and the Jerusalem that is above, as it is called, and the mount Zion the heavenly mount, and the supramundane city of the living God, in which innumerable hosts of angels in general assembly and the church of the firstborn who are enrolled in heaven honour their Maker and the Sovereign of the universe, proclaiming His praises in unutterable words of which we cannot conceive: these no mortal man can worthily hymn, for in truth eye saw not, and ear heard not, nor did there enter into the heart of man those same things which God prepared for them that love Him. Of these things now in part deemed worthy, let us all together, men with women and children, small and great, with one spirit and one soul, never cease to praise and acclaim Him who is the Author of so great blessings to us; who is very merciful to all our iniquities, who healeth all our diseases, who redeemeth our life from destruction, who crowneth us with mercy and pities, who satisfieth our desire with good things; for He hath not dealt with us after our sins, nor rewarded us after

443

ἀνατολαὶ ἀπὸ δυσμῶν, ἐμάκρυνεν ἀφ' ἡμῶν τὰς ἀνομίας ἡμῶν· καθὼς οἰκτείρει πατὴρ υἱοὺς αὐτοῦ, ᾠκτείρησεν κύριος τοὺς φοβουμένους αὐτόν.

"Ταῦτα καὶ νῦν καὶ εἰς τὸν ἑξῆς ἅπαντα χρόνον 72 ταῖς μνήμαις ἀναζωπυροῦντες, ἀτὰρ καὶ τῆς παρούσης πανηγύρεως καὶ τῆς φαιδρᾶς ταύτης καὶ λαμπροτάτης ἡμέρας τὸν αἴτιον καὶ πανηγυριάρχην νύκτωρ καὶ μεθ' ἡμέραν διὰ πάσης ὥρας καὶ δι' ὅλης ὡς εἰπεῖν ἀναπνοῆς ἐν νῷ προορώμενοι, στέργοντες καὶ σέβοντες ψυχῆς ὅλῃ δυνάμει, καὶ νῦν ἀναστάντες μεγάλῃ διαθέσεως φωνῇ καθικετεύσωμεν, ὡς ἂν ὑπὸ τὴν αὐτοῦ μάνδραν ἐς τέλος ἡμᾶς σκεπάζων διασῴζοιτο, τὴν παρ' αὐτοῦ βραβεύων ἀρραγῆ καὶ ἄσειστον αἰωνίαν εἰρήνην ἐν Χριστῷ Ἰησοῦ τῷ σωτῆρι ἡμῶν, δι' οὗ αὐτῷ ἡ δόξα εἰς τοὺς σύμπαντας αἰῶνας τῶν αἰώνων. ἀμήν."

V. Φέρε δή, λοιπὸν καὶ τῶν βασιλικῶν δια- 1 τάξεων Κωνσταντίνου καὶ Λικιννίου τὰς ἐκ τῆς Ῥωμαίων φωνῆς μεταληφθείσας ἑρμηνείας παραθώμεθα.

ΑΝΤΙΓΡΑΦΟΝ ΒΑΣΙΛΙΚΩΝ ΔΙΑΤΑΞΕΩΝ ΕΚ ΡΩΜΑΙΚΗΣ ΓΛΩΤΤΗΣ ΜΕΤΑΛΗΦΘΕΙΣΩΝ

"Ἤδη μὲν πάλαι σκοποῦντες τὴν ἐλευθερίαν τῆς 2 θρησκείας οὐκ ἀρνητέαν εἶναι, ἀλλ' ἑνὸς ἑκάστου τῇ διανοίᾳ καὶ τῇ βουλήσει ἐξουσίαν δοτέον τοῦ τὰ θεῖα πράγματα τημελεῖν κατὰ τὴν αὐτοῦ προ-

---

[1] This document, quoted in §§ 2-14, goes by the name of the "Edict of Milan," although it is, properly speaking, not an edict, but a rescript, being addressed to an individual, to wit, a governor, by whose edict it was to be made known to

444

our iniquities ; for as far as the east is from the west,
so far hath He removed our iniquities from us. Like
as a father pitieth his sons, so the Lord pitied them
that fear Him.

" Let us rekindle the memories of these things
both now and for all time hereafter ; yea, and let us
keep before our minds night and day, through every
hour and, one might say, in every breath, the Author
of the present assembly, and this happy and most
glorious day, even the Ruler of the assembly Him-
self ; let us cherish and revere Him with the whole
power of our soul ; and now let us rise and beseech
Him in loud accents, as befitteth our earnest desire,
that He would shelter and preserve us to the end in
His fold, and award us that eternal peace, unbroken
and undisturbed, which cometh from Him, in Christ
Jesus our Saviour, through whom to Him be glory for
ever and ever. Amen."

V. But come, let us now quote also the translations
made from the Latin of the imperial ordinances of
Constantine and Licinius.

*Copy of Imperial Ordinances translated from the
Latin tongue.*[1]

In our watchfulness in days gone by that freedom
of worship should not be denied, but that each one
according to his mind and purpose should have
authority given him to care for divine things in the

the people of his province. It is probable that at Milan, in
313 (ix. 11. 9), Constantine and Licinius drew up a norm of
instructions to governors which might be copied, with perhaps
some variations in detail, and sent to the various provinces.
One redaction of that norm was translated by Eusebius,
another was transcribed by Lactantius (*De Mortibus Per-
secutorum* 48).

αἵρεσιν ἕκαστον, κεκελεύκειμεν τοῖς τε Χριστιανοῖς
. . . τῆς αἱρέσεως καὶ τῆς θρησκείας τῆς ἑαυτῶν
τὴν πίστιν φυλάττειν· ἀλλ' ἐπειδὴ πολλαὶ καὶ διά- 3
φοροι αἱρέσεις ἐν ἐκείνῃ τῇ ἀντιγραφῇ, ἐν ᾗ τοῖς
αὐτοῖς συνεχωρήθη ἡ τοιαύτη ἐξουσία, ἐδόκουν προσ-
τεθεῖσθαι σαφῶς, τυχὸν ἴσως τινὲς αὐτῶν μετ' ὀλίγον
ἀπὸ τῆς τοιαύτης παραφυλάξεως ἀπεκρούοντο.
    " Ὁπότε εὐτυχῶς ἐγὼ Κωνσταντῖνος ὁ Αὔγουστος 4
κἀγὼ Λικίννιος ὁ Αὔγουστος ἐν τῇ Μεδιολάνῳ
ἐληλύθειμεν καὶ πάντα ὅσα πρὸς τὸ λυσιτελὲς καὶ
τὸ χρήσιμον τῷ κοινῷ διέφερεν, ἐν ζητήσει ἔσχομεν,
ταῦτα μεταξὺ τῶν λοιπῶν ἅτινα ἐδόκει ἐν πολλοῖς
ἅπασιν ἐπωφελῆ εἶναι, μᾶλλον δὲ ἐν πρώτοις
διατάξαι ἐδογματίσαμεν, οἷς ἡ πρὸς τὸ θεῖον αἰδώς
τε καὶ τὸ σέβας ἐνείχετο, τοῦτ' ἔστιν, ὅπως
δῶμεν καὶ τοῖς Χριστιανοῖς καὶ πᾶσιν ἐλευθέραν
αἵρεσιν τοῦ ἀκολουθεῖν τῇ θρησκείᾳ ᾗ δ' ἂν βου-
ληθῶσιν, ὅπως ὅ τί ποτέ ἐστιν θειότητος καὶ
οὐρανίου πράγματος, ἡμῖν καὶ πᾶσι τοῖς ὑπὸ τὴν
ἡμετέραν ἐξουσίαν διάγουσιν εὐμενὲς εἶναι δυνηθῇ.
τοίνυν ταύτην τὴν [ἡμετέραν] βούλησιν ὑγιεινῷ καὶ 5
ὀρθοτάτῳ λογισμῷ ἐδογματίσαμεν, ὅπως μηδενὶ
παντελῶς ἐξουσία ἀρνητέα ᾖ τοῦ ἀκολουθεῖν καὶ
αἱρεῖσθαι τὴν τῶν Χριστιανῶν παραφύλαξιν ἢ
θρησκείαν ἑκάστῳ τε ἐξουσία δοθείη τοῦ διδόναι
ἑαυτοῦ τὴν διάνοιαν ἐν ἐκείνῃ τῇ θρησκείᾳ, ἣν
αὐτὸς ἑαυτῷ ἁρμόζειν νομίζει, ὅπως ἡμῖν δυνηθῇ
τὸ θεῖον ἐν πᾶσι τὴν ἔθιμον σπουδὴν καὶ καλο-
κἀγαθίαν παρέχειν· ἅτινα οὕτως ἀρέσκειν ἡμῖν 6
ἀντιγράψαι ἀκόλουθον ἦν, ἵν' ἀφαιρεθεισῶν παν-

---

[1] Some words have fallen out of the text.
[a] αἱρέσεις, cf. § 6, where the Latin original has *conditiones*.

way that pleased him best, we had given orders that both to the Christians [and to all others liberty should be allowed][1] to keep to the faith of their own sect and worship. But inasmuch as many and various conditions[2] seemed clearly to have been added in that rescript, in which such rights were conceded to the same persons, it may be that perchance some of them were shortly afterwards repelled from such observance.

" When I Constantine Augustus and I Licinius Augustus had come under happy auspices to Milan, and discussed all matters that concerned the public advantage and good, among the other things that seemed to be of benefit to the many,[3]—or rather, first and foremost—we resolved to make such decrees as should secure respect and reverence for the Deity ; namely, to grant both to the Christians and to all the free choice of following whatever form of worship they pleased, to the intent that all the divine and heavenly powers that be might be favourable to us and all those living under our authority. Therefore with sound and most upright reasoning we resolved on this [4] counsel : that authority be refused to no one whomsoever to follow and choose the observance or form of worship that Christians use, and that authority be granted to each one to give his mind to that form of worship which he deems suitable to himself, to the intent that the Divinity [5] . . . may in all things afford us his wonted care and generosity. It was fitting to send a rescript that this is our pleasure, in order that when those conditions had altogether been

[3] Lat. *pluribus hominibus* ; the Gk. has ἐν πολλοῖς ἅπασιν (*pluribus omnibus*).

[4] Omitting ἡμετέραν, with the Latin.

[5] The Latin adds " cuius religioni liberis mentibus obsequimur."

τελῶς τῶν αἱρέσεων, αἵτινες τοῖς προτέροις ἡμῶν
γράμμασι τοῖς πρὸς τὴν σὴν καθοσίωσιν ἀπο-
σταλεῖσι περὶ τῶν Χριστιανῶν ἐνείχοντο καὶ ἅτινα
πάνυ σκαιὰ καὶ τῆς ἡμετέρας πραότητος ἀλλότρια
εἶναι ἐδόκει, ταῦτα ὑφαιρεθῇ καὶ νῦν ἐλευθέρως
καὶ ἁπλῶς ἕκαστος αὐτῶν τῶν τὴν αὐτὴν προαίρεσιν
ἐσχηκότων τοῦ φυλάττειν τὴν τῶν Χριστιανῶν
θρησκείαν ἄνευ τινὸς ὀχλήσεως τοῦτο αὐτὸ παρα-
φυλάττοι. ἅτινα τῇ σῇ ἐπιμελείᾳ πληρέστατα 7
δηλῶσαι ἐδογματίσαμεν, ὅπως εἰδείης ἡμᾶς ἐλευ-
θέραν καὶ ἀπολελυμένην ἐξουσίαν τοῦ τημελεῖν τὴν
ἑαυτῶν θρησκείαν τοῖς αὐτοῖς Χριστιανοῖς δε-
δωκέναι. ὅπερ ἐπειδὴ ἀπολελυμένως αὐτοῖς ὑφ' 8
ἡμῶν δεδωρῆσθαι θεωρεῖς, <συνορᾷ> ἡ σὴ καθοσίωσις
καὶ ἑτέροις δεδόσθαι ἐξουσίαν τοῖς βουλομένοις τοῦ
μετέρχεσθαι τὴν παρατήρησιν καὶ θρησκείαν ἑαυτῶν
ὅπερ ἀκολούθως τῇ ἡσυχίᾳ τῶν ἡμετέρων καιρῶν
γίνεσθαι φανερόν ἐστιν, ὅπως ἐξουσίαν ἕκαστος ἔχῃ
τοῦ αἱρεῖσθαι καὶ τημελεῖν ὁποίαν δ' ἂν βούληται [τὸ
θεῖον]. τοῦτο δὲ ὑφ' ἡμῶν γέγονεν, ὅπως μηδεμιᾷ τιμῇ²
μηδὲ θρησκείᾳ τινὶ μεμειῶσθαί τι ὑφ' ἡμῶν δοκοίη.

" Καὶ τοῦτο δὲ πρὸς τοῖς λοιποῖς εἰς τὸ πρόσωπον 9
τῶν Χριστιανῶν δογματίζομεν, ἵνα τοὺς τόπους
αὐτῶν, εἰς οὓς τὸ πρότερον συνέρχεσθαι ἔθος ἦν
αὐτοῖς, περὶ ὧν καὶ τοῖς πρότερον δοθεῖσιν πρὸς
τὴν σὴν καθοσίωσιν γράμμασιν τύπος ἕτερος ἦν
ὡρισμένος τῷ προτέρῳ χρόνῳ, [ἵν'] εἴ τινες ἢ
παρὰ τοῦ ταμείου τοῦ ἡμετέρου ἢ παρά τινος
ἑτέρου φαίνοιντο ἠγορακότες, τούτους τοῖς αὐ-
τοῖς Χριστιανοῖς ἄνευ ἀργυρίου καὶ ἄνευ τινὸς

---

¹ Reading θεωρεῖς in place of θεωρεῖ and inserting συνορᾷ,
with Schwartz.　　　　　　² τιμῇ : Lat. *honori.*

removed, which were contained in our former letters sent to thy Devotedness, concerning the Christians, those things also which seemed to be wholly unfortunate and foreign to our clemency might be removed, and that now each one of those who were possessed of the same purpose—namely, to observe the Christians' form of worship—should observe this very thing, freely and simply, without any hindrance. Which things we have resolved, to signify in the fullest manner to thy Carefulness, to the intent that thou mayest know that we have granted to these same Christians free and unrestricted authority to observe their own form of worship. And when thou perceivest that this has been granted unrestrictedly to them by us, thy Devotedness will understand[1] that authority has been given to others also, who wish to follow their own observance and form of worship—a thing clearly suited to the peacefulness of our times—so that each one may have authority to choose and observe whatever form he pleases. This has been done by us, to the intent that we should not seem to have detracted in any way from any rite[2] or form of worship.

" And this, moreover, with special regard to the Christians, we resolve : That their places, at which it was their former wont to assemble, concerning which also in the former letter dispatched to thy Devotedness a definite ordinance[3] had been formerly laid down, if any should appear to have bought them either from our treasury or from any other source— that these they should restore to these same Christians without payment or any demand for com-

---

[1] Lat. *certa forma.* Eusebius has τύπος ἕτερος, as if he had read *cetera* in the Latin.

ἀπαιτήσεως τῆς τιμῆς, ὑπερτεθείσης [δίχα] πάσης
ἀμελείας καὶ ἀμφιβολίας, ἀποκαταστήσωσι, καὶ
εἴ τινες κατὰ δῶρον τυγχάνουσιν εἰληφότες, τοὺς
αὐτοὺς τόπους ὅπως ἢ τοῖς αὐτοῖς Χριστιανοῖς
τὴν ταχίστην ἀποκαταστήσωσιν οὕτως ὡς ἢ οἱ 10
ἠγορακότες τοὺς αὐτοὺς τόπους ἢ οἱ κατὰ δωρεὰν
εἰληφότες αἰτῶσί τι παρὰ τῆς ἡμετέρας καλο-
κἀγαθίας προσέλθωσι τῷ ἐπὶ τόπων ἐπάρχῳ
[δικάζοντι], ὅπως καὶ αὐτῶν διὰ τῆς ἡμετέρας
χρηστότητος πρόνοια γένηται. ἅτινα πάντα τῷ σώ-
ματι τῷ τῶν Χριστιανῶν παρ' αὐτὰ διὰ τῆς σῆς
σπουδῆς ἄνευ τινὸς παρολκῆς παραδίδοσθαι δεήσει.

"Καὶ ἐπειδὴ οἱ αὐτοὶ Χριστιανοὶ οὐ μόνον ἐκείνους 11
εἰς οὓς συνέρχεσθαι ἔθος εἶχον, ἀλλὰ καὶ ἑτέρους
τόπους ἐσχηκέναι γινώσκονται διαφέροντας οὐ
πρὸς ἕκαστον αὐτῶν, ἀλλὰ πρὸς τὸ δίκαιον τοῦ
αὐτῶν σώματος, τοῦτ' ἔστιν τῶν Χριστιανῶν,
ταῦτα πάντα ἐπὶ τῷ νόμῳ ὃν προειρήκαμεν, δίχα
παντελῶς τινος ἀμφισβητήσεως τοῖς αὐτοῖς Χρι-
στιανοῖς, τοῦτ' ἔστιν τῷ σώματι [αὐτῶν] καὶ τῇ
συνόδῳ [ἑκάστῳ] αὐτῶν ἀποκαταστῆναι κελεύσεις,
τοῦ προειρημένου λογισμοῦ δηλαδὴ φυλαχθέντος,
ὅπως αὐτοὶ οἵτινες τοὺς αὐτοὺς ἄνευ τιμῆς, καθὼς
προειρήκαμεν, ἀποκαθιστῶσι, τὸ ἀζήμιον τὸ ἑαυτῶν
παρὰ τῆς ἡμετέρας καλοκἀγαθίας ἐλπίζοιεν.

"Ἐν οἷς πᾶσιν τῷ προειρημένῳ σώματι τῶν 12
Χριστιανῶν τὴν σπουδὴν δυνατώτατα παρασχεῖν
ὀφείλεις, ὅπως τὸ ἡμέτερον κέλευσμα τὴν ταχίστην
παραπληρωθῇ, ὅπως καὶ ἐν τούτῳ διὰ τῆς ἡμε-
τέρας χρηστότητος πρόνοια γένηται τῆς κοινῆς καὶ
δημοσίας ἡσυχίας. τούτῳ γὰρ τῷ λογισμῷ, καθὼς 13
καὶ προείρηται, ἡ θεία σπουδὴ περὶ ἡμᾶς, ἧς ἐν

pensation, setting aside all negligence and doubtfulness ; and if any chance to have received them by gift, that they should restore them with all speed to these same Christians : provided that if either those who have purchased these same places or those who have received them by gift request aught of our generosity, let them approach the prefect of the district,[1] to the intent that through our kindness thought may be taken for them also. All which things must be handed over to the corporation of the Christians by thy zealous care immediately and without delay.

" And inasmuch as these same Christians had not only those places at which it was their wont to assemble, but also are known to have had others, belonging not to individuals among them, but to the lawful property of their corporation, that is, of the Christians, all these, under the provisions of the law set forth above, thou wilt give orders to be restored without any question whatsoever to these same Christians, that is, to their corporation and assembly ; provided always, of course, as aforesaid, that those persons who restore the same without compensation, as we have mentioned above, may look for indemnification, as far as they are concerned, from our generosity.

" In all these things thou shouldest use all the diligence in thy power for the above-mentioned corporation of the Christians, that this our command may be fulfilled with all speed, so that in this also, through our kindness, thought may be taken for the common and public peace. For by this method, as we have also said before, the divine

---

[1] Omitting the gloss δικάζοντι.

πολλοῖς ἤδη πράγμασιν ἀπεπειράθημεν, διὰ παντὸς
τοῦ χρόνου βεβαίως διαμεῖναι, ἵνα δὲ ταύτης 14
τῆς ἡμετέρας νομοθεσίας καὶ τῆς καλοκἀγαθίας
ὁ ὅρος πρὸς γνῶσιν πάντων ἐνεχθῆναι δυνηθῇ,
προταχθέντα τοῦ σοῦ προστάγματος ταῦτα τὰ
ὑφ' ἡμῶν γραφέντα πανταχοῦ προθεῖναι καὶ εἰς
γνῶσιν πάντων ἀγαγεῖν ἀκόλουθόν ἐστιν, ὅπως
ταύτης τῆς ἡμετέρας καλοκἀγαθίας ἡ νομοθεσία
μηδένα λαθεῖν δυνηθῇ.''

ΑΝΤΙΓΡΑΦΟΝ ΕΤΕΡΑΣ ΒΑΣΙΛΙΚΗΣ ΔΙΑΤΑΞΕΩΣ ΗΝ 15
ΑΥΘΙΣ ΠΕΠΟΙΗΤΑΙ, ΜΟΝΗΙ ΤΗΙ ΚΑΘΟΛΙΚΗΙ ΕΚ-
ΚΛΗΣΙΑΙ ΤΗΝ ΔΩΡΕΑΝ ΔΕΔΟΣΘΑΙ ΥΠΟΣΗΜΗ-
ΝΑΜΕΝΟΣ

''Χαῖρε Ἀνυλῖνε, τιμιώτατε ἡμῖν. ἔστιν ὁ τρό-
πος οὗτος τῆς φιλαγαθίας τῆς ἡμετέρας, ὥστε
ἐκεῖνα ἅπερ δικαίῳ ἀλλοτρίῳ προσήκει, μὴ μόνον
μὴ ἐνοχλεῖσθαι, ἀλλὰ καὶ ἀποκαθιστᾶν βούλεσθαι
ἡμᾶς, Ἀνυλῖνε τιμιώτατε. ὅθεν βουλόμεθα ἵν', 16
ὁπόταν ταῦτα τὰ γράμματα κομίσῃ, εἴ τινα ἐκ
τούτων τῶν τῇ ἐκκλησίᾳ τῇ καθολικῇ τῶν Χριστια-
νῶν ἐν ἑκάσταις πόλεσιν ἢ καὶ ἄλλοις τόποις
διέφερον [καὶ] κατέχοιντο νῦν ἢ ὑπὸ πολιτῶν ἢ
ὑπό τινων ἄλλων, ταῦτα ἀποκατασταθῆναι παρα-
χρῆμα ταῖς αὐταῖς ἐκκλησίαις ποιήσῃς, ἐπειδή-
περ προῃρήμεθα ταῦτα ἅπερ αἱ αὐταὶ ἐκκλησίαι
πρότερον ἐσχήκεσαν, τῷ δικαίῳ αὐτῶν ἀποκατα-
σταθῆναι. ὁπότε τοίνυν συνορᾷ ἡ καθοσίωσις ἡ 17
σὴ ταύτης ἡμῶν τῆς κελεύσεως σαφέστατον εἶναι
τὸ πρόσταγμα, σπούδασον, εἴτε κῆποι εἴτε οἰκίαι

---

[1] The Latin original shows that some words are omitted
here by Eusebius.

care for us, which we have already experienced in many matters, will remain stedfast [1] . . . continually. And that the form which this our enactment and generosity takes may be brought to the knowledge of all, it is fitting that this which we have written be set forth by thy order and published everywhere, and brought to the knowledge of all, to the intent that the enactment which embodies this our generosity may escape the notice of no one."

Copy of another Imperial Ordinance which he also made, indicating that the bounty had been granted to the Catholic Church alone.

" Greeting, Anulinus, our most honoured Sir. It is the custom of our benevolence, that we will that whatsoever appertains by right to another should not only not suffer harm, but even be restored, most honoured Anulinus. Wherefore we will that, when thou receivest this letter, if aught of those things that belonged to the Catholic Church [2] of the Christians in any city, or even in other places, be now in the possession either of citizens or of any others : these thou shouldest cause to be restored forthwith to these same churches, inasmuch as it has been our determination that those things which these same churches possessed formerly should be restored to them as their right. Since, therefore, thy Devotedness perceives that the order of this our command is most explicit, do thy diligence that

[2] Eusebius (see heading) took this to mean the Catholic Church as opposed to the Donatist schismatics ; but this is very improbable. The phrase refers to the Church in Africa as it was before the persecution and before the schism.

εἶθ᾽ ὁτιουνδήποτε τῷ δικαίῳ τῶν αὐτῶν ἐκκλη-
σιῶν διέφερον, σύμπαντα αὐταῖς ἀποκατασταθῆναι
ὡς τάχιστα, ὅπως τούτῳ ἡμῶν τῷ προστάγματι
ἐπιμελεστάτην σε πειθάρχησιν παρεσχηκέναι κατα-
μάθοιμεν. ἔρρωσο, Ἀνυλῖνε, τιμιώτατε καὶ ποθει-
νότατε ἡμῖν.''

ΑΝΤΙΓΡΑΦΟΝ ΒΑΣΙΛΙΚΗΣ ΕΠΙΣΤΟΛΗΣ ΔΙ᾽ ΗΣ ΣΥΝΟΔΟΝ 18
ΕΠΙΣΚΟΠΩΝ ΕΠΙ ΡΩΜΗΣ ΚΕΛΕΥΕΙ ΓΕΝΕΣΘΑΙ ΥΠΕΡ
ΤΗΣ ΤΩΝ ΕΚΚΛΗΣΙΩΝ ΕΝΩΣΕΩΣ ΤΕ ΚΑΙ ΟΜΟΝΟΙΑΣ

'' Κωνσταντῖνος Σεβαστὸς Μιλτιάδῃ ἐπισκόπῳ
Ῥωμαίων καὶ Μάρκῳ. ἐπειδὴ τοιοῦτοι χάρται
παρὰ Ἀνυλίνου τοῦ λαμπροτάτου ἀνθυπάτου τῆς
Ἀφρικῆς πρός με πλείους ἀπεστάλησαν, ἐν οἷς
ἐμφέρεται Καικιλιανὸν τὸν ἐπίσκοπον τῆς Χαρ-
ταγενησίων πόλεως παρά τινων κολλήγων αὐτοῦ
τῶν κατὰ τὴν Ἀφρικὴν καθεστώτων ἐν πολλοῖς
πράγμασιν εὐθύνεσθαι, καὶ τοῦτό μοι βαρὺ σφόδρα
δοκεῖ τὸ ἐν ταύταις ταῖς ἐπαρχίαις, ἃς τῇ ἐμῇ
καθοσιώσει αὐθαιρέτως ἡ θεία πρόνοια ἐνεχείρισεν
κἀκεῖσε πολὺ πλῆθος λαοῦ, ὄχλον ἐπὶ τὸ φαυλό-
τερον ἐπιμένοντα εὑρίσκεσθαι ὡς ἂν εἰ διχο-
στατοῦντα καὶ μεταξὺ ἐπισκόπους διαφορὰς ἔχειν,
ἔδοξέ μοι ἵν᾽ αὐτὸς ὁ Καικιλιανὸς μετὰ δέκα 19
ἐπισκόπων τῶν αὐτὸν εὐθύνειν δοκούντων καὶ
δέκα ἑτέρων οὓς αὐτὸς τῇ ἑαυτοῦ δίκῃ ἀναγκαίους
ὑπολάβοι, εἰς τὴν Ῥώμην πλῷ ἀπιέναι, ἵν᾽ ἐκεῖσε
ὑμῶν παρόντων, ἀλλὰ μὴν καὶ Ῥετικίου καὶ
Ματέρνου καὶ Μαρίνου, τῶν κολλήγων ὑμῶν, οὓς

---

[1] The Donatists (so called from a bishop of theirs, Donatus)
alleged that Caecilian had been consecrated by a bishop (Felix)
who in the Diocletian persecution had proved himself a

all things, whether gardens or buildings or whatsoever belonged to these same churches by right, be restored to them with all speed ; so that we may learn that thou hast yielded the most careful obedience to this our order. Fare thee well, Anulinus, our most honoured and esteemed Sir."

Copy of an Imperial Letter, in which he commands the holding of a Synod of bishops at Rome on behalf of the union and concord of the churches.

" Constantine Augustus to Miltiades bishop of the Romans, and to Mark. Inasmuch as documents of such a nature have been sent to me in numbers by Anulinus, the right honourable proconsul of Africa, from which it appears that Caecilian,[1] the bishop of the city of the Carthaginians, is called to account on many charges by some of his colleagues in Africa ; and inasmuch as it seems to me to be a very serious matter that in those provinces, which Divine Providence has chosen to entrust to my Devotedness, and where there is a great number of people, the multitude should be found pursuing the worse course of action, splitting up, as it were, and the bishops at variance among themselves : it seemed good to me that Caecilian himself, with ten bishops, who seem to call him to account, and such ten others as he may deem necessary to his suit, should set sail for Rome, that there a hearing may be granted him in the presence of yourselves, and moreover of Reticius and Maternus and Marinus also, your colleagues

traditor, i.e. had surrendered up the Scriptures to the pagan authorities. Hence they held that Caecilian's consecration was invalid ; and by appointing a bishop of their own in his stead began what is known as the Donatist schism.

EUSEBIUS

τούτου ἕνεκεν εἰς τὴν Ῥώμην προσέταξα ἐπι-
σπεῦσαι, δυνηθῇ ἀκουσθῆναι, ὡς ἂν καταμάθοιτε
τῷ σεβασμιωτάτῳ νόμῳ ἁρμόττειν. ἵνα μέντοι 20
καὶ περὶ πάντων αὐτῶν τούτων πληρεστάτην
δυνηθῆτε ἔχειν γνῶσιν, τὰ ἀντίτυπα τῶν ἐγγράφων
τῶν πρός με παρὰ Ἀνυλίνου ἀποσταλέντων γράμ-
μασιν ἐμοῖς ὑποτάξας, πρὸς τοὺς προειρημένους
κολλήγας ὑμῶν ἐξέπεμψα· οἷς ἐντυχοῦσα ἡ ὑμετέρα
στερρότης δοκιμάσει ὄντινα χρὴ τρόπον τὴν
προειρημένην δίκην ἐπιμελέστατα διευκρινῆσαι καὶ
κατὰ τὸ δίκαιον τερματίσαι, ὁπότε μηδὲ τὴν
ὑμετέραν ἐπιμέλειαν λανθάνει τοσαύτην με αἰδῶ
τῇ ἐνθέσμῳ καθολικῇ ἐκκλησίᾳ ἀπονέμειν, ὡς
μηδὲν καθόλου σχίσμα ἢ διχοστασίαν ἔν τινι
τόπῳ βούλεσθαί με ὑμᾶς καταλιπεῖν. ἡ θειότης
ὑμᾶς τοῦ μεγάλου θεοῦ διαφυλάξαι πολλοῖς ἔτεσι,
τιμιώτατε."

ΑΝΤΙΓΡΑΦΟΝ ΒΑΣΙΛΙΚΗΣ ΕΠΙΣΤΟΛΗΣ ΔΙ' ΗΣ ΠΡΟΣ- 21
ΤΑΤΤΕΙ ΔΕΥΤΕΡΑΝ ΓΕΝΕΣΘΑΙ ΣΥΝΟΔΟΝ ΥΠΕΡ ΤΟΥ
ΠΑΣΑΝ ΤΩΝ ΕΠΙΣΚΟΠΩΝ ΠΕΡΙΕΛΕΙΝ ΔΙΧΟΣΤΑΣΙΑΝ

"Κωνσταντῖνος Σεβαστὸς Χρήστῳ ἐπισκόπῳ
Συρακουσίων. ἤδη μὲν πρότερον, ὅτε φαύλως
καὶ ἐνδιαστρόφως τινὲς περὶ τῆς θρησκείας τῆς
ἁγίας καὶ ἐπουρανίου δυνάμεως καὶ τῆς αἱρέσεως
τῆς καθολικῆς ἀποδιΐστασθαι ἤρξαντο, ἐπιτέμνε-
σθαι βουληθεὶς τὰς τοιαύτας αὐτῶν φιλονεικίας,
οὕτω διατετυπώκειν ὥστε ἀποσταλέντων ἀπὸ τῆς
Γαλλίας τινῶν ἐπισκόπων, ἀλλὰ μὴν καὶ τούτων
κληθέντων ἀπὸ τῆς Ἀφρικῆς τῶν ἐξ ἐναντίας

---

[1] This is the reading of the Latin and some mss. of
Eusebius here and also in § 24 ; 6. 5 ; in each case Schwartz
reads the fut. indic.

456

(whom I have ordered to hasten to Rome for this purpose), in such a manner as ye may perceive to be in accordance with the most sacred law. Nevertheless, that ye may have the fullest knowledge of all these same matters, I have subjoined to my letter copies of the documents that were sent to me by Anulinus, and have dispatched them to your aforesaid colleagues. Which when your Firmness reads, he will gauge by what method the most careful investigation can be made of the above-mentioned suit, and a just decision arrived at; since it does not escape the notice of your Carefulness that the respect which I pay to the lawful Catholic Church is so great, that it is my wish that ye should leave no schism whatsoever or division in any place. May the divinity of the great God preserve [1] you safely for many years, most honoured Sirs.[2] "

Copy of an Imperial Letter, in which he gives orders for the holding of a second Synod for the purpose of removing all division among the bishops.

" Constantine Augustus to Chrestus bishop of the Syracusans. Already on a former occasion, when some in a base and perverse manner began to create divisions with regard to the worship of the holy and heavenly Power and the Catholic religion, in my desire to cut short such dissensions among them, I had given orders to the effect that certain bishops should be sent from Gaul, nay further, that the opposing parties, who were contending stubbornly

[1] Gk. " Sir "; but the Lat. correctly gives the plural. The Letter, however, seems to have been addressed principally to Miltiades: nothing is known of Mark, who is associated with him in the opening sentence.

EUSEBIUS

μοίρας καταλλήλως, ἐνστατικῶς καὶ ἐπιμόνως
διαγωνιζομένων παρόντος τε καὶ τοῦ τῆς Ῥώμης
ἐπισκόπου, τοῦτο ὅπερ ἐδόκει κεκινῆσθαι, δυνηθῇ
ὑπὸ τῆς παρουσίας αὐτῶν μετὰ πάσης ἐπιμελοῦς
διακρίσεως κατορθώσεως τυχεῖν. ἀλλ᾽ ἐπειδή, ὡς 22
συμβαίνει, ἐπιλαθόμενοί τινες καὶ τῆς σωτηρίας
τῆς ἰδίας καὶ τοῦ σεβάσματος τοῦ ὀφειλομένου τῇ
ἁγιωτάτῃ αἱρέσει, ἔτι καὶ νῦν τὰς ἰδίας ἔχθρας
παρατείνειν οὐ παύονται, μὴ βουλόμενοι τῇ ἤδη
ἐξενεχθείσῃ κρίσει συντίθεσθαι καὶ διοριζόμενοι
ὅτι δὴ ἄρα ὀλίγοι τινὲς τὰς γνώμας καὶ τὰς ἀπο-
φάσεις ἑαυτῶν ἐξήνεγκαν ἢ καὶ μὴ πρότερον
ἁπάντων τῶν ὀφειλόντων ζητηθῆναι ἀκριβῶς ἐξ-
ετασθέντων πρὸς τὸ τὴν κρίσιν ἐξενέγκαι πάνυ
ταχέως καὶ ὀξέως ἔσπευσαν, ἔκ τε τούτων ἁπάν-
των ἐκεῖνα συμβαίνει γενέσθαι, τὸ καὶ τούτους
αὐτοὺς ἀδελφικὴν καὶ ὁμόφονα ὀφείλοντας ἔχειν
ὁμοψυχίαν αἰσχρῶς, μᾶλλον δὲ μυσερῶς ἀλλήλων
ἀποδιεστάναι καὶ τοῖς ἀνθρώποις τοῖς ἀλλοτρίας
ἔχουσι τὰς ψυχὰς ἀπὸ τῆς ἁγιωτάτης θρησκείας
ταύτης πρόφασιν χλεύης διδόναι,—ὅθεν προνοη-
τέον μοι ἐγένετο, ὅπως τοῦτο ὅπερ ἐχρῆν μετὰ
τὴν ἐξενεχθεῖσαν ἤδη κρίσιν αὐθαιρέτῳ συγκατα-
θέσει πεπαῦσθαι, κἂν νῦν ποτε δυνηθῇ πολλῶν
παρόντων τέλους τυχεῖν. ἐπειδὴ τοίνυν πλείστους 23
ἐκ διαφόρων καὶ ἀμυθήτων τόπων ἐπισκόπους εἰς
τὴν Ἀρελατησίων πόλιν εἴσω Καλανδῶν Αὐγού-
στων συνελθεῖν ἐκελεύσαμεν, καὶ σοὶ γράψαι
ἐνομίσαμεν ἵνα λαβὼν παρὰ τοῦ λαμπροτάτου
Λατρωνιανοῦ τοῦ κονρήκτορος Σικελίας δημόσιον
ὄχημα, συζεύξας σεαυτῷ καὶ δύο γέ τινας τῶν ἐκ

and persistently together, should be summoned from
Africa; that so, in the presence also of the bishop
of Rome, this question which appeared to have been
raised might through their coming receive a right
solution by means of a careful examination in every
particular. But since, as it happens, some, forgetful
both of their own salvation and the reverence they
owe to their most holy religion, even now do not
cease to perpetuate their private enmities, being un-
willing to conform to the judgement already passed,
and affirming that after all it was a few persons who
gave their opinions and decisions, or that they were
in a hurry to pass judgement very speedily and sharply
without having first accurately examined all those
matters that ought to have been investigated;
and since, as a result of all this, it has come to pass
that even those very persons, who ought to be of one
mind in brotherly concord, are separate from each
other in a disgraceful, nay rather in an abominable,
fashion, and give to those men whose souls are
strangers to this most holy religion to scoff—where-
fore it became incumbent upon me to provide that
that which ought to have ceased by voluntary agree-
ment, after the judgement already passed, may
even now, if possible, be ended by the presence of
many persons. Inasmuch, therefore, as we have com-
manded that very many bishops from various and
numberless places should assemble at the city of
Arles by the Kalends of August, we have thought it
good to write to thee also, that thou shouldest procure
from the right honourable Latronianus, the " cor-
rector [1] " of Sicily, a public vehicle, and joining to thy

[1] In the fourth century this was the title of governors of
certain provinces.

τοῦ δευτέρου θρόνου, οὓς ἂν σὺ αὐτὸς ἐπιλέξασθαι
κρίνῃς, ἀλλὰ μὴν καὶ τρεῖς παῖδας τοὺς δυνησο-
μένους ὑμῖν κατὰ τὴν ὁδὸν ὑπηρετήσασθαι παρα-
λαβών, εἴσω τῆς αὐτῆς ἡμέρας ἐπὶ τῷ προειρημένῳ
τόπῳ ἀπάντησον, ὡς ἂν διά τε τῆς σῆς στερ- 24
ρότητος καὶ διὰ τῆς λοιπῆς τῶν συνιόντων ὁμο-
ψύχου καὶ ὁμόφρονος συνέσεως καὶ τοῦτο ὅπερ
ἄχρι τοῦ δεῦρο φαύλως δι' αἰσχράς τινας ζυγο-
μαχίας παραμεμένηκεν, ἀκουσθέντων πάντων τῶν
μελλόντων λεχθήσεσθαι παρὰ τῶν νῦν ἀπ' ἀλλήλων
διεστώτων, οὕσπερ ὁμοίως παρεῖναι ἐκελεύσαμεν,
δυνηθῇ εἰς τὴν ὀφειλομένην θρησκείαν καὶ πίστιν
ἀδελφικήν τε ὁμόνοιαν κἂν βραδέως ἀνακληθῆναι.
ὑγιαίνοντά σε ὁ θεὸς ὁ παντοκράτωρ διαφυλάξαι
ἐπὶ πολλοῖς ἔτεσιν."

VI. ΑΝΤΙΓΡΑΦΟΝ ΒΑΣΙΛΙΚΗΣ ΕΠΙΣΤΟΛΗΣ ΔΙ' ΗΣ 1
ΧΡΗΜΑΤΑ ΤΑΙΣ ΕΚΚΛΗΣΙΑΙΣ ΔΩΡΕΙΤΑΙ

"Κωνσταντῖνος Αὔγουστος Καικιλιανῷ ἐπι-
σκόπῳ Χαρταγένης. ἐπειδήπερ ἤρεσεν κατὰ πάσας
ἐπαρχίας, τάς τε Ἀφρικὰς καὶ τὰς Νουμιδίας καὶ
τὰς Μαυριτανίας, ῥητοῖς τισι τῶν ὑπηρετῶν τῆς
ἐνθέσμου καὶ ἁγιωτάτης καθολικῆς θρησκείας εἰς
ἀναλώματα ἐπιχορηγηθῆναί τι, ἔδωκα γράμματα
πρὸς Οὖρσον τὸν διασημότατον καθολικὸν τῆς
Ἀφρικῆς καὶ ἐδήλωσα αὐτῷ ὅπως τρισχιλίους
φόλλεις τῇ σῇ στερρότητι ἀπαριθμῆσαι φροντίσῃ.
σὺ τοίνυν, ἡνίκα τὴν προδηλουμένην ποσότητα 2
τῶν χρημάτων ὑποδεχθῆναι ποιήσεις, ἅπασι τοῖς
προειρημένοις κατὰ τὸ βρέουιον τὸ πρὸς σὲ παρὰ

---

[1] i.e. presbyters.

company two others of those of the second rank,[1] whomsoever thou thyself mayest decide to choose, and, moreover, taking with you three servants who shall be able to attend upon you on the way, do thou be present at the above-mentioned place by that same day; so that both by thy Firmness and by the unanimous wisdom of the others assembled, this quarrel also (which hitherto, by reason of certain disgraceful contentions, has maintained a miserable existence), when all has been heard that will be said by those who are now at variance among themselves, whom likewise we have commanded to be present. may, if only tardily, give place to a due state of religion and faith and brotherly concord. May the Almighty God preserve thee in good health for many years."

VI. *Copy of an Imperial Letter in which grants of money are made to the churches.*

" Constantine Augustus to Caecilian bishop of Carthage. Forasmuch as it has been our pleasure in all provinces, namely the African, the Numidian and the Mauretanian, that somewhat be contributed for expenses to certain specified ministers of the lawful and most holy Catholic religion, I have dispatched a letter to Ursus, the most distinguished finance minister of Africa, and have notified to him that he be careful to pay over to thy Firmness three thousand *folles.*[2] Do thou therefore, when thou shalt secure delivery of the aforesaid sum of money, give orders that this money be distributed among all the above-mentioned persons in accordance with the schedule

[2] The *follis* was originally a bag of small coins, but afterwards came to denote a coin itself, the double denarius.

Ὁσίου ἀποσταλὲν ταῦτα τὰ χρήματα διαδοθῆναι
κέλευσον. εἰ δ᾽ ἄρα πρὸς τὸ συμπληρωθῆναί μου 3
τὴν εἰς τοῦτο περὶ ἅπαντας αὐτοὺς προαίρεσιν
ἐνδεῖν τι καταμάθοις, παρὰ Ἡρακλείδα τοῦ ἐπι-
τρόπου τῶν ἡμετέρων κτημάτων ἀναμφιλέκτως
ὅπερ ἀναγκαῖον εἶναι καταμάθοις, αἰτῆσαι ὀφείλεις,
καὶ γὰρ παρόντι αὐτῷ προσέταξα ἵν᾽ εἴ τι ἂν
χρημάτων παρ᾽ αὐτοῦ ἡ σὴ στερρότης αἰτήσῃ,
ἄνευ δισταγμοῦ τινος ἀπαριθμῆσαι φροντίσῃ.   καὶ 4
ἐπειδὴ ἐπυθόμην τινὰς μὴ καθεστώσης διανοίας
τυγχάνοντας ἀνθρώπους τὸν λαὸν τῆς ἁγιωτάτης
καὶ καθολικῆς ἐκκλησίας φαύλῃ τινὶ ὑπονοθεύσει
βούλεσθαι διαστρέφειν, γίνωσκέ με Ἀνυλίνῳ
ἀνθυπάτῳ ἀλλὰ μὴν καὶ Πατρικίῳ τῷ οὐικαρίῳ
τῶν ἐπάρχων παροῦσι τοιαύτας ἐντολὰς δεδωκέναι
ἵν᾽ ἐν τοῖς λοιποῖς ἅπασι καὶ τούτου μάλιστα τὴν
προσήκουσαν φροντίδα ποιήσωνται καὶ μὴ ἀνά-
σχωνται περιορᾶν τοιοῦτο γινόμενον. διόπερ εἴ 5
τινας τοιούτους ἀνθρώπους ἐν αὐτῇ τῇ μανίᾳ ἐπι-
μένειν κατίδοις, ἄνευ τινὸς ἀμφιβολίας τοῖς προ-
ειρημένοις δικασταῖς πρόσελθε καὶ αὐτὸ τοῦτο
προσανένεγκε ὅπως αὐτοὺς ἐκεῖνοι, καθάπερ αὐτοῖς
παροῦσιν ἐκέλευσα, ἐπιστρέψωσιν. ἡ θειότης τοῦ
μεγάλου θεοῦ σε διαφυλάξαι ἐπὶ πολλοῖς ἔτεσιν."

VII. ΑΝΤΙΓΡΑΦΟΝ ΒΑΣΙΛΙΚΗΣ ΕΠΙΣΤΟΛΗΣ ΔΙ᾽ ΗΣ 1
   ΤΟΥΣ ΠΡΟΕΣΤΩΤΑΣ ΤΩΝ ΕΚΚΛΗΣΙΩΝ ΠΑΣΗΣ ΑΠΟ-
   ΛΕΛΥΣΘΑΙ ΤΗΣ ΠΕΡΙ ΤΑ ΠΟΛΙΤΙΚΑ ΛΕΙΤΟΥΡΓΙΑΣ
   ΠΡΟΣΤΑΤΤΕΙ

"Χαῖρε, Ἀνυλῖνε, τιμιώτατε ἡμῖν. ἐπειδὴ ἐκ
πλειόνων πραγμάτων φαίνεται παρεξουθενηθεῖσαν

---

[1] In the administration of this period, the Vicar was the
governor of a "diocese" or group of provinces; the Prefect

sent to thee by Hosius. But if, after all, thou shalt find that there is aught lacking for the fulfilment of this my purpose in respect of them all, thou shouldest ask without doubting whatsoever thou findest to be necessary from Heraclides our procurator fiscal. For indeed when he was here I gave him orders that if thy Firmness should ask any money from him, he should be careful to pay it over without any scruple. And since I have learnt that certain persons of unstable mind are desirous of turning aside the laity of the most holy and Catholic Church by some vile method of seduction, know that I have given such commands to Anulinus, the proconsul, and moreover to Patricius, the Vicar of the Prefects,[1] when they were here, that they should give due attention in all other matters and especially in this, and not suffer such an occurrence to be overlooked; therefore if thou observest any such men continuing in this madness, do not thou hesitate to go to the above-mentioned judges and bring this matter before them, so that (as I commanded them when they were here) they may turn these people from their error. May the divinity of the great God preserve thee for many years."

VII. *Copy of an Imperial Letter, in which he gives orders that the presidents of the churches be released from all public offices.*

" Greeting, Anulinus, our most honoured Sir. Since from many facts it appears that the setting at

had under his control a still larger administrative area. Patricius as Vicar of Africa was in the jurisdiction of the Prefect of Italy. His title *vicarius praefectorum* (pl.) is a relic of more ancient days, when the Prefects were regarded as associated together in office.

τὴν θρησκείαν, ἐν ᾗ ἡ κορυφαία τῆς ἁγιωτάτης
ἐπουρανίου αἰδὼς φυλάττεται, μεγάλους κινδύ-
νους ἐνηνοχέναι τοῖς δημοσίοις πράγμασιν αὐτήν
τε ταύτην ἐνθέσμως ἀναληφθεῖσαν καὶ φυλαττο-
μένην μεγίστην εὐτυχίαν τῷ 'Ρωμαϊκῷ ὀνόματι
καὶ σύμπασι τοῖς τῶν ἀνθρώπων πράγμασιν ἐξ-
αίρετον εὐδαιμονίαν παρεσχηκέναι, τῶν θείων εὐ-
εργεσιῶν τοῦτο παρεχουσῶν, ἔδοξεν ἐκείνους τοὺς
ἄνδρας τοὺς τῇ ὀφειλομένῃ ἁγιότητι καὶ τῇ τοῦ
νόμου τούτου παρεδρίᾳ τὰς ὑπηρεσίας τὰς ἐξ
αὐτῶν τῇ τῆς θείας θρησκείας θεραπείᾳ παρ-
έχοντας τῶν καμάτων τῶν ἰδίων τὰ ἔπαθλα κομί-
σασθαι, 'Ανυλῖνε τιμιώτατε. διόπερ ἐκείνους τοὺς 2
εἴσω τῆς ἐπαρχίας τῆς σοι πεπιστευμένης ἐν τῇ
καθολικῇ ἐκκλησίᾳ, ᾗ Καικιλιανὸς ἐφέστηκεν, τὴν
ἐξ αὐτῶν ὑπηρεσίαν τῇ ἁγίᾳ ταύτῃ θρησκείᾳ παρ-
έχοντας, οὕσπερ κληρικοὺς ἐπονομάζειν εἰώθασιν,
ἀπὸ πάντων ἅπαξ ἁπλῶς τῶν λειτουργιῶν βού-
λομαι ἀλειτουργήτους διαφυλαχθῆναι, ὅπως μὴ
διά τινος πλάνης ἢ ἐξολισθήσεως ἱεροσύλου ἀπὸ
τῆς θεραπείας τῆς τῇ θειότητι ὀφειλομένης ἀφ-
έλκωνται, ἀλλὰ μᾶλλον ἄνευ τινὸς ἐνοχλήσεως τῷ
ἰδίῳ νόμῳ ἐξυπηρετῶνται, ὧνπερ μεγίστην περὶ
τὸ θεῖον λατρείαν ποιουμένων πλεῖστον ὅσον τοῖς
κοινοῖς πράγμασι συνοίσειν δοκεῖ. ἔρρωσο, 'Ανυ-
λῖνε, τιμιώτατε καὶ ποθεινότατε ἡμῖν."

VIII. Τοιαῦτα μὲν οὖν ἡμῖν ἡ θεία καὶ οὐράνιος 1
τῆς τοῦ σωτῆρος ἡμῶν ἐπιφανείας ἐδωρεῖτο χάρις,
τοσαύτη τε ἅπασιν ἀνθρώποις ἀγαθῶν ἀφθονία
διὰ τῆς ἡμετέρας ἐπρυτανεύετο εἰρήνης. καὶ ὧδε
μὲν τὰ καθ' ἡμᾶς ἐν εὐφροσύναις καὶ πανηγύρεσιν 2

naught of divine worship, by which the highest rever-
ence for the most holy and heavenly [Power] is
preserved, has brought great dangers upon public
affairs, and that its lawful restoration and preserva-
tion have bestowed the greatest good fortune on the
Roman name and singular prosperity on all the affairs
of mankind (for it is the Divine Providence which
bestows these blessings) : it has seemed good that
those men who, with due holiness and constant
observance of this law, bestow their services on the
performance of divine worship, should receive the
rewards of their own labours, most honoured Anulinus.
Wherefore it is my wish that those persons who,
within the province committed to thee, in the Catholic
Church over which Caecilian presides, bestow their
service on this holy worship—those whom they are
accustomed to call clerics—should once for all be kept
absolutely free from all the public offices, that they
be not drawn away by any error or sacrilegious fault
from the worship which they owe to the Divinity, but
rather without any hindrance serve to the utmost
their own law. For when they render supreme service
to the Deity, it seems that they confer incalculable
benefit on the affairs of the State. Fare thee well,
Anulinus, our most honoured and esteemed Sir."

VIII. Such then were the gifts that the divine and
heavenly grace of our Saviour bestowed upon us by
His appearing, and such was the abundance of good
things that the peace which came to us procured for
all mankind. And thus our happy state was cele-
brated with rejoicings and festive assemblies. Never-

ἐτελεῖτο· οὐκ ἦν δὲ ἄρα τῷ μισοκάλῳ φθόνῳ τῷ
τε φιλοπονήρῳ δαίμονι φορητὸς ἡ τῶν ὁρωμένων
θέα, ὥσπερ οὖν οὐδὲ Λικιννίῳ πρὸς σώφρονα
λογισμὸν ἐτύγχανεν αὐτάρκη τὰ τοῖς πρόσθεν
δεδηλωμένοις τυράννοις συμβεβηκότα· ὃς εὖ φε-
ρομένης τῆς ἀρχῆς αὐτῷ βασιλέως τε μεγάλου
Κωνσταντίνου δευτερείων τιμῆς ἐπιγαμβρίας τε
καὶ συγγενείας τῆς ἀνωτάτω ἠξιωμένος, μιμή-
σεως μὲν τῆς τῶν καλῶν ἀπελιμπάνετο, τῆς δὲ
τῶν ἀσεβῶν τυράννων μοχθηρίας ἐζήλου τὴν κακο-
τροπίαν, καὶ ὧν τοῦ βίου τὴν καταστροφὴν ἐπεῖδεν
αὐτοῖς ὀφθαλμοῖς, τούτων ἕπεσθαι τῇ γνώμῃ
μᾶλλον ἢ τῇ τοῦ κρείττονος ἐμμένειν φιλίᾳ τε καὶ
διαθέσει ᾑρεῖτο. διαφθονηθείς γέ τοι τῷ πανευ- 3
εργέτῃ, πόλεμον δυσαγῆ καὶ δεινότατον πρὸς αὐτὸν
ἐκφέρει, οὐ φύσεως νόμων φεισάμενος, οὐχ ὁρκω-
μοσιῶν οὐχ αἵματος οὐ συνθηκῶν μνήμην ἐν
διανοίᾳ λαβών. ὁ μὲν γὰρ αὐτῷ οἷα πανάγαθος 4
βασιλεὺς εὐνοίας παρέχων ἀληθοῦς σύμβολα, συγ-
γενείας τῆς πρὸς αὐτὸν οὐκ ἐφθόνησεν γάμων τε
λαμπρῶν ἀδελφῆς μετουσίαν οὐκ ἀπηρνήσατο,
ἀλλὰ καὶ τῆς ἐκ πατέρων εὐγενείας βασιλικοῦ τε
ἀνέκαθεν αἵματος κοινωνὸν γενέσθαι ἠξίωσεν τῆς
τε κατὰ πάντων ἀπολαύειν ἀρχῆς οἷα κηδεστῇ καὶ
συμβασιλεῖ παρεῖχεν τὴν ἐξουσίαν, οὐκ ἔλαττον
μέρος τῶν ὑπὸ Ῥωμαίους ἐθνῶν διέπειν αὐτῷ
καὶ διοικεῖν κεχαρισμένος. ὁ δ' ἔμπαλιν τούτοις 5
τἀναντία διεπράττετο, παντοίας ὁσημέραι κατὰ

---

[1] Maxentius and Maximin.
[2] This perhaps refers to the treaty of December 314, when
a new partition of the Empire was made, and five of the

theless the envy that hates the good, even the demon who loves the evil, could not endure the sight of what he beheld ; as indeed that which had happened to the above-mentioned tyrants[1] was not sufficient even for Licinius, to bring him to sound reason. He who had been deemed worthy of the principate in a state of prosperity, of second rank after the great Emperor Constantine, of a connexion by marriage and the most exalted kinship with him, ceased from the following of good men and zealously affected the evil manners and wickedness of the impious tyrants ; and he preferred to follow the judgement of those whose end he had seen with his very eyes, rather than continue on terms of friendship and love with his superior. Filled, in fact, with envy of the common benefactor, he waged an impious and most terrible war against him, neither giving respect to the laws of nature nor bestowing a thought on sworn treaties or ties of blood or agreements. For Constantine, all-gracious Emperor that he was, furnished him with the tokens of genuine goodwill, did not grudge him kinship with himself, and did not refuse him the enjoyment of an illustrious union in the person of his sister. Nay further, he deemed him worthy to partake of his ancestral nobility and his imperial blood and origin, and bestowed on him, as a brother-in-law and joint-emperor, the right to a share in the supreme government[2] : for of his bounty he gave him the ruling and administration of no inferior part of the peoples under the Roman sway. But Licinius pursued an exactly opposite line of conduct : he was daily contriving all kinds of

European provinces passed from Licinius to Constantine (Gibbon, i. 432).

τοῦ κρείττονος μηχανὰς ἐπιτεχνώμενος πάντας τε
ἐπινοῶν ἐπιβουλῆς τρόπους, ὡς ἂν κακοῖς τὸν
εὐεργέτην ἀμείψοιτο. τὰ μὲν οὖν πρῶτα πειρώ-
μενος τὴν συσκευὴν ἐπικρύπτειν, φίλος εἶναι προσ-
εποιεῖτο, δόλῳ τε καὶ ἀπάτῃ πλειστάκις ἐπι-
θέμενος ῥᾷστα ἂν τυχεῖν τοῦ προσδοκωμένου
ἤλπισεν· τῷ δὲ ἄρα ὁ θεὸς ἦν φίλος κηδεμών τε 6
καὶ φύλαξ, ὃς αὐτῷ τὰς ἐν ἀπορρήτῳ καὶ σκότει

Cf. Eph. 5,
11-13

μηχανωμένας ἐπιβουλὰς εἰς φῶς ἄγων διήλεγχεν.
τοσοῦτον ἀρετῆς τὸ μέγα τῆς θεοσεβείας ὅπλον
πρὸς ἄμυναν μὲν ἐχθρῶν, οἰκείας δὲ φυλακὴν
σωτηρίας ἰσχύει· ᾧ δὴ πεφραγμένος ὁ θεο-
φιλέστατος ἡμῶν βασιλεὺς τὰς τοῦ δυσωνύμου
πολυπλόκους ἐπιβουλὰς διεδίδρασκεν. ὁ δὲ τὴν 7
λαθραίαν συσκευὴν ὡς οὐδαμῶς ἑώρα κατὰ γνώμην
αὐτῷ χωροῦσαν, τοῦ θεοῦ πάντα δόλον τε καὶ
ῥᾳδιουργίαν τῷ θεοφιλεῖ βασιλεῖ κατάφωρα ποι-
οῦντος, οὐκέτ' οἷός τε ὢν ἐπικρύπτεσθαι, προφανῆ
πόλεμον αἴρεται. ὁμόσε δῆτα Κωνσταντίνῳ πολε- 8
μεῖν διαγνούς, ἤδη καὶ κατὰ τοῦ θεοῦ τῶν ὅλων,
ὃν ἠπίστατο σέβειν αὐτόν, παρατάττεσθαι ὡρμᾶτο,
κἄπειτα τοὺς ὑπ' αὐτῷ θεοσεβεῖς, μηδὲν μηδ' ὅλως
πώποτε τὴν ἀρχὴν αὐτοῦ λυπηρὸν διαθεμένους,
ἠρέμα τέως καὶ ἡσυχῇ πολιορκεῖν ἐπεβάλλετο.
καὶ τοῦτ' ἔπραττεν, δεινῶς ἀβλεπτεῖν ὑπὸ τῆς
ἐμφύτου κακίας ἠναγκασμένος. οὔτ' οὖν τὴν μνή- 9
μην τῶν πρὸ αὐτοῦ Χριστιανοὺς ἐκδιωξάντων πρὸ
ὀφθαλμῶν ἔθετο οὐδ' ὧν αὐτὸς ὀλετὴρ καὶ τιμωρὸς
δι' ἃς μετῆλθον ἀσεβείας κατέστη· ἀλλὰ γὰρ τοῦ
σώφρονος ἐκτραπεὶς λογισμοῦ, διαρρήδην δὲ μανεὶς
τὰς φρένας, τὸν θεὸν αὐτὸν οἷα δὴ Κωνσταντίνου
βοηθὸν ἀντὶ τοῦ βοηθουμένου πολεμεῖν ἐγνώκει.
468

devices against his superior, and inventing all manner of plans to reward his benefactor with evil. At first, indeed, he attempted to conceal the intrigue, and feigned friendliness, hoping that frequent recourse to guile and deceit would most easily secure his expectations. But God proved to be Constantine's Friend and Protector and Guardian, who brought to light the plots that were devised secretly and in darkness, and confounded them. Such power is there in the great weapon of godliness to ward off the enemy and to preserve its own in safety. Fenced verily with this, our Emperor, most dear to God, escaped the plots of this ill-famed master of intrigue. And he, when he saw that his covert design was by no means going according to his wish (for God disclosed every guile and wickedness to the Emperor whom He loved), since he was no longer able to conceal himself, raised an open warfare. And, to be sure, in his decision to make war at close quarters upon Constantine, he was already hastening to battle also against the God of the universe, whom, as he knew, Constantine worshipped; and so he designed an attack, quietly and silently at first, upon his godly subjects, who had never at any time done any harm at all to his rule. And this he did, because his innate wickedness had perforce brought upon him terrible blindness. Thus he neither kept before his eyes the memory of those who had persecuted Christians before him, nor of those whom he himself destroyed and punished for the evil deeds they had pursued. But he turned aside from the path of sound reason, and becoming altogether mad, decided to make war on God Himself, as the Protector of Constantine, instead of on him who was being protected.

Καὶ πρῶτα μὲν τῆς οἰκίας τῆς αὐτοῦ πάντα 10
Χριστιανὸν ἀπελαύνει, ἔρημον αὐτὸς αὑτὸν ὁ
δείλαιος τῆς τούτων καθιστὰς ὑπὲρ αὐτοῦ πρὸς
τὸν θεὸν εὐχῆς, ἣν ὑπὲρ ἁπάντων αὐτοῖς ποιεῖσθαι
πάτριον μάθημα τυγχάνει· εἶτα δὲ τοὺς κατὰ
πόλιν στρατιώτας ἐκκρίνεσθαι καὶ ἀποβάλλεσθαι
τοῦ τῆς τιμῆς ἀξιώματος, εἰ μὴ τοῖς δαίμοσιν
θύειν αἱροῖντο, παρακελεύεται.

Καὶ ἔτι γε ταῦτα ἦν μικρά, τῇ τῶν μειζόνων 11
συγκρινόμενα παραθέσει. τί δεῖ τῶν καθ' ἕκαστα
καὶ κατὰ μέρος τῷ θεομισεῖ πεπραγμένων μνη-
μονεύειν ὅπως τε νόμους ἀνόμους ὁ παρανομώ-
τατος ἐξεῦρεν; τούς γέ τοι ἐν ταῖς εἱρκταῖς
ταλαιπωρουμένους ἐνομοθέτει μηδένα μεταδόσει
τροφῆς φιλανθρωπεύεσθαι μηδ' ἐλεεῖν τοὺς ἐν
δεσμοῖς λιμῷ διαφθειρομένους μηδ' ἁπλῶς ἀγαθὸν
εἶναι μηδένα μηδ' ἀγαθόν τι πράττειν τοὺς καὶ
πρὸς αὐτῆς τῆς φύσεως ἐπὶ τὸ συμπαθὲς τῶν
πέλας ἑλκομένους. καὶ ἦν γε νόμων οὗτος ἄντι-
κρυς ἀναιδὴς καὶ ἀπηνέστατος, πᾶσαν ἥμερον
ὑπερεξάγων φύσιν, ἐφ' ᾧ καὶ τιμωρία προσέκειτο
τοὺς ἐλεοῦντας τὰ ἴσα πάσχειν τοῖς ἐλεουμένοις
δεσμοῖς τε καὶ φυλακαῖς καθείργνυσθαι, τὴν ἴσην
τοῖς καταπονουμένοις ὑπομένοντας τιμωρίαν, τοὺς
τὰ φιλάνθρωπα διακονουμένους. τοιαῦται αἱ Λικιν- 12
νίου διατάξεις. τί χρὴ τὰς περὶ γάμων καινο-
τομίας ἀπαριθμεῖσθαι ἢ τοὺς ἐπὶ τοῖς τὸν βίον
μεταλλάττουσιν νεωτερισμοὺς αὐτοῦ, δι' ὧν τοὺς
παλαιοὺς Ῥωμαίων εὖ καὶ σοφῶς κειμένους νόμους
περιγράψαι τολμήσας, βαρβάρους τινὰς καὶ ἀν-

Cf. 1 Tim. 2, 1. 2

<hr>
[1] Cf. Dion. Al. ad Herm. (vii. 1 above).

470

First, he drove away every Christian from his palace; thus by his own act depriving himself, wretched man, of the prayers to God on his behalf,[1] which after the custom of their fathers they are taught to make for all men. Then he gave orders that the soldiers in cities were to be singled out and deprived of honourable rank, unless they chose to sacrifice to demons.

And, moreover, these were but small matters when judged by comparison with graver measures. What need is there to mention singly and successively the things done by this hater of God : how, to wit, this most lawless of men invented lawless laws ? In fact, with regard to those who were suffering under imprisonment, he laid down a law that no one should treat them humanely by distributing food, or have pity on those who were perishing of hunger in bonds ; and that no one should be kindly at all, or do any kindly action, even when they were moved by mere natural feeling to sympathize with their neighbours. And of his laws this one at least was quite openly shameless and the harshest of all, in its putting aside of every civilized, natural feeling, by which also it was enacted as a punishment that those who showed pity should suffer the same as those whom they pitied, and that those who humanely ministered should endure the same punishment as those who were undergoing it, and be consigned to bonds and imprisonment. Such were the ordinances of Licinius. Why should one recount his innovations with regard to marriage, or his revolutionary changes in respect of those who were departing this life, wherein he dared to annul the ancient laws of the Romans well and wisely laid down, and in their stead brought in certain that were

471

ἡμέρους ἀντεισῆγεν, νόμους ἀνόμους ὡς ἀληθῶς
καὶ παρανόμους, ἐπισκήψεις τε μυρίας κατὰ τῶν
ὑποχειρίων ἐθνῶν ἐπενόει χρυσοῦ τε καὶ ἀργύρου
παντοίας εἰσπράξεις ἀναμετρήσεις τε γῆς καὶ τῶν
κατ' ἀγροὺς μηκέτ' ὄντων ἀνθρώπων πρόπαλαι δὲ
κατοιχομένων ἐπιζήμιον κέρδος, οἵους δ' ἐφεῦρεν 13
ἐπὶ τούτοις ὁ μισάνθρωπος κατὰ μηδὲν ἠδικη-
κότων ἐξορισμούς, οἵας εὐπατριδῶν καὶ ἀξιολόγων
ἀνδρῶν ἀπαγωγάς, ὧν δὴ τὰς κουριδίας ἀπο-
ζευγνὺς γαμετὰς μιαροῖς τισιν οἰκέταις ἐφ' ὕβρει
πράξεως αἰσχρᾶς παρεδίδου, ὅσαις δὲ αὐτὸς ὁ
ἐσχατόγηρως γυναιξὶν ὑπάνδροις παρθένοις τε
κόραις ἐμπαροινῶν τὴν ἀκόλαστον τῆς αὐτοῦ
ψυχῆς ἐπιθυμίαν ἐπλήρου—τί χρὴ ταῦτα μηκύνειν,
τῆς τῶν ἐσχάτων αὐτοῦ πράξεως ὑπερβολῆς μικρὰ
τὰ πρῶτα καὶ τὸ μηθὲν εἶναι διελεγχούσης;

Τὸ γοῦν τέλος αὐτῷ τῆς μανίας ἐπὶ τοὺς ἐπι- 14
σκόπους ἐχώρει, ἤδη τε τούτους, ὡς ἂν τοῦ ἐπὶ
πάντων θεοῦ θεράποντας, ἐναντίους ὑπάρχειν οἷς
ἕδρα ἡγούμενος, οὔπω μὲν ἐκ τοῦ φανεροῦ διὰ
τὸν ἀπὸ τοῦ κρείττονος φόβον, λάθρα δὲ αὖθις καὶ
δολίως συνεσκευάζετο, ἀνήρει τε τούτων δι' ἐπι-
βουλῆς τῶν ἡγεμόνων τοὺς δοκιμωτάτους. καὶ ὁ
τρόπος δὲ τοῦ κατ' αὐτῶν φόνου ξένος τις ἦν καὶ
οἷος οὐδεπώποτε ἠκούσθη. τὰ γοῦν ἀμφὶ τὴν 15
Ἀμάσειαν καὶ τὰς λοιπὰς τοῦ Πόντου πόλεις
κατεργασθέντα πᾶσαν ὑπερβολὴν ὠμότητος ὑπερ-
ηκόντισεν· ἔνθα τῶν ἐκκλησιῶν τοῦ θεοῦ αἱ μὲν
ἐξ ὕψους εἰς ἔδαφος αὖθις κατερρίπτοντο, τὰς δὲ
ἀπέκλειον, ὡς ἂν μὴ συνάγοιτό τις τῶν εἰωθότων
μηδὲ τῷ θεῷ τὰς ἐποφειλομένας ἀποδιδῷ λατρείας.
συντελεῖσθαι γὰρ οὐχ ἡγεῖτο ὑπὲρ αὐτοῦ τὰς 16
472

barbarous and uncivilized, that truly were lawless and
contrary to law ; or the countless assessments that
he devised to the detriment of his subject peoples,
and the manifold exactions of gold and silver, the
revaluations of land, and the lucrative fines of men
in the country parts no longer alive but long since
departed ? And, moreover, as to the banishments
that this hater of mankind inflicted upon those who
had done no wrong, the arrests of noble and highly-
esteemed men, whose wedded wives he separated
from them and consigned to certain abominable
members of his household for disgraceful insult ; as
to the many married women and unwedded girls with
whom this drunken old dotard satisfied his soul's
unbridled lust—why should one enlarge on these
things, when the outrageous character of his last
deeds show the first to be small and of no account ?

For example, in the final stage of his madness he
proceeded against the bishops, and deeming them
opposed to his doings, as being the servants of the
supreme God, forthwith plotted against them, not
openly as yet (for he feared his superior), but once
more with secrecy and guile ; and the most highly
respected of these, by the contrivance of the gover-
nors, he put to death.   And the manner in which they
were murdered was strange and hitherto unheard of.
For instance, the things that were done at Amasea
and the other cities of Pontus outdid every excess of
cruelty.   There some of the churches of God were
again thrown down from the top to the bottom ;
others they shut up, so that none of the accustomed
worshippers might assemble or pay to God the
service due to Him.   For he did not think that the
prayers were offered on his behalf—such was the

εὐχάς, συνειδότι φαύλῳ τοῦτο λογιζόμενος, ἀλλ'
ὑπὲρ τοῦ θεοφιλοῦς βασιλέως πάντα πράττειν ἡμᾶς
καὶ τὸν θεὸν ἱλεοῦσθαι πέπειστο· ἔνθεν ὡρμᾶτο
καθ' ἡμῶν τὸν θυμὸν ἐπισκήπτειν. καὶ δῆτα τῶν 17
ἡγεμόνων οἱ κόλακες, τὰ φίλα πράττειν τῷ δυσαγεῖ
πεπεισμένοι, τῶν ἐπισκόπων τοὺς μὲν συνήθως
ταῖς τῶν κακούργων ἀνδρῶν περιέβαλλον τιμω-
ρίαις, ἀπήγοντό τε καὶ ἐκολάζοντο ἀπροφασίστως
τοῖς μιαιφόνοις ὁμοίως οἱ μηδὲν ἠδικηκότες· ἤδη
δέ τινες καινοτέραν ὑπέμενον τελευτήν, ξίφει τὸ
σῶμα εἰς πολλὰ τμήματα κατακρεουργούμενοι καὶ
μετὰ τὴν ἀπηνῆ ταύτην καὶ φρικτοτάτην θέαν τοῖς
τῆς θαλάσσης βυθοῖς ἰχθύσιν εἰς βορὰν ῥιπτού-
μενοι. φυγαὶ δὴ αὖθις ἐπὶ τούτοις τῶν θεοσεβῶν 18
ἐγίνοντο ἀνδρῶν, καὶ πάλιν ἀγροὶ καὶ πάλιν ἐρημίαι
νάπαι τε καὶ ὄρη τοὺς Χριστοῦ θεράποντας ὑπ-
εδέχοντο. ἐπεὶ δὲ καὶ ταῦτα τοῦτον προυχώρει τῷ
δυσσεβεῖ τὸν τρόπον, λοιπὸν καὶ τὸν κατὰ πάντων
ἀνακινεῖν διωγμὸν ἐπὶ διάνοιαν ἐβάλλετο, ἐκράτει 19
τε γνώμης καὶ οὐδὲν ἐμποδὼν ἦν αὐτῷ μὴ οὐχὶ
ἐν ἔργῳ χωρεῖν, εἰ μὴ τάχιστα τὸ μέλλον ἔσεσθαι
προλαβὼν ὁ τῶν οἰκείων ψυχῶν ὑπέρμαχος θεὸς
ὡς ἐν βαθεῖ σκότῳ καὶ νυκτὶ ζοφωδεστάτῃ
φωστῆρα μέγαν ἀθρόως καὶ σωτῆρα τοῖς πᾶσιν
ἐξέλαμψεν, τὸν αὐτοῦ θεράποντα Κωνσταντῖνον
ὑψηλῷ βραχίονι ἐπὶ τὰ τῇδε χειραγωγήσας.
IX. τούτῳ μὲν οὖν ἄνωθεν ἐξ οὐρανοῦ καρπὸν 1
εὐσεβείας ἐπάξιον τὰ τρόπαια τῆς κατὰ τῶν
ἀσεβῶν παρεῖχε νίκης, τὸν δ' ἀλιτήριον αὐτοῖς
συμβούλοις ἅπασιν καὶ φίλοις ὑπὸ τοῖς Κων-
σταντίνου ποσὶν πρηνῆ κατέβαλεν.
Ὡς γὰρ εἰς ἔσχατα μανίας τὰ κατ' αὐτὸν 2

reckoning of an evil conscience—but had been per-
suaded that we did everything and supplicated God
on behalf of the Emperor whom He loved. Hence
he hastened to vent his wrath on us. And in truth
the sycophants among the governors, persuaded that
they were doing what pleased the impious man, plied
some of the bishops with penalties suitable for male-
factors, and those who had done no wrong were
led away and punished, without a pretext, like
murderers. And some endured at that time a more
novel form of death : their bodies were cut with a
sword into many pieces, and after this cruel and most
fearful sight they were cast into the depths of the
sea as food for fishes. Thereupon the men of God
began again to flee, and once more the fields, once
more the deserts, glens and mountains received the
servants of Christ. And when the impious man was
thus successful in these measures also, he then con-
ceived the idea of stirring up anew the persecution
against all. He had power to accomplish his purpose,
and there was nothing to hinder him carrying it into
effect, had not God, the Champion of the souls that
are His own, foreseeing with all speed what would
come to pass, caused to shine forth all at once, as
it were out of deep darkness and most murky night,
a great luminary and saviour of them all, leading
thither with a lofty arm his servant Constantine.
IX. To him, then, as the worthy fruit of piety did
God vouchsafe from heaven above the trophies of
victory over the wicked men ; as for the guilty one,
He laid him low, with all his counsellors and friends,
prone beneath the feet of Constantine.

For when Licinius had carried his madness to the

ἤλαυνεν, οὐκέτ' ἀνεκτὸν εἶναι λογισάμενος βασιλεὺς
ὁ τῷ θεῷ φίλος τὸν σώφρονα συναγαγὼν λογισμὸν
καὶ τὸν στερρὸν τοῦ δικαίου τρόπον φιλανθρωπίᾳ
κερασάμενος, ἐπαμῦναι κρίνει τοῖς ὑπὸ τῷ τυράννῳ
ταλαιπωρουμένοις, καὶ τό γε πλεῖστον ἀνθρώπων
γένος, βραχεῖς λυμεῶνας ἐκποδὼν ποιησάμενος,
ἀνασώσασθαι ὁρμᾶται. μόνῃ γὰρ αὐτῷ χρωμένῳ 3
φιλανθρωπίᾳ τὸν πρὸ τούτου χρόνον καὶ τὸν οὐ
συμπαθείας ἄξιον ἐλεοῦντι, τῷ μὲν οὐδὲν ἐγίνετο
πλέον, τῆς κακίας οὐκ ἀπαλλαττομένῳ, αὔξοντι
δὲ μᾶλλον τὴν κατὰ τῶν ὑποχειρίων ἐθνῶν λύτταν,
τοῖς δὲ κακουμένοις οὔτις ἐλείπετο σωτηρίας
ἐλπίς, ὑπὸ δεινῷ θηρὶ κατατυραννουμένοις. δι' ὃ 4
δὴ τῷ φιλαγάθῳ μίξας τὸ μισοπόνηρον ὁ τῶν
ἀγαθῶν ἀρωγὸς πρόεισιν ἅμα παιδὶ Κρίσπῳ
βασιλεῖ φιλανθρωποτάτῳ σωτήριον δεξιὰν ἅπασιν
τοῖς ἀπολλυμένοις ἐκτείνας· εἶθ' οἷα παμβασιλεῖ
θεῷ θεοῦ τε παιδὶ σωτῆρι ἁπάντων ποδηγῷ καὶ
συμμάχῳ χρώμενοι, πατὴρ ἅμα καὶ υἱὸς ἄμφω
κύκλῳ διελόντες τὴν κατὰ τῶν θεομισῶν παρά-
ταξιν, ῥᾳδίαν τὴν νίκην ἀποφέρονται, τῶν κατὰ
τὴν συμβολὴν πάντων ἐξευμαρισθέντων αὐτοῖς
ὑπὸ τοῦ θεοῦ κατὰ γνώμην. ἀθρόως δῆτα καὶ 5
λόγου θᾶττον οἱ μὲν χθὲς καὶ πρὸ ἡμέρας θανάτου
Acts 9, 1 πνέοντες καὶ ἀπειλῆς οὐκέτ' ἦσαν, οὐδὲ μέχρις
ὀνόματος μνημονευόμενοι, γραφαί τε αὐτῶν καὶ
τιμαὶ τὴν ἀξίαν αἰσχύνην ἀπελάμβανον, καὶ ἃ τοῖς
πάλαι δυσσεβέσιν τυράννοις ἐνεῖδεν αὐτοῖς ὀφθαλ-
μοῖς Λικίννιος, ταῦτα ὁμοίως καὶ αὐτὸς ἔπασχεν,

---

[1] Licinius was defeated first at Adrianople, 3 July,
and secondly, when he had fled to Byzantium and had
been forced to cross the Straits, at Chrysopolis (Scutari),

uttermost, the Emperor, the friend of God, reckoning that he was no longer to be endured, summoned his sound powers of reason, and tempering the stern qualities of justice with humanity determined to succour those who were being evil intreated under the tyrant's power; and hastened, by putting a few spoilers out of the way, to rescue the greater part of the human race. For hitherto, when he employed humanity alone and showed mercy to him who was undeserving of sympathy, there was no improvement in Licinius: he did not give over his wickedness, but rather increased his mad fury against his subject peoples; while as for those who were ill-treated, no hope of salvation was left for them, ground down as they were by a terrible wild beast. Wherefore, mingling a hatred of evil with a love of goodness, the defender of the good went forth, with that most humane Emperor, his son Crispus, stretching out the right hand of salvation to all who were perishing. Then, inasmuch as they had God the universal King and Son of God, the Saviour of all, as their Guide and Ally, the father and son both together divided their battle-array against the haters of God on all sides and easily won the victory;[1] for everything in the encounter was made smooth for them by God according to His purpose. Yea verily, all at once and in less time than it takes to say it, those who the other day were breathing death and threatening were no more, nor was even so much as their name remembered; their pictures and honours received a well-deserved disgrace; and the things that Licinius had seen with his own eyes happen to the impious tyrants

September 18 or 20, 324. Shortly afterwards, Constantine had him put to death.

ὅτι μηδ' αὐτὸς ἐδέξατο παιδείαν μηδὲ ἐπὶ ταῖς
τῶν πέλας ἐσωφρονίσθη μάστιξιν, τὴν ὁμοίαν δ'
ἐκείνοις τῆς ἀσεβείας μετελθὼν ὁδόν, ἐπὶ τὸν ἴσον
αὐτοῖς ἐνδίκως περιηνέχθη κρημνόν.

Ἀλλ' οὗτος μὲν ταύτῃ πῃ βεβλημένος ἔκειτο· 6
ὁ δ' ἀρετῇ πάσῃ θεοσεβείας ἐκπρέπων μέγιστος
νικητὴς Κωνσταντῖνος σὺν παιδὶ Κρίσπῳ, βασιλεῖ
θεοφιλεστάτῳ καὶ τὰ πάντα τοῦ πατρὸς ὁμοίῳ,
τὴν οἰκείαν ἑῴαν ἀπελάμβανον καὶ μίαν ἡνωμένην
τὴν Ῥωμαίων κατὰ τὸ παλαιὸν παρεῖχον ἀρχήν,
τὴν ἀπ' ἀνίσχοντος ἡλίου πᾶσαν ἐν κύκλῳ κατὰ
θάτερα τῆς οἰκουμένης ἄρκτον τε ὁμοῦ καὶ μεσημ-
βρίαν εἰς ἔσχατα δυομένης ἡμέρας ὑπὸ τὴν αὐτῶν
ἄγοντες εἰρήνην. ἀφῄρητο δ' οὖν ἐξ ἀνθρώπων 7
πᾶν δέος τῶν πρὶν αὐτοὺς πιεζούντων, λαμπρὰς
δ' ἐτέλουν καὶ πανηγυρικὰς ἑορτῶν ἡμέρας, ἦν τε
φωτὸς ἔμπλεα πάντα, καὶ μειδιῶσι προσώποις
ὄμμασί τε φαιδροῖς οἱ πρὶν κατηφεῖς ἀλλήλους
ἔβλεπον, χορεῖαι δ' αὐτοῖς καὶ ὕμνοι κατὰ πόλεις
ὁμοῦ καὶ ἀγροὺς τὸν παμβασιλέα θεὸν πρώτιστα
πάντων, ὅτι δὴ τοῦτ' ἐδιδάχθησαν, κἄπειτα τὸν
εὐσεβῆ βασιλέα παισὶν ἅμα θεοφιλέσιν ἐγέραιρον,
κακῶν δ' ἀμνηστία παλαιῶν ἦν καὶ λήθη πάσης 8
δυσσεβείας, παρόντων δ' ἀγαθῶν ἀπόλαυσις καὶ
προσέτι μελλόντων προσδοκίαι. ἥπλωντο δ' οὖν
κατὰ πάντα τόπον τοῦ νικητοῦ βασιλέως φιλανθρω-
πίας ἔμπλεοι διατάξεις νόμοι τε μεγαλοδωρεᾶς
καὶ ἀληθοῦς εὐσεβείας γνωρίσματα περιέχοντες.
οὕτω δῆτα πάσης τυραννίδος ἐκκαθαρθείσης, 9
μόνοις ἐφυλάττετο τὰ τῆς προσηκούσης βασιλείας
βέβαιά τε καὶ ἀνεπίφθονα Κωνσταντίνῳ καὶ τοῖς

of days gone by, these he himself also likewise
suffered ; for neither did he receive correction nor
did he learn wisdom from the strokes that fell upon
his neighbours, but pursued the same path of iniquity
as they did, and justly reeled over the same precipice.

Thus was Licinius cast down prostrate. But Con-
stantine the most mighty Victor, resplendent with
every virtue that godliness bestows, together with his
son Crispus, an Emperor most dear to God and in all
respects like unto his father, recovered the East that
belonged to them, and formed the Roman Empire,
as in the days of old, into a single united whole,
bringing under their peaceful rule all of it, from the
rising sun round about in the two directions, north as
well as south, even to the uttermost limits of the
declining day. So then, there was taken away from
men all fear of those who formerly oppressed them ;
they celebrated brilliant festivals ; all things were
filled with light, and men, formerly downcast, looked
at each other with smiling countenances and beaming
eyes ; with dancing and hymns in city and country
alike they gave honour first of all to God the universal
King, for this they had been instructed to do, and
then to the pious Emperor with his sons beloved of
God ; old ills were forgotten and oblivion cast on
every deed of impiety ; present good things were
enjoyed, with the further hope of those which were
yet for to come. And, in short, there were promul-
gated in every place ordinances of the victorious
Emperor full of love for humanity, and laws that
betokened munificence and true piety. Thus verily,
when all tyranny had been purged away, the king-
dom that belonged to them was preserved stedfast
and undisputed for Constantine and his sons alone ;

479

αὐτοῦ παισίν, οἳ τῶν πρόσθεν ἁπάντων ἀποσμήξαντες τοῦ βίου τὴν θεοστυγίαν, τῶν ἐκ θεοῦ πρυτανευθέντων ἀγαθῶν αὐτοῖς ἠσθημένως τὸ φιλάρετον καὶ θεοφιλὲς τό τε πρὸς τὸ θεῖον εὐσεβὲς καὶ εὐχάριστον δι' ὧν εἰς προῦπτον ἅπασιν ἀνθρώποις παρέσχον ὁρᾶν, ἐπεδείξαντο

who, when they had made it their very first action to cleanse the world from hatred of God, conscious of the good things that He had bestowed upon them, displayed their love of virtue and of God, their piety and gratitude towards the Deity, by their manifest deeds in the sight of all men.

INDEX OF PROPER NAMES

IN VOLS. I. AND II.

INDEX OF PROPER NAMES

INDEX OF PROPER NAMES

INDEX OF PROPER NAMES

INDEX OF PROPER NAMES

487

INDEX OF PROPER NAMES

488

INDEX OF PROPER NAMES

INDEX OF PROPER NAMES

INDEX OF PROPER NAMES